"博学而笃志，切问而近思。"

（《论语》）

博晓古今，可立一家之说；
学贯中西，或成经国之才。

作者简介

　　胡庆康，男，1942年生。复旦大学国际金融系教授、博士生导师。1999—2000年任国际金融系系主任，1981—1983年在美国西北大学经济系进修，主攻财政金融，回国后筹建国际金融专业。1990年赴香港浸会大学经济系访问讲学。长期从事"货币银行学"的教学和研究。著有《现代货币银行学教程》(1997年被列为国家教委推荐教材，1998年获上海市高等学校优秀教材一等奖)，《现代公共财政学》(1999年上海市高等学校优秀教材二等奖)。发表论文几十篇，主要有"证券市场的理论与实践""中国的财政政策与货币政策协调""论中央银行监管"和"合业经营：金融体制改革的基本趋势"等。

扫二维码获取
课程配套线上资源

复旦博学·金融学系列
FINANCE SERIES

上海市高等学校优秀教材一等奖

现代货币银行学教程

教程 （第六版）

胡庆康　主编　　尹应凯　副主编

MANAGEMENT

复旦大学出版社

内容提要

本书是"复旦博学·金融学系列"经典教材之一，第一版成书至今超过20年。本书以内容系统完整为特点，涵盖了现代货币金融理论与实践的主要领域和前沿；理论与实务并重；注意广度与深度结合。为帮助读者理解与进一步思考所学内容，每章后有内容提要、基本概念及思考题。

全书共分八章，对货币制度和利率、金融市场、商业银行、中央银行、金融深化与金融创新理论、货币供给与货币需求理论、通货膨胀与通货紧缩理论等方面作了详细的分析。

与第五版相比，本次第六版作了如下改进：

（1）为了使教材更加精炼、突出启发式教学，对第五版的内容进行了较大幅度的删减、使知识点的描述精益求精。

（2）将第五版中的第一章"货币与货币制度"修改为"货币制度和利率"，并将第五版第二章"信用和利率"修改为"利息和利率"，两者合并为第一章。

（3）增加了对近年来我国货币政策工具最新变化的分析。

（4）更新和充实了部分数据。

本书适合经济、财经、金融、国际经贸专业师生，以及金融干部和外贸工作者培训使用。

第 六 版 说 明

本书第六版在第五版的基础上作了如下改进：

1. 为了使教材更加精炼、突出启发式教学，对第五版的内容进行了较大幅度的删减，对知识点的描述精益求精。

2. 将第五版中的第一章"货币与货币制度"修改为"货币制度和利率"，并将第五版第二章"信用和利率"修改为"利息和利率"，两者合并为第一章。

3. 增加了对近年来我国货币政策工具最新变化的分析。

4. 更新和充实了部分数据。

胡庆康

2018 年 11 月

目　　录

第一章 货币制度和利率

货币,在现实经济生活中处处闪现着其无限的魅力。人们无时无刻不在同货币打交道;同时,也接触到许许多多同货币有关的事物、现象和问题。从古到今,无数的经济学家、银行家和政治家倾注了全部的智慧、花费了极大的气力去研究它、探索它。如何透过纷繁的现象去把握货币的本质,这也是摆在我们面前首先要解决的课题。

第一节 货 币 的 本 质

一、货币的产生

研究货币的产生是正确理解货币本质的关键。货币是商品生产和商品交换长期发展的产物。在商品交换中,人们必须衡量商品的价值,而一种商品的价值又必须用另一种商品的价值来表现,这种商品价值形式的发展经历了四个阶段,即简单的(或偶然的)价值形式、扩大的价值形式、一般价值形式和价值的货币形式,这也就是货币随着商品生产和商品交换的发展由萌芽到形成的全部历史过程。

1. 简单的(或偶然的)价值形式

在原始社会后期,随着生产力的发展,剩余产品开始出现。各部落生产的产品除了满足本身的消费需求外,还把多余的产品拿去交换。由于当时社会尚未出现大分工,这种交换只是个别的,带有偶然性质。在这种交换过程中,一种商品的价值偶然地表现在另一种商品上,这种形式就是简单的或偶然的价值形式。由于这种偶然性,商品价值的表现是不完善、不成熟的,也是不充分的。随着社会生产力的进一步发展,剩余产品开始增多,商品交换也不再是很偶然的了,这样,简单的价值形式便不能适应较多的商品交换的需要。于是,出现了扩大的价值形式。

2. 扩大的价值形式

在扩大的价值形式中,一种商品的价值已经不是偶然地表现在某一种商品上,而是经常地表现在一系列的商品上。在扩大的价值形式中,各种商品交换的比例关系和它们所包含的社会必要劳动时间的比例关系更加接近,商品价值的表现也比在简单的价值形式中的价值表现更完整、更充分。然而,扩大的价值形式也有其弱点。首先,一种商品的价值表现仍是不完整的,在交换关系中每增加一种商品,就会增加一种表现商品价值的等价物,这样,作为等价物的商品的链条可以无限延伸;其次,一种商品的价值表现也不统一,因为作为等价物的每一种商品都可表现处于相对价值形态地位的商品的价值;最后,位于等价物地位的不同商品之间是相互排斥的关系。这样,处于相对价值形态的商品价值要获得表现,其实际交换过程可能十分复杂,效率十分低下。由于这些内在矛盾的存在,价值形式得以进一步发展。

3. 一般价值形式

在一般价值形式中,一切商品的价值都在某一种商品上得到表现,这种商品即是一般等价物。一般等价物具有完全的排他性,它拒绝任何其他商品与之并列。它拥有特殊的地位,任何一种商品只要与作为一般等价物的商品交换成功,该商品的使用价值便转化为价值;具体劳动便转化为抽象劳动;私人劳动也获得了社会的承认,成为社会劳动的一部分。作为一般等价物的商品实际上起着货币的作用,只是在一般价值形式中,担任一般等价物的商品可能不固定。

4. 货币形式

随着商品生产和商品交换的不断发展,从交替地充当一般等价物的众多商品中分离出一种经常起着一般等价物作用的商品。这种特殊商品就是货币,执行着货币的职能,成为表现、衡量和实现价值的工具。从货币的产生过程看,货币不是某个聪明人设计、创造出来的工具,而是广大商品生产者自发的共同交往行为的结果,同时也是商品经济内在矛盾进一步发展的结果。它解决了物物交换的困难,但又使商品经济的内在矛盾进一步发展,使得商品的价值和使用价值的对立表现为商品和货币的对立。

二、货币的本质特征

货币是商品,货币的根源在于商品本身,这是为价值形式发展的历史所证实了的结论。但是,货币不是普通的商品,而是固定地充当一般等价物的特殊商品,并体现一定的社会生产关系。这就是货币的本质的规定。

首先,货币是一般等价物。从货币起源的分析中可以看出,货币首先是商品,具有商品的共性,即都是用于交换的劳动产品,都具有使用价值和价值。如果货币没有商品的共性,那么它就失去了与其他商品相交换的基础,也就不可能在交换过程中被分离出来充当一般等价物。

然而,货币又是和普通商品不同的特殊商品。作为一般等价物,它具有两个基本特征:第一,货币是表现一切商品价值的材料。普通商品直接表现出其使用价值,但其价值必须在交换中由另一商品来体现。货币是以价值的体现物出现的,在商品交换中直接体现商品的价值。一种商品只要能交换到货币,就使生产它的私人劳动转化为社会劳动,商品的价值得到了体现。因而,货币就成为商品世界唯一的核算社会劳动的工具。第二,货币具有直接同所有商品相交换的能力。普通商品只能以其特定的使用价值去满足人们的某种需要,因而不可能同其他一切商品直接交换。货币是人们普遍接受的一种商品,是财富的代表,拥有它就意味着能够去换取各种使用价值。因此,货币成为每个商品生产者所追求的对象,货币也就具有了直接同一切商品相交换的能力。

其次,货币体现一定的社会生产关系。货币作为一般等价物,无论是表现在金银上,还是表现在某种价值符号上,都只是一种表面现象。货币是商品交换的媒介和手段,这就是货币的本质。同时,货币还反映商品生产者之间的关系。马克思指出:"货币代表着一种社会生产关系,却又采取了具有一定属性的自然物的形式。"[1]商品交换是在特定的历史条件下,人们互相交换劳动的形式。社会分工要求生产者在社会生产过程中建立必要的联系,而这种联系在私有制社会中只有通过商品交换,通过货币这个一般等价物作为媒介来进行。因此,货币作为一般等价物反映了商品生产者之间的交换关系,体现着产品归不同所有者占有,并通过等价交换来实现他们之间的社会联系,即社会生产关系。

---

[1] 《马克思恩格斯全集》第13卷,人民出版社,1962年版,第23页。

在历史发展的不同阶段,货币反映着不同的社会生产关系。在私有制社会中,大量的货币掌握在剥削阶级手中,体现着阶级剥削关系。在奴隶社会里,奴隶主掌握大量货币,用来购买奴隶,货币反映了奴隶主对奴隶的剥削关系。在封建社会里,地主以货币地租的形式剥削农民,货币体现着封建地主对农民的剥削关系。进入资本主义社会,劳动力成为特殊商品,货币转化为资本。资本家凭借对生产资料和产品的占有,掌握大量货币,购买工人的劳动力,无偿占有工人创造的剩余价值。在这里,货币在不同的社会制度中作为统治阶级的工具,这是由社会制度所决定的,而不是货币本身固有的属性。从货币的社会属性来看,货币反映着商品生产者之间的关系,货币是没有阶级性的,也不是阶级和剥削产生的根源。

三、货币形式的发展

货币的本质特征是不会改变的,否则就不称其为货币。但是,货币的存在形式却是不断变化的。如果说货币的本质是货币的内涵,那么货币的存在形式就是货币的外延,它是随着社会生产力的发展和社会的演化而变化的。

历史上最初充当货币的,不能不是商品的一种。在商品经济的初期,在等价交换的原则下,没有人会拿自己的商品去同无价值的东西交换。因此,最初取得货币地位的一定是有价值的商品。金银由于其良好的自然属性而优于其他商品,长期占据着货币地位。但是,金银及其他货币商品的等价地位最终还是被信用货币所取代,这是商品经济发展的规律,也是为人类社会发展所证实了的历史事实。在现代社会中,货币不再是足值的金属货币,而是代替金属货币充当流通手段和支付手段的信用票据。信用货币是货币的较高发展形式。信用货币的最显著的一个特征是它作为商品的价值与其作为货币的价值是不相同的。信用货币是不可兑现的,它只是一种符号,通过法律确定其偿付债务时必须被接受,即法偿货币。

在人类社会经济生活中,货币自身的形式是不断发展的,由足值的金属货币如金币、银币到非足值货币的代表如纸币,它几乎没有内在价值,但可以兑换成足值货币,最后到不可兑现的信用货币。货币形式的发展过程是商品经济不断发展的客观要求,也是其必然产物。在这个过程中,货币是商品的这一要求逐渐被淡忘,而与此同时,货币的主要功能得以继续发挥。人们普遍接受了这一事实,并且国家法律也做出了相应的规定,信用货币在现代经济中仍然发挥着一般等价物的作用。只要商品经济不断发展,货币形式也就有了继续演变发展的动力。当今世界是一个逐渐走向经济政治一体化的世界,各区域性集团纷纷建立,少数经济大国的信用货币已经取得了世界信用,世界各国的经济联系进一步加强;现代科学技术日新月异,计算机的广泛应用,也必然推动货币向新形式转变。电子货币则是信用货币与电脑、现代通讯技术相结合的一种新的货币形态,它通过电子计算机运用电子信号对信用货币实施储存、转账、购买和支付,相比纸币、支票等货币形态更加快速、方便和节约。目前主要形式有借记卡、储值卡、电子现金和电子支票。电子货币的发展预示着,一种全新的货币形式将取代通货和活期存款等传统意义上的货币,执行货币的各项职能。

第二节 货币的职能

货币的职能是货币本质的具体表现,是商品交换所赋予的,也是人们运用货币的客观依据。货币在商品经济中执行着五种职能。

一、价值尺度

货币在表现和衡量商品价值时,执行着价值尺度职能。执行价值尺度的货币本身必须有价值;本身没有价值,就不能用来表现、衡量其他商品的价值。货币是商品,具有价值,因此能够充当商品的价值尺度。

货币执行价值尺度时,人们可以在观念语言中用货币来衡量商品的价值,而并不需要现实货币的存在。商品价值的货币表现就是价格。由于各种商品的价值大小不同,用货币表现的价格也不同。为了便于比较,就需要规定一个货币计量单位,称为价格标准。价格标准最初是以金属重量单位的名称命名的,如中国的"两",后来由于国家以较贱金属代替贵金属作币材,使货币单位的名称和金属重量单位名称相脱离。

价值尺度与价格标准是两个完全不同的概念。首先,货币作为价值尺度代表一定量的社会劳动,用来衡量各种不同商品的价值;而货币作为价格标准,是代表一定的金属量,用来衡量货币金属本身的量。其次,货币作为价值尺度是在商品交换中自发形成的,它不依赖于人的主观意志,是客观的;而价格标准是人为的,通常由国家法律加以规定。再次,货币作为价值尺度,它的价值随着劳动生产率的变动而变动;而价格标准是货币单位本身金属的含量,是不随劳动生产率的变动而变动的。

价值尺度与价格标准有着密切的联系,货币的价值尺度依靠价格标准来发挥作用;因此,价格标准是为价值尺度职能服务的。

二、流通手段

货币在商品交换过程中发挥媒介作用时,便执行流通手段职能。

货币作为流通手段必须是现实的货币,即要求一手交钱、一手交货,这与货币作为价值尺度是不同的。另外,作为价值尺度的货币,由于其衡量的是商品的价值,所以必须是足值的货币,否则商品的价值就可能被错误地扩大或缩小。然而,货币发挥交换媒介作用只存在于买卖商品的瞬间,人们关心的是它的购买力,即能否买到等值的商品,并不关心货币本身有无价值,所以就产生了不足值的铸币以及仅是货币符号的纸币代替贵金属执行流通手段职能的可能性。

货币作为流通手段,改变了过去商品交换的运动公式。在货币出现前,商品交换采取物物交换的形式,即 $W—W$;货币出现后,商品交换分为卖和买两个环节,即 $W—G$ 和 $G—W$。货币这个媒介的出现,使原来物物交换的许多局限性,如交换双方对使用价值的需求一致、交换的时间与地点一致等都被冲破了,从而促进了商品交换的发展。另一方面,货币发挥流通手段职能,也使商品生产者之间的社会联系和商品经济的内在矛盾更加复杂化了。因为这时商品交换分为卖和买两个环节,如果有些人卖了商品以后不马上买,则另一些人的商品就可能卖不出去,从而引起买卖脱节,使得社会分工形成的生产者相互依赖的链条有中断的可能,孕育着经济危机。当然,经济危机的爆发只有在商品经济发展到一定水平,社会生产者的联系十分紧密的条件下,才能转化为现实。

货币流通是指货币作为购买手段,不断地离开起点,从一个商品所有者手里转到另一个商品所有者手里的运动。它是由商品流通所引起的,并为商品流通服务;商品流通是货币流通的基础,货币流通是商品流通的表现形式。同时,货币流通又有着不同于商品流通的特点。商品经过交换以后就进入消费领域,或作为生产性消费,或作为生活性消费,从而退出流通界。货币在充当一次交换的媒介后又去充当另一次交换的媒介,经常留在流通领域中不断地运动。流通中所需的货币量取决于三个因素:(1)待流通的商品数量;(2)商品价格;(3)货币流通速度。它们之间有如下的关系:

$$货币作为流通手段的必要量 = \frac{商品价格总额}{货币流通速度}$$

$$= \frac{商品价格 \times 待流通的商品数}{货币流通速度}$$

流通中所需要的货币量取决于待流通的商品数量、商品价格和货币流通速度这一规律,是不以人的意志为转移的。凡是有商品货币交换的地方,这一规律就必然会起作用。

三、贮藏手段

货币退出流通,贮藏起来,就执行贮藏手段的职能。货币成为社会财富的一般代表,因此人们就有贮藏货币的欲望。当然,这种货币既不能是观念上的货币,也不能是不足值的货币或只是一种符号的纸币,它应是一种足值的金属货币或是作为货币材料的贵金属。

在交换的初级阶段,产品的主要部分是为自己消费,所以当时货币执行贮藏手段的目的是用货币形式来保存剩余产品。在商品经济还不够发达的情况下,商品生产者并不一定能够在需要货币购买其他商品时顺利地卖掉自己的商品,所以为了避免市场的自发性导致的风险,生产者会有意识地积累货币,使再生产得以顺利进行。随着商品经济的发展,在私有制社会里,货币在社会上的影响增大,它代表着绝对的物质财富,从而人们在求金欲的驱使下贮藏货币。

在足值的金属货币流通的情况下,货币作为贮藏手段,具有自发调节货币流通的作用:当流通中的货币量大于商品流通所需要的货币量时,多余的货币会退出流通领域;当流通中所需要的货币量不足时,贮藏货币会重新加入流通。贮藏货币就像蓄水池一样自发地调节着流通中的货币量,使它与商品流通相适应。因此,在足值的金属货币流通条件下不会发生通货膨胀现象。货币的贮藏手段是以金属货币为前提的,即只有在金属货币流通的条件下,货币才能自发地进出流通领域,发挥蓄水池的作用。当今世界大多数国家已经废除了金属货币的流通,普遍采用了信用货币。如果通货膨胀水平较低,并且预期通货膨胀水平也很低,信用货币是可以被"贮藏"起来的,但这种暂歇在居民手中的货币不是贮藏货币,它仍是计算在市场流通量之中的。这样,信用货币也就不能自发地调节流通量中的货币量,贮藏手段职能实际上也就不存在了。

四、支付手段

货币作为交换价值而独立存在,非伴随着商品运动而作单方面的转移,其执行着支付手段职能。在货币执行流通职能时,商品交换要求一手交钱、一手交货;而作为支付手段,价值的单方面转移是其特征。支付手段的产生源于商业信用的产生。在较发达的商品经济条件下,在商品生产循环和周转中,某些商品生产者会产生资金周转的多余或不足,为使再生产得以顺利进行,商品赊销、延期付款等信用方式就相应产生。此外,商品的供求状况也影响着商品的信用方式。当赊购者偿还欠款时,货币就执行支付手段的职能。

货币执行支付手段的职能,最初主要是为商品流通服务,用于商品生产者之间清偿债务。随着商品生产的发展,货币的支付手段职能已超出了商品流通领域,扩展到其他领域,如工资、佣金、房租以及其他领域。随着信用制度和科技的发展,货币的支付手段职能虽然不断扩大,但其扩展的广度和深度仍受商品流通发展的程度所制约。

货币作为流通手段克服了物物交换的种种局限性;而货币作为支付手段,又进一步克服了货币作为流通手段要求一手交钱、一手交货的局限性,极大地促进了商品交换。同时,它也使商品经济的矛盾进一步复杂化。在商业信用盛行时,商品生产者之间的债权债务关系也就普遍存在。一个商品生产者偿还债务的能力往往受到其他商品生产者能否按期偿还对他的债务的影响。在债务债权的链条中,如果有一部分生产者由于种种原因不能按期偿还债务,就有可能引起整个支付链条的崩断,以致给商品生产和流通带来严重的后果。

在货币执行支付手段的职能中直接产生了信用货币。信用货币是代替金属货币充当流通手段和支付手段的信用证券,如期票、汇票、支票等。在货币执行支付手段职能的情况下,由于赊销商品的部分当时不需支付

货币,再加之债权债务关系相互抵消等因素,都会影响一定时期内市场对货币流通的需要量。这样,货币流通规律的公式即为:

$$货币流通必要量 = (商品价格总额 - 赊销商品价格总额 + 到期支付总额 - 相互抵消的支付总额) / 货币流通速度$$

五、世界货币职能

当货币超越国界,在世界市场上发挥一般等价物作用时便执行世界货币的职能。

世界货币只能是以重量直接计算的贵金属。而铸币和纸币是国家依靠法律强制发行,只能在国内流通的货币,不能真实地反映货币具有的内在价值。

货币执行世界货币的职能主要表现为三个方面:第一,作为国际一般的支付手段,用以平衡国际收支差额。这是世界货币的主要职能。第二,作为国际一般的购买手段,用以购买外国商品。作为购买手段的货币在此时当作货币商品与普通商品相交换。第三,作为国际财富转移的一种手段,比如战争赔款、输出货币资本等。

世界货币的职能也是以贵金属为条件的。在理论上,信用货币由于没有内在价值或其价值可以忽略,是不能够执行世界货币的职能的。在当代,一些西方发达国家的信用货币,成为世界上普遍接受的硬通货,实际上发挥着世界货币的职能。世界上各国都把这些硬通货作为本国储备的一部分,并用来作为国际的支付手段和购买手段。这一方面是因为发行这些硬通货的国家经济发达,国力强大,国际政治经济地位较高,因此其货币也较坚挺、有保障;另一方面也是国际金融发展的结果,近几十年来,欧洲美元市场、离岸金融业务的发展,也促进了这些信用货币的全球化。

货币的这五种职能,并不是各自孤立的,而是具有内在联系的,每一个职能都是货币作为一般等价物的本质的反映。其中,货币的价值尺度和流通手段职能是两个基本职能,其他职能是在这两个职能的基础上产生的。所有商品首先要借助于货币的价值尺度来表现其价格,然后才通过流通手段实现商品价值。正因为货币具有流通手段职能,随时可购买商品,货币能作为交换价值而独立存在,可用于各种支付,所以人们才贮藏货币,货币才能执行贮藏手段的职能。支付手段职能是以贮藏手段职能的存在为前提的。世界货币职能则是其他各个职能在国际市场上的延伸和发展。从历史和逻辑上讲,货币的各个职能都是按顺序随着商品流通及其内在矛盾的发展而逐渐形成的,从而反映了商品生产和商品流通的历史发展进程。

第三节　货币制度和货币层次

一、货币制度的基本内容

货币制度的基本内容包括:货币金属与货币单位,通货的铸造、发行与流通程序,金准备制度等。

1. 货币金属与货币单位

确定用什么金属来作为货币材料是建立货币制度的首要步骤,货币金属是建立货币制度的基础。金属货币材料的选择是受客观经济发展制约的。在历史上,一般都先以白银为货币金属,后来随着黄金的大量开采,才过渡到金银并用,并最终使黄金在币材中独占了统治地位。选择什么样的金属作为本位币的币材,就会构成什么样的货币本位制度。这是由国家法律确立的,但要受客观经济发展需要的制约。现代各国货币都是信用货币,选择币材的技术意义已超出经济意义,例如如何防伪等。

随着货币金属的确定,就要规定货币单位,它包括规定货币单位的名称和每一货币单位所包含的货币金属量。例如,美国的货币单位为"美元",根据 1934 年 1 月的法令规定,1 美元含纯金 13.714 格令(合 0.888 671 克);中国北洋政府在 1914 年颁布的《国币条例》中规定,货币单位定名为"圆",含纯银 6 钱 4 分 8 厘(合 23.977 克)。规定了货币单位及其等分,就有了统一的价格标准,从而使货币更准确地发挥计价流通的作用。在当代,世界范围流通的都是信用货币,货币单位的值的确定,就同如何维持本国货币与外国货币的比价有直接关系。

2. 通货的铸造、发行与流通程序

通货的铸造是指本位币与辅币的铸造。本位币是按照国家规定的货币单位所铸成的铸币,亦称主币。本位币的面值与实际金属价值是一致的,是足值货币。本位币具有无限法偿能力,即国家规定本位币有无限支付的能力,不论支付额多大,出售者和债权人都不得拒绝接受。同时,本位币可以自由铸造、自行熔化,并且流通中磨损超过重量公差的本位币,不准投入流通使用,但可向政府指定的单位兑换新币,即超差兑换。本位币的这种自由铸造、自行熔化和超差兑换,能使铸币价值与铸币所包含的金属价值保持一致,保证流通中的铸币量自发地适应流通对于铸币的客观需要量。

辅币是主币以下的小额通货,供日常零星交易与找零之用。辅币一般用较贱金属铸造,其所包含的实际价值低于其名义价值,但国家以法令形式规定在一定限额内,辅币可与主币自由兑换,这就是辅币的有限法偿性。辅币不能自由铸造,只准国家铸造;而铸币收入为国家所有,是财政收入的重要来源。为防止辅币充斥市场,国家除规定辅币为有限法偿货币外,还规定用辅币向国家纳税不受数量限制,用辅币向政府兑换主币不受数量限制。

在商品经济发展速度大大超过贵金属产量增长速度的情况下,金属铸币不能满足商品流通对流通手段和支付手段日益增长的需要,于是就出现了银行券和纸币。

银行券是在商业信用基础上,由银行发行的信用货币。最早的银行券出现于 17 世纪,用来替代商业票据。当商品经济发展到一定阶段后,由于信用交易产生了商业票据,一些持票人因急需现金而到银行要求贴现,银行就付给他们银行券。这样,银行券就通过银行放款的程序投入了流通。同时,银行券的发行应有信用保证(票据保证)和黄金保证。持券人可随时向发行银行兑换金属货币。但是,自 1929—1933 年世界经济危机后,各国中央银行发行的银行券都不能兑现,它的流通已不再依靠银行信用,而是单纯依靠国家政权的强制力量,从而使银行券纸币化了。虽然当今世界许多国家的银行券均是不可兑换的,但不少国家仍实行银行券发行限制制度。例如,瑞士规定中央银行发行的银行券必须有 40% 的黄金准备,且这些黄金必须存放在国外而不能由中央银行自己保存,其余 60% 可用国家债券和商业票据作担保,充当发行准备金。

纸币是银行和政府发行并依靠其信誉和国家权力强制流通的价值符号。现在的纸币,其前身就是可兑换的银行券。纸币并不需要黄金准备,因此可以用来弥补财政赤字,从而就可能导致通货膨胀。

3. 金准备制度

金准备制度就是黄金储备制度,是货币制度的一项重要内容,也是一国货币稳定的基础。大多数国家的黄金储备都集中由中央银行或国家财政部负责管理。在金属货币流通的条件下,黄金储备主要有三项用途:第一,作为国际支付手段的准备金,也就是作为世界货币的准备金;第二,作为时而扩大时而收缩的国内金属流通的准备金;第三,作为支付存款和兑换银行券的准备金。在当前世界各国已无金属货币流通的情况下,纸币不再兑换黄金,金准备的后两项用途已经消失,但黄金作为国际支付的准备金这一作用仍继续存在,各国也都储备一定量的黄金作为准备。

二、货币制度的演变

资本主义国家在其历史发展过程中,货币制度的发展变化,经历过银本位制、金银复本位制、金本位制和不兑现的信用货币本位制四大类型。

1. 银本位制

银本位制是指以白银为本位货币的一种货币制度。在货币本位制的演变过程中,以银本位为最早。在银本位制下,以白银作为本位币币材,银币是无限法偿货币,其名义价值与实际含有的白银价值是一致的。银本位分为银两本位与银币本位。在银本位制盛行的时代,大多数国家实行银币本位,只有少数国家实行银两本位。例如,中国于1910年宣布实行银本位制,但实质上是银圆与银两混用;直到1933年废两改圆,才实行了银圆流通。

银本位制从16世纪以后才开始盛行,但作为一种独立的货币制度存在于一些国家的时间并不长,且实行的范围也不广。其主要原因是:第一,19世纪以后,白银产量激增,国际市场上银价不稳定,并且由于供大于求而不断下跌;金银比价大幅波动,伦敦市场金银比价由1860年的1∶15,一直降到1932年的1∶73.5;第二,白银与黄金相比体积大而价值小,资本主义大工业与批发商业的兴起导致大规模交易日益增多,白银显然已经不再适应经济发展的客观需要。许多国家纷纷放弃银本位制已成必然。

2. 金银复本位制

金银复本位制是指以金和银同时作为币材的货币制度。在这种制度下,金银两种铸币都是本位币,均可自由铸造,两种货币可以自由兑换,并且两种货币都是无限法偿货币。复本位制盛行于资本主义原始积累时期(16—18世纪)。在这一历史阶段,商品生产和流通进一步扩大,对银和金的需求量都大幅增加。由于银价值含量小,所以适合小额交易;金的价值含量大,适合于逐渐多起来的大额交易。同时,金的供给量也由于人工开采的增加而增加,使金银复本位替代银本位成为可能。

复本位制按金银两种金属的不同关系又可分为平行本位制、双本位制和跛行本位制。

(1)平行本位制。这是金银两种货币均各按其所含金属的实际价值任意流通的货币制度。国家对金银两种货币之间的兑换比例不加固定,而由市场上自发形成的金银比价自行确定金币与银币的比价。由于市场机制形成的金银比价因各种原因而变动频繁,造成交易的混乱,使得这种平行本位制极不稳定。

(2)双本位制。这是金银两种货币按法定比例流通的货币制度,国家按照市场上的金银比价为金币和银币确定固定的兑换比率。双本位制以法定形式固定金币与银币的比价,其本意是为了克服平行本位制下金币与银币比例的频繁波动的缺陷;但事与愿违,这样反倒形成了国家官方金银比价与市场自发金银比价平行存在的局面,而国家官方比价较市场自发比价显然缺乏弹性,不能快速依照金银实际价值比进行调整。因此,当金币与银币的实际价值与名义价值相背离,从而使实际价值高于名义价值的货币(即良币)被收藏、熔化而退出流通,实际价值低于名义价值的货币(即劣币)则充斥市场,即所谓的"劣币驱逐良币",这一规律又称"格雷欣法则"。因此,某一时期,市场上实际只有一种货币在流通,很难有两种货币同时并行流通。这也成了许多国家向金本位制转变的动因。

(3)跛行本位制。这是指国家规定金币可自由铸造而银币不允许自由铸造,并且金币与银币可以固定的比例兑换。实际上,银币已经降到了金币附属的地位,因为银币的价值通过固定的比例与金币挂钩;而金币是可以自由铸造的,其价值与本身的金属价值是一致的。因此,严格意义上看,跛行本位制只是由复本位制向金本位制过渡的一种中间形式而已。

3. 金本位制

金本位制是指以黄金作为本位货币的货币制度。其主要形式分为三种:金币本位制、金块本位制和金汇兑本位制。

（1）金币本位制。所谓金币本位制，是以黄金为货币金属的一种典型的金本位制。其主要特点有三个：

第一，金币可以自由铸造、自由熔化。这样可以自发调节流通中的货币量，使金币的自身价值与面额价值保持一致，从而保证商品流通的顺利进行和经济的平稳运行。

第二，流通中的辅币和价值符号可以自由兑换金币。这样，流通中的价值符号，如纸币、银行券等，就有了充足的黄金保证，能够代表一定量的黄金进行流通，从而保证了辅币与价值符号的稳定，不会导致通货膨胀，同时也节约了黄金。

第三，黄金可以自由输出与输入。在实行金本位制的国家之间，其汇率是根据两国货币的黄金含量计算出来的，称为金平价；当由于供求关系等因素导致市场汇率偏离金平价，在达到黄金输出输入点时，黄金就会在外汇市场不均衡引起的利益驱动下自由流动，从而稳定外汇汇率，有利于国际贸易的顺利开展。

英国于1816年5月最早实行金币本位制，之后欧洲其他国家也纷纷效仿，美国到1900年才实行金币本位制。在20世纪初，西方主要资本主义国家大多实行了金币本位制。从历史上看，金币本位制对于各国商品经济的发展、世界市场的统一都起到了重大的推动作用，其稳定的货币自动调节机制无疑是高效率的。但是，随着资本主义社会固有矛盾的加深和世界市场的进一步形成，金币本位制的基础受到了严重的威胁，并最终导致了金币本位制的终结。首先，各资本主义国家的政治经济发展极不平衡，尤其是第一次世界大战之后，各资本主义国家之间的矛盾更尖锐化，少数国家却拥有大量的黄金储备，而只拥有少量黄金的国家在政策上限制黄金的输出，实际上金币本位制已经不复存在。其次，近现代以来，资本主义经济迅速发展，对黄金的需求也日益增加，但黄金的开采由于种种原因不可能相应地快速增长，使得供给满足不了需求。这在一定程度上也影响了金币本位制在资本主义社会的"前途"。作为对上述困难的解决办法，金块本位制和金汇兑本位制相继出现了。

（2）金块本位制。金块本位制是指没有金币的铸造和流通，而由中央银行发行以金块为准备的纸币流通的货币制度。它与金币本位制的区别是：第一，金块本位制以纸币或银行券作为流通货币，不再铸造、流通金币，但纸币或银行券仍是金单位，规定含金量；第二，金块本位制不再像金币本位制那样实行辅币和价值符号同黄金的自由兑换,规定黄金由政府集中储存,居民可按本位币的含金量在达到一定数额后兑换金块,例如英国 1925 年规定银行券一次至少兑换 400 盎司的金块,这样高的限额对于大多数人来说是达不到的。英国、法国、荷兰、比利时等国在 1924—1928 年实行了金块本位制。

（3）金汇兑本位制。它是指以银行券作为流通货币,通过外汇间接兑换黄金的货币制度。它与金块本位制有相同点:货币单位规定含金量,国内流通银行券,没有铸币流通;它规定银行券不能兑换黄金,但可换取外汇。本国中央银行将黄金与外汇存于另一个实行金本位制的国家,允许以外汇间接兑换黄金,并规定本国货币与该国货币的法定比率,通过固定价买卖外汇以稳定币值和汇率。实行金汇兑本位制的国家实际上是使本国货币依附在一些经济实力雄厚的外国货币上,处于附庸地位,从而货币政策和经济都受这些实力强的国家的左右。同时,附庸国家向其大量提取外汇准备或兑取黄金也会影响后者的币制稳定。

无论是金块本位制还是金汇兑本位制,都没有金币的流通,从而失去了货币自动调节流通需要量的作用,币值自动保持相对稳定的机制也不复存在。在 1929—1933 年的世界性资本主义经济危机后,金本位制也就被不兑现的信用货币制度所代替,从而为国家干预、调节经济提供了一个十分有力的机制。

4. 不兑现的信用货币制度

不兑现的信用货币制度是指以不兑换黄金的纸币或银行券为本位币的货币制度。银行券开始是有黄金和信用双重保证的,可以兑换黄金、白银,但在金本位制全面崩溃以后,流通中的银行券不再兑换金银,这时,银行券已完全纸币化了。不兑现的纸币一般是由中央银行发行,国家法律赋予无限法偿能力。流通中全部是不兑现的纸币,黄金已经不用于国内流通。由于纸币与黄金毫无联系,货币的发行一般根据国内的经济需要由中央银行控制。信用货币是银行对货币持有人的负债,通过银行放款程序投入到流通领域中去。如果银行放松银根,信用货币投放过多,就可能出现通货膨胀,物价上涨;如果紧缩银根,就可能出现通货紧缩,物价下跌。可见,信用货币流通量的多少能够影响经济的发展,国家因此应对银行信用加以调控,达到其政策目的,保证货币流通量适应经济发展的需要。

不兑现的信用货币——纸币,代替黄金成为本位币,黄金完全退出货币流通,这种现象叫作黄金的非货币化,具有非常重要的意义。政府不再只是经济运行的守夜人、旁观者,而是可以利用纸币发行、流量来调节经济的参与者、操纵者,战后资本主义世界中只靠亚当·斯密的"看不见的手"来引导经济运行的国家几乎没有;不兑现的信用货币制度也是一柄双刃的剑,使得国家获得干预经济的手段的同时,也使得通货膨胀成为可能并且不时困扰着资本主义世界。

三、货币层次的划分

1. 现代货币层次划分的标准

货币供应量,是指一国在某一时点上为社会经济运转服务的货币存量总额,它由包括中央银行在内的金融机构供应的存款货币和现金货币两部分构成。

由于货币在现代经济中扮演着极其重要的角色,如何定义货币,不仅具有理论意义,更具有现实意义。在前面,我们曾给货币下过一个定义,即货币是一切商品的一般等价物,这是从货币的本质来下的定义,是抽出货币区别于其他东西的最重要特征,然后根据这个特征来下定义。在现代经济中,各种信用工具和流动资产纷纷涌现,种类繁多,比如通货、活期存款、定期存款、存单等等,各自都有一定程度的"货币性",究竟哪一类或哪一组合信用工具才应视作货币? 货币供应量所包括的范围应如何确定?

目前,大多数经济学家都认为应根据金融资产的流动性来定义货币,确定货币供应量的范围。所谓金融资产的流动性也称"货币性",它取决于买卖的便利程度和买卖时的交易成本。它是指一种金融资产能迅速转换成现金而对持有人不发生损失的能力,也就是变为现实的流通手段和支付手段的能力,也称变现力。流动性程度不同的货币在流通中转手的次数不同,形成的购买力不同,从而对商品流通和其他经济活动的影响程度也就不同。比如现金和活期存款,直接作为流通手段和支付手段使用,直接引起市场商品供求变化,因而具有完全的流动性,其货币性最强。比如,定期存款和储蓄存款则流动性较低,也会形成一定购买力,但因需要转化为现金才能变为现实的购买手段,提前支取要受一定程度的损失,所以其流通次数较少,对市场的影响力就不如现金。

2. 狭义货币、广义货币和准货币

（1）狭义货币。

根据金融资产的流动性来划分不同层次的货币供应量,但究竟流动性多大才算货币,多小又不算货币,经济学家们则有不同的观点。

第一种观点认为,货币的主要职能是交换媒介和支付手段,主张把货币的外延(范围)只限于流通中现金和商业银行体系的支票存款的总和,这就是狭义的货币供应量 M_1,即

$$M_1 = 流通中现金 + 商业银行体系的支票存款$$

这种观点的理论基础是,只有流通中现金和支票存款才是普遍为人们所接受的交换媒介或支付手段,即交易成本最低的交换媒介。

（2）广义货币。

第二种观点认为,货币也具有贮藏手段的职能,是"购买力的临时储存",很容易变成现金。这样,商业银行体系中的储蓄存款和定期存款,当然也是货币,应计算在货币供应范围内,从而得到了广义的货币 M_2,即

$$M_2 = M_1 + 商业银行的定期存款和储蓄存款$$

第三种观点认为,在现代货币经济社会中,商业银行之外还存在着各种专业银行和接受存款的金融机构,如信用合作社、邮政储蓄系统等,这些非银行性金融机构不能接受支票存款,但能接受储蓄存款和定期存款,这些金融机构的存款与商业银行的定期存款及储蓄存款没有本质区别,都具有较高的货币性,从而货币供应量扩大为 M_3,即

$$M_3 = M_2 + 其他金融机构的储蓄存款和定期存款$$

第四种观点认为,在金融市场高度发达的情况下,各种短期的流动资产,如国库券、人寿保险公司保单、承兑票据等等,它们在金融市场上贴现和变现的机会很多,都具有相当程度的流动性,与 M_1 只有程度上有区别,但并无本质上的区别。因此,应把它们也纳入货币供应量中,由此得到 M_4,即

$$M_4 = M_3 + 其他短期流动资产（如国库券、$$
$$银行承兑汇票、商业票据等）$$

（3）准货币。

准货币（quasi-money），又叫近似货币，是一种以货币计值，虽不能直接用于流通但可以随时转换成通货的资产。准货币虽不是真正意义上的货币，但因可随时转化为现实的货币，故对货币流通有很大影响，是一种潜在货币。

准货币主要由银行定期存款、储蓄存款以及各种短期信用流通工具等构成，如国库券、储蓄存单、承兑票据等，它们在金融市场上贴现和变现的机会很多，都具有相当程度的流动性，与 M_1 在程度上并无本质区别。从货币层次上看，准货币 $= M_2 - M_1$，即广义货币与狭义货币之差为准货币。

各国具体的货币层次划分是不断变化的，没有一个货币量定义能符合整个时期的标准或为所有人同意。

国际货币基金组织有其划分货币层次的方法；美国也在不同经济发展时期公布货币量计算指标。

中国人民银行为保证"保持货币稳定，并以此促进经济增长"这一货币政策最终目标的实现，决定把货币供应量作为我国货币政策中介目标之一，并从 1994 年开始正式确定货币供应量指标。

现阶段我国货币供应量主要分为以下三个层次：

$M_0 = $ 流通中现金

$M_1 = M_0 + $ 活期存款

$M_2 = M_1 + $ 准货币（定期存款＋储蓄存款＋其他存款）

自 2001 年 6 月起，其他存款中含证券公司存放在金融机构的客户保证金。自 2011 年 10 月起，货币供应量已包括住房公积金中心存款和非存款类金融机构在存款金融机构的存款。

四、货币层次划分的现实意义

迄今为止，关于货币供应量层次的划分并无定论，但根据资产的流动性来划分货币供应量层次，已为大多数国家政府所接受。不管怎样，狭义货币供应量 M_1 的基本内容已被各国普遍接受。

货币是引起经济变动的一个因素，随着经济的发展，货币与经济的联系日益密切，货币供求的变化对国民经济的运行产生着重大的影响。调控货币供应量，使其适应经济发展的需要，已成为各国中央银行的主要任务。可见,对货币供应量层次的划分具有重要的意义。通过对货币供应量指标的分析,可以观察、分析国民经济的变动;考察各种具有不同货币性的资产对经济的影响,并选定一组与经济的变动关系最密切的货币资产,作为中央银行控制的重点,有利于中央银行调控货币供应,并及时观察货币政策的执行效果。

第四节　利息和利率

一、利息的本质

利息是与信用密切相关的一个概念。在现代经济生活中,人们对于利息的概念并不陌生。一个人存入银行100元的存款,到期后取出存款时,就会得到相应的利息。但是,利息的本质是什么,这个问题却被争论了几百年的时间。这里简要介绍几种主要的理论。

1. 西方古典经济学派的利息理论

威廉·配第(1633—1687)与约翰·洛克(1632—1704)先后提出"利息报酬说",但他们两人论述的重点不同。配第认为,利息是"因暂时放弃货币的使用权而获得的报酬"。[1] 因为借贷货币会给贷出方带来诸多不便,所以贷出方"对自己不方便可以索取补偿……这种补偿,我们通常叫作利息"。[2] 洛克也认为利息是对贷款人的回报,但他认为利息是贷款人因承担了风险而得到的报酬,并认为报酬的多少应与所承担风险的大小相适应。

达德利·诺思(1641—1691)提出了"资本租金论",把贷出货币所收取的利息看成是地主收取的租金。他认为,资本的余缺产生了利息,有的人拥有资本但不愿或不能从事贸易,而想从事贸易的人手中又缺乏资本,所以"资本所有者常常出借他们的资金,像出租土地一样。他们从中得到叫作利息的东西,所谓利息不过是资本的租金罢了"。[3] 诺思已经把作为资本的货币和作为货币的货币区别开来,因而成了"第一个正确理解利息

---

[1] 威廉·配第:《货币略论》,商务印书馆,1978年版,第126页。
[2] 同上。
[3] 达德利·诺思:《贸易论》,商务印书馆,1982年版,第103页。

的人"①。

约瑟夫·马西(？—1784)提出了"利息源于利润说",他认为贷款人贷出的是货币或资本的使用价值,即生产利润的能力,"人们为了使用他们所借的东西而作为利息支付的,是所借的东西能够生产的利润的一部分"。② 贷款人因此得到的利息直接来源于利润,并且是利润的一部分。马克思认为这是一个伟大的发现。

亚当·斯密(1723—1790)是英国古典政治经济学的主要代表。他提出了"利息剩余价值说"。他认为利息具有双重来源:其一,当借贷的资本用于生产时,利息来源于利润;其二,当借贷的资本用于消费时,利息来源于别的收入,如地租等。斯密明确地说明利息代表剩余价值,马克思评价他"不止一次地明白指出,利息由于一般地说来代表剩余价值,始终只是从利润中派生的形式"。③

　　2. 近现代西方学者的利息理论

英国经济学家纳骚·西尼尔提出了"节欲论"。按照他的逻辑体系,价值不是由生产商品所耗费的劳动创造的,而是决定于生产费用;生产费用由工资和利润两部分组成,工资是工人劳动的报酬,利润则是资本家节欲的报酬。工人放弃了安逸和休息而去劳动,这就作了牺牲,工资就是这种牺牲的报酬;资本家放弃了个人消费,利润就是对这种牺牲的报酬。借贷资本只是总资本的一部分,利息也只是总利润的一部分,所以利息也是借贷资本家节欲的结果。

约翰·克拉克(1847—1938)是美国著名经济学家,他提出了"边际生产力说"。他认为,当劳动量不变而资本相继增加时,每增加一个资本单位所带来的产量依次递减,最后增加一单位资本所增加的产量就是决定利息高低的"资本边际生产力"。"在这一系列资本单位中,任何一个所有者所得的利息,不能超过最后一个单位的产量。假若第一个单位所有者所要求的利息超过了最后一个单位的产量,企业家就不使用这个单位的资本,而用最后一个单位来代替它。"④"前后一个单位的资本所增加的产

---

　　① 《马克思恩格斯全集》第 26 卷,第 395 页。
　　② 《资本论》第 3 卷,第 395 页。
　　③ 《马克思恩格斯全集》第 26 卷,第 560 页。
　　④ 约翰·克拉克:《财富的分配》,商务印书馆,1959 年版,第 137 页。

量决定了利息的标准。每一个单位的资本能给它的所有者带来和最后一个单位的资本的产量相同的收益,但是不能给它的所有者带来比这更多的收益。"①因此,利息就取决于资本边际生产力的大小。

美国著名经济学家欧文·费雪(1867—1947)从纯心理因素来解释利息现象,提出了"人性不耐说"。他认为,人性具有偏好现在就可提供收入的资本财富,而不耐心地等待将来提供收入的资本财富的心理。人具有目光短浅、意志薄弱、随便花钱的习惯,强调自己生命的短促和不确定、自私和不愿为后生的孤独打算、盲目追随时尚等,都倾向于增大不耐心。相反,高度的远见、高度的自制、节约的习惯、强调长寿的预期、有家属并深切关怀家属在他死后的幸福、保持收支适当平衡的独立自由等,则倾向于减少不耐心。在任何一个人身上,这种种倾向的总结果将会决定他在一定时间、一定情形与特定收入条件下的不耐程度。这一结果因人而异,即使对同一人来讲,也因时而异。不耐程度低的人具有较低的时间偏好,不耐程度高的人具有较高的时间偏好。在存在借贷市场的情况下,不耐程度高的人倾向于借债,而不耐程度低的人倾向于放款。这些活动如果进行得充分的话,将降低高度的时间偏好并提高低度的时间偏好,一直到大家在共同的利率下都达到了某一中间地带为止。因此,"利息是不耐的指标"②。

当代西方经济学界最有影响的约翰·梅纳德·凯恩斯(1883—1946)提出了"流动性偏好说"。他认为:"就字面讲,利率一词就直截了当地告诉我们:所谓利息,乃是在一特定时期以内,放弃周转流动性的报酬。"③研究利息不能不注意个人心理上的时间偏好,而这种时间偏好成立与否必须要有两组不同的决定。第一组决定是消费倾向,即在既定的收入水平下,多少用于消费、多少用于储蓄。第二组决定是储蓄结构,即在既定的储蓄额中,多少为生息债券,多少是现金。生息债券可以给持有者带来利息,但持有者要暂时放弃货币的使用权;现金虽不能带来收入,但具有高度的流动性。人们偏好流动性主要产生于三种动机:"一是交易动机,即需要现金以备个人或业务上作当前交易之用;二是谨慎动机,即想保障一部分资源在未来之现金价值;三是投机动机,即相信自己对未来之看

① 约翰·克拉克:《财富的分配》,商务印书馆,1959 年版,第 141 页。
② 欧文·费雪:《利息理论》,上海人民出版社,1959 年版,第 43 页。
③ 凯恩斯:《就业、利息和货币通论》,商务印书馆,1963 年版,第 142 页。

法，较市场上一般人高明，想由此从中取利。"①如果一个人手中有现金在手，就可以随时应付这三种动机的需求。企业和商人想取得一定的货币，就必须以支付一定的报酬来诱使公众让渡出一部分货币，而利息就成为人们在一定时期内放弃这种流动性偏好的报酬。流动性偏好的大小决定了货币需要量的多少，而货币需要量与货币供给量一起决定利率水平。

3. 马克思的利息理论

虽然西方经济学家对于利息本质提出了各种学说，但他们都没有深入分析利息产生的真正原因，没有把利息和利润区别开来。只有马克思才真正地揭示了利息的本质，指出利息不是产生于货币的自行增殖，而是产生于它作为资本的使用。

马克思指出："在生息资本上，资本关系取得了最表面、最富有拜物教性质的形式。在这里，我们看到的是 $G—G'$，是生产更多货币的货币，是没有在两极间起中介作用的过程而自行增殖的价值。在商人资本 $G—W—G'$ 上，至少还存在着资本主义运动的一般形式，虽然这种运动只处在流通领域内，因而利润只表现为让渡利润；但不管怎样，利润仍表现为一种社会关系的产物，而不是表现为单纯的物的产物。商人资本的形式，仍然表现一个过程，表现两个相反阶段的统一，表现一种分为两个相反行为即商品的买和卖的运动。在 $G—G'$ 这个生息资本的形式上，这种运动就消失不见了。"②"在这里，我们看到资本的最初起点，$G—W—G'$ 公式中的货币，这个公式已归结为两极 $G—G'(G'=G+\Delta G)$，即创造更多货币的货币。这是被缩简成了没有意义的简化式的资本最初的一般公式。这是一个已经完成的资本，是生产过程和流通过程的统一，因而是一个在一定期间内提供一定剩余价值的资本。但在生息资本的形式上，这种性质是直接地表现出来的，没有任何生产过程或流通过程作媒介。"③"在生息资本的场合，资本的运动被简化了，中介过程被省略了。"④简而言之，就是：第一，利息以货币转化为货币资本为前提。货币如果不是参加资本的运动，而是被贮藏或用于购买生活消费品，就不可能有货币的增殖。第二，

---

① 凯恩斯：《就业、利息和货币通论》，商务印书馆，1963 年版，第 145 页。
② 《资本论》第 3 卷，第 440 页。
③ 同上书，第 441 页。
④ 同上书，第 443 页。

利息和利润一样,都是剩余价值的转化形式。如果借款人是产业资本家,

那么生息资本实际运动的全过程就是 $G—G—W \begin{smallmatrix} A \\ \cdots P \cdots \\ P_m \end{smallmatrix} W'—G'—G$;如

果借款人是商业资本家,则运动的全过程就是: $G—G—W—G'—G'$。从中可以看出,利息来源于剩余价值。第三,利息是职能资本家让渡给借贷资本家的那一部分剩余价值,体现的是资本家全体共同剥削雇佣工人的关系。实际上, G' 分为两个部分,即 $G' = G_1 + G_2$,一部分为职能资本家的利润,另一部分为职能资本家支付给借贷资本家的利息。因为马克思对利息本质的论述深刻地揭露了私有制下的剥削关系,所以马克思的这种利息来源理论也被称为"剥削论"。

二、利率的分类

利率是指一定时期内利息额同贷出资本额(本金)的比率。它是衡量利息高低的指标。利率是经济学中一个非常重要的经济变量,在实际生活中,利率的变动对国民经济和人们的行为都会产生很大影响。

利率是一个大系统,随着金融活动日益发展,金融活动方式日益多样化,利率的种类也日益繁多,按不同的标准可划分出多种多样的利率。

1. 年利率、月利率、日利率

按计算利息的期限长短划分,可将利率分为年利率、月利率和日利率。年利率是以年为时间单位计算利息,通常以百分之几计算,如 1%;月利率是以月为时间单位计算利息,通常以千分之几计算,如 0.1%;日利率是以天为时间单位计算利息,通常以万分之几计算,如 0.01%,日利率习惯称"拆息"。西方工业化国家习惯以年利率为主,我国习惯以月利率为主。

2. 固定利率与浮动利率

固定利率是指在整个借贷期限内,利率不随资金供求状况而变动的,它是传统采用的,适用于短期借贷。

浮动利率是指在借贷期限内随市场利率的变化而定期调整的利率。浮动利率使借贷双方承担的利率变化风险减少了,但由于手续繁杂,计算多样化而使费用成本增加。因此,它较适用于长期借贷或市场利率多变的借贷关系。

3. 实际利率和名义利率

名义利率是指未剔除物价变动因素的利率。实际利率是指剔除物价变动因素后的利率,即货币购买力不变条件下的利率。根据物价水平实际变化进行调整的利率称为事后真实利率;根据物价水平的预期变化进行调节的利率称为事前真实利率。

在经济生活中,区别名义利率和实际利率极其重要。例如,投资者所获得的真实收益必须剔除通货膨胀的影响。在进行经济决策时,重要的是对实际利率的预期与对通货膨胀率的预期。实际利率和名义利率的关系可用费雪方程式表示,即

$$i_r = i - \pi^e$$

其中,i 为名义利率,i_r 为实际利率,π^e 为预期通货膨胀率。根据费雪方程式,费雪效应是指通货膨胀预期导致名义利率上升的现象,是从名义利率和预期通货膨胀率关系的角度进行分析。

相对名义利率,实际利率能够更准确地反映借款的真实成本和贷款的真实回报。因此,借款人和贷款人会对实际利率的变动做出反应。实际利率越高,贷款人贷出资金的动力就越大,借款人借入资金的动力就越小。

4. 市场利率、官定利率和公定利率

市场利率是随市场上货币资金的供求关系而变动的利率。官定利率是由政府金融管理部门或中央银行确定的利率,它是国家为了实现宏观调控目标的一种政策手段。由民间金融组织如银行公会所确定的利率是行业公定利率。

5. 长期利率与短期利率

以信用行为期限长短为划分标准,可以将利率划分为长期利率和短期利率。借贷时间在 1 年以内的利率称为短期利率;借贷时间在 1 年以上的利率称为长期利率。利率的高低与期限长短、风险大小有直接的联系。一般来说,期限越长,投资风险越大,其利率也越高;期限越短,投资风险越小,其利率也越低。

6. 一般利率与优惠利率

以利率是否带有优惠性质为标准划分。银行优惠利率是指略低于一般贷款利率的利率。优惠利率一般是提供给信誉好、经营业绩佳且有良

好发展前景的借款人。优惠利率的授予也同国家的产业政策相联系。

在国际金融领域,外汇贷款利率的优惠以伦敦同业拆借市场的利率为衡量标准,低于该利率的可称为优惠利率。

三、利息和利率的计算

1. 单利和复利

计算利息需要用到的两个基本变量是本金与利息率。利息的计算有两种基本方法:单利法和复利法。

(1)单利法。单利法是指在计算利息额时,只按本金计算,而不将利息额加入本金进行重复计算的方法。用公式可以表示为

$$I = P \times i \times n$$

$$S = P \times (1 + i \times n)$$

式中,I 表示利息额,P 表示本金,i 表示利息率,n 表示借贷期限,S 表示本金与利息之和(简称本利和)。

例如,A 银行向甲企业贷放一笔为期 3 年,年利率为 10% 的 100 万元贷款,则到期日甲企业应付利息额 I 与本利和 S 分别为

$$I = P \times i \times n = 100 \times 10\% \times 3 = 30(万元)$$

$$S = P \times (1 + i \times n) = 100 \times (1 + 10\% \times 3) = 130(万元)$$

(2)复利法。复利法是与单利法相对的另一种计算利息的方法,是指将按本金计算出的利息额再计入本金,重新计算利息的方法。其计算公式为

$$I = P \times [(1 + i)^n - 1]$$

$$S = P \times (1 + i)^n$$

在上例中,如其他条件不变,按复利计算甲企业到期日应付利息与本利和分别为

$$I = P \times [(1 + i)^n - 1] = 100 \times [(1 + 10\%)^3 - 1] = 33.1(万元)$$

$$S = P \times (1 + i)^n = 100 \times (1 + 10\%)^3 = 133.1(万元)$$

以单利法计息,手续简单,计算方便,借入者的利息负担也比较轻。

以复利法计息,考虑了资金的时间价值因素,是对贷出者(储户)利益的保护,有利于提高货币资金的时间价值的观念和使用效益,并强化利率杠杆的作用。一般来说,长期计算多采用复利计算。

(3) 应用。

① 现值与终值。现值(present value),是指未来某一时点上的一定数量资金折合到现在的价值,俗称"本金",通常记作 P。

终值(future value),是指现在的一定数量资金在未来某一时点上的价值,又称将来值或本利和,通常记作 F。

单利终值的计算公式为 $F = P \times (1 + i \times n)$

单利现值的计算公式为 $P = \dfrac{F}{(1 + i \times n)}$

复利终值的计算公式为 $F = P \times (1 + i)^n$

复利现值的计算公式为 $P = \dfrac{F}{(1 + i)^n}$

以上四个计算公式中,P 表示现值,F 表示终值,i 表示利率。

在复利应用比较普遍的今天,复利现值和复利终值的应用更加广泛。例如,借鉴复利现值的思想,可计算各种金融资产的到期收益率。

② 一般复利与连续复利。

假设 P 为本金,i 为年利率,n 为投资期,如果利息按每年记一次复利,则终值 $F = P \times (1 + i)^n$;如果每年计 m 次复利,终值就是 $F = P \times \left(1 + \dfrac{i}{m}\right)^{mn}$。当 m 为有限数值时,i 称为一般复利;当 m 趋向于无穷大时(也就是说,每年计息次数为无穷大),利率 i 的意义就变成:当时间可以无限分割时的复利利率,即连续复利。

连续复利的终值计算公式为

$$F = \lim_{m \to \infty} P \times \left(1 + \frac{i}{m}\right)^{mn} = P \times e^{in}$$

在金融衍生工具定价中,连续复利得到了广泛的应用。

2. 到期收益率

到期收益率是计算利率的重要方式。到期收益率是指使来自某种金融工具未来回报的现金流的现值总和与其今天的价值相等的利率水平。

理论上,金融资产的价值或今天的价格应该等于其未来所有现金流的现值之和。

令 P_0 表示金融工具当前的市场价格,CF_t 表示在第 t 时期的现金流,n 是时期数,r 为到期收益率,则到期收益率的计算公式可表示为

$$P_0 = \frac{CF_1}{1+r} + \frac{CF_2}{(1+r)^2} + \cdots + \frac{CF_n}{(1+r)^n} = \sum_{t=1}^{n} \frac{CF_t}{(1+r)^t}$$

如果将上述公式应用到息票债券上,可知:如果到期收益率等于息票利率(息票利息/面值),债券的价格等于面值;如果到期收益率高于息票利率,债券价格低于面值;如果到期收益率低于息票利率,债券价格高于面值。因此,债券价格与到期收益率是负相关的。

四、利率的作用和结构

1. 利率的作用

从数量上定义,利率就是利息量与带来这个利息量的资本量之间的比率。

在较成熟的市场经济条件下,货币所有者与货币使用者都关心经济效益,在这种情况下,利率将作为一个经济杠杆发挥重要的宏观和微观调控作用。从上面的分析中,我们知道利息是剩余价值的转化形式,直接来源于利润,即 $G' = G_1 + G_2$;利率的高低,决定着利润在货币所有者和货币使用者之间的分配比例。因此,在货币所有者与货币使用者都注重自身经济效益的条件下,利率便能发挥其经济调节作用。

从宏观的角度看,利率的经济杠杆功能主要表现在五个方面。第一,积累资金的功能。在商品经济条件下,资金的短缺制约着一国经济的发展。同时,社会上也存在着一定数量的游资。只有有偿地利用这些闲置资金,投入生产,才能避免双重的浪费。这种有偿的手段就是利率。通过利率来吸引闲置资金,投入生产,满足经济发展的需要。第二,调整信用规模的功能。中央银行的贷款利率、再贴现率作用于中央银行对商业银行和其他金融机构的信用规模。当中央银行提高贷款利率和再贴现率时,有利于缩小信用规模;相反的操作则有利于扩大信用规模。并且,商业银行的贷款利率、贴现率作用于商业银行对顾客的信用规模。当商业银行降低贷款利率、贴现率时,有利于扩大信用规模;反之则有利于缩小信用规模。第三,调节国民

经济结构的功能。利率对于国民经济结构的调节,主要是通过采取差别利率和优惠利率,以此来实现资源的倾斜配置。对于国家急需发展的产业、企业或项目,采取低利率加以支持;对于国家限制的产业、企业或项目,则采取高利率加以限制。第四,抑制通货膨胀的功能。在信用货币流通的情况下,对通货膨胀的治理便成了现代经济中的一个主要问题。当通货膨胀发生或预期通货膨胀将要发生时,通过提高贷款利率调节货币需求量,使得货币需求下降,信贷规模收缩,促使物价趋于稳定。如果通货膨胀不是由于货币总量不平衡所致,而是由于商品供求结构失衡所致,则对于供不应求的短线产品的生产可降低对其贷款的利率,促使企业扩大再生产,增加有效供给,迫使价格回落。第五,平衡国际收支的功能。当国际收支严重逆差时,可将本国利率调到高于其他国家的程度,一方面可阻止本国资金流向国外,另一方面可以吸引国外的短期资金流入本国。当国内经济衰退与国际收支逆差并存时,就不能简单地调高利率水平,而应调整利率结构。因为投资主要受长期利率的影响,而国际的资本流动主要受短期利率的影响。因此,在国内经济衰退与国际收支逆差并存时,一方面降低长期利率,鼓励投资,刺激经济复苏;另一方面提高短期利率,阻止国内资金外流并吸引外资流入,从而达到内外部同时均衡。

从微观的角度看,利率杠杆的主要功能表现在三个方面。第一,激励企业提高资金使用效率的功能。在经济生活中,工商企业向商业银行借款,而商业银行和其他金融机构又向中央银行借款。对于它们来说,利息始终是利润的抵减因素。因此,为了自身利益,企业(包括商业银行等)就必须加强经营管理,加速资金周转,减少借款额,通过提高资金使用效率来减少利息的支付。第二,影响家庭和个人的金融资产投资的功能。人们将货币转化为金融资产,主要考虑金融资产的安全性、收益性和流动性三个方面,而各种金融资产的收益与利率有着密切的联系。在安全性和流动性一定的情况下,通过调整利率,就可引导人们选择不同的金融资产。第三,作为租金计算基础的功能。资产所有者贷出资产,在到期后收回并取得相应的租金。租金的度量受多种因素的影响,如传统的观念与习惯、政府的法规、供求关系等,但通常是参照利率来确定的。

2. 利率的结构

在此之前的分析中,我们把利率看成是一个单一的利率,是一种抽象化的、便于进行分析的利率。然而,现实经济生活中存在的利率是千差万别的。因此,进一步分析利率的结构是有必要的。

（1）利率的期限结构。所谓利率的期限结构就是利率与金融资产期限之间的关系,是在一个时点上因期限差异而产生的不同的利率组合。

图 1.1(a)画出了三年的美国财政部证券收益率曲线。由图可见,不同期限债券的利率随时间有共同的变动趋势,收益率曲线具有向上倾斜的趋势。除了这两个特征之外,如果短期利率较低,收益率曲线更倾向于向上倾斜,而如果长期利率较低则收益率曲线倾向于向下倾斜。相比图 1.1(a),图 1.1(b)所描述的三条美国财政部收益率曲线与一般收益率曲线的形状很不一样,它们表现出了一些"反常"现象。

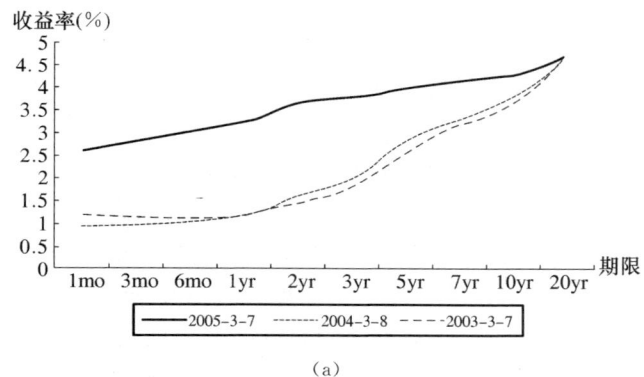

（a）

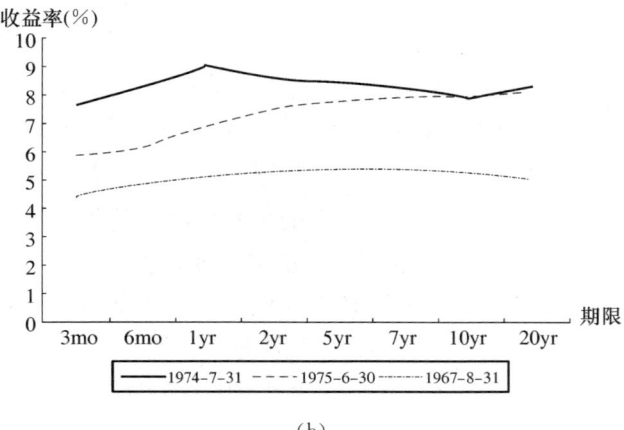

（b）

图 1.1 美国财政部收益率曲线

因此,利率期限结构理论所要解释的不仅仅是不同期限的金融资产有着不同的利率这一个问题,它还要分析收益率曲线的一些特征。

当今,有关利率期限结构分析的主要理论有如下三个:预期理论、市场分割理论和流动性偏好理论。

① 预期理论。预期理论(expectation theory)也叫无偏预期理论(unbiased-expectation theory),它认为任何证券的利率都同短期证券的预期利率有关。它假设:① 人们是风险中性的;② 远期利率是将来利率的完善预期;③ 因此债券的将来价格是确定的,从而任何投资期的债券的收益率也是确定的。也就是说,债券市场中不同期限的债券之间是可以完全替代的。在这种前提下,人们并不会偏好某一种特定期限的债券。只要某种债券的预期回报率低于期限不同的另一债券,人们就不会再持有这种债券。这就导致互为完全替代品的债券的预期收益率必须相等。

如果我们要进行一笔两年期的投资。假定市场上有两种投资策略:一是直接购买两年期的债券;二是先购买一年期的债券,到期后再购买另一种一年期的债券。如果期初本金为 A,1 年期债券的年利率为 i_1,2 年期债券的年利率为 i_2,预期一年后 1 年期债券的年利率为 e_1。按照第一种投资策略,到了两年期末,我们将会获得如下利息收入:$A[(1+i_2)^2 - 1]$;而按照第二种投资策略,两年末的利息收入则为 $A[(1+i_1)(1+e_1)-1]$。我们根据预期理论的假定,这两种投资策略给我们带来的投资收益应该是相等的,也就是说,如下等式应该成立:$A[(1+i_1)(1+e_1)-1]=A[(1+i_2)^2-1]$。由这个式子我们可得 $i_1e_1+i_1+e_1=i_2^2+2i_2$,2 年期债券的年利率与 1 年期债券年利率和预期一年后 1 年期债券年利率的关系应该如下所示:$i_2=\sqrt{(1+i_1)(1+e_1)}-1$。由于在实际中,$i_1e_1$ 和 i_2^2 都是很小的量,所以 2 年期债券的年利率应该约等于 1 年期债券年利率和预期一年后 1 年期债券年利率的平均数,也就是 $i_2=(i_1+e_1)/2$。

因此,对于长期利率和短期利率我们可以得到如下关系:如果预期未来短期利率上升,则长期利率会高于现时的短期利率,形成向上倾斜的收益率曲线;如果预期未来短期利率下降,则长期利率会低于现时的短期利率,形成向下倾斜的收益率曲线。

预期理论对利率的期限结构在不同时期变动的原因提供了一种解

释。根据预期理论,长期利率取决于即期短期利率和人们对未来短期利率预期的均值,因此长期利率也将随短期利率的上升而升高;预期假说还解释了为什么短期利率低会使得收益率曲线趋于向上倾斜,而短期利率高会导致收益率曲线趋于向下倾斜。如果短期利率较低,人们会预期它在未来将上升到某一正常水平,因此预期未来的短期利率将较高,从而长期利率也将高出当期的短期利率,收益率曲线向上倾斜。相反,如果短期利率较高则会形成向下倾斜的收益率曲线。

然而,我们还发现在现实中收益率曲线一般都是向上倾斜的,而关于这一点预期理论却无法解释。根据预期理论的观点,向上倾斜的收益率曲线通常表示人们预期未来短期利率上升,而这一点是不符合现实的。虽然预期理论能够揭示出利率期限结构的部分原因,但是很明显它的解释还并不完美,因此经济学家们又逐渐发展出其他的利率期限结构的理论,其中之一就是市场分割理论。

② 市场分割理论。市场分割理论(segmented market theory)将不同期限证券的市场分割开,认为它们都是完全独立的市场,而不同期限的利率水平是由各自供求的情况决定的,彼此之间互不影响。这种理论认为,不同期限的债券是难以相互替代的,因而一种期限债券的预期收益率对另一种期限债券的利率并没有什么影响。这一点假设正好与预期理论相反,在市场分割理论中,投资者对证券的选择是有偏好的,虽然产生偏好的原因有很多,但是正是这些偏好形成了不同期限的证券市场。

资金的借入者通常会在需要资金的期限内到适当的资金市场上去寻找与其需求期限匹配的资金,而资金的贷出者也会根据资金闲置的期限购入相应的债券,通过匹配期限降低甚至避免资本风险。因此,各个期限不同的证券市场就形成了它们各自独立的供求情况,进而形成独立的均衡价格,也就是利率。

根据市场分割理论,收益率曲线的不同形状是不同期限证券的市场供求决定的。如果较多的投资者偏好期限较短的债券,收益率曲线向上倾斜;相反,如果更多的投资者是偏好长期债券的,那么收益率曲线将向下倾斜。由于在现实经济活动中,人们更偏好期限较短、风险较小的短期证券,使得短期证券的利率一般较低,收益率曲线通常是向上倾斜的。然而,与此同时,我们也发现了市场分割理论是无法解释不同期限的利率有着相同的波动这一现象,因为这一理论认为短期利率与长期利率之间并没有什么影响关系。由此发现,市场分割理论也只是利率期限结构的一种解释,并非完美的理论。

③ 流动性偏好理论。流动性偏好理论(liquidity preference theory)是对预期理论进行修正而提出的。在接受了预期理论认为预期收益率对收益率曲线有影响这一观点的基础上,流动性偏好理论还考虑了不同期限证券的收益和相对风险程度对收益率曲线的影响。这一理论认为短期债券的流动性比长期债券高。由于短期债券的期限较短,导致其价格波动风险比长期债券要小,易于定价。风险回避者对高流动性的短期债券的偏好,使得其利率低于长期债券。这就是说,确定远期利率时除包括预期信息之外,还应该考虑因风险因素而引起的流动性偏好。

在描述长期利率和短期利率的关系式中,除了即期短期利率和以后若干期的预期短期利率的平均数之外,还应加上一项流动性溢价,才形成流动性偏好理论下的长期利率。根据这一理论,不仅解释了预期理论所能解释的收益率曲线趋势特征,还揭示了收益率曲线一般都是向上倾斜的原因。因为根据这一理论,大多数投资者偏好持有短期证券,为了鼓励人们投资长期债券,必须支付流动性补偿。长期利率应该是预期的短期利率与补偿流动性偏好的利率之和。实际上,流动性偏好理论在解释收益率曲线的形状方面也比预期理论更好、更一致。

然而,流动性偏好理论中投资者总是偏好期限较短的证券的这一假定,在现实经济金融交易中并不总是成立,对于某些特殊的投资者,他们很可能更偏好长期债券,如养老基金这类的机构投资者,这是因为长期证券的收益期限与他们所持有资金的期限更为匹配。

在讨论利率期限结构的时候,上述的这些理论都具有一定的说服力,但是很明显都不是可以解释收益率现象的完美理论,因此我们在利用这些理论进行分析的时候,对于不同的情况要充分考虑这些理论背后的假设,以求获得更为可信的分析结果。

(2) 利率的风险结构。所谓利率的风险结构是指相同期限的金融工具与不同利率水平之间的关系,反映了这种金融工具所承担的风险大小对其收益率的影响。一般而言,利率和风险呈正比例关系,也即风险越大,利率越高。利率的风险结构主要受以下因素影响:税收及费用、违约风险和流动性风险。

① 税收及费用。投资者真正关注的是证券的税后收益,也就是他们

实际上可以获得的收益。因此,如果利息收入的税收待遇因证券种类不同而存在差异的话,这种差异会反映到税前的利率之中。一般而言,利息收入的税率越高,它的利率也应当越高;反之则反是。美国的联邦和州政府发行的证券往往会免税,而其他商业票据就没有这种优惠,相应地,前者的名义利率在同等条件下就会低于后者。

除了税收以外,证券发行或是贷款的其他费用如管理费用也各不相同。这些不同的费用也肯定会反映到证券的利率和贷款的利率中。就贷款而言,如果贷款的管理费用越高,那么银行给予贷款的利率肯定也越高,以弥补这部分费用差额。

② 违约风险。各种证券工具都是信用工具,因此都存在着违约风险,但是程度上是有差别的。正是由于违约风险的存在,人们在购买证券时会要求这部分风险的溢价,以对其风险承担进行补偿,而违约风险程度上的不同会造成风险溢价的不同。一般而言,违约风险越高,所要求的违约风险溢价也就越多,相应的利率也就越高。

在实际中,政府债券的违约风险几乎为零;地方债券的违约风险较之政府债券而言就要高;商业票据中资信等级较高的公司的违约风险就比普通公司发行债券的违约风险要低;垃圾债券的违约风险就更高。因此,利率水平就要对这些违约风险做出相应的补偿,造成同种期限的各种证券的利率各不相同。

③ 流动性风险。除了违约风险不同之外,相同期限的不同证券在市场上的变现能力也各不相同,这就是所谓的流动性不同。在收益和其他因素一定的情况下,人们总是偏好流动性强的证券,因为它可以随时变现以满足临时的资金需要。对于流动性较差的证券,投资者会要求一定的补偿,这就是流动性溢价,它和违约风险溢价一样,都是构成证券风险溢价的一部分。因此,在其他条件都相同的情况下,流动性越好的债券的流动性溢价就越低,利率也就越低;反之利率就较高。

五、利率决定的理论分析

在前面我们已经分析了利率的作用和结构,那决定利率水平的因素究竟是什么呢?在下面我们会就这一问题展开利率决定理论的讨论。随着经济学家们的不断研究,已经产生了多种利率决定理论。这里我们主要介绍如下利率决定理论:古典学派的储蓄投资理论、凯恩斯学派的流动性偏好理论、新古典学派的可贷资金理论以及利率决定的宏观模型——IS—LM模型。

1. 古典学派的储蓄投资理论

古典学派认为,一个自由竞争的经济在它自身内部包含着达到和维持充分就业的强大力量,这些力量会防止经济背离充分就业。在充分就业的条件下,储蓄与投资的真实数量都是利率的函数。投资函数和储蓄函数共同决定了一个均衡的利率。

古典学派认为,储蓄取决于人们对消费的时间偏好。不同的人对消费的时间偏好不同,有些人偏好即期消费,有些人则偏好在未来进行消费。在现实中,大多数人偏好在当期消费,如果要增加储蓄,就要求他们放弃当期消费,此时投资者必须给予他们一定的利息补偿。利率如果越高,意味着对这种放弃的补偿也就越多,那么储蓄也会相应增加。由此得出一般情况下储蓄是利率的增函数。如图1.2中的S曲线所示,储蓄是随着利率的上升而上升的。

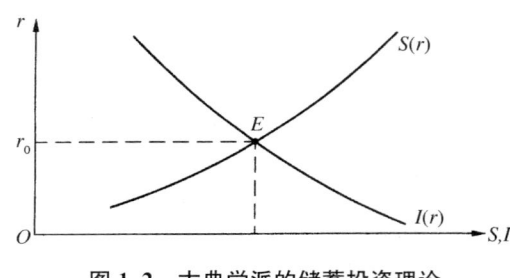

图 1.2　古典学派的储蓄投资理论

投资主要取决于资本的边际收益和利率。资本的边际收益代表了投资的收益,而利率代表了投资的成本,只要资本的边际收益率高于利率,投资就有利可图,企业也就越倾向于增加投资。然而,资本的边际收益率会随着资本投入量的增加而递减,因此均衡状态将是资本的边际收益率等于利率,此时企业实现了利润最大化。因此,投资是利率的减函数。如图1.2中的I曲线所示,投资是随着利率的上升而下降的。

只有当储蓄者愿意提供的资金与投资者愿意借入的资金相等时,利率才达到均衡水平,如图1.2中的点E所示,此时的均衡利率为r_0。

古典学派认为,投资代表的是对资本的需求,而储蓄代表的是对资本的供给,而利率就是资本的价格;因此,当资本的供求达到均衡时,也就决定了资本的均衡价格,即均衡的利率水平。由于储蓄和投资都是由实物层面上的因素决定的,因此利息所得完全是由技术水平、劳动供给、资本和自然资源等真实因素决定的,而不受货币因素的影响。货币就像覆盖在实物经济上的一层面纱,与利率的决定全然无关。因此,古典学派的储蓄投资理论也被称为"真实的利率理论"。

2. 凯恩斯学派的流动性偏好理论

凯恩斯和他的追随者们在利率决定问题上的观点与古典学派的正好相反。凯恩斯学派的利率决定理论是一种货币理论,认为利率不是由储蓄和投资的相互作用决定的,而是由货币量的供求关系决定的。

凯恩斯学派认为,货币的需求是一个内生变量,取决于人们的流动性偏好,利息是对放弃流动性的补偿,因此利率就是对人们的流动性偏好的衡量指标。所谓的流动性偏好就是指人们持有货币以获得流动性的意愿程度。人们流动性偏好的动机有三个:交易动机、谨慎动机和投机动机。其中,因交易动机和谨慎动机带来的货币需求与利率没有直接关系,它是

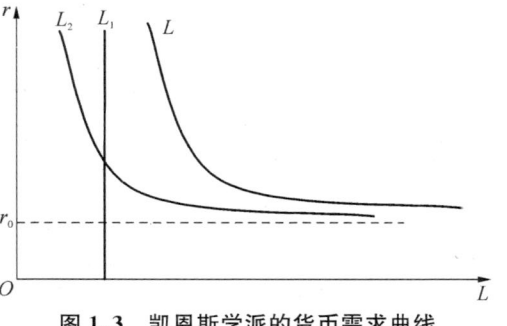

收入的函数,并且与收入成正比;而投机动机带来的货币需求则与利率成反比,因为利率越高人们持有货币进行投机的机会成本也就越高。如图 1.3,用 L_1 表示交易动机和谨慎动机带来的货币需求,$L_1(y)$ 是收入 y 的增函数;L_2 表示投机动机带来的货币需

图 1.3　凯恩斯学派的货币需求曲线

求,$L_2(r)$ 是利率的减函数;而货币的总需求量 $L = L_1(y) + L_2(r)$。

相对而言,货币的供给则是外生变量,它是由中央银行控制的一个常

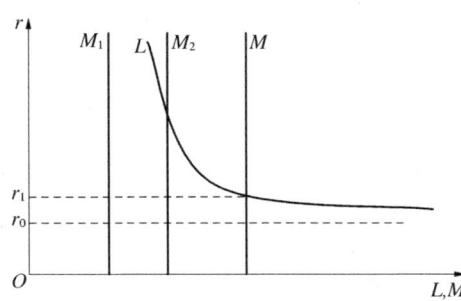

图 1.4　凯恩斯学派的流动性偏好理论

量。如图 1.4,如果用 M_1 来表示满足 L_1 的货币需求的货币供给量;用 M_2 表示满足 L_2 的货币供给量;那么总的货币供给量则为 $M = M_1 + M_2$。M 和 L 两条曲线共同相交于一点,也就是货币供给和货币需求达到均衡的那一点,实现均衡利率 r_1。

　　在凯恩斯学派的理论中,由于货币供给量是外生的,与利率水平没有关系;因此,利率水平主要取决于货币的需求量。如果利率水平低于均衡利率 r_1,那么现实中货币的需求就大于货币的供给,投资者会卖出证券以满足货币需求,很自然会带来证券价格下跌、利率相应上升直到均衡水平的结果。反之,投资者就会买入证券,引发证券价格上升,利率相应下降直至均衡水平。这一过程就是凯恩斯学派的流动性偏好理论中的自发均衡机制。

　　此外,流动性偏好理论中还有一种特殊的极端情况,就是"流动性陷阱"。"流动性陷阱"产生的原因就是人们会认为利率只有可能上升而不会继续下降,因此他们将只持有货币,对货币的需求就会无限大。在这种情况下,即使是货币供给增加,也不会导致利率的下降。正如图 1.4 所示,当利率低到一定水平 r_0 时,投资者对货币的需求趋向于无限大,会吸收所有增加的货币供给,货币需求曲线的尾端逐渐变成一条水平直线,无论货币供给如何增加,利率水平都不可能再继续下跌。

　　凯恩斯学派的利率决定理论纠正了古典学派忽视货币因素的偏颇,然而它又走上了另一个极端,将储蓄与投资等实际因素完全不予考虑,这显然也是不合适的。

　　3. 新古典学派的可贷资金理论

　　可贷资金理论的主要代表是剑桥学派的罗伯逊和瑞典学派的俄林。该理论作为新古典学派的利率决定理论,一方面肯定了古典学派考虑储蓄和投资对于利率的决定作用,但指出了完全忽视货币因素是不当的;另一方面指出凯恩斯学派完全否定实质性因素(如资本生产率等)是不对的,但肯定了其关于货币因素对利率的影响作用的论述。所以,可贷资金理论在利率决定问题上同时考虑了货币因素和实质因素。

　　可贷资金理论认为利率应由可用于贷放的资金的供求来决定。可贷资金的需求主要包括:(1)投资,这是可贷资金需求的主要部分,它与利率呈负相关关系;(2)货币的窖藏(hoarding),这是指储蓄者并不把所有的储蓄都贷放出去,而是以现金形式保留一部分在手中;它是家庭、企业或政府为增加其货币持有量的需求。显然,货币的窖藏是与利率负相关的,因为利率代表了窖藏的机会成本的高低。

　　可贷资金的供给主要来源于两个渠道:(1)储蓄,即家庭、企业和政府的实际储蓄,它是可贷资金的主要来源,与利率同向变动;(2)货币供给量的增加量,它与利率是正相关的。

由可贷资金理论对于贷放资金的供求的假定,我们可以得到:

$$可贷资金的需求 = 投资 + 货币需求增量$$

$$可贷资金的供给 = 储蓄 + 货币供给增量$$

其中,可贷资金的需求是关于利率的减函数,而可贷资金的供给则是利率的增函数。如图 1.5 中的实线所示,可贷资金的需求和供给决定了均衡的利率水平 r_e。与图中虚线相比较,可以得出新古典可贷资金理论和古典储蓄投资理论决定的均衡利率水平 r_0 和 r_e 之间的差别。

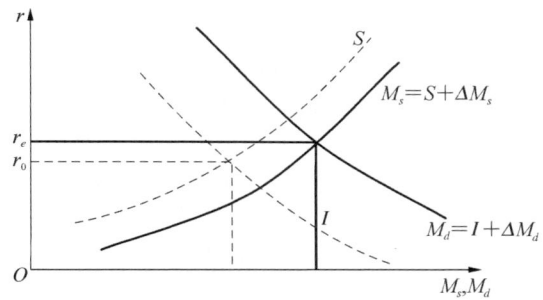

图 1.5　新古典学派的可贷资金理论

可贷资金利率理论的最大缺陷是:在利率决定的过程中,虽然它考虑到了商品市场和货币市场,但是忽略了两个市场各自的均衡。当可贷资金市场实现均衡时,并不能保证商品市场和货币市场同时达到均衡。由此可见,新古典学派的可贷资金理论尽管克服了古典学派和凯恩斯学派的缺点,但是还是不能兼顾商品市场和货币市场,该理论仍是不完善的。

4. 利率决定的宏观模型——IS—LM 模型

以上三种利率决定理论都存在各自不同的缺陷,但有一个缺点却是共同的,那就是没有考虑收入因素。然而在实际中,如果不考虑收入因素,利率水平就无法确定。因为储蓄和投资都是收入的函数,收入增加导致储蓄增加,若事先不知道收入水平就无法知道利率水平;投资引起收入变动,同时投资又受到利率的制约,因此如果事先不知道利率水平也无法得到收入水平。此外,收入的变动必然会引起交易需求和谨慎需求的变动,而在货币供应量不变的情况下,投机需求必然随之变化,进一步影响利率水平。由此可见,在讨论利率决定理论的时候,必须引入收入因素,而且收入和利率之间存在着相互决定的关系,两者必须是同时决定的。

这就是希克斯和汉森对利率决定理论改进的主要观点,而他们的 IS—LM 模型也被认为是解释名义利率决定过程的最成功的理论。

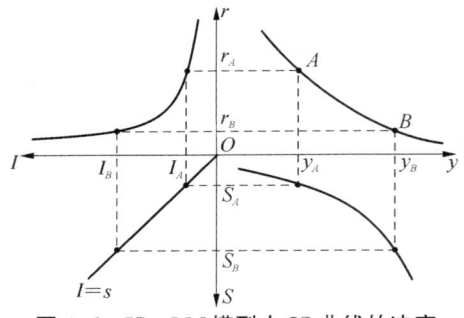

图 1.6　IS—LM 模型中 IS 曲线的决定

首先,我们讨论利率决定收入的情况。如图 1.6 中所示,第一象限是收入—利率平面,第二象限是投资—利率平面,第三象限是投资—储蓄平面,第四象限是收入—储蓄平面。因为只有在投资等于储蓄时,我们才能确定收入水平,进而确定利率水平,所以在第三象限中,用一条通过原点的 45°直线来表示投资与储蓄是相等的这一关系;而投资是利率的减函数,因此第二象限中的曲线表示了投资与利率的关系;此外,储蓄是随着收入的增加而增加的,由此得到第四象限中的收入—储蓄曲线。根据第二、三、四象限中的三条曲线,我们通过几何的方法很容易得出第一象限中的利率—收入曲线,也就是 IS—LM 模型中的 IS 曲线。它的意义就是在商品市场均衡的情况下($I=S$)各种利率与收入的组合。IS 曲线上是利率决定收入,利率下降会导致投资的增加,为了保证储蓄与投资相等,收入必须增加,所以 IS 曲线是向右下方倾斜的。

接着,我们再来讨论收入决定利率的情况。如图 1.7 所示,四个象限所表示的平面依次是收入—利率平面、投机动机货币量—利率平面、投机动机货币量—交易谨慎动机货币量平面以及收入—交易谨慎动机货币量平面。在这里,我们假设货币总供给量不变,为 $\overline{M}$,货币市场均衡时货币供应量等于货币需求量,因为它由两部分货币需求

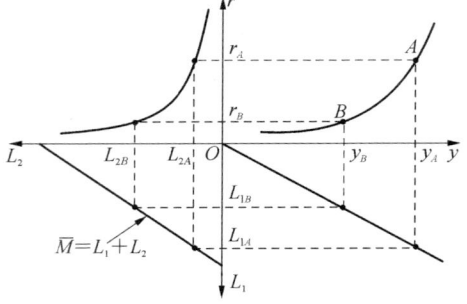

图 1.7　IS—LM 模型中 LM 曲线的决定

量构成:一部分是交易动机和谨慎动机的货币需求 L_1,另一部分是投机动机的货币需求 L_2,所以在第三象限中,L_1 与 L_2 的关系就是 $\overline{M}=L_1+L_2$

表示的一条直线；根据前面的分析，投机动机的货币需求与利率呈负相关关系，而交易动机和谨慎动机的货币需求与收入呈正相关关系，因此得出了第二象限和第四象限中的两条曲线。同样，根据第二、三、四象限中的三条曲线，我们可以得出第一象限中的利率—收入曲线，这就是模型中的 LM 曲线。它表示在货币市场均衡的条件下，收入对利率的作用。如果收入水平上升，那么交易动机和谨慎动机产生的货币需求必然上升，在货币供给一定的条件下，投机动机的货币供给下降，带来利率的上升，因此 LM 曲线必然是一条向右上方倾斜的曲线。

最后，在已经得到 IS 和 LM 曲线的条件下，就可以得出利率和收入是如何决定的了。如图 1.8 所示，将 IS 曲线和 LM 曲线放在同一个坐标系中，我们就可以求出在商品市场和货币市场同时均衡，也就是投资等于储蓄和货币供应等于货币需求同时成立时的均衡利率水平 r_e 以及相应的收入水平 y_e。这里收入和利率是相互决定的，任何偏离均衡点 E 的情况都会导致经济的自发调整，也就是说，产生向点 E 逼近的压力，促使收入和利率在相互决定的过程中达到均衡。

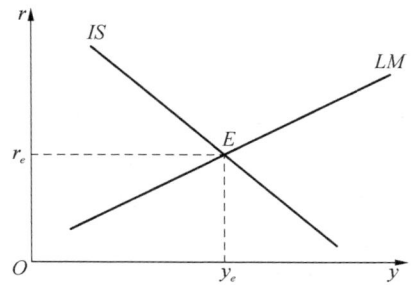

图 1.8　利率决定的宏观模型——IS—LM 模型

IS—LM 模型克服了古典学派利率理论只考虑商品市场均衡的缺陷，又克服了凯恩斯学派利率理论只考虑货币市场均衡的缺陷，同时还克服了新古典学派利率理论不能同时兼顾商品市场和货币市场各自均衡的缺陷；它尝试从一般均衡的角度进行分析，结合多种利率决定理论，在兼顾商品市场和货币市场的同时，考虑了它们的各自均衡。虽然 IS—LM 曲线本身在解释利率形成过程中还存在着不少弱点，模型的说服力也有待加强，但不可否认，它确实是目前对利率决定机制相对最为完善的解释。

本章内容提要

1. 货币是商品生产和商品交换长期发展的产物。在商品交换的历史长河中,历经价值形式的演进,从商品中分离出一种充当一般等价物的特殊商品,这就是货币。

2. 货币是一般等价物这个本质特征表明,货币是表现一切商品价值的材料,是商品世界唯一的核算社会劳动的工具;货币具有特殊的使用价值,即无条件地和一切商品直接交换的能力。货币的这种本质特征是不会改变的,否则就不成其为货币,但货币存在的形式是随着商品经济的发展不断变化的。

3. 货币的职能是货币本质的具体表现,是随着商品流通及其内在矛盾的发展而逐渐形成的。货币具有价值尺度、流通手段、储藏手段、支付手段和世界货币等职能。价值尺度和流通手段是两个基本职能,其他职能是在这两个职能的基础上产生的。

4. 货币制度是一个国家以法律形式规定的货币流通的组织形式,货币制度的演变反映了商品经济的发展变化。

5. 货币是引起经济波动的一个因素,货币供求变化对国民经济的运行有重大影响。调控货币供应量,使其适应经济发展的需要,已成为各国中央银行或货币当局的主要任务。对货币供应量层次的划分具有重要的现实意义。

6. 随着信用关系的发展,利息和利息率就成为货币借贷的重要问题。对利息的本质,西方经济学家有各种理论分析。古典经济学家提出过"利息报酬说""资本租金论""利息源于利润说"和"利息剩余价值说"等。近代西方学者有所谓"节欲论""边际生产力说"和"人性不耐说"等。最有影响的是当代西方经济学家凯恩斯提出的"流动性偏好说",认为利息是在一个特定时期内,人们放弃周转流动性的报酬。马克思真正揭示了利息的本质,指出利息是剩余价值的转化形式。

7. 利率作为一种经济杠杆,在国民经济的稳定和发展中起着重要的调节作用。利率对资金的积累、信用规模的调节、国民经济结构的调节和抑制通货膨胀都有着不可忽视的作用。为了对利率进行分析,西方学者们提出了利率的期限结构和风险结构,并对它们进行了解释;同时利率的决定理论也有"古典学派的储蓄投资理论""凯恩斯学派的流动性偏好理

论""新古典学派的可贷资金理论",以及现在普遍接受的较有说服力的
"IS—LM 模型",等等。

本章基本概念

　　一般等价物　价值尺度和流通手段的统一　本位币和辅币　货币的
无限法偿　货币的有限法偿　劣币驱逐良币　金本位制　金融资产流动
性　利息　利率　名义利率　实际利率　费雪效应　单利　复利　现值
　终值　一般复利　连续复利　到期收益率　利率期限结构　利率风险
结构　利率期限结构的预期理论　利率期限结构的市场分割理论　利率
期限结构的流动性偏好理论　古典学派的储蓄投资理论　凯恩斯学派的
流动性偏好理论　新古典学派的可贷资金理论　IS—LM 模型

本章思考题

　　1. 分析货币的本质特征。

　　2. 货币在商品经济中发挥着哪些职能? 并举例加以说明。

　　3. 货币制度主要由哪些要素构成?

　　4. 简述"劣币驱逐良币"的现象。

　　5. 金本位制的特点及其崩溃的原因是什么?

　　6. 什么是货币流通规律?

　　7. 为什么说货币供应量层次的划分具有重要的理论意义和现实
意义?

　　8. 马克思如何揭示利息的本质?

　　9. 现代经济中利率的杠杆作用表现在什么地方?

　　10. 各种利率决定理论的优缺点及比较。

　　11. 央行向社会公众出售债券以期减少货币供应,请运用可贷资金
结构分析该行动对利率的影响。(画出正确的供求图形)

　　12. 预期理论是如何解释利率的期限结构的?

　　13. 试用 IS—LM 模型解释下列情况是如何使收入和利率水平发生
变动的:① 政府税收减少;② 公众的流动性偏好提高;③ 政府支出减
少,同时货币供应量增加。

第二章　金　融　市　场

金融市场是商品经济发展的产物。在商品经济条件下,随着商品流通的发展、生产日益扩大和社会化、社会资本的迅速转移、多种融资形式和种类繁多的信用工具的运用和流通,导致金融市场的形成。而且,商品经济的持续、稳定、协调发展,又离不开完备的金融市场体系。

第一节　金融市场概述

一、资金的融通

1. 盈余单位和赤字单位

任何一个经济社会总是由家庭住户、企业和政府机构这几种基本经济单位组成的。每一种经济单位又都有自己的预算结构。家庭住户主要是从工资和薪金中取得收入,同时支出以购买耐用和非耐用消费品及劳务、不动产等。企业出售商品给住户、政府和其他企业而取得收入,同时支付生产成本、追加资本等进行支出。政府从税收取得收入,同时为履行政府职能而进行各种开支。在某一个时期内,总有一部分经济单位或由于收入增加、或由于缺乏适当的消费和投资机会、或为了预防不测、或是为了将来需要而积累,因而处于总收入大于总支出的状态。这类单位,我们称之为盈余单位。同时,又有一些经济单位或由于收入减少、或由于消费超前、或由于进行额外投资、或由于发生意外事故等,因而处于总收入不敷总支出的境地,这类经济单位则被称为赤字单位。

2. 资金的融通

在经济生活中,盈余单位有多余的资金,而它们又并不想在当前作进一步的开支;而赤字单位想作更多的开支,但又缺少资金,计划不能实现。这些矛盾的不断出现而又不断解决,推动着人类经济生活的进步和不断发展。如果各种经济单位任何时候都要满足收支恰好相等的条件,那么,就不会有当代经济的发展。这就需要有某种机制,来使盈余单位多余的资金转移到赤字单位。资金在这两类单位之间实现有偿的调动(或让渡),这就是资金的融通,即"金融",或称之为资金余缺调剂的信贷活动。

金融不是计划的产物,而是市场发育的产物,是整个经济体系的一个重要组成部分。经济活动是大量商品、劳务和生产资源不断互换的交易活动,它包含有"实物流"和"资金流"两方面,如图 2.1 所示。

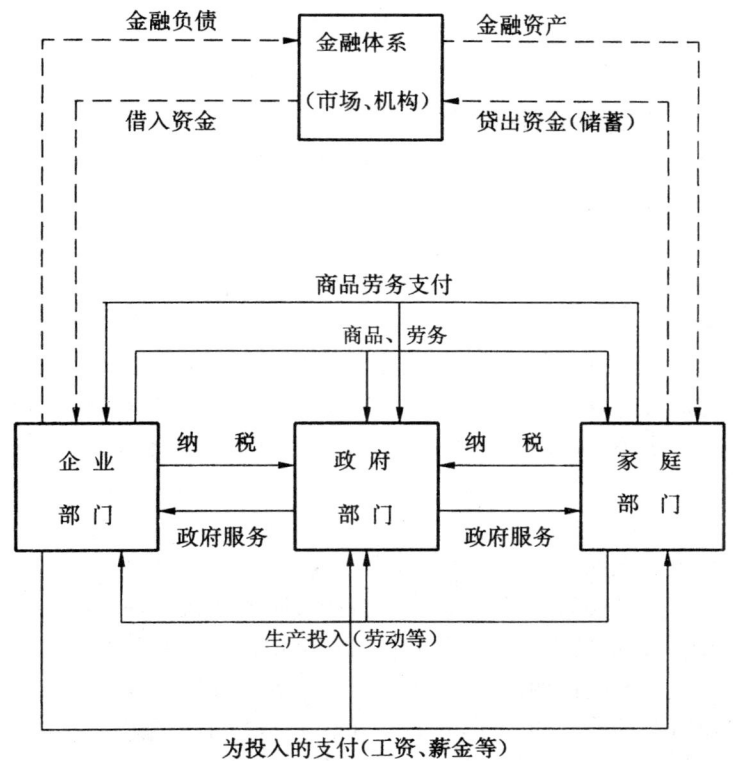

图 2.1　经济体系中的"实物流"和"金融流"

从经济总体的"实物流"来看,企业部门生产商品和提供劳务,由家庭部门和政府部门买去以满足消费需要。家庭部门则为企业部门提供劳动力和其他必要的生产投入,以换取工资、薪金和其他补偿。政府部门向家庭和企业征税,获得收入来购买商品、劳务和其他生产投入,利用它们为其他部门提供政府服务。

从经济总体的"资金流"来看,家庭部门通过储蓄存款,将资金借给企业或购买企业股份,实现购买力的转移,从而使企业部门获得了货币资金;企业利用这种资金,筹集和运用实物资源,增加了经济总体中的商品和劳务的产量。

金融流转的实质就是储蓄资金从盈余单位向赤字单位有偿的转移。金融体系介入形成金融市场机制,极大地推动了这个转移过程,对经济体系的顺利运转具有重大意义。

二、直接融通和间接融通

资金从盈余单位向赤字单位有偿调动的方式有两种:一种是直接融通;另一种是间接融通。

1. 直接融通

由赤字单位(最终借款人)直接向盈余单位(最终贷款人)发行(出卖)自身的金融要求权(IOU),其间不需经过任何金融中介机构,或虽有中介人,但明确要求权的仍是赤字单位和盈余单位,双方是对立当事人,这种资金融通的方式称为直接融通。这里的"中介人"被称为"媒人",是在盈余单位和赤字单位之间起帮助寻找资金融通单位并迅速敏捷地转送金融要求权的作用,本身并不卖出或买进金融要求权。

2. 间接融通

盈余单位和赤字单位无直接契约关系,双方各以金融中介机构为对立当事人,即金融机构发行(卖出)自身的金融要求权,换取盈余单位的资金,并利用所得的资金去取得(买进)对赤字单位的金融要求权,这种资金融通的方式称为间接融通。这里的"金融中介机构"也是起从盈余单位向赤字单位"输送"资金的作用,但盈余单位获得的是金融中介机构发行的金融要求权,而不是赤字单位的要求权,因此双方各以金融中介机构为对立当事人。

商品经济发展规律要求商品市场和金融市场必须同时存在。直接融资和间接融资的结合,共同构成金融市场整体,也就是说,统一的金融市场是由资金的直接融通和间接融通两部分构成的(见图2.2)。这两种融资形式是相辅相成,相互促进的。但是,在不同的时期,经济发达的程度、市场发育成熟的程度不同,有其不同的侧重。在商品经济不发达的时代和地区,私人之间的直接借贷占有重要地位;在商品经济比较发达的时代和地区,以金融机构为中介的间接融资占主导地位,现代西方国家的资金融通,更大和更有影响的是以间接方式进行的;在商品经济高度发达,资金调度力求效率化的时代和地区,直接融资的地位又日益重要。在我国,长期以来,资金融通基本上采用间接方式。随着社会主义市场经济的发展,国库券、公债、股票、企业债券、商业票据陆续进入市场,直接融资的发展方兴未艾。

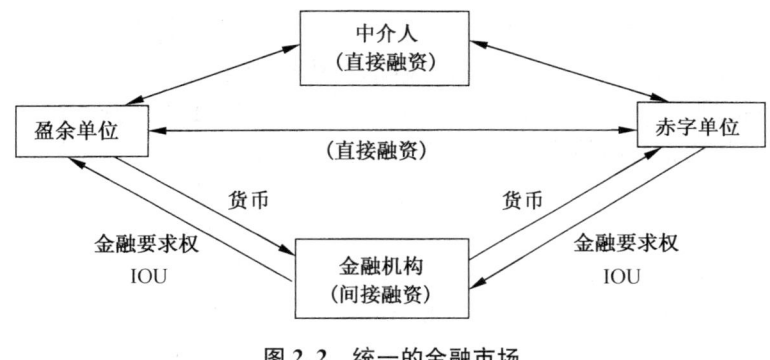

图 2.2 统一的金融市场

三、金融的基本特点

金融作为盈余单位和亏空单位之间资金调剂的重要方式,其最重要的作用是重新分配社会的闲置资源和动员此种资源以加速资本的形成。金融在起这种作用的过程中有其独有的特点。

1. 回收性

授信人原则上要按等值收回原来贷出的货币资金(本金)。回收的方式可以是受信人如约赎回所发行的证券,即清偿到期债券;也可以是授信人将自己买进的证券在市场上转售而取回其资金。

2. 期限性

金融都是有一定时间跨度的活动,资金融通一般有约定的期限。在现实经济中,也有无期限的,如英国统一公债,利息支付无限期,但没有本金偿还期。股票也无偿还期。银行活期存款可以随时提取,其偿还期不确定。

3. 收益性

金融活动都有一定的收益,授信人除了可以等值回收原来付出的货币资金之外,还可以得到额外的收入,即受信人支付的利息或股息。

由于未到期证券可以在市场上出售,这便有了证券市价的涨落,因而授信人在持有证券之后可因证券市价的上升而获得资本升值,得到收益。如果证券市价下跌,证券持有人将蒙受资本贬值的损失。

4. 风险性

一切金融活动都是程度不同的风险投资活动,授受信用双方都有蒙受意外损失的可能。金融活动的风险,有由于债务人(受信人)不履行合约,不按时还本付息的风险,即违约风险;也有由于通货膨胀而使所收回的本金与利息贬值的风险,即购买力风险;也有因证券的市价下跌引起资本贬值的风险,即市场风险。

四、金融市场的分类

按照不同的分类标准,金融市场可以分为不同的类别。

1. 货币市场和资本市场

根据市场上交易的金融资产的期限长短,可以分成货币市场和资本市场。货币市场是期限在 1 年以内的短期金融工具的交易市场,其交易者主要是资金的临时闲置者和资金的暂时需求者,国库券、商业票据、银行承兑票据就是市场上主要的交易对象。资本市场是期限在 1 年以上的长期金融工具的交易市场,其交易对象包括公司债券、股票等。可见,货币市场比资本市场具有更大的流动性。

2. 债务市场和股权市场

政府、企业和个人在金融市场上取得资金的方法有两种。最普通的方法是发行一种债务工具,如债券或抵押票据。这是一种契约协定,借款者承诺按期向此项债务工具的持有者支付固定金额(包括利息支付)。债务工具的期限就是到该项工具最终偿还日的时间期限。如果一种债务工具的期限是 1 年以下,它就是短期的;如果期限是 10 年或 10 年以上,它就是长期的。期限为 1 年至 10 年之间的债务工具则为中期的。

筹措资金的第二种方法是发行股票,如普通股,这是分享一个工商企业的净收入和资产权益的凭证。如果你在一家发行了 1 000 万份股票的公司中拥有 100 份普通股,那么,你就拥有该公司资产的十万分之一。持有股权通常可定期得到股利支付。由于股票没有到期期限,因而被看作是长期证券。

与拥有债务凭证相比,持有一家公司的股权的主要不利之处是,股权持有人是排在末位的权益要求人。也就是说,公司必须先向其全部的债务持有人进行支付之后,才会向其股权持有人支付。持有股权的有利之处是,股权持有人能够直接从公司的盈利或资产价值的增长中获益,因为股权使其持有人拥有所有权。债务持有人则不享有这一利益。股权持有者对于公司的经营决策拥有与其所持股份比例对应的参与权。

3. 一级市场和二级市场

一级市场是公司或政府机构向最初购买者出售新发行的债券或股票等证券进行筹资的金融市场,又称发行市场。在一级市场上协助销售证券的最重要的金融机构是投资银行,我国则为证券公司。其销售方法是代销或包销。

二级市场是再出售已发行的证券的金融市场,又称流通市场。纽约股票交易所、伦敦股票交易所就是著名的股票二级市场。债券二级市场,即已发行的公司债券和政府债券的交易市场,交易规模更大。其他二级市场还有外汇市场、期货市场以及期权市场等等。对于一个运行良好的二级市场来说,证券经纪人和证券交易商十分重要。经纪人为投资者提供证券买卖代理服务,使证券的买卖双方相配。交易商则在一个公布的价格上买卖证券,从而使买卖双方联系起来。

4. 交易所和场外市场

二级市场的组织形态有两种。一种是交易所,证券的买卖双方(或他们的代理人或经纪人)在交易所的一个中心地点见面并进行交易。随着交易技术手段电子化的发展,传统的"有形席位"的交易方式已逐渐为由计算机系统撮合买卖的"无形席位"方式所取代。另一种是场外市场(OTC),它无固定场所,交易商们通过计算机、电话或传真等通讯手段向与他们联系并愿意接受他们报价的任何人买卖证券。场外市场的竞争性强,与有组织的交易所市场并无太大的差别。

在美国,尽管许多大公司的股票是在诸如纽约股票交易所那样的有组织的股票交易所里挂牌交易的,但是许多普通股票是在场外交易的。交易规模超过纽约股票交易所的美国政府债券市场就是场外市场,40个左右的交易商随时买进或卖出美国政府债券,从而建立了这些证券的"市场"。其他场外市场还包括可流通存款单、联邦基金、银行承兑票据以及外汇交易市场。

5. 现货市场和期货市场

按照金融交易的交割期限,可以把金融市场划分为现货市场与期货市场。在现货市场上,一般在成交后的1—3日内立即付款交割;期货市场上,交割则是在成交日之后合约所规定的日期如几周、几月之后进行。证券、外汇、黄金等市场较多采用期货交易的形式。20世纪70年代以来,金融期货交易的方式越来越多,其交易量已大大超过现货交易的数量。关于期货市场,后文还将有进一步描述。

6. 其他金融工具市场

(1) 外汇市场。由于世界上大多数国家都拥有自己的通货,那么国际经济往来就涉及不同货币间的相互兑换。不同货币之间和以某种货币计价的银行存款之间的兑换交易,在外汇市场上进行。这样的交易决定了货币之间的兑换比率,即汇率。外汇市场是一个有组织的场外交易市场,交易商主要是银行。

(2) 黄金市场。黄金市场既是一种金融市场,又是一种商品市场,这是黄金市场的突出特征。由于黄金曾被广泛用作货币材料,至今在某种程度上仍保留世界货币的功能。因此,黄金市场被列入金融市场范畴之内。

第二节　货币市场和资本市场

一、货币市场及其工具

1. 货币市场概述

货币市场是短期金融工具的交易市场,参与交易的信用工具的期限都在 1 年以内。货币市场的主要功能是调剂暂时性的资金余缺,另外,货币市场也是中央银行进行公开市场操作、贯彻货币政策意图的主要场所。

家庭、企业和政府总要持有一定数量的现金来弥补收入与支出间的缺口。但通常的情况是:有的主体准备的货币量大于这段时期内收支的缺口,而有的主体会遇上暂时的入不敷出。货币市场的主要功能就是在上述双方间融通资金。

货币市场上的资金供给者主要是五类短期融资工具的买方。一是商业银行。它们是市场上最活跃的成分,所占的交易量最大,采用的金融工具最多,对资金供求与利率的波动影响也最大。二是其他的金融机构。如银行以外的信用社、金融公司、财务公司、保险公司和信托公司等等。三是企业。由于销售收入的集中性会形成企业资金的暂时闲置,它们通过购入证券向市场注入资金。四是个人。有些国家对货币市场交易有最低规模的限制,个人资金以各种"基金会"、"协会"组织名义出面,集中个人资金参加市场交易。五是中央银行。中央银行通常采用在公开市场买进有价证券、贴现、再贷款等形式为市场融通资金。

货币市场的需求者主要是三类。一是国家政府。政府财政收入有先支后收和季节性因素,有时会出现资金不足,于是就向货币市场发行国库券等筹措短期资金;此外,国家政府的一部分长期债务在财政收入低谷时到期,为了偿还这种债务,也发行短期债券。二是企业。企业在生产经营中会经常出现临时性和季节性的资金需要,于是在货币市场上发行商业票据、公司债券等来筹措所需资金。三是商业银行。商业银行发生流动性困难时,就到货币市场上来寻觅资金。

2. 货币市场上的金融工具

货币市场上交易的工具都是在 1 年或 1 年之内到期的短期证券。这些证券的特点是:期限短,债权一般在 1 年以内,通常是 90 天,有的只有几天或 1 天;较高的安全性,其信誉能保障持有人的本金不受损失;较高的流动性,这些工具能迅速转变为现金而其本金不受损失;融资高效性,能实现任何数量的快捷、方便和低成本的交易;有适当的收益,资金供应者获得较高利息,资金需求者又能够负担得起。可见,在货币市场上交易的大多是所谓"准货币"。

以下介绍货币市场上主要的七种金融工具。

(1)国库券。国库券是指由政府发行的期限在 1 年以下的短期债券,它是整个货币市场上最重要的信用工具。

以美国为例,政府发行的债券分为三类,见表 2.1 所示。

表 2.1　政府债券的分类

债券种类	期限	最低面额(美元)	利息支付方式
国库券(bills)	小于 1 年	10 000	贴息(发行价低于面值)
国库票据(notes)	1—10 年	1 000	每月计息
国库公债(bonds)	10 年以上	1 000	每月计息

这里,货币市场上交易的主要是国库券,在发行时通常按面值折扣出售,到期按面额兑现。

国库券采用竞价方式发行。91 天和 182 天的国库券每周发行一次,52 周的国库券每月发行一次。投标方式有两种:竞争性投标与非竞争性投标。竞争性投标多由机构发出,竞标者同时报出价格和数量,面值与价格之间的差额即是竞标者的利息收入。非竞争性投标者都是个人,他们同意接受由竞争性投标产生的平均价格,因此他们只要报出数量。

国库券的利率是货币市场工具中最低的一个。其原因主要有以下三个:

① 国库券由政府发行,且期限短,通常被认为是没有信用风险。因此,其利率常被用作无风险利率。

② 国库券交易方便,具有很强的流动性。

③ 其利息收入只需交联邦所得税,可免州和地方所得税。

(2) 联邦基金。联邦基金市场最早开始于 20 世纪 20 年代,当时,它是银行之间调剂准备金头寸的工具。例如,见表 2.2,A 银行有多余的准备金而 B 银行准备金不足(假设准备金比例是 10%)。

表 2.2　联邦基金的交易

① 交易前。

A 银行			
准备金	$ 15	存款	$100
其他资产	$ 95	股本	$ 10
总资产	$110	总负债与权益	$110

B 银行			
准备金	$ 5	存款	$100
其他资产	$105	股本	$ 10
总资产	$110	总负债与权益	$110

② 交易后。

A 银行				B 银行			
准备金	$ 10	存款	$100	准备金	$ 10	存款	$100
借出联邦基金	$ 5	股本	$ 10	其他资产	$105	借入联邦基金	$ 5
其他资产	$ 95			总资产	$115	股本	$ 10
总资产	$110	总负债与权益	$110			总负债与权益	$115

如果 B 银行在这个准备金计算期内不弥补 $5 的不足额,它将被罚款或接受其他的惩罚。如果 A 银行继续保持 $5 的多余准备金,它将承担这 $5 用来投资于其他盈利资产而产生的机会成本。联邦基金的交易可以解决 A、B 两银行各自的需要。

正如表 2.2 所示,A 银行电话通知联邦储备银行,从自己的准备金中借 $5 给 B 银行。联邦储备银行马上通过电子传送系统进行转账,A 银行的盈利资产增加了,而 B 银行通过借入联邦基金,弥补了暂时的准备金不足。从表 2.2 中看出,银行准备金的总数仍为 $20,联邦基金的交易并没有创造出新的准备金,但可以提高现有准备金的利用率,提高银行的存贷能力。

在市场上,联邦基金通常是 1 天期限,100 万美元是最低限度的数额。

联邦基金市场是由电话网络将市场参与者联结起来的松散的无形市场。市场主角是商业银行和其他金融机构。联邦基金经纪人在市场中起穿针引线的作用,向市场参加者提供服务。

联邦基金利率每天都不同,决定于货币市场情况,它对金融市场最敏感,当中央银行政策有任何变动时,立刻影响到这种利率的升降,借此可以预测中央银行政策的趋向,能合理反映货币市场的松紧程度。

近年来,联邦基金市场发生了很大变化,有了许多新的发展。以大银行为主,积极地把这个市场作为经常性的资金来源,大银行可以减少持有流动资产如"二线准备"国库券。当需要时,就到公开市场去购买联邦基金,从而使其贷款能力大大增强。许多银行还把这个市场作为扩大有收益资产的手段,小银行利用这个市场投放闲散资金,而不愿购买国库券或其他货币市场工具。可见,联邦基金已从会员银行间进行准备金交易发展为代表一种短期的、一般的信用贷款。

（3）回购协议。回购协议是以出售政府证券或其他证券的方式暂时性地从顾客处获得闲置资金,同时订立协议在将来某一日再购回同样的证券偿付顾客的一种交易形式。大多数回购协议都是隔夜的。

回购协议一般在相互信任的经济单位间进行,期限短,交易的证券又是政府发行的证券,因而是安全可靠的短期融资。回购市场是大额资金的批发市场,大多数的回购交易都在 100 万美元以上。回购协议的利率由双方商定,与作为抵押的证券的利率无关。其利率与联邦基金的利率相近但略低于后者。

回购协议交易依靠电话安排,通过一组"市场专家"进行。回购协议的资金需求者主要是商业银行,商业银行在这个市场上大量融资;回购协议的资金供应者主要是工商企业。工商企业在经营中常常因应付日常开支而积累起大量现金,同时为扩大再生产支出而积累了大量短期流动资产。过去,企业在商业银行通常以活期存款方式持有这些现金和流动资产。但活期存款没有利息,因此,企业总是将这些活期存款缩减至最小量,而要使持有的流动资产收益最大化,证券回购协议成为最佳的选择。

回购协议还常以"持续合同"(continuing contract)的形式进行。企业承诺在某段时间向银行提供一定数量的资金,在合同有效期内回购协议每天重新订立一次,交易的任何一方均有权在任何时候撤销合同。

"自动转账"证券回购协议,又是银行为企业提供优惠金融服务的新形式。企业每天将其全部活期存款集中于银行的一个账户。每日收账前,企业账户中任何超过最低限度的资金余额自动转化为证券回购协议资金。第二日上午,资金再回流到企业活期存款账户中备用。这种形式把活期存款与证券回购协议联系起来,兼顾流动性、收益性和安全性。

（4）大额可转让定期存单。大额可转让定期存单是商业银行发行的按一定期限并按一定利率取得收益的存款单据。这是银行通过发行本票来吸收存款,是银行主动争取存款的新形式。存单的最主要特点是它可以转让,可以在二级市场上流通。它是定期存款,但比普通定期存款具有高得多的流动性。

定期存单发行的种类主要有四种：

第一,美国银行在国内发行的国内大额定期存单；

第二,由美国银行的国外分行或外国银行在美国境外发售的欧洲美元存单；

第三,外国银行驻美分行在美国市场上发售的定期存单,称之为"扬基"(Yankee CDs)大额定期存单;

第四,以储贷协会为代表的非银行储蓄机构发行的存单。

定期存单发行的最小面额为 10 万美元,但在二级市场上流通的最小面值是 100 万美元。

存单的期限一般是 14 天到几年之间,常见是 30 天—1 年。欧洲美元存单的期限在 30 天—5 年。

定期存单交易面临两类风险:一是信用风险,即存单发行银行的违约风险;二是可销售性风险,即投资人想转售存单时有可能没有合适的买主。

定期存单是根据面值来计息的,其利率高于相同期限的短期国债,原因是存单有相对较高的信用风险;以及法律规定银行不能购回本行发行的存单,二级市场活动范围受到限制;存单的利息收入要缴纳各级所得税。

通过定期存单市场,银行扩大了贷款能力,且增加了一种流动性调节工具,当银行需要短期资金时,它们可有两种选择:变现短期资产或发行定期存单。银行会根据资产负债管理的需要和筹资的成本作出最佳的决定。

(5)银行承兑汇票。银行承兑汇票是指由银行承兑的汇票。一旦银行在汇票上盖上承兑的戳记,该汇票就有了银行的付款保证,投资者就愿意购买或能轻易地将它贴现,于是由银行承兑的汇票便成了货币市场上的融资工具。

银行承兑汇票由出票人和承兑银行担保付款,所以其信用风险极低。另外,汇票还有货物作为抵押。银行承兑汇票的面额常常是货物的金额,且其期限是由货物的运输时间来决定。以上两个局限性给投资者带夹了不便。大多数承兑汇票在 3 个月内到期,其利率与同期的国债相似。

(6)商业票据。商业票据主要是指由资信好的大公司开出的无担保期票。商业票据市场实际上是一级市场。虽然没有一个成熟的二级市场,但商业票据的流动性并没有受到很大影响。首先,商业票据的期限很短,平均期限只有 20—45 天;其次,大多数的出票人愿意在持有者头寸周转困难时购回票据。

现在,大多数的商业票据是由金融公司发行的,商业票据代替银行贷款,所以商业银行是主要的买者。

对商业票据发行者的资信情况的考核是相当严格的。有专门的评级标准,根据出票人的管理质量、经营能力和风险、资金周转的速度、竞争能力、流动性评价、债务结构、经营前景展望等因素综合分析,评出等级。级别不同,发行票据的利率也相应有差异。

(7)欧洲美元。这是存入美国境外的外国银行或美国银行的国外分支机构内的美元。美国银行如果需要资金,可以从外国银行或从它们自己的国外分支机构借用这些存款。近年来,欧洲美元也成为银行的一个重要资金来源。

二、资本市场及其工具

1. 资本市场的含义和参与者

资本市场是指中长期资金融通或中长期金融证券买卖的市场。资本市场的基本功能是促进资本的形成,它有效地动员民众的储蓄,将其合理地分配于经济部门。资本市场的完善与否,影响到一国的投资水平、资源的合理分配和使用,从而影响到国民经济的协调发展。

资本市场的参与者,主要是个人、企业、金融机构和政府。个人,作为资金供给方又作为资金需求方,在资本市场中起着比在货币市场更显著的作用。个人在资本市场上的投资额(直接的和间接的)大大超过政府和企业的投资额。个人和家庭在资本市场上的借入额,仅次于企业。

商业银行在资本市场上起着重要角色,它们在资本市场上发放抵押贷款、进行股票与债券买卖,向企业与消费者发放中期贷款等。

投资银行主要承接股票和债券发行业务,也是资本市场中重要的一分子。此外还涉及不动产的抵押贷款、项目融资等各种资本市场活动。

经纪商和代理商在资本市场中起着必不可少的"中间人"作用。

近年来,保险公司、信托公司、养老基金等金融机构,作为机构投资者活跃在资本市场上。

2. 资本市场上的金融工具

仍以美国为例,资本市场上的金融工具主要包括以下三种。

(1)抵押贷款。抵押贷款是为个人或企业购买住房、土地或其他不动产而发放的贷款,那些不动产或土地充当贷款的抵押品。在美国,抵押市场是最大的债务市场,其中,住房抵押贷款(用于购买住宅)的未清偿余额占主要部分。储蓄贷款协会和互助储蓄银行一向是住房抵押市场的主要贷款者,近年来商业银行也在积极地进入这一市场。商业和农业抵押贷款大多数由商业银行和人寿保险公司发放。联邦政府通过三家政府机构——联邦全国抵押贷款协会(FNMA)、政府全国抵押贷款协会(GNMA)以及联邦住房抵押贷款协会(FHLMC)——在抵押贷款市场上发挥积极的作用。这些政府机构通过出售债券并利用发债资金购买抵押贷款合约,来向抵押贷款市场提供资金。抵押市场是资本市场最活跃的部分,因为它的数量庞大,并且涉及巨大的公共利益。

近年来,抵押贷款证券的开发是住房抵押贷款市场最重要的发展。由于抵押贷款期限和利率各异,因而,若在二级市场上作为证券进行交易其流动性不高。为促进抵押贷款发展,1970 年,GNMA 想出了一种能够起转换作用的以抵押贷款为依据的证券,把一批标准化的抵押贷款捆在一起,担保其本息的支付。按照这样的办法,诸如储蓄贷款协会和商业银行等私人金融机构就可以把一批经 GNMA 担保的抵押贷款合成比如说100 万美元的组合,作为一项证券出售给第三方,通常是像养老基金那样的大型机构投资者。当个人对这种由 GNMA 担保的抵押贷款向金融机构清偿付款时,后者就将款项转给这种证券的所有者,即按全部付款总额送交一纸支票。因为由 GNMA 担保付款,这种转换性证券的违约风险很小,因而颇受欢迎。

不仅政府机构发行上述以抵押贷款为基础的证券,私人金融机构也这样做。这种证券的确很成功,完全改变了住房抵押市场的面貌。整个20 世纪 70 年代,80％以上的住房抵押贷款直接归储蓄贷款协会、互助储蓄银行和商业银行所有。如今,只有 1/3 为上述机构直接持有,其余的2/3 则以抵押贷款证券的形式为投资者持有。

(2) 债券。债券是一种信用凭证,它是保证向债券持有人在到期日偿付债券面值和在到期日前定期支付利息的债务合同。根据发行单位不同,可分为公司债券、地方政府债券和联邦政府及其附属机构债券。

① 公司债券。公司可通过发行债券或股票来筹资,公司发行的债券往往是发行股票的好几倍。所以,债券市场也大于股票市场。企业通过发行债券筹资可获得很多好处:第一,可降低资金的成本。债券收益较稳定,市场价格波动平缓,风险较小,较受投资者欢迎。公司可以较低价格筹资,有利于降低企业成本。第二,根据美国税法规定,债券的利息可

以作为一种企业开支,从公司毛利中扣减,不必纳税,这大大降低了债务成本。第三,发行债券,手续简便。第四,可保持对公司的控制权,债券持有者不是股东,不拥有股东权利,随公司债券发行增长,债券所有者增加,但不会改变股东结构,不会对公司控制权产生影响。

公司债券的种类主要有以下几种:

● 抵押债券。以公司的财产作抵押保证,其不仅包括现有的财产,也包括将来可能有的财产。这种债券对投资者最安全。发行时,发行者和认购者签订信托合同,委托银行或信托公司代债权人管理和行使抵押权。

● 信用公司债券。不需要任何抵押品,只凭发行者的信用而发行。所以,只有那些规模大、信誉佳的公司才发行这种债券。

● 可兑换债券。这种债券兼有普通股票与一般公司债券的特点。债券持有人可根据规定,将债券转换为发行公司股票以获增值。

● 贴现债券。这种债券附有息票,但以贴现形式发行。

● 零息票债券(无息债券)。这是近年出现的新型债券,发行时按规定的折扣率,以低于面值的价格发行,到期按面值偿还本金。债券的面值和发行价格之间的差价就是投资人的收益。由于没有利息,投资者可以免交利息所得税。

近年来,大多数的公司债券载有"买回条款"(call provisions),即公司有权在到期以前把全部债券买回。公司是否行使这种权利,可根据具体情况来决定。"买回条款"对公司是有利的,公司可在市场利率降低时买回债券以减轻债息负担。比如,公司为筹资需要不得不在市场利率较高时发行债券。过了几年后,市场利率降低了,这时发行债券可不用很高的利息,于是公司把旧债券全部买回,而代以发行新债券,对投资者来说,在市场利率降低时收回了本金,很难再找到较好的投资机会。

有的公司债券在契约中要求发行公司建立"偿债基金"(sinking fund),用以在债券到期以前赎回一部分本金连同支付相应的利息。例如,某公司发行了10年期总共100万美元的债券,契约规定要求建立偿债基金以保证每年赎回10万美元面值的债券并支付相应的利息,到第9年年底时,只剩10万美元面值的债券没有偿付。偿债基金是有利于投资者的,因为它是一种对付清债款的保护。

公司债券的主要买主是人寿保险公司、私人及公共养老基金、家庭和相互储蓄银行等。

公司债券的收益取决于债券的风险,债券的风险越大则收益越多。债券的风险主要有违约风险和市场风险。所谓违约风险是指债券发行人到期无力偿付的风险,风险的大小决定于发行公司的管理经验和水平、公司的地位和发展前景。所谓市场风险即可销售性风险,是指由于债券持有人无法在其想出售转让债券时找到合适的买主而蒙受的损失。债券可销售性取决于二级市场的完备性和债券本身的资信等级。

由于公司债券比其他债券的风险大,因此,债券发行时都必须经过穆迪氏(Moodys)和标准普尔(Standard & Poor)信用评级公司进行评估。这两家公司对债券的评级定期正式公开宣布,提供给购买者参考。债券的评级共分为 9 个等级。通常将穆迪氏的等级置于标准普尔等级之前,构成 Aaa/AAA 和 Baa/BBB 形式。这是前四个等级,称为"投资等级"债券,是指这种债券投资最安全。穆迪氏公司对 Aaa 级债券的条件如下:"评定为 Aaa 级的债券被认为是最佳的。它具有最小的投资风险,被普遍认为是一种'金边'债券。发行者备有大量或非常稳定的充裕资金来保证利息的支付,而且本金是很安全的。尽管某些保护因素可能发生变化,但它们极不可能削弱这种债券的牢固地位。"

② 中期国库券(treasury notes)和长期债券(treasury bonds)。这是美国政府发行的中长期国债,时间为 10—30 年。这类债券没有信用风险,具有相当良好的二级市场,所以很受投资者欢迎。一般来说,商业银行、政府机构、外国中央银行、经纪商和个人,都是其投资者。在证券交易所都可购买上述债券。

③ 地方政府债券。美国州和地方政府发行的债券称为市政债券。这些债券的利息收入可免交所得税,所以颇受投资者欢迎。市政债券可有以下四种。

● 一般责任债券,是以信用和征税权来作保证的,这类债券的资金用于高速公路、机场、学校、图书馆和公园的建设。

● 有限责任债券,是凭发行者的信用来保证的,或以有限的税收来支付本息。

● 收益债券,是以所投资项目所得的收入作唯一的偿付保证,如道路、桥梁、煤水电系统、医院等,都由已建好的公共设施的收入来保证的。

● 住宅债券,是由州政府筹集资金兴建低房租的住宅设施,以租金收入来作保证,并再由政府的住宅部门予以保证。

④ 抵押债券。抵押债券代表了资本市场的最大组成部分。抵押是一种债务合同,由不动产(土地或建筑)作为合同的担保品。签发这项合同,是为了购置不动产。住宅抵押是抵押市场的主体,期限一般在20—30年。

抵押债券市场的重要性,不仅因为它数量大,而且因为资金流向抵押而涉及巨大的公共利益。人们对住宅抵押信贷有着强烈的兴趣,每当住宅抵押出现波动时,都会引起人们的关注,所以抵押市场是资本市场最活跃的部分。

抵押市场资金的供应者主要是储蓄贷款协会、人寿保险公司和商业银行;市场的投资者则以家庭和政府机构为主。

(3) 股票。股票市场是资金融通的极其重要渠道。股份公司通过发行股票向公众筹集巨额资金,建立起规模庞大的企业。

① 股票的种类。一般来说,股票可分为普通股和优先股两大类。普通股总是每家新公司首先发行的证券,是股票最普遍的一种形式。普通股的特点是有经营的参与权,可参加股东大会并选举董事会,对公司的合并、解散和修改章程都有投票权,但是,公司的组织十分庞大,股东众多,单个股东所能起的作用实在微不足道,公司的所有权与控制权是分离的,控制权落入极少数股东手中;股票持有人只对所购股份负责,股东对公司的负债没有责任,公司债权人只能对公司的资产提出要求,无权对股东起诉;股票持有人具有凭票从公司分配股息和红利的权利;股票可以自由转让,可以在股票市场上自由买卖。

优先股一般是公司成立后为筹集新的追加资本而发行的证券。优先股的特点是在影响企业决策的发言权上并不比普通股“优先”,在一般情况下,优先股不能参加股东大会,只是在一定的条件限制下才可以参加;优先股比普通股有优先分配股息的权利,就是说,在支付普通股股息以前必须先按规定的比率向优先股支付股息;优先股也比普通股有优先分配资产的权利。所以,优先股比普通股安全,对投资想获得固定收入者具有吸引力。

股份公司发行股票的主要目的:第一,筹集建设资金,作为公司的资本基础,这是公司经济实力的一个重要指标,对公司的声誉和业务具有重大影响。第二,通过增资来充实自身的资本或改善财务状况。第三,通过增加股东人数,形成稳定的股东群体,使企业更加稳定。第四,收购其他公司。

在股票市场上活动的人,一般来说有两种人:一是购股获息,这种人购买股票,是为了分享该公司的未来赢利能力,获取股息收入,是投资者;另一种人是赚取买卖差价,是为了从股价涨落时差中牟利,这种人是投机者。

② 股票行市——股价波动的因素。股票行市,是指在证券市场上买卖股票的价格,股市是一个波动的市场,其价格在不断变化之中。影响股票价格发生波动的因素可分为两大类:第一类是基本因素,即证券市场外的各种发展;第二类是技术因素,是短期市场内部的情况。

基本因素有两类:经济方面因素,如国民生产总值、工业生产指数、公司利润、公司的股息和红利、公司营业额、失业率、物价指数等;政治方面因素,如政策的变动、战争、政局变动、国际政治活动等心理因素。基本因素是在一个较长时期内影响股票市场价格的因素。所谓基本分析就是根据这些因素来预测市场波动,目标是股票价格的增值,着眼于长期间的投资。

技术因素包括股票交易量、市场宽度、卖空数量等。所谓市场技术分析,注重短期内的价格波动,主要目标是在短期内买进卖出以图利。

第三节 一级市场和二级市场

一、一级市场的运行

一级市场又称初级市场,是发行新证券的市场,也称资本发行市场。一级市场可以分为债券发行市场和股票发行市场。

1. 债券发行市场

债券是经济主体为筹集资金而发行的,用以记载和反映债权债务关系的有价证券。由企业发行的债券称为企业债券或公司债券。

债券的发行有两种方式。一种是非公开的安排,一般是以少数同发行单位有业务往来的投资者为对象发行债券。这类债权较稳定,多数为银行和保险公司。这种债券发行方式手续简单,债务条款由买卖双方协商决定。另一种方式是公开出售,是以公众为对象发行债券。要求发行者有较高的社会信誉,具备国家法律规定发行债券的手续,以防对公众进行欺诈。一般是通过一个证券包销人(如投资银行)向公众销售。

(1)债券的种类。债券有很多形式,大致有如下五种分类。

① 按债券是否记有持券人的姓名或名称,分为记名和无记名债券。记名债券的转让有严格的法律程序与手续,而不记名债券的持有者就是所有人。

② 按能否转换为本公司股票,分为可转换债券和不可转换债券。一般来讲,前种债券的利率较低。我国《公司法》的规定,发行可转换债券的主体只限于股份有限公司中的上市公司。

③ 按有无特定的财产担保,分为抵押债券和信用债券。公司以特定财产作为抵押品的债券为抵押债券;没有特定财产作为抵押,凭信用发行的债券为信用债券。抵押品可以是公司的不动产、设备、公司持有的证券等等。

④ 按利率的不同,分为固定利率债券和浮动利率债券。

⑤ 按能否上市,分为上市债券和非上市债券。上市债券信用度高,价值高,且变现速度快,故而较吸引投资者,但上市条件严格,并要承担上市费用。

(2)债券的发行价格。债券的发行价格是债券发行时使用的价格,亦即投资者购买债券时所支付的价格。公司债券的发行价格通常有三种:平价、溢价和折价。

平价指以债券的票面金额为发行价格;溢价指以高出债券票面金额的价格为发行价格;折价指以低于债券票面金额的价格为发行价格。债券发行价格的形成受诸多因素的影响,其中主要是票面利率与市场利率的一致程度。债券的票面金额、票面利率在债券发行前即已参照市场利率和发行公司的具体情况确定下来,并载明于债券之上。但是,在发行债券时已确定的票面利率不一定与当时的市场利率一致。为了协调债券购销双方在债券利息上的利益,就要调整发行价格,即:当票面利率高于市场利率时,以溢价发行债券;当票面利率低于市场利率时,以折价发行债券;当票面利率与市场利率一致时,则以平价发行债券。

债券发行价格的计算公式为

$$P = \frac{FV}{(1+r_m)^n} + \sum_{t=1}^{n} \frac{FV \times r_b}{(1+r_m)^t}$$

式中：P 为发行价格，FV 为债券面值，r_m 为市场利率，n 为债券期限，r_b 为债券票面利率。市场利率指债券发行时的市场利率。

（3）债券的信用等级。公开发行债券通常需要由债券评信机构评定等级。债券的信用等级对于发行公司和购买人都有重要影响。

国际上流行的债券等级是 3 等 9 级。AAA 级为最高级，AA 级为高级，A 级为上中级，BBB 级为中级，BB 级为中下级，B 级为投机级，CCC级为完全投机级，CC 级为最大投机级，C 级为最低级。

我国的债券评级工作正在开展，但尚无统一的债券等级标准和系统评级制度。根据中国人民银行的有关规定，凡是向社会公开发行的企业债券，需要由中国人民银行及其授权的分行指定资信评级机构或公证机构进行评估。这些机构对发行债券的企业的企业素质、财务质量、项目状况、项目前景和偿债能力进行评分，以此评定信用级别。

2. 股票发行市场

（1）普通股和优先股。股票可分为优先股与普通股两种。优先股指股东有优先于普通股分红和优先于普通股的资产求偿权利。优先股的股息收益通常是事先确定的，无论公司经营好坏、利润多少，都可以按固定比率领取股息。所以，优先股的风险低，收入有稳定性。但是，与低风险相对应，优先股比普通股享有的权利范围也小，表现在优先股股东没有选举权和被选举权，对公司经营的重大事件也无投票权。此外，优先股虽有稳定的收益，但当公司利润增加时，却不能分享这部分收益。

（2）普通股股东的权利。依我国《公司法》的规定，普通股股东主要有如下六项权利。

① 出席或委托代理人出席股东大会，并依公司章程规定行使表决权。这是普通股股东参与公司经营管理的基本方式。

② 股份转让权。股东持有的股份可以自由转让，但必须符合《公司法》、其他法规和公司章程规定的条件和程序。

③ 股利分配请求权。

④ 对公司账目和股东大会决议的审查权和对公司事务的质询权。

⑤ 分配公司剩余财产的权利。

⑥ 公司章程规定的其他权利。

（3）普通股筹资的优缺点。与其他筹资方式相比，普通股筹措资本具有如下四个优点。

① 发行普通股筹措资本具有永久性的特点,无到期日,不须归还。这对保证公司对资本的最低需要、维持公司长期稳定发展极为有益。

② 发行普通股筹资没有固定的股利负担,股利的支付与否和支付多少,视公司有无盈利和经营需要而定,经营波动给公司带来的财务负担相对较小。由于普通股筹资没有固定的到期还本付息的压力,所以筹资风险较小。

③ 发行普通股筹集的资本是公司最基本的资金来源,它反映了公司的实力,可作为以其他方式筹资的基础,尤其可为债权人提供保障,增强公司的举债能力。

④ 由于普通股的预期收益较高并可一定程度地抵消通货膨胀的影响(通常在通货膨胀期间,不动产升值时普通股也随之升值),因此普通股筹资容易吸收资金。

但是,运用普通股筹措资本也有一些缺点。

① 普通股的资本成本较高。首先,从投资者的角度讲,投资于普通股风险较高,相应地要求有较高的投资报酬率。其次,对于筹资公司来讲,普通股股利从税后利润中支付,不像债券利息那样作为费用从税前支付,因而不具抵税作用。此外,普通股的发行费用一般也高于其他证券。

② 以普通股筹资会增加新股东,这可能会分散公司的控制权。此外,新股东分享公司未发行新股前积累的盈余,会降低普通股的每股净收益,从而可能引发股价的下跌。

(4) 股票的发行方式。股票发行方式,指的是公司通过何种途径发行股票。总的来讲,股票的发行方式可分为如下两类。

① 公开间接发行。它是指通过中介机构,公开向社会公众发行股票。我国股份有限公司采用募集设立方式向社会公开发行新股时,须采用由证券经营机构承销的做法,就属于股票的公开间接发行。这种发行方式的发行范围广、发行对象多,易于足额募集资本;公开发行的股票的变现性强,流通性好;股票的公开发行还有助于提高发行公司的知名度,扩大其影响力。但是,这种发行方式也有不足,主要是手续繁杂,发行成本高。

② 不公开直接发行。它是指不公开对外发行股票,只向少数特定的对象直接发行,因而不需经中介机构承销。我国股份有限公司采用发起设立方式和以不向社会公开募集的方式发行新股的做法,即属于股票的不公开直接发行。这种发行方式弹性较大,发行成本低;但发行范围小,

股票变现性差。

（5）股票的销售方式。

① 自销方式。股票发行的自销方式是指发行公司自行直接将股票销售给认购者。这种销售方式可由发行公司直接控制发行过程，实现发行意图，并可以节省发行费用；但筹资时间往往较长，发行公司要承担全部发行风险，并需要发行公司有较高的知名度、信誉和实力。

② 承销方式。股票发行的承销方式是指发行公司将股票销售业务委托给证券经营机构代理。这种销售方式是发行股票所普遍采用的方式。我国《公司法》规定股份有限公司向社会公开发行股票，必须与依法设立的证券经营机构签订承销协议，由证券经营机构承销。股票承销又分为包销和代销两种具体办法。所谓包销，是根据承销协议商定的价格，证券经营机构一次性购进发行公司公开募集的全部股份，然后以较高的价格出售给社会上的认购者。对发行公司来说，包销的办法可及时筹足资本，免于承担发行风险（股款未募足的风险由承销商承担）；但股票以较低的价格出售给承销商会损失部分溢价。所谓代销，是证券经营机构仅替发行公司代售股票，并由此获取一定的佣金，但不承担股款未募足的风险。

（6）股票发行价格。股票的发行价格是股票发行时所使用的价格，也就是投资者认购股票时所支付的价格。股票发行价格通常由发行公司根据股票面额、股市行情和其他有关因素决定。以募集设立方式设立公司首次发行的股票价格，由发起人决定；公司增资发行新股的股票价格，由股东大会作出决议。

股票的发行价格可以和股票的面额一致，但多数情况下不一致。股票的发行价格一般有以下三种。

（1）等价。等价就是以股票的票面金额为发行价格，也称为平价发行。这种发行价格，一般在股票的初次发行或在股东内部分摊增资扩股的情况下采用。等价发行股票容易推销，但无法取得股票溢价收入。

（2）时价。时价就是以本公司股票在流通市场上买卖的实际价格为基准确定的股票发行价格。其原因是股票在第二次发行时已经增值，收益率已经变化。采用时价发行股票，考虑了股票的现行市场价值，对投资者也有较大的吸引力。

（3）中间价。中间价就是以时价和等价的中间值确定的股票发行价格。

按时价或中间价发行股票,股票发行价格会高于或低于面额。前者称溢价发行,后者称折价发行。如属溢价发行,发行公司所获的溢价款列入资本公积。

我国《公司法》规定,股票发行价格可以等于票面金额(等价),也可以超过票面金额(溢价),但不得低于票面金额(折价)。

二、二级市场的运行

二级市场是买卖已流通的有价证券的市场,也称流通市场。二级市场可以分为证券交易所市场和场外交易市场。

1. 证券交易所市场

这是一个有组织、有固定地点、集中交易的公开的二级市场。在证券交易所交易的大部分是股票。

(1)上市条件。并非所有的股票都可以在证券交易所上市交易。股票进入证券交易所挂牌买卖,须受严格的条件限制。例如,我国《公司法》规定,股份有限公司申请其股票上市,必须符合下列六个条件。

① 股票经国务院证券管理部门批准且已向社会公开发行。不允许公司在设立时直接申请股票上市。

② 公司股本总额不少于人民币5 000万元。

③ 开业时间在3年以上,最近3年连续盈利。

④ 持有股票面值人民币1 000元以上的股东不少于1 000人,向社会公开发行的股份须达到公司股份总额的25%以上;公司股本总额超过人民币4亿元的,其向社会公开发行股份的比例为15%以上。

⑤ 公司在最近3年内无重大违法行为,财务会计报告无虚假记载。

⑥ 国务院规定的其他条件。

(2)交易过程。证券交易所只是为交易双方提供一个公开交易的场所,它本身并不参与交易。证券交易所并不是任何人都能够进入从事交易的,只有取得交易所会员资格的经纪人和交易商才能够入场交易。

股票交易的四个过程如下。

① 开户。客户在经纪人处开立账户,并存入用于交易的资金。

② 委托。当客户认为需要买卖证券时,须向经纪人发出指令,经纪人则将客户的指令传递给其在交易所的场内交易员,交易员则按指令要

求进行交易。

委托买卖的方式有三种：第一，市价委托，按照当时的市场行情买卖一定的数量；第二，限价委托，客户限定交易价格，只有当市价满足这一条件时才进行买卖；第三，停止委托，客户要求经纪人在市价变动到一定的限度时停止买卖，其目的是锁定损益。

③ 成交。证券交易所内的交易是以"价格优先，时间优先"的原则，通过竞价成交的。价格优先，指同时有几份买单时，开价最高的买单先成交；时间优先，指同等价格条件的交易请求，时间上在前的优先成交。

④ 过户。理论上成交的当时就已经进行了交割，但事实上从交易完成到资金、股票在客户的账户上划转有一定的时间间隔。

（3）证券的价值。首先要说明的是，证券的价格和价值是不同的，价值是一个可以量化估计的值，而价格则变化不定，除了受到价值的指导之外，还与经济大环境、投资者的预期有很大关系。

评价证券的价值，可以用其未来现金流的总数来估计，当然还要考虑资金的时间价值。

① 债券。债券价值的计算比较简单，只要把将来的付息、还本的现金流贴现相加即可。贴现率一般选取市场平均收益率，或是利率。

一张债券发行之后，它的付息、还本的时间和金额就确定了，因此决定其当前价值的主要是贴现率。当市场利率上升时，债券的价值将下降；而当市场利率下降时，债券的价值将上升。

② 股票。评价股票价值的原理和债券一样，也是计算将来现金流的总现值。如果持有人打算永久持有股票作为投资，那么这将是一个永续的现金流入；如果持有人打算一段时间之后出售股票，那么未来的现金流入是持有期间的股利发放和出售时的股价。

然而，股票的价值比较难以计量，因为股票不像债券那样固定将来的收益。股利的多少，取决于每股盈利和股利分配政策。因此，只能采用简化的模型来预测股票的价值，如零成长、固定比例成长等。

可见，如果投资者对经济前景、相关产业或是对本企业看好，则会估计比较高的未来股利，以及将来比较高的股价，从而会推动当前股价上升。反之，就会引发股票价格的下跌。

（4）股票价格指数。股价指数是描述股票市场总的价格水平变化的指标。它是选取有代表性的一组股票，把它们的价格进行加权平均，通过一定的计算得到的。各种指数的具体的股票选取和计算方法是不同的。

目前世界上比较有影响的股价指数有美国的道·琼斯指数、标准普尔指数和 NASDAQ 指数,英国的"金融时报"指数,日本的日经指数和东京证交所指数,中国香港的恒生指数等。

中国内地的股价指数有上证指数和深证指数。自 1995 年以来,两个交易所的指数又分别编为综合指数与成份股指数。例如,上海证券交易所推出了综合指数、样本指数、分类指数等三大类别,具体包括上证综合指数、上证 180 指数、上证 50 指数、红利指数、A 股指数、B 股指数、工业指数、商业指数、地产指数、公用指数等;深圳证券交易所推出了成份指数、综合指数、成份 A 股指数、成份 B 股指数、深圳 100 指数、农林牧渔指数、采掘业指数、制造业指数。此外,上海、深圳证券交易所近年还联合推出了沪深 300 指数。

2. 场外交易市场

凡是不在证券交易所内进行的证券交易都属于场外交易市场(Over the Counter Market; OTC)。它并非一个固定的场所,而是由许多股票、债券的交易商和经纪人组成的交易网络。

场外市场的特点是:① 无集中的交易场所;② 交易通过通讯网络进行;③ 交易品种主要是未上市的证券,尤其是债券;④ 交易由双方协商议定价格,交易量也由双方商定,零散数量也能成交。

在场外市场交易,公司不必公开财务状况,并且直接交易有利于降低交易成本。因此,场外市场自创办以来发展较快。尤其是随计算机网络技术飞速发展,应用于证券交易后,场外市场更加繁荣。

第四节　金融衍生工具

金融衍生工具是指以另一(或另一些)"标的物"的存在为前提,以这些"标的物"为买卖对象,价值也由这些"标的物"决定的金融工具。而这里的标的物可以是某种商品,可以是某种金融资产,也可以是某种指数。1994 年 8 月,国际互换和衍生协会(International Swaps and Derivatives Association; ISDA)对金融衍生品作了如下描述:"衍生品是有关互换现金流量和旨在为交易者转移风险的双边合约。合约到期时，交易者所欠对方的金额由基础商品、证券或指数的价格决定。"随着金融创新的发展，金融衍生品经过衍生、再衍生，组合、再组合的螺旋式发展，繁衍出了更多的品种。

中国银监会于 2004 年发布的《金融机构衍生产品交易业务管理暂行办法》则做出了如下定义：衍生产品是一种金融合约，其价值取决于一种或多种基础资产或指数，合约的基本种类包括远期、期货、掉期（互换）和期权。衍生产品还包括具有远期、期货、掉期（互换）和期权中一种或多种特征的结构化金融工具。

金融衍生工具源自金融工具，金融工具又称金融商品，是用于交换、结算、投资、融资的各种货币性手段。传统的金融工具主要有现金、银行票据、商业票据、债券和股票等，这些金融工具早已为人们熟知和了解。自 20 世纪 70 年代初期以来，由于多种因素的共同作用，国际金融市场呈现出强劲的革新动力，新的金融工具层出不穷，整个市场呈现出金融工具不断创新的局面。金融衍生工具就是此次金融创新的重要组成部分，同时也是这次创新浪潮中的高科技产品，它是在传统金融工具基础上衍生出来的新兴金融工具。能够产生衍生工具的传统金融工具被称为基础工具。

金融衍生工具是在一定的客观背景中、一系列特定因素的促动下产生的。20 世纪 70 年代初，维系全球的以美元为中心，实行"美元、黄金双挂钩"的固定汇率制——布雷顿森林体系连续出现危机并于 1973 年正式瓦解，浮动汇率制成为世界各国的汇率制度。这一世界金融史上前所未有的大动荡使任何一个经营或持有货币的金融机构、企业和个人随时随地面临因汇率变动而造成损失的风险。以自由竞争和金融自由化为基调的金融创新浪潮席卷了整个西方世界。发达国家纷纷放宽或取消了对利率的管制，放松对金融机构及其业务的限制，使汇率、利率、股市进入难以预料的波动之中。金融市场的种种变动，使金融机构、企业和个人时刻生活在价格变动风险之中，迫切需要规避市场风险，而这些风险是难以通过传统金融工具本身来规避的。这样，就产生了规避风险的强大需求。作为新兴的风险管理手段，以远期、期货、期权、互换为主体的金融衍生工具便应运而生了。

一、金融衍生工具的种类

按照自身交易方法及特点,金融衍生工具大致可划分为如下四大类。

1. 远期合约

远期合约(forwards):合约双方同意在未来的某个确定时间,按照某个确定的价格出售或购买某种资产的协议。远期合约之所以会产生是因为人们需要在未来的某一时刻实现现金流的变动,却又不想承担未来可能会发生的风险,希望在现在就能够确定这一现金流的数量,实际上这是一种为了规避未来可能发生的风险而生成的金融衍生工具。远期合约规定了将来交换的资产、交换的日期、交换的价格和数量,合约条款因合约双方的需要不同而不同。远期合约主要有远期利率协议、远期外汇合约、远期股票合约等。

一般而言,远期合约的购买方被称为多头(long position),于是相对的合约出售方就被称为空头(short position)。如果用 K 表示远期合约中规定的协议交割价格,用 S_T 表示远期合约交割时的现货价格,那么远期合约的多头和空头的损益就如图 2.3 所示,用公式表示如下。

多头方:损益 $= S_T - K$

空头方:损益 $= K - S_T$

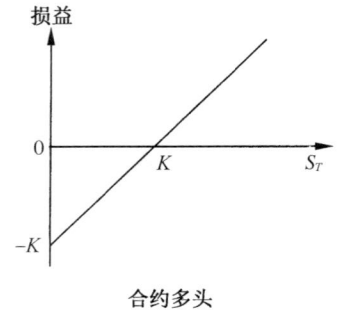
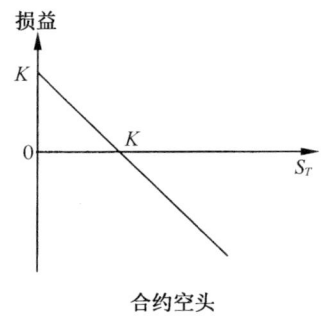

图 2.3 远期合约的损益

从公式中我们可以看到,如果未来的现货交割价格大于合约的协议价格,那么多头方就会盈利而空头方就会损失;然而,如果未来的现货价格小于合约的协议价格,多头方就会亏损而空头方就会盈利。但是,无论是哪一方盈利,他们彼此对于未来的这项现金流都是锁定的,不会因为这项标的物市场发生巨大变化而产生预期以外的损失和收益。因此,远期合约是一种规避价格剧烈波动的保值交易。

以外汇远期为例,某进口商将于 3 个月后付款 100 万美元,当前的汇率是 USD：RMB = 1：8.3；在这 3 个月内,如果汇率上升0.01,进口商就要多付出 1 万元人民币；如果汇率下降0.01,进口商就会少付出 1 万元人民币,但是比起少付出的这种可能性,进口商更为厌恶多付出的情况的发生。这无疑是一种汇率风险,进口商为了规避这样的汇率风险,就会在即期做一份 3 个月远期美元的多头,标的为 100 万美元,协议交割汇率为8.3。这样,无论市场汇率如何变化,进口商已经把成本锁定在830 万人民币。这种行为就被称为套期保值(hedging)。

2. 期货

期货(futures)：就是买卖双方在有组织的交易所内以公开竞价的形式达成的,在将来某一特定时间交收标准数量特定资产的协议。

我们发现期货的概念类似于远期合约的概念,因为它正是由远期合约发展而来的,因此它的一般损益情况也与远期合约的损益情况相同,如表 2.3 所示。然而,我们会发现期货合约的规格要比远期合约规范得多,期货的标准化涉及交割标的品种、规格、数量、期限、交割地点等等,因此它的二级市场就更为发达。表 2.3 列示的就是期货与远期合约的区别。

表 2.3　远期与期货

	远期(forward)	期货(future)
交易地点	分散,多为场外交易(OTC)	集中于交易所
合同内容、形式	交易双方协定	标准化
交易形式	按时	经常对冲、较少实物交割
保证金	一般无	需要
交易目的	锁定现金流	套期保值或是投机居多
交易商品	一切商品	规格统一、标准交易,有限种类的商品和金融工具
交易方式	一对一	集中交易
保证手段	合同条款、法规	保证金制度

我们可以发现,在远期合约和期货的区别之中有一条很重要的就是

保证金制度,即期货合约中,损益转移支付都是通过每个期货交易者的保证金账户来实现的。因此,保证金账户必须有维持各种情况的资金账户,这就是维持保证金(maintenance margin)。当然,合约刚刚签订时通常要求投资者按规定存足保证金,这种保证金被称为初始保证金(initial margin)。维持保证金通常低于初始保证金数额。当保证金额低于维持保证金时,交易所要求交易者增加保证金至初始保证金,这个增加的部分称为变动保证金(variation margin)。不断变化与补充的保证金账户,有效地控制了期货合约中的违约风险。此外,如果交易方的保证金账户的余额低于维持保证金数额,而拒绝保证金催讨(margin call)通知,那么其合同终止,违约风险也就没有了。

期货有很多种类,按交易商品可分为商品期货和金融期货,而金融期货又主要包括外汇期货、利率期货和股票指数期货三种。

(1)利率期货。利率期货一般包括短期利率期货和长期利率期货。前者一般是指期限为 3 个月以内的利率期货,如 3 个月欧洲美元利率期货、美国短期国债期货等等;而后者一般指的是期限较长的债券期货,如联邦长期公债、市政公债等。

以 3 个月美国短期国债为例,其合约规模为 100 万美元,交割月份为 3、6、9、12 月,最小价格波动为 0.01%,因此最小变动价值为 $1\,000\,000 \times 0.01\% \times 3/12 = 25$ 美元。

与远期合约相同,投资者可以通过购买利率期货来锁定未来的利率水平。但与远期合约不同的是,期货的结算是通过其保证金账户进行日结算,因此期货的违约风险相对远期合约而言就更小。

(2)外汇期货。外汇期货合约是一种在未来某特定日期为持有者提供一定数量货币的标准化合约。

外汇期货只提供一些主要货币的交易,而外汇远期合约则可进行任何货币的交易。通常,可以进行外汇期货的交易货币为美元、欧元、澳大利亚元、加拿大元、日元等;外汇期货的交割月份通常规定在 3 月、6 月、9 月和 12 月;相比外汇远期,外汇期货存在着佣金成本和保证金占用的成本,但由于期货合约的标准化使得它们相对远期合约流动性更好。

(3)股票指数期货。股票指数期货是按照交易所的规定设定和交易安排进行买卖和维护相应股票指数面值的远期合约,如标准普尔 500 指数期货、日经 225 股票指数期货、主要市场指数(MMI)期货和 NYSE 综合指数期货,等等。

以主要市场指数期货为例,每份 MMI 期货合约的乘数为每点 250 美元,最小价位为 0.05,因此最小变动价格为 250 美元×0.05＝12.5 美元。某人持有 1 000 万美元的热门股票,为了防止股价下跌带来较大的损失,他同时卖出 160 份 MMI 期货合约,此时 MMI 价格为 300,因此这笔合约的交割价为 250×300×160＝1 200 万美元。如果股价下跌,使他持有的股票价值下降为 910 万美元,而同时 MMI 价格也跌至 275,那么他再买入 160 份 MMI 期货合约,交割价位 250×275×160＝1 100 万美元。这样虽然股票亏损了 90 万美元,但是期货对冲盈利 100 万美元。

3. 期权

期权(options):就是指合约多头方有权利在约定的时间内,按照某一约定的价格向合约的空头方购买或出售一定数量的特定标的物。

根据这一解释,我们发现期权合约的持有方只有权利而无义务,而期权合约的出售方则只有义务没有权利,因为期权合约的多头方必须支付一定的期权费(premium)来获得这份权利。因此,期权的多头在付出一定的期权费之后便可获得在未来买入或卖出一定数量特定资产的权利;相对而言,空头将在收到一定的期权费后承担与之对应的义务。

期权有两种基本类型:看涨期权(call option)和看跌期权(put option)。前者是指持有者有权在某一确定时间以某一特定的价格买入某项资产;后者是指持有者有权在某一确定时间以某一特定的价格出卖某项资产。

根据执行时间的不同,期权又可以分为欧式期权(European option)和美式期权(American option)两种。前者期权多头执行期权的时间必须在到期日,而后者执行期权的时间可以在到期日前(包括到期日)的任何时刻。很明显,相比欧式期权,同样合约内容的美式期权将赋予期权多头更大的权利,因此多头要付出相对更多的期权费以获得这部分权利。

按照基础资产的种类不同,期权可以分为股权期权、利率期权、外汇期权以及其他商品期权。从这些期权的名字中我们很容易判断出它们的基础资产。

下面我们以欧式期权的损益情况为例来进行分析。假设欧式期权的期权费为 P,交割价格为 K,S_T 表示合约到期时现货市场上的即时价格。由于期权有空头方和多头方,同时又分为看涨期权和看跌期权,因此欧式期权具体有四种部位：欧式看涨期权多头、欧式看涨期权空头、欧式看跌期权多头以及欧式看跌期权空头。他们各自的损益如图 2.4 所示。

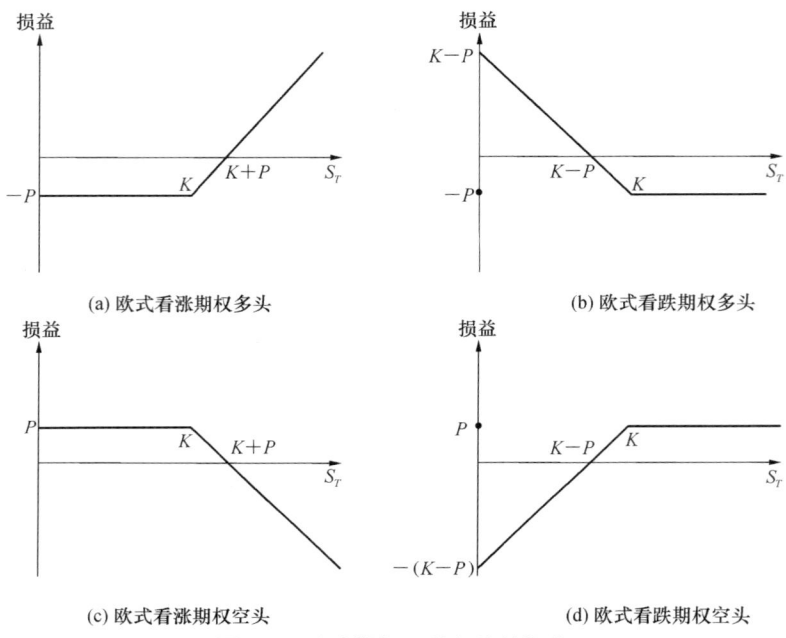

图 2.4　欧式期权四种部位的损益

对于欧式看涨期权多头而言，在执行期权时，如果基础资产即期价格 S_T 大于 $K+P$，则投资者将执行期权而获得盈利 $S_T-(K+P)$；如果即期价格 S_T 在 K 与 $K+P$ 之间，由于期权费高于即期价格与交割价格的差额，投资者会有一定的损失，但是投资者还是会选择执行期权，因为执行期权的损失 $(K+P)-S_T$ 要小于放弃期权的损失 P；如果即期价格小于 K，投资者将会放弃期权，他的损失将等于期权费 P。相应地，欧式看涨期权空头会根据多头的选择履行期权义务，多头方盈利时空头方就发生损失，多头方损失时空头方就产生盈利；而空头的最大盈利也等于期权费 P。

对于欧式看跌期权多头而言，在执行期权时，如果基础资产即期价格 S_T 小于 $K-P$，则投资者将执行期权而获得盈利 $(K-P)-S_T$；如果即期价格 S_T 在 K 与 $K-P$ 之间，因为投资者执行期权的损失 $S_T-(K-P)$ 要小于他放弃期权的损失 P,所以他仍会执行期权;如果即期价格大于 K,投资者将放弃期权,他的损失将等于期权费 P。相应地,欧式看跌期权空头与多头的损益是相对应的,它的最大盈利也就等于多头的最大损失 P。

4. 互换

互换(swaps):两个或两个以上的当事人按共同商定的条件,在约定的某一时间内,交换一定现金流的金融交易。

在金融界,互换几乎是与期货与期权等金融衍生产品同时出现的。1981 年,由所罗门兄弟公司(Solomon Brothers)为美国的 IBM 公司和世界银行安排了一次著名的互换交易,即 IBM 公司用等值的马克和瑞士法郎债券与世界银行发行的 2.9 亿欧洲美元债券进行互换;同年,花旗银行(Citibank)和大陆伊利诺斯公司达成了第一笔的利率互换交易。至此,利率互换市场开始有了突破性发展。

互换产生的根本动因就是互换双方存在着比较优势。根据国际贸易理论,只要双方存在比较优势,他们就都能从互换交易中获利,因此互换协议就可以达成。在后面我们将用利率互换和货币互换两个具体的例子进行说明。

互换也分为商品互换和金融互换,而金融互换又主要有利率互换和货币互换两类。

(1) 利率互换。利率互换的两个现金流都是基于本金的利息支付,双方使用同一种货币,各自按不同的利率水平支付确定的利息,没有本金的交换。利率互换的要素有:① 名义本金 NP(nominal principle),因为利率互换中的本金只作计算利息时的基数,而不进行实际交割;② 期限,包括互换的期限和利息结算的期限。一般而言,标准的利率互换是一方支付固定利息,而另一方支付浮动利息,如 LIBOR。

例如,A、B 两家公司都需要 100 万美元的贷款,A 公司可以以 10% 的固定利率或是 LIBOR+0.3% 的浮动利率贷得资金,而 B 公司可以以 11.4% 的固定利率或是 LIBOR+1.1% 的浮动利率获得资金。很明显,A 公司无论在固定利率上还是浮动利率上相对 B 公司而言都具有绝对优势,这可能是由于两家公司的信用等级不同所造成的。然而,A 公司在固定利率市场上的绝对优势更大,因此 A 公司在固定利率上还具有比较优势,B 公司在浮动利率上具有比较优势,如表 2.4 所示。

表 2.4　利率互换

贷款利率	固定利率	浮动利率
A 公司可以直接得到的	10%	LIBOR+0.3%,每 6 个月调整
B 公司可以直接得到的	11.4%	LIBOR+1.1%,每 6 个月调整
绝对优势	A 公司:−1.4%	A 公司:−0.8%
比较优势	A 公司	B 公司

可见,A、B 两家公司之间仍然存在着(1.4%−0.8%)=0.6%的利率差距可以分割。于是,按照比较优势原理,A 公司将在固定利率市场上进行贷款,B 公司将在浮动利率市场上进行贷款,使得两家公司可能直接达成互换协议,如图 2.5 所示。

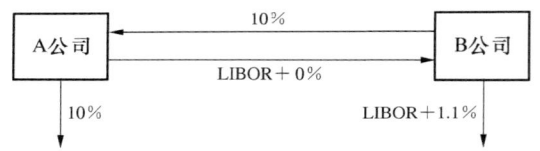

图 2.5　A 公司与 B 公司之间利率互换

根据图 2.5,A、B 两公司互换的具体情况如下。

A 公司:以 10%的固定利率在固定利率市场上贷款 100 万美元。

B 公司:以 LIBOR+1.1%的浮动利率在浮动利率上贷款 100 万美元。

A、B 两公司进行利率互换,此时 NP=＄100 万,A 公司向 B 公司支付 LIBOR+0%(也就是 LIBOR)的浮动利率,B 公司向 A 公司支付 10%的固定利率。

总的来看,半年的利率支付情况如表 2.5 所示。

表 2.5　A、B 两公司利率互换半年的现金流情况

	A 公司	B 公司
外部市场	10%×0.5	(LIBOR+1.1%)×0.5
互换收入	10%×0.5	LIBOR×0.5
互换支出	LIBOR×0.5	10%×0.5
结　　果	LIBOR×0.5	11.1%×0.5

在这种情况下,这个 0.6‰×0.5 的利率差距被 A、B 两家公司平均分割了,当然这不是这两家公司进行互换的唯一方式,他们亦可以选择其他的比率分割这部分利率差距。

此外,由于信息的不完全,两家公司恰好能达成互换的可能性并不大,因此在互换市场上金融机构发挥着很重要的中介作用。金融机构利用自己已掌握的较多的信息资源,为更多公司寻找互换的机会,当然他们也要从这样的互换过程中获取一定的收益,图 2.6 所表示的就是 A、B 两公司在金融机构的介入下产生的互换。

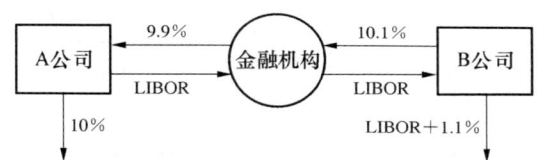

图 2.6 金融机构介入 A、B 两公司之间的利率互换

很明显,在这种情况下,A 公司每年净流出 LIBOR+0.1% 的浮动利率,节约了 0.2%;B 公司净流出 11.2% 的固定利率,也节约了 0.2%;而金融机构从中获得了 0.2% 的净流入收益。当然,这也不是存在金融机构条件下的唯一互换方式。

(2)货币互换。货币互换是指一方以一种货币本金额及其相应的定期利息换取另一方的另一种货币本金额及其相应的定期利息。货币互换不同于利率互换,它既交换本金也交换利息;本金通常为两种不同的币种。交易的根源仍在于双方的比较优势。

例如,A、B 两公司的筹资成本如表 2.6 所示。

表 2.6 货币互换

	美元 USD 市场	日元 JPY 市场
A 公司可以直接得到的	8%	5.4%
B 公司可以直接得到的	10%	6%
绝对优势	A 公司：−2%	A 公司：−0.3%
比较优势	A 公司	B 公司

造成上述利率差异的原因可能是 A 公司的信用等级高于 B 公司,因

此在美元和日元固定利率市场上 A 公司都具有绝对优势;但是,可能 A
公司是美国本土公司,因此其在美元贷款上相对日元贷款更有优势,从而
产生了以上的比较优势情况。

因此,A、B 两公司可能会产生如图 2.7 所示的货币互换。在本例中,
假设 A 公司需要的日元本金与 B 公司需要的美元本金数量相同,且期初
与期末的汇率不发生变化。当然,在实际中,这样的互换交易是存在一定
的汇率风险的。

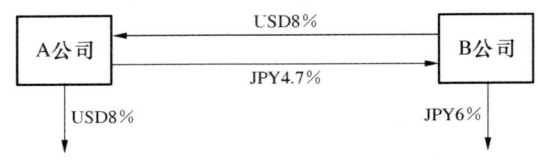

图 2.7　A 公司与 B 公司之间的货币互换

在这种情况下,A 公司每年净流出 JPY4.7%,节约了 0.7%;B 公司
每年净流出 USD9.3%,也节约了 0.7%。

如果 A、B 公司之间存在金融机构,则货币互换可能的情况如图 2.8
所示。

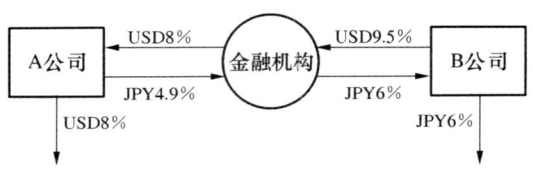

图 2.8　金融机构介入 A、B 两公司之间的货币互换

在这种情况下,每年 A、B 两家公司分别节约了 0.5% 的利率,而金融
机构从中也获得了 0.4% 的收益。

以上的货币互换的例子是两种货币固定利率对固定利率的货币互
换,然而在实际中还存在着两种货币浮动利率对固定利率的互换,以及两
种货币浮动利率对浮动利率的互换,其分析方法与上例相似,这里就不再
一一赘述了。

在现实的金融市场中,我们对金融衍生工具的分类并不是一成不变
的,随着金融衍生工具日新月异的发展,上述的分类界限正在模糊,由两种、
三种甚至更多不同种类的金融衍生工具,经过变化、组合等方式创造出新的

衍生工具,使衍生工具的传统分类模糊难辨。例如:由期货和期权合约合成的期货期权(option on futures);由期权和互换合成的互换期权(swaptions);由远期和互换合成的远期互换(forward swaps)等。由于本书的篇幅有限,只能介绍以上这种基本金融衍生工具的分类,这对由这些衍生工具组合或派生出来的其他金融衍生工具的理解也是有指导意义的。

二、金融衍生工具在全球的发展

自 20 世纪 70 年代兴起以来,国际金融衍生产品市场发展迅速,其交易量远远超过了金融现货市场,其中,场外金融衍生产品市场的发展又远远超过交易所市场。根据国际清算银行(BIS)统计,截至 2007 年末,全球场外金融衍生产品合约未偿余额为 596 万亿美元,约为全球 GDP 总和(54 万亿美元)的 11 倍,市场价值达 14 万亿美元;相比之下,2007 年末交易所金融衍生产品合约未偿余额仅为 81 万亿美元,不足场外金融衍生产品市场规模的 14%。

金融衍生产品市场的迅速发展对资金在全球范围内的有效配置、投资者进行风险转移、金融市场的深度和广度都起到了积极作用,但是金融衍生产品的发展是一把"双刃剑",也暴露出了很大的问题。最典型的一点就是人们普遍认为发端于美国次贷危机的国际金融危机的一个重要原因是:金融衍生产品过度创新,但与此同时,金融监管滞后、不足甚至缺失。根据现有的资料分析,与此有关的概念和主要金融衍生产品有资产证券化、MBS、ABS、CDO、CDS 等。

1. 资产证券化

资产证券化是指将缺乏流动性的资产,转换为在金融市场上可以自由买卖的证券的行为,使其具有流动性。与此相对应的一个概念是"信贷资产证券化",这是指把欠流动性但有未来现金流的信贷资产(如银行贷款、企业的应收账款等)经过重组形成资产池,并以此为基础发行证券。

2. MBS

MBS 即"住房抵押贷款证券化"(mortgage-backed securitization;MBS),它是以住房抵押贷款这种信贷资产为基础,以借款人对贷款进行偿付所产生的现金流为支撑,通过金融市场发行证券(大多是债券)融资的过程。

3. ABS

ABS 即"资产抵押债券"(asset-backed securities；ABS)，是以资产(通常是房地产)的组合作为抵押担保而发行的债券，是以特定"资产池"(Asset Pool)所产生的可预期的稳定现金流为支撑，在资本市场上发行的债券工具。

4. CDO

CDO 即"担保债务凭证"(collateralized debt obligation；CDO)，是以抵押债务信用为基础，基于各种资产证券化技术，对债券、贷款等资产进行结构重组，重新分割投资回报和风险，以满足不同投资者需要的创新性衍生证券产品。CDO 是一种固定收益证券，现金流量的可预测性较高，可以满足不同的投资需求以及增加投资收益，增强金融机构的资金运用效率和分散不确定风险。CDO 因结构和资产而异，但基本原理是一样的。通常创始银行将拥有现金流量的资产汇集群组，然后转给特殊目的实体(SPE)，进行资产包装及分割，以私募或公开发行方式卖出固定收益证券或受益凭证。CDO 的发行者通常是投资银行，在 CDO 发行时赚取佣金，在 CDO 存续期间赚取管理费。

5. CDS

CDS 即"信贷违约掉期"或"信用违约互换"(credit default swap；CDS)，是一种类似损失保险的金融合约，这类合约的卖方多为银行和保险公司等实力金融机构。债权人通过购买这类合约(类似支付保险费)的方式，将债务违约风险转移。如果债券发行方破产而不能还债，债券购买方将可以从银行或保险公司等 CDS 卖方获得相应赔偿。在信用违约互换交易中，违约互换购买者将定期向违约互换出售者支付一定费用(称为信用违约互换点差)，而一旦出现信用类事件(主要指债券主体无法偿付)，违约互换购买者将有权利将债券以面值递送给违约互换出售者从而有效规避信用风险。

第五节　金融资产组合

金融市场中金融资产种类繁多。如果拥有一定的资金，应该如何选择资产种类进行投资成为投资者们所面临的重要问题之一。

人们在选择资产时考虑的主要因素是收益和风险。一般而言,投资者期望在同等风险下的收益最大,或者在同等收益下的风险最小。资产组合理论在半个世纪以来获得了相当大的发展,主要包括托宾(Tobin)的资产组合理论、马可维茨的(Markowitz)的证券组合理论、夏普(Sharpe)等人的资本资产定价模型(capital asset pricing model；CAPM)、罗斯(Ross)的套利定价理论(the arbitrage pricing theory；APT),等等。在本节中,我们将介绍基础的资产组合理论,阐述在这些理论下选择资产组合的标准。

一、决定金融资产需求的因素

资产就是具有价值贮藏功能的财产。货币、存款、债券、股票、房地产,以至我们上一节所介绍的金融衍生工具等等都是金融资产。影响金融资产需求的因素,主要有以下四个方面。

1. 财富

对于大多数资产而言,人们拥有的财富量增加,对资产的需求量也会相应增加。或者说,大多数资产的收入弹性为正。当然,对于不同的资产收入弹性的大小也不相同。

2. 预期收益

显然,在其他条件一致的情况下,一项资产的预期收益越高,对它的需求量也就越大。决定需求的应该说是资产的相对预期收益率的高低,即它相对于其他种类资产的预期收益的高低。比如,A 资产的预期收益上升幅度大于 B 资产,那么对 A 资产的需求量将会增大。一般而言,现金的预期收益为零,存款、债券的预期收益相对固定,而股票的预期收益则有较大的波动。

3. 风险

这里的风险是指资产预期收益的不确定程度。一些固定收益的资产如国债的风险几乎为零(一般这种资产带来的收益被称为无风险收益);另一些证券如股票的预期收益则有着较大的波动,存在风险。在其他条件相同时,不同的风险会带来投资者不同的选择。我们将在本节的下一部分中重点分析风险因素。

4. 流动性

流动性也是影响资产需求的另一个重要因素。流动性是指一项资产可以不受损失地转化为现金的能力。流动性在很大程度上取决于某项资产的交易市场是否发达。上市的有价证券的流动性很高,而一些"不可转让"的长期资产则具有很低的流动性。投资者在其他条件一致的情况下一般都会优先选择流动性高的资产。

二、金融市场中的风险分析

风险的存在意味着可能存在一个以上的结果。风险具有的特征是不确定性、普遍性、扩散性和突发性。金融市场上存在着多种风险,如市场风险、信用风险、操作风险、流动性风险以及法律风险等。

由于与市场有关的风险作用于全体证券,而且不能通过多样化予以消除,所以又称其为系统性风险(systematic risk)。市场风险就是系统性风险,它包括影响整个市场的各类风险,如通货膨胀风险、汇率风险、利率风险以及萧条和战争等因素。不能被市场解释的风险称之为可消除风险(diversifiable risk)或非系统性风险(non-systematic risk)。信用风险、操作风险、流动性风险、法律风险等只作用于个别证券或若干证券的风险就是非系统性风险。我们可以通过证券组合来降低的风险只是非系统性风险,由少数证券如几只股票组成的投资组合具有较大的非系统性风险,而由众多证券组成的投资组合则具有相对较小的非系统性风险。一个完全多样化的基金,如指数基金,将仅反映与市场有关的风险,即系统性风险。图 2.9 所示的就是系统性风险、非系统性风险与证券多样化程度的关系。

可见,随着证券多样化程度的增加,组合的风险逐渐减少,直至趋近系统性风险。然而之后,无论多样化程度怎么进一步增加,风险都不会再减少,因为系统性风险是不可消除的。

此外,对于风险,投资者们的反应是各不相同的。根据投资者对风险的不同反应,投资者可以被分为风险厌恶型(risk-averse)、风险中性型(risk-neutral)和风险偏好型(risk-loving)。对于相同的预期收益率,风险厌恶型投资者会选择风险最小的资产组合进行投资,风险中性型投资者则会对相同收益率的任何资产组合都没有特殊的偏好,而风险偏好型投资者则会选择风险最大的资产组合。在现实中,由于对大多数投资者而言收入的边际效用是递减的,因此多数投资者都是风险厌恶型的。这三

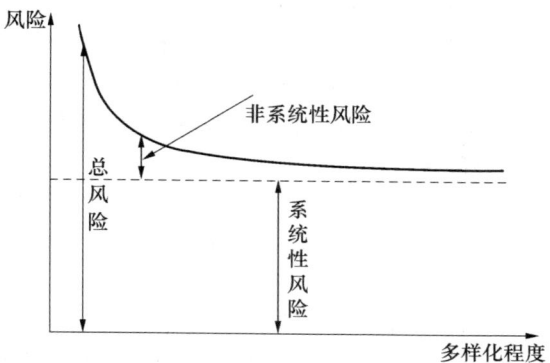

图 2.9 风险与多样化程度

类投资者的风险与预期收益率的无差异曲线如图 2.10 所示。

三、马可维茨的证券组合理论

马可维茨（H. M. Markowitz）、夏普（W. F. Sharpe）与米勒（M. H. Miller）三人因对当代证券投资理论做出的卓越贡献而被授予 1990 年度诺贝尔经济学奖。与其他证券组合理论的一个区别，马可维茨特别强调了各种证券收益的相关程度，即相关系数在建立证券组合时的作用。

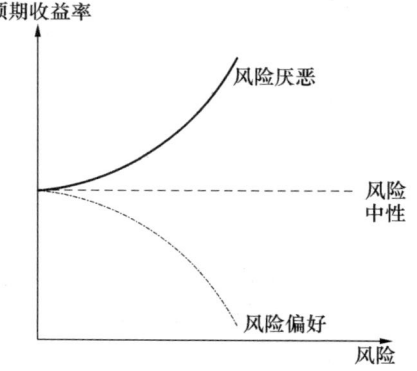

图 2.10 三种风险与预期收益的无差异曲线

1. 投资者行为的几个假设

（1）投资者期望获得最大收益，并且都是风险厌恶者。

（2）证券收益率是满足正态分布的随机变量，并且投资者的效用函数是二次函数。

（3）可以利用预期收益率来衡量投资者的效用大小，利用方差（或标准差）来衡量证券的风险。

（4）投资者建立证券组合的依据：在既定的收益水平下使风险最小；

或者,在既定的风险水平下使收益最大。

(5) 风险与收益相伴而生。投资者在选择收益最高的证券时,可能会面临最大的风险;投资者大多把资金分散在几种证券上,建立一个"证券组合"(portfolio),以便降低风险。但是,通过分散化投资降低风险的同时,收益也可能被降低。

2. 分散原理

分散原理是马可维茨证券组合理论中的重要原理,它说的是通过证券组合,风险可以得到分散和降低。

在该理论中,我们通过单个证券预期收益率的加权平均来衡量组合收益,通过证券组合的标准差来衡量组合的风险。这里要注意的是,证券组合的标准差并不全等于单个证券标准差的加权平均,即 $r_p = \sum_{i=1}^{N}(\omega_i r_i)$ 表示组合收益,其中,ω_i 表示单个证券在组合中的权重,r_i 表示单个证券的预期收益率;$\sigma_p^2 = \sum_{i=1}^{N}\sum_{j=1}^{N}[\text{cov}(i,j)\omega_i\omega_j]$ 表示组合的风险,式中 $\text{cov}(i,j) = \rho_{ij}\sigma_i\sigma_j$ 表示证券 i 与证券 j 两者收益的协方差,ρ_{ij} 为证券 i 与 j 两者收益率的相关系数,$-1 \leqslant \rho_{ij} \leqslant 1$,而 σ_i、σ_j 则是证券 i 与 j 各自收益率的标准差。

(1) 当组合中只有两个证券时,即 $N=2$。

组合预期收益率为 $r_p = \omega_1 r_1 + \omega_2 r_2$,方差为 $\sigma_p^2 = \omega_1^2\sigma_1^2 + \omega_2^2\sigma_2^2 + 2\omega_1\omega_2\sigma_1\sigma_2\rho_{12}$。

当 $\rho_{12} = -1$ 时,两种证券的预期收益率完全负相关,此时 $\sigma_p = |\omega_1\sigma_1 - \omega_2\sigma_2|$;当 $\rho_{12} = 0$ 时,两种证券的预期收益率完全无关,此时 $\sigma_p = \sqrt{\omega_1^2\sigma_1^2 + \omega_2^2\sigma_2^2}$;当 $\rho_{12} = 1$ 时,两种证券的预期收益率完全正相关,此时 $\sigma_p = \omega_1\sigma_1 + \omega_2\sigma_2$。

由此可见,当相关系数 ρ_{12} 从 -1 到 1 变化时,证券组合的风险逐渐增大,直至 $\rho_{12} = 1$ 时,σ_p 达到其最大值,即等于 σ_1 和 σ_2 的加权平均;当 $\rho_{12} = -1$ 时,σ_p 最小,并且在 σ_1 和 σ_2 满足一定条件时,σ_p 可以降低为零。

因此,除非相关系数等于 1,二元的证券投资组合的风险始终小于单独投资这两种证券风险的加权平均,即通过证券组合可以降低风险。

(2) 当证券组合中的证券种类大于 2 时,即 $N > 2$。

为了讨论的方便,我们假定:每种证券的权重都是 $1/N$;它们的风险

σ_i 都小于等于常数 σ_*；它们彼此完全不相关，即 $\rho_{ij}=0$，当 $i \neq j$ 时。

此时，$\sigma_p^2 = \sum_{i=1}^{N} \sum_{j=1}^{N} [\text{cov}(i, j)\omega_i\omega_j] = \sum_{i=1}^{N} [(1/N)^2 \sigma_i^2]$，因为 $\sigma_i^2 \leqslant \sigma_*^2$，所以 $\sigma_p^2 \leqslant \sum_{i=1}^{N} [(1/N)^2 \sigma_*^2] = \frac{1}{N}\sigma_*^2$。当 N 趋向于无穷大时，即证券组合中的证券种类无限增加时，证券组合的风险趋向于零。

最后，有一点要补充说明的是，在组合中并非证券品种越多越好。因为，尽管随着证券品种（N）的增加，证券组合的风险（σ_p）会降低，但是，当 N 达到一定水平时，组合风险下降的速度会递减，最终使组合的风险等于证券市场的系统性风险（即与市场有关的风险，这种风险是不可分散的），而组合的非系统性风险（即与证券市场无关的风险，这种风险是可以分散的）等于 0。

3. 有效边界和最优投资组合

所谓有效组合（efficient set），就是根据在既定收益下风险最小或是在既定风险下收益最大的原则建立起来的证券组合。所谓有效边界（efficient frontier），就是在坐标轴上，将有效组合的预期收益和风险的组合连接而成的轨迹。

如图 2.11 所示，区域 AOBC 表示所有可能的证券组合，也就是证券组合的可行集（feasible set）。而真正符合有效组合要求的证券组合，仅在弧线 AOB 上，因此弧线 AOB 构成了有效边界。

那么，究竟有效边界上的哪一点才是最优组合点呢？这里我们引入前面介绍的投资者风险与预期收益率的无差异曲线来决定有效边界上的最优组合点。由于我们假设投资者都是风险厌恶型的，因此他们的无差异曲线应该都是向右上方倾斜的，如图 2.11 中的 I_1、I_2 及 I_3 曲线，其中效用 I_1

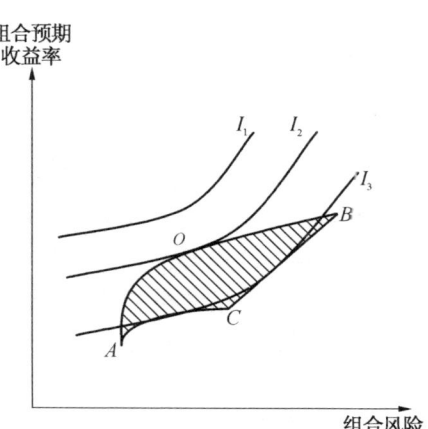

图 2.11　证券组合的有效边界和最优投资组合的决定

$>I_2>I_3$。

根据无差异曲线与有效边界的切点 O，我们可以确定出最优组合。虽然 I_1 的效用要高于 I_2，但是 I_1 在有效边界的上方，与之无交点；同样，虽然 I_3 与有效边界有另外两个交点，但是 I_3 的效用低于 I_2，故 O 点的效用最高。因此，O 点构成了投资组合的最优组合点。

四、资本资产定价模型

夏普等人发展起来的资本资产定价模型主要说明的是资产风险报酬的大小，即资产的预期收益率与无风险收益率之间的关系。

1. 假设

（1）所有投资者都进行单期投资，并且他们通过选择预期收益率和标准差不同的证券组合来实现期末的效用最大化。

（2）所有投资者均可以按照该无风险资产的收益率进行任何数量的资金借贷，从事证券买卖。

（3）投资者以相同的方法对信息进行分析和处理，从而形成了对风险资产及其组合的预期收益率、标准差以及相互之间协方差的一致看法。

（4）每个资产都是无限可分的并且具有完全流动性，也就是说，投资者可以买卖单位资产或组合的任意部分。

（5）市场上存在一种收益大于 0 的无风险资产。

（6）没有税负，没有交易成本。

（7）投资者永不满足：当面临其他条件相同的两种组合时，他们将选择具有较高预期收益率的组合。

（8）投资者风险厌恶：当面临其他条件相同的两种组合时，他们将选择具有较低风险也就是标准差较小的组合。

（9）所有投资者都是价格接受者(price-takers)，因为市场是完全竞争的：存在着大量的投资者，每个投资者所拥有的财富在所有投资者财富总和中只占很小的比重；每个投资者拥有相同的信息，信息充分、免费并且立即可得。

2. 分离定理

根据假定，投资者对风险资产的预期收益率、方差和协方差有着相同的看法，这就意味着线性有效集对所有的投资者来说都是相同的。每一个投资者的投资组合中都包括一个无风险资产和相同的风险资产组合

M。因此,仅剩下投资多少资金于风险资产组合 M 中这一个决策,而这取决于投资者对风险的厌恶程度。风险厌恶程度高的投资者将贷出更多的无风险资产;风险厌恶程度低的投资者将借入资金,更多地投资于风险资产组合 M。像这样关于投资与融资分离的决策理论被称作分离定理,即投资者的最佳风险资产组合,可以在并不知晓投资者对风险和收益的偏好时就加以确定。

　　根据分离定理,在每个投资者的投资组合中,风险资产组合中各个风险资产的比例是与其风险厌恶程度无关的,组合中都包括了对切点 M 的投资。切点 M 被称为市场组合(market portfolio),因为切点组合中投资于每一种风险资产的比例就等于该风险资产的相对市值,即该风险资产的总市值在所有风险资产市值总和中所占的比例。

　　3. 资本市场线

　　如图 2.12,资本市场线(the capital market line;CML)就是从无风险资产所对应的点 $A(0, r_f)$ 出发,经过市场组合点 M 的一条射线,它反映了市场组合 M 和无风险资产的所有可能组合的收益与风险的关系。

　　资本市场线的函数表达形式为 $r_p = r_f + \dfrac{r_M - r_f}{\sigma_M}\sigma_p$。其中, r_p 为投资组合的收益率, r_f 为无风险收益率, r_M 为市场组合 M 的收益率; σ_M 为市场组合 M 收益率的标准差, σ_p 为投资组合的标准差。

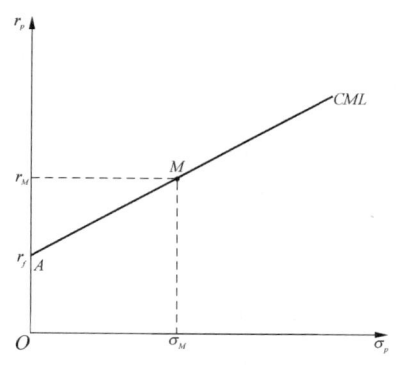

图 2.12　CAPM 中的资本市场线

　　资本市场线反映了当资本市场达到均衡时,在市场组合 M 和无风险资产之间投资者将如何进行资金的分配,其实质就是在允许无风险借贷下的新的有效边界。

　　4. 证券市场线

　　资本市场线上的每一个点都表示着有效的组合,与之相对应的证券市场线(the security market line;SML)表示的则是当资本市场达到均衡时,任意资产或资产组合的预期收益与其风险的关系,在这里的资产或资

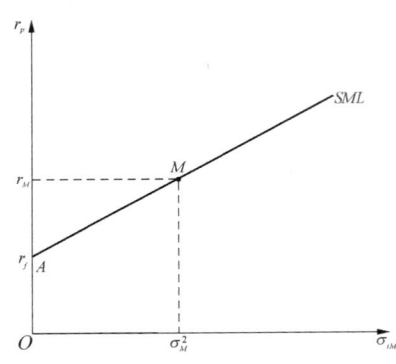

图 2.13 CAPM 中的证券市场线

产组合并不一定是有效组合。

因此,证券市场线的函数表达形式可以写作 $r_i = r_f + \dfrac{r_M - r_f}{\sigma_M^2} \sigma_{iM}$,其中 r_p 为任意资产或资产组合的收益率,r_f 为无风险收益率,r_M 为市场组合 M 的收益率,σ_M^2 为市场组合 M 收益率的方差,σ_{iM} 为任意资产或资产组合收益率与市场组合收益率的协方差。参见图 2.13,我们可以更为直观地理解证券市场线的含义。

证券市场线还可以表示成为另一种形式:$r_i = r_f + \beta_{iM}(r_M - r_f)$,其中 $\beta_{iM} = \dfrac{\sigma_{iM}}{\sigma_M^2}$。$\beta_{iM}$ 就是著名的 β 系数(贝塔系数),它是衡量系统性风险大小的重要指标,即某项资产或资产组合的收益率对整个资本市场回报变动的敏感性。

在这里,市场组合的 β 系数就为 1,因为它只存在系统性风险。β 系数越大,该资产或资产组合的系统性风险也就越大,由于系统性风险是无法通过资产分散化来消除的,所以作为风险厌恶型的投资者会偏好 β 系数小的资产。

五、套利定价理论

Ross 于 1976 年提出了套利定价理论(the arbitrage pricing theory; APT)。该模型是以回报率形成的多因素模型为基础,用套利的概念来定义均衡。在某种情况下,套利定价理论导出的风险—回报率关系与资本资产定价理论完全相同,使得 CAPM 成为 APT 的一种特例。

1. 假设

相比资本资产定价模型的假设而言,套利定价模型的假设要宽松了许多。

(1) 存在一个完全竞争的资本市场。

(2) 投资者是风险厌恶者,而且追求效用最大化。

（3）在组合中，证券品种 n 必须远远超过模型中影响因素的种类 K。

（4）误差项 $\tilde{\varepsilon}_i$ 用来衡量证券 i 收益中的非系统风险部分，它与所有影响因素以及证券 i 以外的其他证券的误差项是彼此独立且不相关的。

2. 套利组合

投资者们将在市场中努力寻找构造套利组合的可能性，即在不增加风险的情况下，提高投资组合的预期收益率。一个套利组合应该满足如下条件：

（1）投资者不需要额外追加投资，即投资比例变化而总投资不变。

（2）套利组合的风险为零，即既没有非系统性风险也没有系统性风险。

（3）当市场达到均衡时，套利组合的预期收益率为零。

3. 套利定价理论的函数表达形式

投资者认为任何一种证券的收益率都是一个线性函数，其中包含 K 个影响该证券收益率的因素。函数表达形式如下：

$$\tilde{R}_i = a_i + b_{i1}\tilde{F}_1 + b_{i2}\tilde{F}_2 + \cdots + b_{ik}\tilde{F}_k + \tilde{\varepsilon}_i$$

其中，$\tilde{R}_i$ 表示证券 i 的收益率；$\tilde{F}_k$ 表示第 k 个影响因素；b_{ik} 表示证券 i 的收益率对因素 k 的敏感度；$\tilde{\varepsilon}_i$ 表示影响证券 i 收益率的随机误差项，其期望值为 0；参数 a_i 代表当所有因素都为 0 时的证券收益率的期望水平。

如果套利定价理论中的影响因素只包括市场组合 M 一项时，APT 就成了 CAPM。也就是说，CAPM 是 APT 的一个特例。

本章内容提要

1. 金融市场是商品经济发展的产物,是整个经济体系的一个重要组成部分。金融的含义就是资金在盈余单位和赤字单位之间实现有偿的调动。资金的融通可有两种方式进行:一是直接融通,二是间接融通。两种融资形式相结合,共同构成金融市场整体,两者相辅相成,相互促进。

2. 货币市场通常是指短期信贷工具的市场,即融通短期资金或买卖短期金融证券的市场。参与交易的信用工具的期限都是1年或1年之内的,构成货币市场的主体是资金暂时剩余者或发生临时性赤字的单位。

3. 资本市场是指中长期资金融通或中长期金融证券买卖的市场。资本市场的功能在于促进资本的形成,这个市场完善与否,影响到一国的投资水平、资源的合理分配和使用,从而影响到国民经济的协调发展。

4. 一级市场又称初级市场,是发行证券的市场。一级市场可分为债券发行市场和股票发行市场。每种证券都必须进入一级市场,一级市场是整个证券市场的基础。有了一级市场的证券发行,才会有证券流通。

5. 二级市场是买卖已流通的有价证券的市场,又称资本流通市场。二级市场主要包括证券交易所市场和场外交易市场。

6. 金融衍生工具是金融市场中现货市场标的物的派生产物,其大致可分为四类:远期、期货、期权和互换。

7. 金融衍生工具是一把"双刃剑",发端于美国次贷危机的国际金融危机的一个重要原因就是:金融衍生产品过度创新,但与此同时金融监管滞后、不足甚至缺失。与此有关的概念和主要金融衍生产品有资产证券化、MBS、ABS、CDO、CDS等。

8. 资产组合选择是指人们选择资产时考虑的主要是收益和风险。风险厌恶型的投资者期望在同等风险下的收益最大,或者在同等收益下的风险最小。证券组合理论、资本资产定价模型和套利定价理论对资产组合的选择中收益和风险的关系作出了分析。

本章基本概念

资金盈余单位　资金赤字单位　金融市场　直接融通　间接融通
货币市场　资本市场　一级市场　二级市场　联邦基金　回购协议　资
产证券化　CDO　MBS　风险　分散原理　有效边界　最优投资组合

资本资产定价模型　分离定理　资本市场线　证券市场线　套利定价理论

本章思考题

1. 何谓直接融资？何谓间接融资？
2. 为什么说资金的直接融通和间接融通是相辅相成、相互促进的？
3. 何谓证券回购协议？
4. 简述货币市场的主要功能。
5. 请比较远期和期货有哪些区别？
6. 分析影响股票行市的因素。

第三章 商 业 银 行

第一节 现代银行制度的产生和发展

一、现代银行业的产生

银行业的历史非常久远。早在古巴比伦和中世纪的一些文明国家,尤其是罗马,银行业就已经存在。货币兑换商从事金属货币的鉴定和兑换、货币的保管和汇兑业务。随着业主手中货币的大量聚集,贷款业务自然产生。中国古代也曾经有过钱庄、银号、票号,从事汇兑、放债业务,但由于封建社会的漫长,未能实现向现代银行业的转化。

近代银行业起源于文艺复兴时期的意大利,当时的意大利处于欧洲各国国际贸易的中心地位。在威尼斯和其他几个城市出现了从事存贷、汇兑业务的机构,它们经营贷款业务,但主要面向政府,并具有高利贷的性质。商人很难获得低利息的贷款。"银行"一词的起源就来自意大利语Banca,意为商业交易所的桌子或长凳。1580 年建立的威尼斯银行是最早的近代银行,它第一个采用"银行"为名称。

然而,近代银行经营的那种高利息、以政府为主要对象的贷款业务无法满足日益发展的资本主义工商业的需要,客观上要求建立能够服务于资本主义生产的银行业。这一变化首先出现在英国。

英国的银行是从替顾客保管金银首饰的金匠店发展而来的。当时的货币完全是金币和银币。伦敦的金匠和金商,经常应顾客的委托,代为保管金银,并签发保管收据。起初,这些收据只作收据本身的用途,但久而久之,它们进入流通,成为变相的支付手段,成为银行钞票的前身。此外,金匠也可以遵照顾客的书面指示,将其保管的金银移交给第三方,这种书面指示即是银行支票的前身。在长期的经营中,金匠们发现,所有顾客在同一时间来要求兑现的可能性很小,因此并不需要保持十足的贵金属准备,这又成为现代银行存款部分准备制的起源。早期银行的贷款同样大部分面向政府,并具有高利贷的性质。1694 年在英国政府的支持下由私人创办的英格兰银行是最早出现的股份银行,它的正式贴现率一开始就规定为 4.5%—6%,大大低于早期银行业的贷款利率。英格兰银行的成立标志着现代银行制度的产生。其他主要资本主义国家也于 18 世纪末至 19 世纪初建立起规模巨大的股份银行。

二、金融机构体系结构

以中央银行为中心,商业银行为主体,各类银行和非银行的金融中介机构并存,构成现代世界各国的金融体系。它包括了存款性金融机构和非存款性金融机构。

1. 存款性金融机构

(1)商业银行。商业银行原意为专门融通短期商业性资金的银行,但从现代银行业务范围和服务对象来看,商业银行一词没有正确反映出这一类银行和其他专业银行及金融机构的基本区别。事实上,现代商业银行并不是一种专业性银行,而是一种综合性银行,具有“百货公司”式的多种职能。商业银行与其他专业银行及金融机构的基本区别在于前者是唯一能接受、创造和收缩活期存款的金融中介机构。

(2)储蓄贷款协会。一般来说,储蓄贷款协会是仅次于商业银行的第二大金融机构。储蓄协会最初建立的是“互助”型的,由家族中的各成员在一个时期提供同等数额的储蓄,然后将这笔储蓄资金出借给其中一个成员,以助其购买一幢住房。协会各个成员又继续储蓄,待借款归还后,协会又进行第二笔抵押贷款,直到每个成员都有一幢房子。

现在,协会的经营方式有了改变,所有人都可参加,可以存款任何数额作为“股份”,定期领取红利。贷款也不限于家族成员。由此成为一种“股份”型的金融机构。协会的资金主要用于抵押贷款,其资金来源是储蓄和定期存款,但不能吸收活期存款。

日本、西欧各国的邮政储金局属此类金融机构。

(3)互助储蓄银行。这类金融机构为个人提供了一个安全的储蓄途径,是一种“互助”型的金融组织,没有股东。资金来源大部分是储蓄存款和定期存款;资金的使用大部分都是发放不动产抵押贷款。互助储蓄银行可以认购公司债券和股票。

(4) 信用合作社。在西方各国,这类金融机构在第二次世界大战后发展迅速,所有信用社都是互助性的,是由同一地区、同一工会或在同一公司工作的职工组成。

信用社的资金来源是社员的储蓄存款,采取入股形式,常常是在发放工资时通过扣款方式安排存款储蓄计划。资金的使用主要是发放短期消费贷款。在西方国家中,信用社是短期消费贷款的主要供应者。

(5) 货币市场互助基金。这是类似合作社性质的金融组织,许多客户是小额投资者,他们很难在金融市场上有所作为。互助基金可以解决他们的问题。客户将资金以入股形式交给基金会投资,可以指定投资方向,也可以不指定。互助基金中有一批在金融市场进行投资的专家,他们用这些资金购买货币市场工具,从而获得较好的收益。

互助基金为较小的盈余单位能在债券市场和股票市场直接投资提供了一种方式。

2. 非存款性金融机构

(1) 人寿保险公司。这是为人们因意外事故或死亡而造成经济损失提供保险的金融机构。其资金来源一是出售保险单,是一种带有储蓄性质的保险合同;二是养老保险金,也称年金保单,为企业提供有保险的养老金计划所收取的保险费。这种资金的流动性较小,来源是长期的、稳定的,对人寿保险金的提款也是可以预测的,因此,人寿保险公司的资金使用也是长期的,主要用于投资长期的公司债券、公司股票和发放住房抵押贷款。近年,开发了保险单贷款,人寿保单的持有人可以持单借款,借款数额为保险单的数额。

(2) 财产与灾害保险公司。这类保险公司主要是为水灾、火灾、地震和其他自然灾害造成的财产损失;汽车、船舶和飞机的意外事故、盗窃、个人负债受到损害和财产所有权不完全等提供保险。这种公司比人寿保险公司小,但发展极快,人们需要得到更多的保护。其资金主要投资债券。

(3) 私人和政府养老基金。它是作为社会保障制度的一个组成部分而发展起来的。其资金来源是由职工和雇主共同出资积聚而成的,这些资金既不还本付息,也无按股分红的意义。雇员退休后,即可享受退休金或按月支取养老金,所以养老基金的支付也是可以精确地进行预测的,对流动性要求不高。其资金大部分投资于企业股票和债券。

（4）投资银行。投资银行的主要作用是为工商企业发行或包销债券和股票，参与公司创建或改组活动。企业发行证券筹集资金，总是通过投资银行进行。这些金融中介对市场有深刻的了解，有完善的证券交易网络。投资银行的主要业务是：① 调查分析市场状况、证券供求动态，从而确定证券发行的价格及时间；② 包销，即投资银行将发行公司的证券全部予以承购；③ 承担证券的推销而收取一定的佣金；④ 零售业务，即将包销的证券向公众出售。

（5）金融公司。金融公司有面向个人的，也有面向企业的。其资金来源是接受定期存款或出售债券、短期金融票据或向银行借款；其资金运用主要是向消费者贷款（分期付款），规模较大的也兼营外汇、联合贷款、包销证券、不动产抵押、财务及投资咨询服务等。

（6）信托投资公司。信托投资公司是一种以受托人的身份，代人理财的金融机构。它与银行信贷、保险并称为现代金融业的三大支柱。其经营的信托业务一般采取委托人和受托人签订信托契约的方式进行，信托投资公司受托管理和运用信托资金、财产，并收取手续费。较大规模的信托投资公司还兼营金融租赁、证券发行、信息咨询等业务。

（7）融资租赁公司。融资租赁公司是以经营融资租赁业务为主的非银行金融机构。作为出租人，融资租赁公司将根据承租人对出卖人、租赁物的选择，向出卖人购买租赁物件，提供给承租人使用，并向承租人收取租金。虽然在形式上租赁公司仍保留货物的所有权，但实质上与资产所有权有关的全部风险和报酬都已转移给承租人，融资租赁公司所获得的收益实际上是提供资金融通的利息费用。

（8）金融资产管理公司。伴随着世界范围内银行不良贷款问题的日益严重，金融资产管理公司应运而生。其主要作用是购置、管理并处置商业银行不良贷款所形成的资产，并以最大限度保全资产、减少损失为主要经营目标。在处置不良贷款的过程中，资产管理公司可以从事下列业务活动：① 追偿债务；② 对所收购的不良贷款形成的资产进行租赁或者以其他形式转让、重组；③ 债权转股权，并对企业阶段性持股；④ 资产管理范围内公司的上市推荐及债券、股票承销；⑤ 发行金融债券，向金融机构借款；⑥ 财务及法律咨询，资产及项目评估等。由于其业务的鲜明政策色彩，许多金融资产管理公司都是由政府出面成立的，其资金来源也主要是政府和央行的注资。

目前,我国有4家资产管理公司,即中国华融资产管理公司、中国长城资产管理公司、中国东方资产管理公司、中国信达资产管理公司,它们在国有商业银行的不良资产处理中扮演了重要的角色。

3. 政府所属的专业信用机构

(1)开发银行,指专门为经济开发提供投资性贷款的银行。开发银行又可分为国际性、区域性和本国三种。国际复兴与开发银行是最著名的国际性开发银行,简称世界银行。世界银行的主要业务是提供长期贷款和向会员国特别是对发展中会员国提供资金,以协助其进行基本建设。区域性开发银行的宗旨和业务同世界银行大致相同,只是其服务对象仅限于某一区域内的会员国,如亚洲开发银行的专门业务便是向亚洲会员国提供长期建设资金,以促进会员国经济的发展。国际性和区域性开发银行的资金,主要来源于会员国认缴的资金和在国际资本市场上发行的债券。本国开发银行有时也称作建设或开发投资公司,其宗旨是通过融通长期资金以支持本国的基本建设。和商业银行不同,开发银行并不以盈利为目的,因此多由国家或政府所创办,但在某些国家也有公私合营的开发银行。

(2)农业信贷机构。为了支持农业的稳定发展,西方各国都设立了农业信贷机构,向农业提供信贷资金。在美国,农业部门一般是由政府给予贷款。联邦政府有三个最重要的机构:联邦土地银行、联邦信贷中介银行和合作农业信贷银行。他们通过在货币市场和资本市场上出售证券来获得资金,但并不直接贷款给农民,而是向各地区的农业合作组织或协会提供资金,然后再由地区组织直接向农民发放贷款。

此外,还有工业银行、进出口银行。

第二节 商业银行的地位和组织形式

一、商业银行的特殊地位

(1)商业银行是金融体系中规模最大的金融机构。从美国来看,商业银行的营业额占整个金融体系营业额的一半,而在金融体系资产总额中,商业银行占有最大份额,约占40%,其经济实力仍占绝对地位。

(2)商业银行经营项目最多,资产负债业务方面多样化程度最高,经营领域最广,被称为"金融百货公司"。商业银行从事存款、放款、投资、证券经纪人、相互基金经理、咨询公司、顾问公司、计算机服务和旅游导游等,银行运用其声望和财力,大力开拓新的业务项目和地盘。

（3）商业银行与中央银行共同构成全国支票结算中心,商业银行唯一可以吸收活期存款,而在西方,90％以上的经济交易都是通过支票进行的,通过这个结算系统进行清算的。

（4）商业银行是货币创造者之一,其经营活动强烈地影响货币供应量,对货币供应量的水平和变化至关重要。因而,商业银行也就成为中央银行管理货币信贷的主要对象。

随着货币经济的不断发展,金融创新层出不穷,金融自由化程度不断提高,商业银行和其他非银行金融机构之间的界限日益模糊,商业银行的垄断地位受到了挑战。尽管这样,银行与非银行金融机构依然以各自传统的业务为主,商业银行仍然是占统治地位的金融机构,在不远的将来仍然会起这个作用。

二、商业银行的组织形式

一个国家商业银行的组织形态,受该国的社会经济环境和经济发展程度的影响。

1. 单元制

这种制度是以美国为代表的,银行业务完全由总行经营,不设任何分支机构。是否设立分支机构,这是美国历史上争论热烈的话题。许多州出于对金融权力过分集中的担心,曾纷纷立法禁止或限制银行开设分支行。许多经济学家认为,单元制的优点在于不易产生垄断,从而能提高银行服务质量;独家银行经营成本较低;在单元制下,独家银行可以为当地经济很好地服务,与当地经济息息相关;主观上和客观上都能促进当地经济的发展。

随着经济的发展,地区经济联系的加强,金融业竞争的加剧,以单元制为特色的美国,逐渐冲破束缚,银行的组织结构发生了巨大的变化,其发展趋势是分支机构不断增加。银行分支网络的发展在第二次世界大战后更为明显。

2. 分支行制

目前世界上大多数国家的商业银行都采用这种制度。在这种制度下,在大城市设立总行,在国内各地及国外普遍设立分支行。各分支行的业务经营和内部事务管理统一按照总行的要求进行。分支行制的优点是银行规模可以按业务发展而扩充,实现规模经济效益;在现金运用方面,各分支行之间能相互调度资金,提高资金使用效率;由于贷款和投资分散于各地,符合风险分散的原则,银行安全性大大提高。

3. 银行持股公司

这是 20 世纪 60 年代以来首先在美国迅速发展起来的银行制度。由某一集团首先成立一家持股公司,再由该公司控制或收购一家或几家银行。作为规避对开设分支限制的一种策略,银行持股公司已经成为美国一种非常重要的银行组织形式。美国对银行持股公司的限制逐步放宽,从只能从事银行业务以内的经营活动,到可以从事与银行有关的业务,1984 年初又批准个别银行持股公司可以经营证券、信托、保险等其他业务。事实上,银行持股公司已经成为金融资本和产业资本高度结合的组织形式。

银行持股公司的优越性很明显。首先,和小银行相比,大银行的资金利用的效率更高,母公司可以通观全局,统一调配资金。其次,持股公司可以同时控制大量的非银行企业,这就为它所控制的银行提供了稳定的资金来源和客户关系。再次,通过持股公司的方式,集团可以同时经营非银行业务,增加赢利。

经过 20 世纪 80—90 年代的金融改革,美国银行制度已从法律上终结了"单元制",银行持股公司已发展成为"金融银行"的巨型金融集团。

4. 代理行制

银行相互间签有代理协议,委托对方银行代办指定业务。双方互为代理行。在国际,代理关系非常普遍。在一国国内,银行之间也存在着代理关系。美国在实行单元制时,银行常以此解决由于不准设立分支机构而带来的业务经营方面的困难。

5. 连锁银行

表面上不存在控股公司,而事实上由某个人或集团持有这些银行的股份,控制这些银行的经营决策。法律上,这些银行保持独立,然而经营上实际由某个人或集团控制。

三、现代商业银行发展的趋势

商业银行发展的历史至今已有 400 多年,现代商业银行的发展趋势已显现一些新的特点。

1. 日趋集中,全能化已成为不可逆转的趋势

20 世纪 80 年代以来,特别是进入 90 年代,国际银行业兼并活动"如火如荼"。

1990 年,美国财政部《关于金融体系全面改革的报告》建议,允许商业银行从事包括证券业务在内的所有金融业务;《1991 年联邦存款保险公司改建条例》开始允许商业银行按其资本规模的 100% 获得和持有普通股和有限公司股份。以后,收购兼并事件此起彼伏。1997 年 4 月起,美国国民银行收购蒙哥马利证券公司;纽约银行家信托银行兼并艾利斯·布朗投资银行;美国银行兼并罗伯逊·斯蒂芬基金管理公司。

1998 年,银行业发生了一系列重大并购案。4 月 6 日,美国花旗银行(Citibank)的母公司花旗公司(Citicorp)和旅行者集团(Travelers Group)宣布合并,成为仅次于大通曼哈顿银行的全美第二大金融集团。这是震动全球金融界的最大的一次跨行业合并;紧接着,美国国民银行与美洲银行宣布合并,美国第一银行与第一芝加哥银行结成联盟。12 月 1 日,德意志银行宣布收购美国第八大银行——信孚银行的全部股权,合并后成为以资产排名全球最大的银行。这一系列合并直接导致集商业银行、投资银行和保险业务于一身的"全能银行"的产生。在欧洲和日本,银行业兼并浪潮也盛况空前。国际银行业进入了一个变革的时代,以兼并求发展,成为 20 世纪 90 年代国际银行战略调整的一个突出特点,巨型的金融超市成了所有银行追求的目标。

2. 电子化

20 世纪 90 年代起,人类步入信息革命的时代。信息技术每天都在改变着我们的生活,银行业也融入了信息技术发展的潮流,世界各大商业银行强化了信息技术的投入,普及自动机系统,开拓家居电子银行服务,发展电子货币,构思电子货币联网系统等,信息技术的应用愈来愈决定着银行经营的成败。

3. 国际化

信息技术把企业界融为一体,一个全时区、全方位的一体化国际金融市场正在形成,国际各大商业银行都以全球眼光来发展业务,无一例外都是国际化的银行。

4. 股权开放

工业化国家的商业银行大多已成为上市公司,日益走向资本社会化,很少再有个人或家族独资经营的。

第三节　商业银行的业务

一、商业银行的资产负债表

为了了解商业银行的经营活动,首先我们来看一下商业银行的资产负债表。以中国工商银行为例(见表 3.1 所示)。

表 3.1　中国工商银行股份有限公司 2016 年合并资产负债表

金额单位:人民币百万元

项　目	2016 年		2015 年	
	金额	占比	金额	占比
资产				
现金及存放中央银行款项	3 290 270	14.4%	2 991 619	14.2%
存放同业及其他金融机构款项	240 484	1.1%	190 270	0.9%
贵金属	189 722	0.8%	92 967	0.4%
拆出资金	687 221	3.0%	582 298	2.8%
以公允价值计量且其变动计入当期损益的金融资产	456 192	2.0%	322 232	1.5%
衍生金融资产	62 892	0.3%	33 290	0.2%
买入返售款项	502 296	2.2%	792 876	3.8%
客户贷款及垫款	12 033 200	52.8%	11 026 476	52.4%
可供出售金融资产	1 608 839	7.1%	1 299 068	6.2%
持有至到期投资	2 876 081	12.6%	2 813 091	13.4%
应收款项类投资	263 456	1.2%	338 839	1.6%
长期股权投资	128 491	0.6%	122 460	0.6%
固定资产	105 215	0.5%	107 413	0.5%
在建工程	16 675	0.1%	19 690	0.1%
递延所得税资产	27 334	0.1%	20 354	0.1%
其他资产	291 673	1.3%	281 155	1.3%
资产合计	22 780 041	100%	21 034 098	100%
负债				
向中央银行借款	379	0.0%	—	—
同业及其他金融机构存放款项	1 471 539	6.5%	1 721 749	8.2%

续 表

项　目	2016 年		2015 年	
	金额	占比	金额	占比
拆入资金	449 243	2.0%	381 540	1.8%
以公允价值计量且其变动计入当期损益的金融负债	352 001	1.5%	297 414	1.4%
衍生金融负债	58 179	0.3%	33 144	0.2%
卖出回购款项	304 987	1.3%	130 830	0.6%
存款证	194 503	0.9%	150 113	0.7%
客户存款	17 235 587	75.7%	15 781 673	75.0%
应付职工薪酬	29 562	0.1%	28 932	0.1%
应交税费	61 604	0.3%	73 591	0.3%
已发行债务证券	279 446	1.2%	240 175	1.1%
递延所得税负债	—	—	—	—
其他负债	441 121	1.9%	446 039	2.1%
负债合计		0.0%		0.0%
股东权益	20 878 151	91.7%	19 285 200	91.7%
股本	356 407	1.6%	356 407	1.7%
其他权益工具	79 375	0.3%	79 375	0.4%
其中:优先股	79 375	0.3%	79 375	0.4%
永续债	—	—	—	—
资本公积	156 217	0.7%	156 208	0.7%
其他综合收益	(21 095)	−0.1%	598	0.0%
盈余公积	201 980	0.9%	175 668	0.8%
一般准备	246 308	1.1%	241 509	1.1%
未分配利润	882 698	3.9%	739 133	3.5%
归属于母公司股东的权益	1 901 890	8.3%	1 748 898	8.3%
少数股东权益				
股东权益合计	1 901 890	8.3%	1 748 898	8.3%
负债及股东权益总计	22 780 041	100%	21 034 098	100%

　　说明:"金额"来自年报原始数据,"占比"为根据年报数据计算整理得到,某项目占比=该项目金额/资产合计(或:负债及股东权益总计)×100%

　　资料来源:中国工商银行网站《中国工商银行股份有限公司 2016 年度报告(A 股)》。

　　资产负债表是银行的主要会计报表之一,它反映银行总的资金来源和资金运用情况。资产负债表包括三大类项目:资产、负债和所有者权

益(或股东权益)。它们满足下列关系

$$资产＝负债＋所有者权益$$

商业银行通过负债业务取得资金,再利用这些资金提供资产业务。银行的资产业务的收益应高于负债业务的成本,两者的差异构成银行的利润来源。我们可以通过考察商业银行的资产负债表的各个项目来分析商业银行的业务。根据表 3.1,我们可初步了解到:2016 年度,中国工商股份有限公司资产业务占比前几名的分别是客户贷款及垫款、现金及存放中央银行款项、持有至到期投资;负债业务占比前几名的分别是客户存款、同业及其他金融机构存放款项、拆入资金。

另外,并非所有的银行业务都能在资产负债表中得到反映,这部分称为中间业务,后文将进行分析。

二、负债业务

负债业务是商业银行最主要的资金来源,是商业银行经营活动的基础。商业银行的全部资金来源包括自有资金和负债两部分。与一般工商企业不同的是,商业银行的自有资金在其全部资金来源中只占很小的比例。负债的规模大体决定了商业银行开展资产业务、获得利润的能力,因此是商业银行最基本、最主要的业务。商业银行的负债包括存款和其他负债。

(1)支票存款。支票存款是指可以签发支票进行支付的账户,它包括不计息的活期存款账户和有息的可转让提款通知书等账户。活期存款主要用于交易和支付,通过银行进行结算。由于它的流动性较大,存取款和转账频繁,银行的服务成本也较高,因此一般不付利息。

我国一般只有企事业单位才在商业银行开有活期存款账户,这种账户不付息、可以开支票。日常生活中所谓的"活期"实际指的是居民不定期储蓄存款。然而,在国外,企业、个人、政府机构、金融机构本身都能开立活期存款账户。

经营活期存款可以为银行带来好处。虽然活期存款流动频繁,但还是会形成一定量的较为稳定的余额,成为商业银行低成本的资金来源。

事实上,当支票用于向开户银行提款的时候,它只是作为一种信用凭证发挥职能;但当支票被用来履行支付义务时(包括开户人向第三方开支票支付,以及任何支票持有人向另一方背书转让),支票已经充当流通手段和支付手段发挥作用。也就是说,支票被当作货币使用,因此活期存款成为货币数量的重要组成部分。

更重要的是,支票多被用于转账而非提现,因此商业银行可以周转使用,进行信用扩张,创造派生存款,商业银行因而得以对货币供应量产生影响。关于商业银行通过派生存款创造货币的过程,后文将有详细的描述。

对于客户而言,活期存款的优点在于流动性很强,可以随时开支票付款。缺点在于受到货币当局的利率管制,不能支付利息,盈利性较差。当市场利率上升、金融市场日益发达时,活期存款的吸引力就会不断下降。加上商业银行之间以及商业银行和其他金融机构之间日益激烈的竞争,在 20 世纪 70 年代,美国就创新了几种新的存款项目,包括可转让提款单账户(negotiable orders of withdraws account;NOW)、自动转账服务账户(automated transfer service account;ATS)、股金提款单账户(share drafts account;SDA)、货币市场存款账户(money market deposit account;MMDA)等,这些账户可开支票,有利息收入。在后文"商业银行业务创新"中将进一步说明。

(2)储蓄存款。储蓄存款主要为个人积蓄货币并取得利息收入而开办,是一种非交易用的存款,一般使用存折,不能签发支票。利息被定期加到存款余额上。储户必须凭存折到银行提取现金。理论上而言,储蓄存款并不能随时支取,储户若欲支取必须事先通知银行,但实际上储户和银行都把它当作可以随时支取。随着计算机、电子网络技术的发展,银行为了方便储户,一方面推出通存通兑服务,另一方面推出了储蓄卡,储户可以在各地的"自动出纳机(ATM)"上自助存取款项。

(3)定期存款。定期存款是指具有确定的到期期限,到期才能支取的存款,也属非交易用存款。由于期限确定,定期存款是商业银行较为稳定的资金来源,银行也对此支付较高的利息以补偿储户的流动性损失。储户不能随时支取,若提前支取,银行有权罚息乃至取消利息。

可以看出,和活期存款正相反,定期存款的优点是盈利性强,弱点是流动性差,并且一般情况下利率固定。商业银行为了吸收存款,同样创新出一些新的存款形式。

① 定期存款开放账户。这种账户是必须事先以书面通知才能提取

的存款。这些存款只有一点不同,那就是可以开放——继续存入存款。这些开放账户通常是自动展期的,除非双方中的任何一方提出终止的通知。这些存款所支付的利息取决于存款的期限和存款总金额。

② 可转让定期存单(negotiable certificates of deposits;CDs)。其特点是存单面额固定(10 万—100 万美元),不记名,利率有固定也有浮动,存期为 3 个月、6 个月、9 个月、12 个月不等,存单能够流通转让,具有较活跃的二级市场,能够满足流动性和盈利性的双重要求。CDs 的最初发行对象是公司、企业,是为了规避政府对利率的管制以争取顾客而推出的。由于大面额可转让 CDs 没有联邦存款保险公司(Federal Deposit Insurance Corporation)或联邦储蓄放贷保险公司(Federal Savings and Loan Insurance Corporation)保险,因此发行银行的财务状况、安全性及清偿能力、信誉在发行方面起重要作用。

③ 消费者存单(consumer certificates of deposit)。发行对象为普通消费者,面额通常低于 1 000 美元,甚至可以为 100 美元,利率通常固定,期限越长利率越高,期限通常高于大面额 CDs,在到期之前提取必须按规定支付罚金。

④ 货币市场存单(money market certificate of deposits;MMCs)。1978 年中期,金融当局鉴于高市场利率对存款机构的不良影响,批准存款机构开办 6 个月期和 $2\frac{1}{2}$ 年期的货币市场存单业务,最低面额为 1 万美元且不可转让,利率随市场利率调整。

(4)非存款性负债。商业银行尽管可以主动争取存款资金来源,然而存款水平毕竟不能直接控制,仍然会有波动。因此,商业银行还必须开展非存款性负债业务,通过借入资金以应付提款的需要、弥补法定准备金的暂时不足,或是作为永久性的资金来源。具体的有以下六种。

① 银行同业拆借。这是银行之间的短期借贷行为。按《银行法》规定,各商业银行必须向中央银行交纳一定比例的存款准备金,同时保持一定量的库存现金以应付提款要求。如果某家银行在中央银行的存款超过了法定准备金的要求,而另一家银行在中央银行的存款降到法定准备以下,此时准备金不足的银行就会向准备金盈余的银行借款,以达到法定准备的要求。这种借款通过中央银行进行,拆出银行通知央行将相应的款项从自己的账户转到拆入银行的账户,央行据此借记拆出行账户,贷记拆

入行账户。

由于同业拆借主要用于解决银行本身临时性资金周转的需要,因此一般是短期拆借,大多数为隔夜拆借。同业拆借的利率由市场供求决定,一般较低,它影响货币市场上的利率水平。在美国,同业拆借又称为联邦基金,它的供给者主要是小银行,它们的放款市场比较狭窄,剩余资金较多;而大银行则成为主要的需求者。

② 向中央银行借款。中央银行作为金融机构的最后贷款人,在商业银行出现资金困难时,可以向商业银行发放贷款。向央行借款有两种形式:一种是直接借款,即商业银行使用自有的适当的证券、票据作为抵押向中央银行取得贷款;另一种是贴现(或再贴现),由商业银行把自己向客户办理贴现业务所买进的而尚未到期的票据向央行申请再贴现。

在西方,无论对于商业银行还是对中央银行而言,向中央银行借款都只占一个很小的比重。但在我国,由于体制的历史原因,向央行借款一直是国有商业银行的一项比较重要的资金来源。例如 1996 年末,该项目余额在国有商业银行全部负债中占 23.7%,在中央银行全部资产中则占 53.2%。

③ 回购协议。回购协议就是通过出售金融资产取得可用资金,但出售时双方规定出售方在某一期限后按预定的价格从对方再次购回这项金融资产。回购协议的期限从一天到数月不等,期限为一天的又称隔夜回购。商业银行与证券交易商是回购协议的主要资金需求者,公司和政府机构则是最大的资金供应者。

回购协议可以被用来增加收益。例如,某银行持长期证券,但由于利率上升,使得出售证券换取资金将遭受相当的本金损失。为了提高对这种长期证券投资的收益,可以将其作为回购协议的担保。这样就可以增加该银行的净利息收入。

④ 向国际金融市场借款。近二三十年来,各国商业银行在国际货币市场上通过吸收存款、发行 CD_s、发行商业票据、银行债券等方式广泛地获取资金。

欧洲美元借款就是其中的一个例子。欧洲美元是指存于美国境外的美元存款。对于美国的银行而言,从美国之外借入欧洲美元,可以不用保留法定准备金,并且也不用受 Q 项条例的限制,这样就在扩大银行负债的同时,提高了资金盈利能力。因此,欧洲美元市场发展非常迅速。

欧洲美元借款可以是隔夜交易,也可以长达几年。欧洲美元利率由市场决定,一般高于相同期限的美国政府债券利率。到20世纪70年代后期为止,欧洲美元的主要借贷者是一些大银行,美国的小型商业银行只有当向其上游代理行借入联邦基金时才能间接使用欧洲美元。不过,近年来,中小商业银行通过向美国银行的海外分行或外国银行借入欧洲美元也直接进入欧洲美元市场。

⑤ 发行金融债券。通过发行债券筹措资金也是商业银行的负债业务之一。

⑥ 银行持股公司发行的商业票据。商业票据是短期的、以自身信誉为担保的资金来源,在美国,由于商业银行自身不能发行商业票据,所以商业票据要通过银行持股公司来发行。商业银行从其持股公司取得这笔资金时也要支付利息。因而,这也相当于银行持股公司给商业银行的贷款。

三、资产业务

商业银行的资产业务是指商业银行如何运用资金的业务,也是商业银行主要的利润来源。资产业务主要包括现金、证券投资和贷款三项。

1. 现金项目

现金项目虽然盈利性很低,但它是银行资产流动性的重要保证,也称为银行的“一线准备”。随着银行管理水平的提高,现金项目在资产业务中所占的比例不断缩小。现金项目包括准备金、应收款和存放同业等。

(1)准备金。准备金包括法定准备和超额准备两种。法定准备是按照中央银行的要求,依照一定的比例在各类存款中保留的准备金,这部分准备存放在中央银行。同时,银行还主动多保留一部分现金,包括存放在央行的超额准备部分,用以进行同业之间的资金结算;此外,还有一部分自留超额准备,用以应付日常顾客的提款和结算要求。

(2)应收款。这是指应收而尚未收到的现金项目,例如在途资金,这是在支票清算过程中,已记入商业银行的负债,但实际上商业银行还未收到的那部分资金。通常在短时间内就可以收到,因此属于现金项目。

(3)存放同业。银行相互之间存放资金,目的是用于相互间的结算、转账、代理服务等,成为银行的资金往来。

2. 证券投资项目

证券投资是银行重要的资产项目之一,由于有价证券的流动性较强,因此它可以兼顾资产的盈利性和流动性,也称为"二线准备"。在美国,银行主要投资三种证券:联邦政府和机构债券,州和地方政府债券及其他证券。

(1)联邦政府和机构债券。联邦政府债券是美国财政部发行的国债凭证,按照期限可以分为三种:短期国库券为无息证券,期限在1年以下;中期债券为有息证券,期限为1—10年;长期债券的期限为10年以上。

国库券是联邦政府的短期债务证券,流动性强,无拖欠风险。联邦储备系统每周举行一次公开招标出售国库券。国库券的投标可以采取竞争性和非竞争性的方式。如果是竞争性投标,投标人必须说明欲购的国库券美元金额和意愿价格。如果采取非竞争性投标办法,投标人必须说明欲购的国库券数量,但金额最多不得超过500 000美元。价格是财政部所收到的竞争性投标的平均值。

国库券采取贴现方式发行,不标明收益率,以低于票面价值的价格卖给投资者。国库券的收益率计算如下:

$$r = \frac{D}{Pt} = \frac{R - P}{P \cdot t}$$

式中,D为到期价格与实际价格之间的差额,R为到期价格,P为证券买价,r为国库券收益率,t为按每年365天计算的到期时间。

中期债券(treasury notes)和长期债券(treasury bonds)的性质基本相同,只是期限不一样。大多数政府债券是不能提前偿还的。一些长期债券可以在最后到期之前根据要求提前偿还,提前偿还通常开始于到期前5年。这种偿还特点使财政部为到期债券再筹措资金时更具有灵活性。

中期和长期债券的发行形式有三种:不记名、记名和账面记录。不记名债券对债券持有人付款,持券人每半年剪一次息票兑取利息。记名的中期和长期债券,票面标有证券所有人的姓名和身份证号码,利息和本金直接寄给本人。用账面记录形式发行的债券,由财政部为债券所有人设立一个账户,账户成员买卖债券时,只需借记和贷记这一特殊账户上的余额。

中期债券和长期债券均定期地在每季度的还债日向公众发售。与国库券的出售方式相同,中期和长期债券也用拍卖的方式出售,也有竞争性出价和非竞争性出价两种形式。

中期和长期债券有规定的息票利率。财政部支付的总年息,等于息票利率乘以债券的面值。但是,未到期的债券的实际收益还是取决于市场的利率水平。

联邦机构债券指除联邦政府以外的其他政府部门和有关机构发行的借款凭证。如联邦住宅贷款银行、联邦存款保险公司、联邦国民抵押协会等机构发行的债券。联邦机构债券对商业银行投资的吸引力来自八个方面。第一,它们大多数由州和地方政府免税。第二,它们大多数被列为受联邦监督的机构的合法投资对象。第三,这些债券可以用政府存款作保证。第四,联储同意把这些债券作为借款抵押品。第五,这些债券在整个寿命期内一般不提前偿还。这一特点可以保护购买债券的银行在利率下降时期免受市场的冲击。第六,这些债券的拖欠风险很小。虽然它们并不直接由美国政府担保,但这些债券发生问题时,国会可以加以干预,给予资金支持。第七,大多数这类债券有活跃的二级市场。第八,联邦机构债券的收益比相应的国库券略高。

(2)州和地方政府债券。这类债券通常也称为市政公债,一般分为两大类。第一类称为普通债券,以地方政府的税收作保证。由于地方政府的税收一般都有可靠的保障,因此这类债券安全性较高。第二类是收益债券,指由政府所拥有的某个企业或公益事业单位发行的债券,如水利工程、电站等。这些债券由这些工程项目所得收益作担保,债券本息也用将来收益支付。从安全性来讲,第二类债券不如第一类。如果工程项目在某一个时期得不到收益,债券购买人的本息就可能得不到支付而遭受损失。由于这种原因,商业银行较少购买第二类债券。

地方政府债券不像联邦政府债券那样具有完整的二级市场,它的交易活动比较分散。声誉较高的地方政府部门所发行的债券,可以在全国范围内销售,一般都由一些投资银行购买,然后再卖给其他投资者,形成二级市场。大部分地方政府债券都是在发行者所在地销售,这种债券的转手买卖比较困难,二级市场很不活跃。

可见,这类债券的安全性和流动性不够理想。然而,地方政府债券利息免交联邦所得税,而且大部分地方税收机构对这些债券的收入也免征地方所得税。并且,州和地方政府也倾向于和持有其债券的银行开展金融业务,这对于银行来说是一个很大的诱惑。此外,为了弥补其较高的风险和较低的流动性,这种债券的收益率也较高。因此,银行仍然愿意持有州和地方政府债券。

（3）其他证券。包括其他长期债券、短期债券、信用债券和公司股票。在美国,这类证券主要是下列机构发行的:亚洲开发银行、外国政府单位、泛美开发银行、国际复兴开发银行和国内商业公司。一般说来,银行不得对产权和股票投资,但也有一些例外。例如,国民银行可以购买下列机构的股票:本地区的联邦储蓄银行、拥有银行房产的公司、银行服务公司、银行保管箱附属机构、小企业投资公司、联邦全国抵押贷款协会、外国银行公司等。有时,银行对坏账没收担保品也会导致持有公司股票。根据货币当局规定,由这种方式获得的股票必须在5年之内加以处理。

3. 贷款项目

贷款业务迄今为止仍然是商业银行最为重要的资产业务,贷款的利息收入占商业银行总收入的一半以上。同时,通过向客户发放贷款,商业银行可以建立和加强与顾客的关系,从而有利于商业银行其他业务的拓展。

根据不同的标准,贷款可以分为不同种类。按照贷款期限,可以分为短期（1年以内）、中期和长期贷款。按照贷款有无担保,可以分为抵押贷款和信用贷款。按照贷款的定价,可以分为固定利率贷款和浮动利率贷款。按照贷款对象,可以分为工商业贷款、农业贷款、消费者贷款、同业贷款等。

（1）批发贷款。批发贷款类由工商业贷款、对金融机构的贷款、一部分不动产贷款、农业生产用途的贷款,以及对经纪人与交易商储存证券的贷款等组成。批发贷款可以是抵押贷款或无抵押贷款,贷款期限可以是短期、中期或长期。

工商业贷款比其他批发贷款种类变化较多。工商业贷款包括季节性的短期商品库存贷款,对机器、建筑物的基本建设部分的长期贷款等。工商业贷款是批发贷款业务的主要部分。

对金融机构的贷款在多数银行的批发贷款业务中只占一小部分。对金融机构的贷款通常是短期的无抵押的贷款。不过,对地方性的较小的金融公司可能不得不使用抵押贷款。对于较大的金融机构的贷款利率，通常采用基础利率，虽然(历史上)需要再加一个补偿额，这个补偿额的大小根据使用的信贷额度或批准的额度而定。在其他场合，贷款要收承诺费。

一般说来，较大的金融机构如销售金融公司或消费者金融公司，通过出售商业票据来筹集资金。不过，它们也从银行借入短期资金。由于金融公司对资金的需求千变万化，因此这些机构常常与几个大银行订立信贷限额协议。

不动产贷款通常包括数种不同类型的贷款。对于商业借款者或批发借款者来说，最常用的是建设贷款、土地开发贷款、多户住宅(公寓住宅或出租住宅)抵押贷款，以及非农场非住宅抵押贷款。

建设贷款是在建筑物的建设期间向建设者提供的暂时性贷款。银行通常要求，在使用建设贷款之前，应作出永久性的抵押筹资安排，并写成书面文件。这就保证当建设完成时，所安排筹集的资金可用来偿还贷款。建设贷款通常是短期的(建设期)，由建设项目作抵押，可以采用固定利率或浮动利率。

土地开发贷款用于取得未开发或稍作开发的土地(即已有水、电、照明、下水道、街道和其他公用设施的土地)。然后将土地细分出售，作为建筑用地。土地开发贷款可以是中期贷款(或甚至是长期贷款)，用不动产作抵押。可以采用固定利率，也可以采用浮动利率。贷款的归还，通常采取加速摊还的方法。

多户住宅抵押贷款通常是用于公寓建设。这种贷款安排一般要规定一个抵押借款归还日程表。借款者要作出计划，用租金收益偿还贷款。因此，建筑物的维修、使用率、良好的管理是关键问题。这种贷款属于长期贷款，以不动产作抵押，采用浮动利率。

农田抵押贷款是向农民发放的以农场作抵押的贷款。这种贷款多数用于购买农田或设备，属于中期贷款，也很可能是长期贷款，采用浮动利率。

非农场非住宅不动产抵押贷款，这里的不动产包括未开发的不动产(商业用地)、营业办公楼或商业中心在内。这种贷款一般是以不动产作抵押，不动产收益用于偿还贷款。这种贷款是中期贷款或长期贷款，采用浮动利率。

经纪人与交易商购买与储存证券贷款,是银行家、证券交易商与代理经纪人的短期贷款。包销或经销新证券,必然会发生证券还没有售完,但又必须付款给公司的问题。在市场上销售剩下的证券,以取得所需的现金,成本较高。投资银行营业部也可能需要短期贷款来储存证券。其他证券交易商或经纪人可能需要资金以便为顾客买卖证券。随着交易额与资金需要的变动,可能产生短期贷款的需要。此类贷款通常以证券作抵押,并采用浮动利率。

(2)零售贷款。零售贷款包括个人贷款、购买与储存证券贷款、农民贷款,以及某些种类的不动产贷款。

购买或储存证券贷款是向个人发放的,但不包括经纪人与证券交易商在内的贷款。这种贷款以股票或债券作抵押,是短期贷款或中期贷款,可采用固定利率或浮动利率。它用于补充购买证券的资金不足。

个人贷款的使用包括购买汽车、信用卡、循环周期限额贷款、零售信用卡、购买活动住房的分期付款、住房翻新或现代化,以及其他零售消费商品。历史上,这类贷款包括短期贷款与中期贷款,大部分为抵押贷款和固定利率。不过,近年来无抵押消费信贷增加了,其中许多是浮动利率的贷款。

消费者不动产贷款包括1—4户住宅不动产贷款以及农田抵押贷款。这类贷款中有一些贷款并不用于不动产的使用费支出,而主要是用于占有不动产及其追加设施等。

1—4户住宅不动产贷款通常都是抵押的。抵押贷款一般是长期的(可长达30年),以不动产及其附属物作抵押。20世纪70年代和80年代利率的不断波动,使发放传统的抵押贷款的机构不大愿意提供固定利率的抵押贷款。出于由借贷双方共担风险的目的,产生了好几种新方式的抵押贷款,如可调整利率的抵押贷款,累进付款抵押贷款、增值分享抵押贷款等。

(3)票据贴现。持票人将未到期票据交银行请求贴现,银行按票面金额扣除一定贴现利息以后,以现款付给客户,或转入其活期存款账户。这实际上是贷款的一种方式。银行买进票据,等于通过贴现间接地给票据的付款人发放了一笔贷款。

$$贴现利息＝票据票面金额×贴现率×\frac{未到期天数}{360}$$

实际上,贴现的利率要高于上式中的贴现率,其公式为

$$实际贴现利率＝\frac{贴现利息}{票面金额－贴现利息}$$

贴现业务和贷款业务在实质上是一样的。贴现是工商企业流动性周转的重要途径,对于银行而言,也是一种风险较低的资产业务,因此在商业银行的资产业务中占有重要地位。

四、表外业务

表外业务(off-balance sheet activities),是指商业银行从事的,按通行会计准则不列入资产负债表内,不影响其资产负债总额,但能影响银行当期损益的经营活动。这些业务虽然不出现在资产负债表中,但却同表内的资产业务和负债业务关系密切,并在一定条件下会转为表内资产业务和负债业务,因此我们也称其为或有资产和或有负债。对于银行来说,它们是有风险的经营活动,应当在会计报表的附注中予以揭示。近年来,随着金融自由化的推进,商业银行的表外业务获得了长足的发展,并逐渐成为银行的主要盈利来源。通常的表外业务包括以下五种。

1. 担保业务

担保业务是指银行应某一交易中的一方申请,承诺当申请人不能履约时由银行承担对另一方的全部义务的行为。担保业务不占用银行的资金,但形成银行的或有负债。当申请人(被担保人)不能及时完成其应尽的义务时,银行就必须代为履行付款等职责。银行在提供担保时,要承担违约、汇率等多项风险,因此是一项风险较大的表外业务。常见的担保业务主要有备用信用证、商业信用证等。

① 备用信用证(standby credit letter;SCL)。银行担保业务的一种主要类型,通常是为债务人的融资提供担保。当某个信用等级较低的企业试图通过发行商业票据筹资时,通常会面临不利的发行条件,此时它可以向一家银行申请备用信用证作为担保。一旦这家企业无力还本付息,即由发证行承担债务的偿还责任。实际上,银行通过发放备用信用证给企业,就相当于在借款期中把自己的信用出借给了发行人,使发行人实现信用增级。

备用信用证是一种广泛的担保文件,其支付只凭出示特定的证据,而

不允许银行介入事实上或法律上的纠纷。通常,开证行是第二付款人,只有当借款人自己不能履约时,才由银行付款。然而,开证行一旦付款,借款人必须补偿银行的损失。银行开立备用信用证要收取一定的佣金。

② 商业信用证。我们通常所说的信用证(letter of credit;L/C),是国际贸易结算中的一种重要方式。它的产生主要是因为在国际贸易中,进出口商之间可能因缺乏了解而互不信任,进口商不愿先将货款付给出口商,唯恐出口商不按约发货;同时出口商也不愿意先发货或将单据交给进口商,主要是担心进口商不付款或少付款。在这种情况下,银行就可以出面在进出口商之间充当一个中间人或保证人的角色,一面收款、一面交单,并代客融通资金,信用证的结算方式由此产生。如今,信用证已成为国际贸易中使用最广泛、最重要的结算方式。

对于商业信用证,人们通常将其看作是银行提供的一种结算业务。实际上,从银行自身角度看,它同时也是一种重要的表外业务。在这一业务中,银行以自身的信誉来为进出口商之间的交货、付款作担保。

2. 票据发行便利

票据发行便利(note-issuance facilities;NIFs)是一种具有法律约束力的中期周转性票据发行融资的承诺。根据事先与商业银行签订的一系列协议,借款人可以在一个时期内(一般期限为 5—7 年),以自己的名义周转性发行短期票据,从而以较低的成本取得中长期的资金融通效果。承诺包销的商业银行依照协议负责承购借款人未能按期售出的全部票据,或承担提供备用信贷的责任。包销承诺为票据发行人提供了转期的机会,从而有力地保障了企业获得资金的连续性。

票据发行便利根据有无包销可分为两大类:包销的票据发行便利和无包销的票据发行便利。其中,前者又可分为循环包销便利、可转让的循环包销便利和多元票据发行便利。

3. 金融衍生工具交易

① 远期利率协议(forward rate agreement;FRA)。它是一种远期合约,买卖双方商定将来一定时间段的协议利率,并指定一种参照利率,在将来清算日按规定的期限和本金数额,由一方向另一方支付协议利率和届时参照利率之间的差额利息的贴现金额。它是建立在双方对未来一段时间内利率的预测存在差异的基础上的。

长期以来,如何能够更好地实现商业银行资产和负债的期限匹配一直是困扰银行经营者们的问题。传统上,商业银行主要利用远期市场来抑制资产和负债期限的失调,避免利率敞口风险的威胁。但是,这种方式会扩大银行的资产负债表,并且暗含着较大的信用风险,易导致本利的巨大损失。远期利率协议巧妙地利用了交易双方因借贷地位不同等原因所致的利率定价分歧,免除了在交易成立之初即支付资金的不便,同时还采取了名义本金、差额利息支付、贴现结算等有特色的方式。它使商业银行实现了在不扩大资产负债表的情况下来避免利率风险,免除了因风险管理而带给资产负债表的进一步负担。

②　互换(swaps)。互换业务的拓展,首先拓宽了银行经营收益。利用自身巨大的信息优势和活动能力,银行既分享了在不同金融市场之间的套利,又获得了撮合交易的手续费。其次,互换也丰富了商业银行风险管理的手段。它有利于商业银行规避不利的市场条件和管制,既可以降低商业银行的筹资成本,又可以扭转其浮动利率负债和固定利率资产造成的结构上的劣势,从而有助于银行的稳定经营。最后,互换还促进了商业银行提供全面的金融服务。目前欧洲债券市场上债券发行的70%—80%均与互换多多少少有一定的联系,通过提供优越的互换交易方案,商业银行将获得更多的业务份额。

目前商业银行经常进行的互换交易主要是利率互换和货币互换。

③　金融期货(futures)。商业银行经营的金融期货交易主要有三种:货币期货、利率期货和股票指数期货。其交易的主要目的也是为了进行风险管理。

④　金融期权(options)。商业银行主要从三个层次上参与期权交易:第一个是场外期权市场,即通过电话或路透交易系统直接与客户进行交易,这种交易既包括面向非银行客户的零售市场,又包括面向金融机构的批发市场;第二个层次是交易所期权交易,在这种交易中,商业银行通常以获得交易席位的方式来成为交易所的做市者;第三个层次是隐含型期权交易,主要是把期权的经营思想与商业银行日常业务融合而产生的创新,如可转换债券、货币保证书等。

期权同样也是商业银行风险管理的有力工具,同时适当的期权交易可以为银行带来可观的收入。

4. 贷款承诺

贷款承诺(loan commitment)是银行与借款客户之间达成的一种契

约。银行承诺在一定期限内,按照双方约定的金额、利率,随时准备应客户的要求向其提供信贷服务,并收取一定的承诺佣金。贷款承诺的类型有很多,通常包括定期贷款承诺、备用承诺、循环承诺等。

信贷限额,是贷款承诺的另一种形式,可以是正式的协议或非正式的协议。根据这种协议,银行同意在一定时期的一定条件下,在需要时发放贷款,一直到一定限额为止。信贷限额是贷款利率稳定时期的产物,贷款承诺就是由其发展而来的。

在美国,银行信贷已经经历了好几个阶段。在 20 世纪 30 年代以前,银行信贷主要是满足短期的工商企业资金需要。从 30—70 年代,银行的商业贷款的期限延长了,短期的消费信贷发展了。在 70 年代末期,利率的波动使银行认识到有利率风险。结果,贷款的转期期限缩短了,以便经常进行复查和调整利率。这样,商业贷款便经历了从短期到中期,现在又回到短期或短期的转期的过程。为了便于客户办理贷款,银行设计了一系列的做法,如信贷限额、贷款承诺等等。在这个时期,消费信贷变得越来越重要。贷款的实际期限延长了,浮动利率的使用增加了。由于银行继续不断地设法减少利率风险,结果增加了其他风险,如违约拖欠的信用风险。首先,由于贷款的实际期限的延长,或利率的升高,借款人的经济特点可能发生变化,从而使可靠的贷款变成有问题的贷款。其次,可能存在与银行各种"表外"借款承诺有关的潜在风险。

5. 贷款出售

贷款出售(loan sales)是指商业银行一反形成和持有贷款的传统经营哲学,开始视贷款为可销售的资产,在贷款形成以后,进一步采取各种方式出售贷款债权给其他投资者,出售贷款的银行将从中获得手续费收入。

五、中间业务

银行的中间业务是银行利用自身在机构网点、技术手段和信息处理等方面的优势,代理客户承办收付和委托事项,并收取手续费的业务。它不需要动用银行自己的资金,且具有收入稳定、风险度低的特点,集中体现了商业银行的服务性功能。这类业务主要有以下五个方面。

1. 结算业务

银行代客户办理资金的结算业务,银行通过收取手续费获利。一般而言,银行从接受款项到支付款项之间存在时间差,这对于银行来说相当于一笔无息资金来源。

日常结算的工具有汇票、支票和本票。汇票是一方签发的无条件支付命令,要求第三方在某个确定的时间付款给持票人。实际上资金是从出票人流入第三方,再流入持票人的,第三方只是充当了付款中介的作用。本票和支票是特殊的汇票,本票没有第三方,出票人就是直接付款人。支票则专指以银行为第三方(即付款人)的汇票。

在国际经济往来中,资金的流动一般都通过银行系统进行。尤其对于国际贸易而言,商业信用远不如银行信用,因此贷款的支付通常都由银行结算。下面简单介绍一下国际结算中常见的支付方式:汇款、托收和信用证。

① 汇款(remittance)。汇款是最简便的支付方式,汇款人把款项交给本地银行,由本地银行向收款人所在地的指定银行划转资金,再由对方银行向收款人付款。具体又有电汇、信汇和票汇几种做法。

在汇款方式中,银行只是充当付款代理,因此仍然是一种商业信用。由于无论是货到付款还是款到发货,都是交易的一方负担全部的资金占用和风险,因此汇款在国际结算中最少使用,除非业务双方相互了解、信任。

② 托收(collection)。卖方发货后,将运输单据交给本地银行申请托收;本地托收银行将单据发往付款方所在地的指定的代收银行;代收行提示买方付款并在收到款项后交单,付款人凭单提货。

相对汇款而言,托收的风险较小,然而这仍是一种商业信用。银行在此只是代理收款,不负担风险。卖方在发货之后还要经过一段时间才能收到货款,因此资金占用的压力较大。并且,仍然存在买方违约的可能,虽然货物可以运回或委托代收行就地处理,但也会造成卖方的损失。

③ 信用证(letter of credit;L/C)。信用证结算是相对较完善的一种国际结算方式。进口商凭贸易合同向本地银行申请开立信用证,审核之后,开证行开立信用证并把信用证发给出口商所在地的指定银行;对方银行通知出口商凭信用证出货。出口商凭发票、提单等信用证要求的所有单据交银行议付,银行审单无误后,一般预先议付给出口商,并寄单给开证行。开证行审单无误后,付款给对方银行,同时通知进口商付款赎单。

可见,信用证结算是手续最为繁琐的一种国际结算方式,它的费用也比较高。然而,它的使用最为广泛。首先,它是一种银行信用,只要审单无误,开证行必须付款,而无论进口商是否付款。银行承担了第一付款责任。其次,交易双方的资金负担比较平衡,进口商在付款赎单之后就能提货,而出口商只要交单无误就可以得到货款的议付。在此,结算业务和贷款业务结合起来,体现为出口商可以在出口方银行收到开证行货款之前就得到支付。如果这种预先支付在出口商交单之前,则称为打包放款;如果在交单之后,则称为出口押汇,即议付货款。

2. 代收业务

这是银行根据各种凭证代替客户收取款项的业务。最常见的是银行代收支票,客户将收到的由其他银行付款的支票交给自己的开户银行委托代收。另外,还有代理客户收取各种费用,如水费、电费、话费等。

3. 信托

这是指接受他人委托与信任,代为管理、营运、处理有关钱财的业务活动。信托不同于代理,在信托关系中,托管财产的财产权从委托人转移到受托人,而代理则不涉及财产权的转移。

商业银行办理信托业务具有得天独厚的条件,商业银行资金力量雄厚,信誉良好,拥有各种专门人才、丰富的经营经验和广泛的信息资源,还有遍布各地的分支机构和代理机构,通过这些机构可以广泛接触各种信托委托人,为社会不同阶层提供信托服务,开拓信托市场。银行信托业务的收益主要是相关的手续费,托管财产获得的收益则归委托人。同时,办理信托业务又给银行带来一笔资金占用来源。

银行的信托业务主要包括以下几项。

① 个人信托:为客户管理财产,办理证券投资等。

② 法人信托:办理公司股票发行、登记注册、过户,公司债券发行和还本付息业务;企业职工福利基金管理;为经济法人存款、贷款等。

③ 保管业务:银行设立保险箱,供客户用以保藏贵重物品、重要文件等。

4. 租赁

租赁是指资产的所有权和使用权之间的一种借贷关系,即由所有者(出租人)垫付资金购买设备租给使用者(承租人)使用,并按期以租金形式收回资金。它类似于承租人向出租人申请一笔贷款,以此资金购买所需设备,分期偿还贷款。只是租赁业务由出租人负责购买设备,并且设备的所有权在出租人。

　　银行租赁业务可分为金融租赁和经营(服务)租赁两种形式。金融租赁也称融资性租赁,由承租人自己选好所需设备,由银行下属租赁公司(出租人)出资购买后租给承租人使用,在租期内陆续通过租金形式收回资金。出租人只负责资金,有关设备的安装、维修、管理等由承租人负责。期满后,可以退回或续租,或折价卖给承租人。经营租赁也称服务性租赁,出租人除向承租人提供租赁货物外,还承担租赁设备的保养、维修、配件供应以及培训技术人员等项服务。

　　5. 信息咨询业务

　　金融经济信息是一种特殊的商品,是"无形的财富"。信息和资金已成为商业银行的两大主要商品,银行既是信用中介,又是信息中介。随着银行信息咨询服务的不断开拓,信息收入也将逐步超过利息收入,成为银行主要的收入来源。

　　银行通过信息网络,在计算机系统中心储存了经过加工的丰富的信息,诸如财务、金融、经济、商品科技、法律等信息,顾客通过办公室或家庭的终端设备就可以得到他们所需要的从股市行情到天气预报等各种信息。还可通过终端设备与银行信息库对话,提出各种问题并下达有关委托指令。西方各国商业银行都已认识到,谁掌握了最新的信息,谁就能成为经济中最有实力的部门,谁最先掌握了信息资源,谁就能在竞争中立于不败之地。

第四节　商业银行的管理理论

　　商业银行是独立法人,是企业,但它是经营货币资金、授受信用的特殊企业,其资金主要来自负债,因此在经营管理上与一般工商企业有所区别,有其特殊性。商业银行如何处理好盈利性、安全性和流动性三者的关系,是银行经营管理的永恒主题。

一、商业银行的经营方针

　　商业银行在经营管理上有三个基本经营方针,即盈利性、安全性、流动性,也称为银行经营业务的"三性"方针。

1. 盈利性

(1)盈利性的概念。盈利性是商业银行的基本方针。能否盈利直接关系到银行的生存和发展,是银行从事各种活动的动因。充足的盈利可以扩充银行资本,扩大经营,增强银行信誉,提高银行的竞争实力。如果银行无法盈利,投资者将丧失信心,银行的信誉将下降,可能引发银行的信用危机,导致客户挤兑,危及银行的生存。

银行的盈利是放款利息收入、投资收入以及各种服务收入,扣除付给存款人的利息、银行自身的运营成本和费用所得的差额。对银行利润影响最大的因素包括存贷款利差、其他业务手续费收入和管理费用。

(2)盈利性的衡量。盈利性的衡量标准可以分为经营性的和项目性的,前者从总体上反映,后者从个体上分析某项业务或具体资产的赢利情况。

经营性指标主要通过分析银行资产负债表进行。常用的指标如下。

① 资产净利率,其公式为

$$资产净利率 = \frac{银行净利润}{银行当年平均资产总额} \times 100\%$$

这是反映资产总体盈利水平的主要指标。在总资产中,包括盈利资产和非盈利资产;在净利润中,包括存贷规模、利差、管理费用、税收等因素。因此,这一指标可以比较全面地反映银行的经营水准。

② 净资产收益率,其公式为

$$净资产收益率 = \frac{银行净利润}{银行当年平均净资产} \times 100\%$$

净资产收益率也称为权益报酬率,这是银行股东最关心的指标,也是反映银行经营管理能力的最重要指标。它除了反映资产净利率的内容之外,还反映了通过既定资本运行多大的资产规模的问题,体现了经营的效率。

③ 利差收益率,其公式为

$$利差收益率 = \frac{利息收入 - 利息支出}{盈利资产} \times 100\%$$

这是银行企业特有的盈利能力之重要指标。

④ 资金成本率，其公式为

$$资金成本率 = \frac{利息支出 + 其他负债费用}{总负债} \times 100\%$$

这是衡量银行成本的主要指标，也可以按具体的负债类别分别计算其成本率。

项目性指标的数据来源于具体的业务，具体如下。

① 名义贷款收益率，其公式为

$$名义贷款收益率 = \frac{贷款利息收入 - 成本}{贷款数额} \times 100\%$$

这是一种较常用而又较为粗糙的指标，可以大致反映贷款效益。成本包括随贷款数量变动而变动的可变成本和不随之变动的固定成本。

② 真实贷款收益率，其公式为

$$真实贷款收益率 = \frac{本息现值 - 成本现值 - 贷款数额}{贷款数额} \times 100\%$$

其中，现值使用扣除通胀率的贴现率计算。相对上一指标而言，它考虑了资金的时间价值以及通货膨胀的影响，因此更为可靠。

③ 贷款名义保本线和实际保本线，其公式为

$$贷款名义保本线 = \frac{成本}{名义贷款利率}$$

$$贷款实际保本线 = \frac{成本}{实际贷款利率} = \frac{成本}{名义贷款利率 - 通胀率}$$

贷款实际保本线这个指标实际指的是维持银行不亏本的最低贷款警戒线。如果名义贷款利率低于通胀率（一般不会出现这种情况），那么贷款实际保本线是负数，代表银行为保本必须吸收的负债的数量。

（3）盈利性的来源。银行盈利的增加，总的来说可以通过增收、节支两方面来实现。

银行增加收入有四条渠道。第一，提高贷款利率。只要银行拥有一定的利率自主权，只要贷款出现需求大于供给，只要客户存在某种劣势，银行就可以相应提高贷款的利率。第二，扩大贷款数量，这取决于客户需

求和银行资金。银行应该主动实行贷款营销,扩大贷款;同时扩大资金来源作为保证。第三,增加各种手续费收入,主要指大力发展中间业务,积极拓展各种服务业务。第四,增加资本积累,推进设备更新。这是提高未来盈利能力的长期行为。

银行减少支出有两种手段。第一,降低负债的利息水平。可以通过改善服务来间接达到这一目的。第二,提高管理水平,降低各种管理费用,减少非经营性支出,尽可能把事故、差错损失降低到最低限度。

2. 安全性

(1)安全性的概念。安全性指银行的资产、收入、信誉以及所有经营生存发展条件免遭损失的可靠性程度。其相反的含义,称为风险性。银行的特点在于极其依赖于从外部借入资金经营,因此安全性对于银行非常重要。它既体现在全部资产负债的总体经营上,也体现在每项个别业务上。安全性不仅关系到银行的盈利,而且关系到银行的存亡。银行倒闭往往不是因为盈利不足,而是因为其安全性遭到破坏。

在银行经营中,往往面临以下六种风险。

① 信用风险,又称违约风险。这是对银行的存亡至关重要的风险。主要源于两种情况:一是存款者挤兑而银行没有足够的现金可以支付;另一种是贷款逾期不能归还,出现呆账、坏账,导致银行资产损失。

② 市场风险,又称利率风险。这是一种因市场利率变化引起资产价格变动或银行业务使用的利率跟不上市场利率变化所带来的风险。当市场利率上升时,银行持有现金的机会成本上升,原长期贷款由于利率相对下降蒙受损失,同时存款资金的成本也会上升;如果不提高存款利率,将面临存款流失。

③ 外汇风险,也称汇率风险。这是因汇率变动而出现的风险。主要又分为四种:一是买卖风险,源于外汇敞口头寸在汇率变化时出现损失的可能性;二是交易结算风险,源于已定的外币交易在实际交割之前所面临的风险;三是评价风险,是会计处理中汇率变动带来的损益不确定性;四是存货风险,指以外币计价的库存资产因汇率变动可能贬值。

④ 购买力风险,又称通货风险。这是因通货膨胀引起的货币贬值而带来的风险。银行具有借款者和放款者的双重身份,通胀带来的损益可以相互抵消,但不会完全抵消,因为存贷不会完全相等。同时,通胀导致实际利率下降,可能影响银行的资金来源。

⑤ 内部风险，又称管理风险。主要有战略决策失误风险、新产品开发风险、营业差错风险、贪污盗窃风险。它们主要与经营管理不当有关。

⑥ 政策风险，也称国家风险。国家政府的更替、政策的变更都可能导致银行经营大环境的变化，直接影响到银行的效益。

在以上六种风险中，信用风险是时常发生的；市场风险在经济波动时较明显；外汇风险对于浮动汇率下有大量外汇业务的银行的影响尤其大；购买力风险体现在高通胀时期；管理水平低下的银行面临较大的内部风险；而政局动荡下的政治风险影响最为重大。

(2) 风险的衡量。风险的不确定性，对它的衡量是很复杂的。在前文"金融市场"部分已经介绍过用方差(标准差)来计量风险，但这种处理比较复杂。下面介绍四种简便的风险评价，即用财务比率衡量风险。

① 贷款/存款。由于贷款一旦贷出，不能随意收回，而存款则面临客户任意时刻的提款需要，因此这一比值越大，风险越大。一般而言，银行的存款总是大于贷款，即存差，因为银行要保留足够的法定准备和超额准备。

② 资产/资本。也称杠杆乘数。资本是银行的自有资金，资产/资本比率越高，银行资产中自有资本的比重越小，银行经营的风险越大。

③ 负债/流动资产。流动资产包括现金、存放央行、存放同业、短期证券等，它们可以用来迅速地清偿债务。这一比率越高，风险越大。可以使用存款、或流动负债、或全部负债来计算各自的比率。

④ 有问题贷款/全部贷款。比率越大，说明银行贷款不能收回的风险越大。这一比率可延伸到有关贷款的风险分级。我国现在的贷款风险分类方法为五级分类。

正常：能按合同按时足额偿还本息。

关注：尽管借款人当前有能力偿还，但存在可能影响其清偿力的不利因素。

次级：借款人还款能力有明显问题，依靠其正常经营收入已无法保证按时足额偿还本息。

可疑：借款人无法足额偿还本息，即使执行抵押、担保也肯定会有损失。

损失：在采取所有可能的措施和一切必要的法律手段后，贷款仍无法收回或只能收回极少部分。

这种分类有利于银行估计贷款的信用风险的大小,并据此计提专项呆账准备金。

（3）风险管理的主要策略。

① 准备策略。所谓准备策略就是对风险设置多层预防线的方法。现金项目包括准备金、存放同业等充当一线准备,一些流动性较大的盈利性资产包括短期证券、可转让贷款、短期贷款等充当第二、第三线准备。另外还有为弥补已转化为现实损失的风险的专项准备金,包括专门弥补贷款损失的贷款坏账准备和补偿灾害、失窃、贬值等的资本损失准备金。

对于一线准备,基本要求是保留在最低限度,对于二、三线准备,要求资产的形式与期限同可能出现的资金需求的方式和时间相适应。

② 规避策略。对风险采取规避策略是较常用的一种策略,主要原则和策略如下。

第一,避重就轻的资产选择原则,即权衡项目时要注重风险,尽量选取低风险的项目。避免只注重收益,忽视风险。

第二,收"硬"付"软"、借"软"贷"硬"的币种选择原则。"硬"指汇率比较稳定,"软"指汇率比较容易变动。当然,这要以银行在业务谈判中的实力地位为前提。

第三,扬长避短的债务互换策略。在"金融市场"部分的"金融衍生工具"中已有较详细的介绍。

第四,资产结构短期化策略。短期资产既利于提高流动性以应付信用风险,又利于及时调整利率定价来应付市场风险。

③ 分散策略。分散策略是针对难以回避的风险的一种防范手段,即实现资产结构的多样化,尽可能选择多样的、彼此相关性低的资产进行搭配,以降低资产组合的风险。这一原理在"金融市场"部分的"金融资产组合"中已有论述。

多样化包括资产性质的多样化,在资产形态、种类、期限、利率等方面力求差异;也包括授信对象的多样化,在不同的个人、不同的企业、不同的行业和地区之间分散业务;还包括分量化,即不将较大比例的资金贷给同一个企业或投资于同一种证券。

④ 转移策略。第一,通过金融衍生品交易锁定风险,把风险转移给对方,或转移给金融市场上的投机者。这在前文已有叙述。第二,定价时计算风险因素,使价格包括风险报酬。第三,保险。通过保险化解银行风险。

3. 流动性

(1) 流动性的概念。银行的流动性指的是一种在不损失价值情况下的变现能力,一种足以应付各种支付的、充分的资金可用能力。

银行的流动性体现在资产和负债两个方面。资产的流动性指银行持有的资产能够随时得以偿付或在不贬值的条件下确有销路。负债的流动性指银行能够轻易地以较低成本随时获得所需要的资金。

(2) 流动性的衡量。流动性缺乏普遍适用的衡量标准。在银行经营实践中,通常以下列五项指标来粗略衡量流动性。

① 贷款/存款。一般比率越高,流动性越低。然而,这一比率和银行的大小、经营管理水平的高低都有关,并且它未能反映存贷的期限、质量,未能说明贷款之外的其他资产的性质。

② 流动性资产/全部负债。它忽略了负债方面的流动性因素。

③ 超额准备金。局限在于超额准备金不能全面对流动性加以体现。

④ 流动资产减易变性负债。它在理论上比较恰当,但在项目划分和定量测算上存在一些问题。

⑤ 存款增长额(率)减贷款增长额(率)。这是一种趋势性的指标,但是没有考虑具体存款、贷款在结构和性能上的差异。

(3) 流动性管理。

① 资金汇集法。这种办法把所有资金来源汇集到同一个"资金池"里,再按流动性的先后顺序分配资金运用:首先保证足够的一线准备,其次满足二线准备,之后是长期证券投资和贷款,最后则是固定资产投资。

这一方法优先保障了资产方面的流动性,但忽略了负债方面的流动性,忽略了不同来源的资金具有不同的流动能力和需求,没有在资产及负债两方面统筹考虑流动性问题。

② 资金匹配法。针对资金汇集法的缺点,发展出了资金匹配法。首先按照资金来源的稳定性分配几个"流动性—盈利性"中心,再按每个中心的特征分配资金于不同的领域,如图3.1所示。

从资产及负债两方面统筹安排,并以流动性为中心来配置,是这一方法的优点。但这种方法很可能导致一种偏误,即简单地把活期存款作为短期中心的来源,并主要用于一线准备,其他的以此类推。

③ 缺口监察法。这是分析资产与负债之间的流动性差额,来表示现有流动性状态和预期流动性需要之间关系的方法,如表3.2所示。

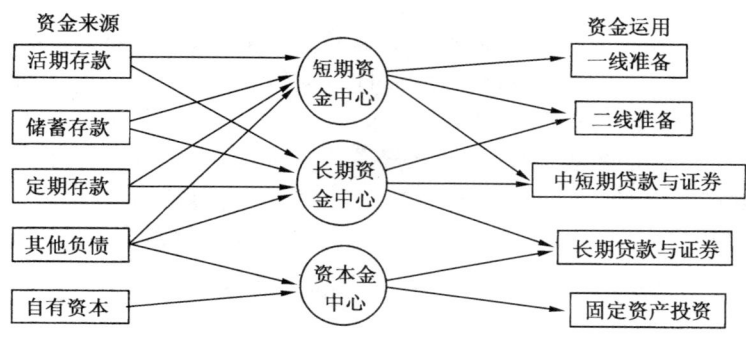

图 3.1　资金匹配法图示

表 3.2　缺口监察法

资　　　产		负　　　债
流动性资产		易变性负债
	流动性缺口	
非流动性资产		稳定性负债

在表 3.2 中,现有的流动性资产小于易变性负债,流动性缺口为负,即流动性不足。因此,预期的流动性资产增长要大于易变性负债的增长,其差额用以弥补缺口。

这一方法的缺陷在于资产与负债要重新按照流动性划分,在操作上比较麻烦,并且缺乏统一的标准。

4. 三性的对立统一

盈利性、安全性和流动性之间是既相互矛盾又相互统一的。

盈利性和后两性呈反向变动,这种矛盾来源于具体的概念界定。盈利性是对利润的追求,这种要求越高,往往风险越大,安全性、流动性越低。后两性意味着期限短,易转让。显然,这使盈利性降低。

盈利性和后两性的统一体现在两个方面。其一,在某个范围内,三性可以达到某种可被接受的程度。在保本和资产较小可能损失的区间之内,三性可以都令人满意。其二,在一定条件下,盈利性和后两性可以同向变化。例如,得到政府担保或可靠保险的项目,盈利性和安全性都很高;对于行政干预要求支持,但经营管理水平又很低的企业贷款,其盈利性和后两性都很低。

安全性和流动性通常是统一的,安全性越高,流动性越大。不过,在一定条件下它们也会有反向变动的可能。例如,由政府担保的长期贷款,虽然安全性较高,但流动性不足。

对于三性的矛盾和统一,银行经营的总方针就是谋求三性的尽可能合理的搭配协调。三性的相对地位是:盈利性为银行的目标,安全性是一种前提要求,而流动性是银行的操作性或工具性的要求。银行经营的总方针,就是在保证安全性的前提下,通过灵活调整流动性来致力于提高盈利性。

二、资产管理

1. 资产管理理论的发展

西方商业银行的管理理论是在各个时期商业银行管理经验的基础上发展起来的,并经历了长期的演变。

传统的银行信奉资产管理理论认为,银行的利润来源主要在于资产业务,银行能够主动地加以管理的也是资产业务,而负债则取决于客户是否愿意来存款,银行对此是被动的。因此,银行经营管理的重点在资产方面,着重于如何适当地安排资产结构,致力于在资产上协调盈利性、安全性和流动性的统一。在这种理论思想指导下,相继出现了"真实票据说""资产转换说""预期收入说"等,为拓展银行资产的经营奠定了理论基础,并发展出了一系列资产管理的办法。

资产管理理论强调负债是银行既定的前提,资产的规模受负债规模的制约,银行管理层所能做的只是在既定的资产规模基础上,努力实现资产结构的优化调整。它十分注重使资产在期限上同负债相匹配,注重保持资产的流动性及分层次的准备金,还注重银行资本的充足性。

(1)真实票据论。这种理论又叫商业贷款理论,源于亚当·斯密1776年发表的《国富论》一书。该理论认为,银行的资金来源主要是同商业流通有关的闲散资金,都是临时性的存款,为了保障随时偿付提存,银行资产必须具有较大的流动性,因而银行只适宜发放短期的与商品周转相联系的商业贷款。这种贷款具有自偿性,即随着物资周转、产销过程完成,贷款自然地从销售收入中得到偿还。据此,该理论强调:贷款必须以商业行为为基础,以真实的商业票据为抵押;一旦企业不能偿还贷款,银行即可根据所抵押的票据,处理有关商品。根据这一理论,银行不能发放不动产贷款、消费贷款、长期设备贷款和农业贷款,更不能发放用于证券投资的贷款。在相当长的时期内,真实票据理论占据着商业银行资产管理理论的支配地位,对于自由竞争条件下银行经营的稳定起到了一定的作用。

然而,随着经济的发展,这一理论的缺陷也越来越明显。首先,它未考虑到短期存款的沉淀部分和长期存款比重的上升,忽略了银行资金来源的潜力。其次,它对贷款多样化的否定是不利于经济增长的。第三,自偿性贷款未必能保证贷款的收回,有时长期贷款更可靠。第四,自偿性贷款随商业周期而波动,将影响金融体系的稳定。

(2)转换理论。第一次世界大战以后,由于政府借债的需要并随着金融市场的进一步发展和完善,商业银行持有的政府证券增多,金融资产流动性加强,银行家对资产管理有了新的认识,提出了资产转换理论。这种理论认为,银行能否保持流动性,关键在于银行持有的资产能否转让变现。只要银行所掌握的证券易于在市场上出售,或易于向央行再贴现,只要银行的贷款有可以拍卖的抵押品,或可转让给中央银行,那么,银行资产就不必非限于短期商业贷款不可。

这一理论为银行的证券投资、不动产贷款和长期贷款打开了大门。在转换理论的影响下,银行资产范围显著扩大,业务经营更加灵活多样。但转换理论片面强调证券的转手,而忽略证券和贷款资产的真正质量,忽略了物质保证,为信用膨胀创造了条件。同时,它没有重视经济发展状况的影响,未考虑到在危机期间证券的大量抛售和价格暴跌而引发银行资产的巨额损失的可能性。

(3)预期收入理论。第二次世界大战之后,战争期间景气的消失使经济危机的阴影加深,为了刺激投资和扩大市场,多样化的资金需求先后产生。不仅短期贷款的需求有增无减,而且产生了大量的设备和投资贷款要求。随着生产过剩矛盾的突出,消费信贷的需求也在增长。旨在促进消费信贷和项目投资的预期收入理论应运而生。该理论认为,任何银行资产能否到期偿还或转让变现,归根到底是以未来的收入为基础的。只要预期的未来收入有保障,通过分期偿还的形式,长期项目贷款和消费信贷都会保持一定的流动性和安全性;反之,如果未来收入没有保障,即使短期贷款也有偿还不了的风险。这一理论意味着银行资产可以不受期限和类型的影响,可以不考虑资产的自偿性和转换性,只要强调预期收入就够了。正是在这种理论的影响下,二战后,分期付款的中长期设备贷款、住宅抵押贷款、消费贷款和租赁等资产业务迅速发展起来,成为支撑经济增长的重要因素。

不过,预期收入理论也有缺陷。首先,它把资产经营完全建立在银行预测的基础上,缺乏足够的可靠性。其次,在资产期限很长的情况下,不确定性增加,债务人收入状况可能会恶化,未来的偿付能力可能比预期的要小。因此,预期收入理论必须慎重使用。

(4) 超货币供给理论。银行购买资产从来都被视作提供货币的行为,银行仅仅是用信贷方式供给货币的机构。随着货币形式的多样化,能够提供货币的非银行金融机构愈来愈多,银行的信贷市场竞争的压力日益加剧,银行再也不能就事论事地提供货币了。20世纪60—70年代以来,出现了超货币供给理论。该理论认为,银行信贷提供货币只是达到其经营目标的手段之一,除此之外,它不仅有多种可供选择的手段,而且有广泛的同时兼达的目标。因此,银行资产管理应超越货币的狭隘眼界,提供更多的服务。根据这一理论,银行在购买证券和发放贷款以提供货币的同时,积极展开投资咨询、项目评估、市场调查、信息分析、管理顾问、电脑服务、委托代理等多方面配套业务,使银行资产管理达到了前所未有的广度和深度。在非金融企业侵入金融竞争领域的时候,超货币供给理论使银行获得了相抗衡的武器,从而改善了银行的竞争地位。实际上,超货币供给理论就是提倡大力发展中间业务的理论。

2. 资产管理的方法

总的说来,只要是强调负债是前提,资产受负债制约,银行管理只是在既定的资产下努力实现资产同负债相匹配的管理方法都属于资产管理方法。像前文中安全性管理的准备策略、流动性管理的资金汇集和资金匹配都属于资产管理的方法。

资产管理除了总体上与负债的结构(性质、期限、流动性等)相匹配的管理方法之外,还包括对具体的贷款的管理、对信用的评估分析、对投资的管理等。关于贷款管理,形式、方法多种多样,不仅包括信贷风险控制、不良贷款处理等内容,还包括信贷营销、开发私人业务等方面的内容。关于投资管理,主要是证券投资的决策,在前文"金融市场"中已有简单描述。在此,我们介绍商业银行对于债务人资信状况的评估原则,即放款审查的"6C"原则。所谓"6C"是指以下六个方面。

（1）品德（character）。品德，主要考察借款人是否具有清偿债务的意愿以及是否能够严格履行合同条件，还款的愿望是否强烈，是否能够正当经营。如果借款人是个人或代理人，其品德主要表现在道德观念、个人习惯和偏好、经营方式、业务和个人交往、在企业和社区中的地位与声望等方面。如果借款人是公司法人，其品德主要体现在管理的完善、在企业和金融界的地位和声望、经营方针和政策的稳健等方面。不论借款者是个人还是公司，其履行合同条款的历史记录，在评价其品德情况上，具有非常重要的意义。

（2）能力（capacity）。能力，主要指借款人的偿还能力。偿还能力用借款者的预期现金流量来测定。能力不仅反映预期的现金收入，而且反映建立在这些收入之上的其他需求。如果其他的承付款项、债务或优先索赔款有可能消耗掉预期的收入，那么也就没有资金来偿还贷款了。

（3）资本（capital）。资本，即借款者的货币价值，通常用净值来衡量。资本反映借款者的财富积累，并在某种程度上表明了借款者的成就。要注意的是，账面价值有时不能准确反映市场价值。

（4）担保或抵押（collateral）。担保或抵押品，指贷款申请者可以用作担保贷款抵押品的任何资产。有时候由保证人连署，保证贷款归还，作为资产抵押的补充，或替代资产抵押。在这种情况下，还要考虑保证人的信誉。

（5）环境（condition）。环境条件，指厂商得以在其中运营的经济环境或贷款申请者的就业环境。厂商经营所面临的经济环境、整个贷款使用期间的经济规划，以及使借款者对经济波动特别敏感的任何特征都必须包括在信用评估分析之内。

（6）连续性（continuity）。事业的连续性，指借款企业持续经营的前景。现代科技飞速发展，产品更新换代的周期越来越短，产业结构的调整也日趋迅速，市场竞争异常激烈。企业只有适应经济形势以及市场行情的变化，才能继续生存发展下去。只有这样，银行的贷款才能如愿收回。

三、负债管理

20 世纪 60 年代以前，资产管理理论支配着商业银行的经营管理。在当时的情况下，非银行金融机构尚未形成气候，金融市场尚不发达，银行资金来源的渠道比较固定和狭窄,加之通货膨胀尚未成为普遍性的、长期性的问题,银行资金来源的数量比较稳定和充足。与此相适应的是资产管理的长期盛行。第二次世界大战以后,随着西方各国经济的稳定增长,金融体系迅速发展,形形色色的非银行金融机构茁壮成长,证券市场迅速成熟。银行的资金来源,无论在渠道上还是数量上,都遭到越来越大的竞争威胁。尤其至 20 世纪 60 年代,通货膨胀开始成为困扰各国经济的难题,普遍受到政府利率管制的商业银行,都深感吸收资金能力的衰弱。寻求资金、扩大负债,已成为当时银行界渴求的第一需要。传统的资产经营管理理论受到怀疑:银行能不能左右存款? 能不能以新的方式吸收存款来应付资金需要? 美国花旗银行率先发行了可转让大额定期存单,取得了显著效果,存款迅速回升。由此,诱发负债管理理论的兴起。

负债管理理论认为,银行可以主动管理负债,银行通过积极的竞争去争取活期存款、定期存款和储蓄存款以及向欧洲美元、联邦资金借款来影响资金来源。这种理论一改过去的方针,主动调整负债结构,强调借入资金来满足存款的提取和增加放款的需要,保持资金清偿能力和流动性,并获取最大利润。

负债管理理论的核心思想:负债不是既定的,而是可以由银行加以扩张的,银行是可以控制资金来源的。要求银行经营重点从资产方面转向负债方面,千方百计去扩大负债的能力。银行一线准备和二线准备仍是银行流动性的重要组成部分,但同时资金来源也是流动性的来源。

首先出现的是购买理论。在 20 世纪 60—70 年代,停滞和通货膨胀并存,购买理论兴起并得到银行界的普遍认同。购买理论认为,银行对于负债并非消极被动、无能为力,银行完全可以采取主动,主动地负债,主动地购买外界资金,变被动的存款观念为主动的借款观念,这是购买理论的精髓。购买理论的主要内容:银行购买资金的主要目的是增强流动性,而资金的供应者是十分广泛的,抬高资金价格是实现购买行为的主要手段;面对日益庞大的贷款需求,通过购买负债,摆脱存款数额对银行的限制。

购买理论的盛行代表了富于进取心和冒险精神的新一代银行家的崛起。购买理论被称为银行负债思想的创新、银行业的革命。然而,这种理论的效果也有两面性:一方面,商业银行更加积极主动地吸收资金,有助于信用扩张和经济增长,增强了商业银行的实力;另一方面,它又刺激商业银行片面扩大负债,盲目竞争,加重债务危机和通货膨胀。

到了 20 世纪 80 年代,出现了一种新的负债理论:销售理论。销售理论的主题是推销金融产品,它是在金融改革和金融创新风起云涌、金融竞争和金融危机日益加深的形势下产生的,它同以往的负债理论的显著不同之处在于,它不再单纯着眼于资金,而是立足于服务,创造形形色色的金融产品,为范围广泛的客户提供多样化的服务。银行是金融产品的制造企业,银行负债管理的中心任务是推销这些产品,从中既获得所需的资金,又获得应有的报酬。

销售理论的内容:客户至上,以客户的利益和需要作为银行的出发点和归宿。客户及其需要的多样性要求金融产品的多样性。银行要善于通过服务途径,利用其他商品和劳务的配合,来达到吸收资金的目的。要依靠信息的沟通来推销产品。要把资产、负债两方面联系起来考虑设计金融产品。总之,销售理论贯穿的是一种市场服务概念。

在负债管理理论的支配下,商业银行致力于开拓的主要负债渠道如下。

1. 发行可转让大额定期存单

这是银行存款业务的一大创新。存单保持了定期存款的稳定性,同时克服了其不能提前支取以及可能给存款人带来资金流动性困难的问题,使存款人在得到较高的利息收入的同时又可保持资金的流动性。存单可以转让,可以在市场上销售,这又使银行吸收存款从过去等客户上门变为主动上门推销,银行争取资金来源变被动为主动。由于存单的优越性而具有的吸引力,银行存款大幅度增长,存款结构也发生了变化,定期存款比例明显上升,增强了银行存款的稳定性。

2. 发行债券

利用发行各种金融债券向公众借款,为银行筹措资金,弥补流动性不足。

3. 扩大非存款性资金来源,即所谓"买进"资金

如向中央银行"贴现窗口"借款、向欧洲美元市场借款、扩大同业拆借规模。

4. 通过银行控股公司出售商业票据,从中获得资金供银行使用

控股公司可以在不允许银行本身采用的筹资方式下为银行筹集资金。

负债管理理论盛行的一二十年间,一方面商业银行的活力大大增加,充实了银行的资金来源,扩大了经营规模;另一方面银行业的竞争也大大加剧了,提高了银行吸收资金的成本,到 20 世纪 70 年代中,利率首次达到自大萧条以来的两位数,利率的波动也显著增加了,银行利差被压缩,银行盈利状况日益恶化。同时,更多的通货转化为存款,使货币乘数增大,加剧了通货膨胀,商业银行在资金运用上更冒险,风险因而增加。在金融创新和争夺存款的竞争中,大银行明显具有优势,而小银行处于劣势,这加剧了银行的倒闭与兼并。这种情况又导致银行经营管理理论逐渐出现新的转变。

四、资产负债联合管理

20 世纪 70 年代末,银行经营管理理论又一次出现了重大转变,资产负债联合管理理论产生了。该理论的基本思想是从资产和负债两方面综合考虑,对应地进行分析。根据银行经营环境的变化,协调各种不同的资产和负债在利率、期限、风险和流动性等方面的搭配,作出最优化的资产负债组合,以满足盈利性、安全性和流动性的要求。

资产负债联合管理的核心内容在于分析资产、负债两方面之间的"缺口",并围绕缺口探索解决途径。

1. 利率敏感性缺口

利率敏感性缺口指的是浮动利率资产与浮动利率负债之间的差额。可能出现图 3.2 中的三种情况。

浮动利率资产	浮动利率负债		浮动利率资产	浮动利率负债		浮动利率资产	浮动利率负债
固定利率资产	固定利率负债		固定利率资产	固定利率负债		固定利率资产	固定利率负债
零缺口或收支相抵			正缺口			负缺口	

图 3.2　利率敏感性缺口的三种情况

如果是零缺口或账面收支相抵,那么,计划内收益变动最小,浮动利率资产和浮动利率负债在同一时间内重订利率可以消除变动的市场利率对净收益的影响。也就是说,在一家银行应用账面收支相抵战略时,净利息收益在整个利率周期内是固定不变的。

在浮动利率资产金额大于浮动利率负债金额时,银行有正的资金缺口。这种策略的预期收益较零缺口高,但利率风险也较大。当市场利率上升时,由于按较高收益重新制定利率的浮动利率资产金额超过浮动利率负债金额,盈利能力将提高。利率下降则对净收益有相反的作用。

资金负缺口状况的预期收益和变动性也大于收支相抵状况,只是其净利息收益按市场利率水平的变动而反向变动。

2. 流动性缺口

与上文缺口分析的实质一样,只是这里分析的是流动性问题。具体内容在前文商业银行"三性"方针的"流动性"一节中已有阐述。

3. 期限匹配和利差

如果资产负债的期限是匹配的,则只要用到期资产来偿付到期负债,资产、负债之间的利差就是收益。如果期限不匹配(现实中多为这种情况),则银行必须预测利率的变化趋势,调整利率敏感性不同的资产负债的搭配。例如,预计利率上升时吸收固定利率负债投入浮动利率资产,就能增加将来的收益。另外,一定的长期利率和短期利率、固定利率和浮动利率的组合,能够对市场变化作出有利于保持或扩大利差的反应。

4. 金融衍生品交易

在利率频繁波动的时期,利用金融期货进行套期交易可以帮助银行对某一项资产或负债进行管理,但不能解决整个资产负债管理的问题。

当预计利率将下降时,银行可通过多头套期来抵消资产收益的下降。银行购入合约,进行多头套期,在利率下降时,合约价格会上涨。这样,银行出售这份合约所获得的收益就可以抵消资产收益的下降。

在预计利率将上涨时,银行可通过空头套期来抵消借入成本的增加。银行出售一份合约,比如 90 天的国库券,此后如果利率上涨,则合约价格下降,这时银行再以较低的价格买进,通过在期货市场的交易,银行获得的利润就可以抵消借款成本的上升。如果与预期的相反,利率下降了,那么银行在期货市场上的损失则可以通过借款成本的下降来弥补。这样,银行在很大程度上锁定了借款成本,并避免因利率上升或下降带来的风险。

同样,金融衍生品交易也可以消除汇率波动带来的风险。

总的来说,银行进行套期保值的一般做法是在期货市场上做一笔与现货市场金额相同但方向相反的交易,这样就可以锁定成本,减小损失,但也同时失去了获得更多利润的机会。

五、中间业务管理理论

时至今日,商业银行的主流管理思想仍是资产负债联合管理。20世纪80年代初,金融外部环境趋向于放松管制,银行业的竞争空前激烈,同时货币政策相对偏紧,通胀率下降,这些都抑制了银行利率的提高和银行经营规模的扩大,迫使商业银行寻找新的经营思路以摆脱困境。在这种情况下,兴起了资产负债表外业务管理理论,即中间业务管理理论。

这种理论思想认为,银行是生产金融产品、提供金融服务的机构,同时也从事提供信息服务的经营活动,因而一切同信息服务有关的领域,银行都应当介入,除了资产负债表内所反映的业务外,银行还应开展表外记录的业务,开拓银行业务新的经营领域。

表外业务是以表内业务为基础的业务延伸,其物质条件是银行所拥有的广泛的客户、庞大的分支机构网络、所掌握的社会经济活动信息、直接拥有或保持联系的专家队伍、先进的计算机系统等。

传统的中间性业务已有信托、保管、代理保险、汇兑结算、兑换等。新开拓的以信息处理为核心的表外业务日益显示其重要性,这些业务有投资咨询与信托(包括筹资和投资方面),为客户进行调查、谋划、定价、承购承销、项目可行性分析和评估等。其中,贸易调查与介绍,是为客户提供贸易对手的资信调查,为贸易双方牵线搭桥,提供市场环境,提供贸易融资信用担保等;消费引导与服务,主要为客户安排设计重大消费计划、提供财务透支和劳务服务。其他还有利用银行的计算机中心系统为客户提供电脑服务等等。

表外业务管理思想着力于新业务领域的开拓,甚至将原属表内的业务转为表外业务,例如商业性贷款转让,即银行在一笔贷款签约后,立即把贷款全部或部分地"出售"给第三者。这样,银行虽然要负责首笔贷款的资信调查、本息收付和监督最终债务人履行合同,但不需为这笔贷款提供全部或部分资金。银行可以从最终债务人所付给的较高利息和银行付给贷款买进者的相对较低的利息之间赚取一笔利差。总之,银行利用其借贷能力和信息优势来获取利润,这反映了银行经营的新动向。

第五节 商业银行的业务创新与发展方向

一、规避行政管理的创新

1. 引发创新的管理规定

(1) 法定准备金。在国外,中央银行对法定准备金是不予付息的,因而对商业银行的法定准备金的要求,实质上降低了银行的放贷和盈利能力。

(2) 存款利率上限。在美国,法律禁止对活期存款支票账户付息。对定期存款的利息支付,Q 项条例也规定了利率上限。这使得银行一方面难以吸引存款;另一方面,随市场利率的上升,利率上限使得存款失去投资优势,大大影响了银行资金来源。

2. 创新手段

(1) 欧洲美元。欧洲美元是指存于美国境外的当地银行或美国银行海外分支机构的美元存款。美国银行从美国境外借入欧洲美元,可以不用保留法定准备金,并且也不受 Q 项条例的限制。这样就在扩大银行负债的同时,提高了资金盈利能力。

(2) 银行商业票据。银行商业票据是指银行持股公司发行的商业票据。这样的资金来源不属于存款,所以和欧洲美元一样,既不用保留法定准备金,也不受 Q 项条例的限制。

(3) 可转让提款单(negotiable orders of withdraws account;NOW)。1970 年马萨诸塞州的一家互助储蓄银行发明了 NOW 账户,以规避对支票存款不能支付利息的管制。事实上,NOW 账户与支票账户唯一的区别仅仅在于,由此账户签发的付款命令叫作 NOW 而不是支票。这样,NOW 账户就可以不受关于支票账户不能支付利息的限制。银行对客户不仅可以提供支付上的便利,而且可以支付利息,从而大大吸引了客户,扩大了存款的来源。作为一种成功的金融产品创新,NOW 账户在地域上逐渐从马萨诸塞扩展到全美地区,开办机构也扩展到储贷协会和商业银行。

（4）自动转账服务(automated transfer service account；ATS)。银行开办这一业务，在客户的支票账户和 ATS 账户之间自动实行转账。支票账户内超过一定金额之上的余额将自动转入 ATS 账户，而客户签发支票要求支付时，所需要的资金也会自动从 ATS 账户转入支票账户进行结算。这种服务实际上是把支票账户分成两部分：一个最低金额的支票账户和一个称之为 ATS 的储蓄账户。由于 ATS 账户不是支票账户，从法律上来讲它可以支付利息，这样就规避了支票存款不能支付利息的管制。

（5）隔日回购安排。这是另一种形式的 ATS 服务。银行利用一种所谓"清理账户"的形式来从事隔日回购安排。当一家公司营业日终了时，其支票账户中超过一定金额以上的存款"全部清理出去"，投资于隔日回购协定，而隔日回购交易是向客户支付利息的。这样，尽管支票账户在法律上不能支付利息，但客户还是通过其支票账户的资金以隔日回购安排的方式获得了利息。

（6）货币市场互助基金(money market mutual funds；MMMF)。1971 年，华尔街的布鲁斯和亨利创设了第一家 MMMF。MMMF 发行一种股份，所获资金投资于货币市场，认购股份者可以分得利润，同时持股者还能对其股份签发支票。可见，事实上 MMMF 的股份就是有利息的支票账户。在法律上，这并非存款，利润也非利息，所以不受利率上限的限制。在 1971—1977 年，市场利率很低，只比 Q 项条款规定的 5.25%—5.5%的上限高一点，MMMF 没有显示出优越性。1978 年初，市场利率上升到超过 10%，情况迅速发生了变化。1977 年，MMMF 的资产只有不到 40 亿美元，1978 年增至接近 100 亿美元，1979 年超过 400 亿美元，1982 年则达到了 2 300 亿美元。

二、规避利率风险的创新

20 世纪后期，利率波动大大增强。以美国为例，50 年代，3 个月期的国库券利率在 1%—3.5%波动，到 70 年代，扩大到 4%—11.5%，而到了 80 年代，更是发展到超过 15%。短期利率的大幅上升给长期投资带来了资本损失和负的收益率，长期投资丧失了对投资者的吸引力，持有这类长期资产的金融机构陷入困境。同时，利率的剧烈波动使投资回报产生较大的不确定性，或者说较高的利率风险。

经济环境的这种变化产生了对能降低利率风险的金融产品和服务的

需求,刺激了适应这种需求的创新。在 20 世纪 70 年代,出现了三个典型的例子。

1. 浮动利率工具

浮动利率工具也称可变利率工具,指存贷款的利率不是固定的,而会随着市场利率的变动不断调整。具体可以是钉住某种有代表性的短期利率,如美国的短期国库券利率。由于未来利率的变动具有不确定性,浮动利率工具对资金的供应方和需求方都能起到降低利率风险的作用,因此受到了广泛的欢迎。然而,浮动利率工具同时也消除了因为未来利率朝向有利于自己的方向变动而获得意外收益的可能,或者说,可能因为未来利率朝向本来有利于自己的方向变动而产生的机会成本。例如,客户进行浮动利率贷款,如果未来利率下降,那么和固定利率贷款相比,可以支付较少的利息;而如果未来利率上升,就要支付更多的利息。反之,对金融机构而言,浮动利率放款在未来利率上升时是对自己有利的,在未来利率下降时是对自己不利的。因此,传统的固定利率的金融工具也仍然受到欢迎。

2. 远期和期货交易

远期交易是指交易双方协议在未来某一特定时刻以既定的协议数量和价格买卖某种商品。期货则是标准化的远期合约,其标的有统一的市场标准。作为规避价格波动带来风险的手段,商品期货市场已经存在很久了,然而直到 1975 年才出现以特定类型的金融工具为标准化商品的期货合约。

投资者可以通过套期保值来化解利率风险。在此以一个实例简单加以说明。假定某一项金融期货合约规定,在 6 个月后向购买者交割 100 万元的 3 个月期的存单,利率定为 10%,即 6 个月后买方必须以 100 万元买入此存单,并且规定存单利率为 10%,期限为 3 个月。

假设某基金确定在 6 个月之后会有一笔 100 万元的现金流入,为了保证这笔现金在 6 个月后能有 10% 的收益率,基金管理者可以买入上述金融期货合约。这样,6 个月后,基金必须交割合约,以 100 万元买入利率为 10% 的 3 个月期存单。无论 6 个月后市场存款利率如何下降,该基金都能保证这 100 万元的收益率为 10%。

同样,某个金融机构向某个客户承诺在 6 个月后发放一笔 100 万元、利率为 10.5% 的贷款。如果 6 个月后市场存款利率上升至 11%,那么此金融机构将在此贷款上蒙受损失,因为这100万元贷款的成本是11%而收益只有10.5%。为了规避利率风险,该金融机构可以出售上述的金融期货合约,这样在6个月后就可以固定以10%的利率获得100万元的资金。

由此可见,金融期货合约的买方和卖方都能够通过套期来锁定未来的成本或者收益,规避利率风险。当20世纪70年代利率波动频繁、利率风险增大时,这种套期规避风险的交易就显得特别有价值。1975年,经营商品期货交易的芝加哥商会开办了"政府全国抵押贷款协会证券"的期货市场。之后,各种不同标的的金融期货交易纷纷开展起来,规模也不断增大。

3. 金融期权

在上例中,如果6个月后市场利率上升,将给合约的买方带来机会成本;若利率下降,将给卖方带来机会成本。所以,金融期货合约在规避风险损失的同时,也排除了获得意外收益的可能。这又带来了金融期权市场的产生。

期权的交易原理与期货的区别在于:期权合约到期时,交易的一方可以选择履行或是不履行合约。这样,有选择权的一方就能根据当时市场的实际状况选择是否履约。有选择权的一方必须事先向对方支付一定的费用。事实上,期权类似于保险业务,享有选择权的一方支付保费,以保证自己的利益不会受到损失。

三、技术创新

技术创新是指近半个世纪来随计算机和通讯技术的迅速发展而引发的金融创新。银行信用卡就是一个最好的例子。

信用卡的历史可以追溯到二战前的美国。当时许多商店向消费者提供信用卡,顾客凭此购物无须使用现金支付价款。二战后,大莱俱乐部在它属下的饭店开办信用卡业务,成为最早的全国性的信用卡。美国捷运公司和全权委托公司也开始推行类似业务。然而,当时信用卡的经营成本甚高,发行对象仅限于经过选择的、能负担起昂贵价格的客户。发卡企业的收入一方面来自持卡者透支(实际相当于贷款)所付的利息,另一方面来源于在使用信用卡购物或消费时,商店按客户购物或消费的金额向发卡方支付的一定百分比的金额。成本则包括处理信用卡交易的费用、客户贷款违约以及信用卡被盗带来的开支。

银行家们很快看到了信用卡业务广阔的发展前景,纷纷试图进入这个行业。在 20 世纪 50 年代,一些商业银行尝试把信用卡与银行业务结合,推广到更大的市场中去,但是由于交易成本太高,这些尝试都归于失败。

到 20 世纪 60 年代后期,计算机技术得到了迅速的发展,这使得信用卡服务的交易成本大大降低,银行业再次尝试参与这一行业。这一次,两种银行卡计划获得了成功,分别是美洲银行信用卡(最初由美洲银行创办,现在则由 VISA 经营)和万事达卡(MASTER CARD,由同业银行卡协会办理)。银行卡业务随后得到了较快的发展。丰厚的利润使许多非金融机构也参与进来,如通用汽车公司、国际电话电报公司等。消费者也由此得到了利益,因为信用卡使消费者能够比较容易地得到贷款,并且知名的信用卡(如 VISA 卡和 MASTER 卡)成为在外地,乃至全球各地的方便的支付手段。

四、电子时代的银行

近半个世纪来,电子技术突飞猛进地发展,对全球银行业,进而对人们的生活方式产生了极其深刻而深远的影响。以计算机和数据通信为核心的电子技术不断渗透、融合于银行的各个业务领域和业务过程。电子技术已成为现代银行业变革和创新的最重要的基础和推动力,现代银行业已进入了一个电子时代。

最初,计算机仅用于银行系统记录和编制报表,到目前,工业发达国家几乎所有银行都采用计算机处理业务和进行管理。规模大、实力雄厚的银行往往都建立自己规模庞大的计算机中心,配有专职的技术人员,自行开发银行应用软件。在这些银行里往往集中了世界上最先进的软硬件资源。

发达国家商业银行目前主要呈现了三个层面的信息化。一是银行内部,包括银行内部电算化业务处理以及银行管理信息系统网络。这不仅大大提高了银行的工作效率,而且也大大提高了银行管理决策的科学水平。二是银行之间统一的、标准化的资金清算体系(如 SWIFT)使资金清算快速、安全,并能降低交易成本。三是银行与客户之间,银行通过各类终端向客户提供便利的自动客户服务,并构成系统网络。

展望未来电子时代和网络时代,银行信息化将继续得到更大的发展。Internet 的普及将使银行转向全方位的电子化服务和开放式的经营模式,网络、电子技术的发展将完善智能卡技术,使银行服务走向真正的无纸化。原本作为开展银行经营业务的最主要的方式——设立营业网点,将逐步退为次要的服务方式,取而代之的将是能够直接进行银行服务的自助银行、网络银行。未来的银行将能够在任何时间、任何地点以电子化、信息化的方式为顾客服务。可以说,商业银行的竞争力将越来越多地取决于银行业务与信息技术的结合。

在世界各大银行纷纷走上国际互联网,发展网络银行业务的时候,我国各银行近年来也已经开始网络银行的发展尝试。1996 年 2 月,中国银行首先在 Internet 上建立主页,发布信息。1998 年 3 月 6 日 5 时 30 分,中国银行网上银行服务系统成功办理了中国大陆第一笔网上电子交易,从而拉开了中国大陆网上银行业的序幕。

然而,就我国的实际情况而言,网络银行的发展还面临着一些困难,包括网络普及程度低、缺乏信用消费的习惯、缺少建设网络银行的经验以及缺乏关于银行网上服务和在线支付的必要法律规范。在总的趋势上,网络银行服务必将得到更大更快的发展,为我国银行在新技术的基础上迅速缩短同国际先进的银行服务水平的差距提供发展契机和物质条件。

第六节　商业银行的危机与监管

一、信息不对称: 逆向选择和道德风险

1. 信息不对称

所谓信息不对称是指交易的一方对交易的另一方不充分了解,这种信息的不平等称为不对称,由此将影响到交易双方的准确决策,这是金融市场上的一个重要现象。例如,对于贷款项目的潜在收益和风险,借款者通常比贷款者了解得更多一些;又如,公司经理自知是否诚实,他们比股东们更了解公司的经营状况,等等。信息不对称的存在所造成的问题可能发生在两个阶段:交易之前和交易之后。在交易之前,称为逆向选择;在交易之后,称为道德风险。

2. 逆向选择

逆向选择是交易之前发生的信息不对称问题。潜在的不良贷款风险来自那些积极寻找贷款的人。因此,最有可能导致与期望相违的结果的人们往往就是最希望从事这笔交易的人们。例如,大的冒险者或纯粹的骗子最急切地要得到贷款,因为他们知道自己极可能不偿还贷款。由于逆向选择使得贷款成为不良贷款的可能性增大,即便市场上有风险较低的贷款机会,放款者也会决定不发放任何贷款。

由逆向选择产生所谓的"次品车问题"。在二手车市场上,买主常常不能估计车的质量,因而,买主所付的价格必定是市场上全部二手车的平均质量对应的价格。二手车的主人了解他的车,如果是次车,车主自然很乐意按买主愿意付的价格卖掉;然而,如果车是好车,车主就不愿意售出。这种逆向选择的结果是使得市场上很少出现运行良好的二手车,而次品车又没有人愿意购买,该市场的成交量会很小,二手车市场的运作就会很差。

在证券市场中也同样会出现"次品车问题"。普通投资者不能识别有较高预期收益和低风险的优良公司和有较低预期收益和高风险的不良公司。这时,投资者只愿意支付反映发行证券的公司的平均质量的价格。结果,优良公司就不愿意按照此出价卖出证券。愿意出售证券的只有那些不良公司。投资者考虑到这一点,就会决定不在市场上购买证券,证券市场就不会运行得很好。这个后果类似于二手车市场。

对于公司的债务工具,其分析也类似。债券的利息率和公司的信誉(即违约风险)有关。由于信息不全,投资者的出价必然居于中间水平。结果优良公司必须支付的利息率比应该支付的高,因而他们就不愿意在市场上借款。只有不良公司才愿意借款。投资者考虑到这一点,他们将不买任何债券。

综上所述,逆向选择的次品车问题降低了证券市场沟通储蓄者和借贷者之间在资金流动方面的有效性。对此,可能的解决办法有以下三种。

(1) 信息披露。理想化的信息披露将解决信息不对称问题。然而,一方面完全的信息披露是不可能的,另一方面信息披露存在搭便车问题。一个投资者购买了信息,由此得以购买那些价值被低估了的证券来弥补购买信息的成本,然而其他投资者可以跟着购买。这样,价值低估的证券的价格立即就会被推高到反映真实价值的高价位上去。结果,不能从购买信息中获得超额利润。这样,没有人愿意购买信息,市场中生产出的信息会越来越少。搭便车阻碍了信息的生产。

(2)抵押。只有当借款者不能归还贷款,导致贷款者蒙受损失时,逆向选择才会阻碍金融市场的正常运作。抵押品弱化了逆向选择的不利后果。例如,如果你不能支付你的住房抵押贷款,贷款者可以拿你的房产所有权去拍卖,用拍卖所得款项偿还贷款。于是,贷款者更愿意发放有抵押品担保的贷款,而借入者也乐意提供抵押品。

(3)金融中介。在信息不对称的情况下,金融中介可以促使资金流向需求方。金融中介机构(比如银行)是生产公司信息的专家,从而能分辨信贷风险的高低。然后,它们能够从存款者那里获得资金,再将资金贷放给好的公司。由于银行贷款的大部分是发放给好公司的,它们就能够从贷款上获得比支付给存款者更高的利息。结果,银行获得盈利,这使它们能够从事此类生产信息的活动。

银行之所以具有从信息生产中获利的能力,一个重要的原因在于,它们主要发放私人贷款,而不是购买在公开市场上交易的证券,这避免了搭便车问题。由于私人贷款是不交易的,其他的投资者便看不到银行在做什么,就不能把贷款的价格拉到银行难以补偿其生产信息的费用的高点上。银行作为中介机构,持有大量非交易的贷款,这是它们得以成功地在金融市场上克服信息不对称问题的关键。

3. 道德风险

道德风险是在交易发生之后出现的。放款者发放贷款之后,将面对借款者从事那些从放款者观点来看并不期望进行的活动,因为这些活动可能使贷款难以归还。例如,借款者获得了一笔贷款,由于使用的是别人的钱,他们可能会愿意冒比较大的风险(其收益可能很高,但亏损的可能性也很大)。由于道德风险降低了贷款归还的可能性,放款者宁可作出不贷款的决定。

道德风险产生所谓"业主—代理人问题"。股权合约,如普通股,是分享公司盈利和资产的要求权。股权合约易受到被称为"业主—代理人问题"的道德风险的影响。拥有大部分公司股权的股东(称为业主)是与公司的管理者(作为业主的代理人)相分离的。这种所有权和控制权的分离所涉及的道德风险在于,掌握控制权的经理们(代理人)可能会按照他们自己的利益而不是股东(业主)的利益来行事,因为经理们利润最大化的动力没有股东们那么大。经理们为自己建造豪华办公室,或者驾驶价格昂贵的公司车,都是"业主—代理人问题"的具体体现。除了追求个人利益,经理们还追求能扩大其个人权力但并不增加公司盈利能力的公司战略,如购买其他公司等。

如果公司的所有者能完全知晓经理们的所作所为,"业主—代理人问题"就不会产生。只是因为经理们对于其经营活动拥有比股东们更多的信息,即存在信息不对称,才会发生"业主—代理人问题"。这并不仅限于股权合约,资金的需求方与资金的供应方只要存在信息不对称,就会存在道德风险。解决"业主—代理人问题"有三种方法。

（1）监管。监管实际上是一种信息生产。对股东来说,防备这种道德风险的办法之一,就是进行一种特殊类型的信息生产来监督公司的活动:经常对公司进行审计,并检查经理在做什么。问题是,监管过程要花费大量的时间和金钱。并且,与逆向选择一样,由于存在搭便车问题,能够减少道德风险(业主—代理人问题)的信息生产量减少了。在本例中,搭便车问题也弱化了监督。如果你知道其他的股东正在花钱监管你持有其股票的公司的活动,你就能搭这些股东的便车。你能这样做,其他的股东也同样能如此。结果没有人花费资源去对公司进行监管。

（2）债务合约。与股权合约相比,债务合约只要求借款人必须定期向贷款者支付固定的金额。当公司有较高利润时,贷款者收到契约性偿付款而不需要确切知道公司的利润。只要经理的活动并不影响公司按时偿付债务的能力,贷款者就不会介意。只有当公司不能偿付债务,处于违约状态时,才需要贷款者来审计公司的盈利状况。所以,债务合约的信息监管成本要低得多。

（3）金融中介。金融中介机构有能力避免道德风险中的搭便车问题。有一类叫作风险资本公司的金融中介机构,它将其合伙人的资金聚合起来,并运用这些资金帮助新生的企业启动它们的事业。公司将风险资本投放到新企业中,得到的是新企业的股份。由于鉴定收入和利润对于抵御道德风险极其重要,风险资本公司通常坚持委派若干自己的代表人进入这个公司的管理机构,成为董事会的成员,以便确切地把握公司的活动。当风险资本公司向企业提供了启动资金,企业的股份就不能卖给其他任何人,而只能卖给风险资本公司。这样,其他的投资者就不能"搭"风险资本公司鉴定活动的"便车"。这种安排的结果,是使风险资本公司获得了其鉴定活动的全部收益,从而有了适当的动力来弱化道德风险问题。

二、信息不对称增大贷款风险及其解决办法

1. 信息不对称增大贷款的信用风险

为了赚取高利润,或者说至少为了维持银行经营的安全性,银行必须发放能够全额偿还的成功的贷款(即信贷风险很小)。然而,信息不对称将增加银行贷款的信用风险。

在前面介绍信息不对称的相关概念的时候,我们已经了解到信息不对称通过逆向选择和道德风险将影响贷款的发放。一方面,在信贷市场上之所以发生逆向选择问题,是因为高信贷风险者(那些最有可能在贷款上违约的人们)常常就是那些排着队申请贷款的人。换言之,那些最有可能造成"逆向"结果的人,常常就是那些被"选中"得到贷款的人。如果项目成功,那些有着巨大风险的投资项目的借款人将大有好处,因而这些人最急于得到贷款。然而,由于他们有极大可能难以偿还贷款,他们显然是最不合适的借款人。另一方面,贷款市场上之所以存在道德风险,是因为借款人可能有积极性去从事那些被贷款人认为不合意的活动。在这种情况下,贷款人将更可能遇到违约的"风险"。一旦借款人得到贷款,他们更可能进行高风险的投资,即进行那些一旦成功,将给借款人带来很高收益的投资。然而,高风险使得他们更有可能偿还不了贷款。

但是,银行不能因此不发放贷款,因为贷款是银行主要的盈利来源。银行必须解决那些可能导致贷款违约的逆向选择和道德风险问题。银行解决这些问题的尝试,有助于解释它们管理信贷风险的一系列原则,如信用审核、贷款专业化、限制性条款、与客户建立长期联系、贷款承诺、抵押物、补偿余额要求等。

2. 银行解决信息不对称问题的方法

(1)信用审核。这是一种银行生产自己所需要的信息的活动。贷款市场上存在着逆向选择问题,要求银行将风险小的借款申请人从风险大的借款申请人中筛选出来,从而使银行放款有利可图。为了进行有效的筛选,银行必须从每一位借款人那里收集到可靠的信息。有效地筛选和收集信息构成信用风险管理的一项重要原则。

当银行进行消费者贷款时(如汽车贷款或购房抵押贷款),首先将调

查申请者的信用状况：工薪、银行账户、其他资产(如汽车、保险单和家具)、未清偿贷款、贷款记录、信用卡、应付账单、工作年限以及雇主、年龄、婚姻状况、子女数等。银行运用这些信息算出"信用点"。在此基础之上，银行再进行判断，决定是否发放这笔贷款。

当银行进行工商贷款时，其筛选和收集信息的过程大致与上面相同：收集有关企业损益(收入)以及资产和负债的信息，估量该企业至少在还款期限内成功的可能性。因此，除了收集诸如销售之类的信息之外，银行还会询问诸如企业未来的计划、如何使用贷款以及行业竞争之类的情况，甚至会实地访问公司，以掌握第一手材料。

(2)贷款专业化。贷款专业化指的是一些银行常常专门对当地企业，或者是某一特定的行业发放贷款。从某一个角度来说，这种行为是不合理的，因为这意味着银行没有把它们的贷款组合分散化，从而使自己面临更多的风险。然而，从另一个角度来看，这种专业化又是非常有道理的。由于存在着逆向选择问题，银行分辨风险高低就是必要的。对于银行来说，收集当地企业的信息并确定它们的信用度，较之对一家遥远的企业做同样的事，要容易得多。同样，将自己的贷款集中于特定的行业，银行对这些企业会拥有更多的知识，从而更容易判断哪些企业具有按时偿还贷款的能力。

(3)限制性条款。当贷款发放后，借款者就有从事那些可能会使贷款难以偿还的风险活动的动力。为了减少这种道德风险，银行必须坚持风险管理的原则，在贷款合约中写入限制借款者从事风险活动的条款(限制性契约)，并对借款者从事的活动进行监控，审视借款者是否遵守限制性契约，一旦它们不执行则强制它们执行。这样，银行就能保证借款者不从事那些从银行角度来看有损于银行利益的风险活动。

(4)与客户的长期联系。银行得到有关借款人信息的另一条途径就是同客户们建立长期联系，这是信用风险管理的另一个重要原则。

与客户的长期联系，减少了收集信息的成本，因此，监控长期客户的成本比监控新客户的成本低得多。同时，长期联系也能使客户受惠。一家与银行保持长期联系的企业一般能以较低的利率取得贷款，因为银行的信息监控成本很低。对于银行来说，长期的客户联系还有另一项好处。限制性契约不可能设想到所有可能的风险活动。然而，如果某个借款者想同一家银行保持长期联系，以便其在未来较容易地以低利率取得借款，他将主动地规避风险活动。这样,与客户的长期联系,甚至可以使银行防范那些未预见到的道德风险。

(5) 贷款承诺。银行可以通过向商业客户提供贷款承诺来创造长期联系和收集信息。所谓贷款承诺,就是银行同意在未来某一时期里以某种与市场利率相关联的利率向企业提供某一限额之内的贷款的承诺。大部分工商业贷款都是在贷款承诺安排下发放的。这样做对企业的好处,就是当它需要贷款时便能得到。对银行的好处则在于,贷款承诺开创了一种长期联系,便利了它的信息收集工作。此外,提供贷款承诺,要求企业连续不断地提供其收入、资产和负债状况、经营活动等等的信息,因此,贷款承诺安排是一种减少银行收集信息成本的有力手段。

(6) 抵押和补偿性余额。对于贷款来说,抵押要求是信用风险管理的重要工具,因为抵押物弱化了逆向选择的后果。银行在发放工商业贷款时所要求的一种特殊的抵押叫作补偿余额。在这种安排下,取得贷款的企业必须在其银行支票存款账户上保留某一最低规模的资金。例如,一家得到 1 000 万元贷款的企业可能被要求在其银行支票账户上至少保留 100 万元的补偿余额。一旦企业违约,银行可用这 100 万元补偿余额来弥补部分贷款损失。

除了发挥抵押功能之外,补偿余额还将提高贷款偿还的可能性,因为它有助于银行进行监控,从而使道德风险降至最小。特别是,要求借款者使用其在该发放贷款的银行的支票账户,这家银行就可以观察企业的支付活动,由此可以得到大量有关借款者财务状况的信息。例如,借款者支票账户余额的持续减少,可能说明它在财务上遇到了麻烦:其账户发生的变化可能说明借款者正在从事高风险活动;或者,供应商的变化意味着借款者正在从事一项新的经营活动。对银行来说,借款者支付过程的任何重要变化都提供了一个信号,促使银行去进行调查。所以,补偿余额安排使得银行能更容易地对借款者进行有效监控,因而它是信用风险管理的重要工具。

三、信息不对称带来的银行业监管新问题

信息不对称不仅会带来如前文所述的贷款信用风险,给商业银行的经营活动制造不稳定因素。就商业银行本身而言,也存在道德风险问题,即使用储户的资金去投向高风险的项目。由于商业银行与一般工商企业

不同,它主要通过负债经营,并且依靠相对稳定的负债沉淀来开展资产业务,因此,一旦商业银行从事风险投资并引发公众的信心下降,那就可能造成挤兑和银行倒闭,并且这种效应是连锁的。对于整个银行体系来说,如何对商业银行进行有效的监管,防止信息不对称、逆向选择和道德风险就显得十分重要。

1. 银行监管的普遍的四种方式

第一,存款保险。对于银行存款者而言,信息不对称是一个基本的问题,他们难以确定银行资产的质量。一旦银行倒闭,存款者将蒙受损失。这种信息不对称可能导致银行恐慌。例如,某家银行由于资产经营不善导致大量亏损,资不抵债,面临倒闭;存款者为了收回自己的资金,会争相要求提款。由于信息不对称,所有的存款者(或至少大部分的存款者)无法辨别哪一家银行的经营出了问题,于是经营良好的银行也可能面临挤兑,导致破产。

存款保险就是解决公众信心问题的手段。政府担保无论发生什么事情,存款者的资金都能够得到全额偿付。这样,存款者即使对银行的运营有所疑问,也不用赶着提款。因此,存款保险有效地抑制了银行挤兑现象和由此诱发的银行恐慌。

但是,存款保险在事实上加剧了道德风险。由于保险的存在,增加了对冒险的刺激,就像买了汽车保险的司机会更鲁莽地驾驶一样。由于存款者不会针对银行的经营状况,通过提款的方式给银行施加压力,结果银行反而不受约束,会冒更大的风险。并且,存款保险带来了逆向选择问题,即最想利用存款保险优点的银行正是那些最想进行风险活动的银行。

存款保险还产生了所谓"太大而不能倒闭"的政策。由于大银行的倒闭对于整个金融体系而言破坏力太大,监管当局自然不希望大银行倒闭,这直接导致了大银行道德风险动机的增加。大银行从事高风险业务的可能性更大了,从而倒闭的可能性也加大了。并且,这对于中小银行而言也是不公平的。

第二,资产和资本的限制。即使在没有存款保险的情况下,银行仍有进行风险活动的动机。高风险资产如果盈利就会给银行带来更大的收益,而如果风险资产出问题,损失最大的则是储户。由于信息不对称的存在,大多数存款者无法对银行的资产业务进行约束,因此加强政府监督、降低银行经营风险则是很有必要的。

对资产的限制包括限制银行持有风险资产,如股票;鼓励银行资产的多样化,像对银行各类贷款以及对单个借款者的贷款数量限制。对资本的要求包括对资本资产比率的最低要求;以及按照不同的风险权数综合计算的资本要求。像巴塞尔协议就是这样的规定。

第三,注册、审查。开办银行的营业执照的注册申请是对付逆向选择的一种方法。监管机构通过详细的调查评价,确定要成立的银行是否健全,这样可以防止以投机活动为目的来设立银行。

一旦银行被批准设立之后,监管机构还将对其进行经常性的检查,以监督银行是否符合资本要求和资产持有的规定,是否抑制道德风险。常用的银行评价方法中,有一种称之为 CAMEL 评级方法。CAMEL 指的是资本的充足率(capital)、资产质量(assets)、管理状况(management)、收益(earnings)和流动性(liquidity)。它可以比较全面地反映银行状况。

第四,分业经营。由于投资银行业务是有内在风险的,所以商业银行经营这类业务可能会增大产生道德风险的可能性。因此,许多国家禁止商业银行从事证券、保险等被认为是有风险的非银行业务。

2. 新问题及银行监管的变化

随着时间的推移,经济大环境不断发生变化,银行经营管理策略不断改变以适应外界条件包括监管;同时,对银行的监管也在相应地发生着改变。

我们以美国为例来看看两者是如何相互适应的。

第一,金融创新对监管的影响。1933 年大危机之后,监管当局对存款利率规定了上限,以避免金融机构哄抬利率以争夺存款,简称 Q 项条例。到了 20 世纪 60 年代中期,当市场利率开始上升并超过 Q 项条例规定的利率上限时,资金开始从存款机构流出。对此,美联储一方面调整了 Q 项条例的利率上限,另一方面抑制与存款竞争的金融工具的发展,例如说服财政部把国库券的最低面额提高到 10 000 美元、鼓励公司组织不发行小面额债券,以迫使小储户把资金存入存款机构。然而,这是一种对低收入者的歧视行为。

尽管这些措施短期内为抵押贷款发放机构保证了低成本的资金来源,但金融创新很快绕过了这些规定。到 20 世纪 70 年代后期,MMMF 和隔日回购的创立及成功,使抵押贷款机构丧失了大量的存款来源。一种临时性的解决办法是让它们发放支付市场利率的货币市场存单

（MMCs），但利率的不断上升仍使它们陷入困境。

　　在这一情况下，美国通过了《1980 年存款机构放松管制和货币控制法》（DIDMCA）。它的主要内容包括放宽储蓄机构的业务范围，允许开展 NOW 和 ATS 业务，分阶段取消 Q 项条例，对存款机构实行统一的储备要求，取消存款利率上限等。DIDMCA 的一个重要意图就是给予抵押贷款机构更多的自由，使它们能有效参与竞争。

　　DIDMCA 直接导致了 NOW 和 ATS 账户的迅速扩展，但由于 Q 项条例是逐步取消的，而市场利率在 1981—1982 年上升到一个新的高度，导致 MMMF 继续迅速上升而许多储蓄机构倒闭。对此，1982 年又通过了《存款机构法》（又称《高恩·圣杰曼法》），批准存款机构经营货币市场存款账户（MMDAs），它不受 Q 项条例及储备要求的限制，使得存款机构能够有效地与 MMMF 竞争。这一法案还放宽对储蓄机构经营商业信贷和消费信贷业务的限制，使得储蓄信贷机构处于同商业银行更平等的地位。

　　第二，储蓄贷款业的危机与监管。20 世纪 80 年代，银行业出现了前所未有的危机，大量商业银行和储蓄贷款协会倒闭。造成这一结果的原因是多方面的。

　　首先，是经济方面的原因。归根结底，银行业的危机源于其道德风险。不断扩大的道德风险动机源于三个因素：金融创新、存款保险和放松管制。金融创新一方面降低了商业银行传统业务的盈利性，迫使商业银行寻找新的风险业务来提高盈利水平；另一方面金融创新推出了新的风险更大的金融工具，导致银行更容易冒过度的风险。存款保险的反作用前文已有说明。上面的两个立法的目的是放松对储蓄机构的管制，挽救储蓄机构，但同时也为它们从事高风险经营开辟了更多的途径。同时，道德风险还受到经济大环境的影响。在 20 世纪 80 年代初期，联储抑制通胀的措施带来市场利率急剧上升，同时经济出现衰退。

　　其次，是监管方面的原因。当上述经济因素导致储蓄信贷业危机时，其监管部门本应关闭那些无力偿付的机构。然而，监管当局反而降低了对它们的要求，采取了一种"宽容"的政策。原因可以解释为三点：监管部门没有足够的资金；监管部门与它们有密切的联系；监管当局想掩饰问题。监管的宽容无疑增大了道德风险：一方面面临破产的机构（被称为"活死人"）已经没有什么可以损失的了，它们将经营更大风险的业务，类似于赌徒的心理,而这样只能是损失越来越大;另一方面"活死人"会提高利率、吸收资金以维持经营,这样将迫使经营健康的储贷机构也提高资金利率。结果,原本健康的机构要么因为资金成本的上升而盈利下降,要么不得不寻找高收益(同时必然也是高风险)的业务以提高盈利——结果也被推入"活死人"行列。

再次,从政府体制分析。由于纳税人和政府官员是分离的,这就产生了前文所说的"业主—代理人问题"。监管者和政府官员都是纳税人(业主)的代理人,因为金融体系的损失最终都会由纳税人承担。从纳税人的利益出发,监管人应该严格地限制机构持有过度风险的资产,实行充足的资本要求,不能对经营不善的机构采取宽容态度。然而,由于"业主—代理人问题",监管人的行为恰好与之相反。这一方面是因为监管者希望逃避监管不善的指责;另一方面也是由于对保住监管者职位最有影响的人(即政客)会设法让监管者放松对金融机构的严格管制,因为这些机构多是政治活动(例如竞选)的实力雄厚的赞助者。

以上种种因素造成了银行业的危机。针对这一情况,美国政府提出了新的立法,以改革银行监管状况。

(1)《1989年金融机构改革、恢复和加强法》,主要内容包括:提供资金以解决储贷协会倒闭的问题;取消联邦储贷保险公司;成立了清偿托管公司来清理资不抵债的储蓄机构;成立专门的机构来监督储蓄机构;对储贷机构的业务活动重新加以限制。这一法案对银行业危机中的某些问题采取了多种补救的办法,但它并没有涉及存款保险所带来的逆向选择和道德风险问题。

(2)《1991年联邦存款保险公司改善法》,主要内容包括:为联邦存款保险公司补充资本金;限制"太大而不能倒闭"的政策;对处于困境中的银行,设定迅速采取纠正行为的条款;指示联邦存款保险公司建立以风险为依据的保险费率;加强对银行的检查、资本要求和报告制度。通过对存款保险和监管制度的改革,有助于降低逆向选择和道德风险问题,有助于实现纳税人损失最小化的目标。然而,一些批评家仍然认为该法案还不够完善,银行监管制度还需要进一步的改革。

四、巴塞尔资本协议

《巴塞尔资本协议》是世界各国银行监管中普遍采用的准则。从

1988 年的《巴塞尔资本协议》、2005 年的《新巴塞尔资本协议》到 2010 年的《巴塞尔资本协议Ⅲ》,《协议》始终代表着最先进的风险管理技术和监管理念与实践。

1. 协议的发展历史

《巴塞尔资本协议》的出台源于前联邦德国赫尔斯塔银行(Herstatt Bank)和美国富兰克林国民银行(Franklin National Bank)这两家著名国际性银行的倒闭。这使得监管机构在惊愕之余开始全面审视拥有广泛国际业务的银行监管问题。

1975 年 9 月,第一个《巴塞尔资本协议》出台。这个协议极为简单,核心内容就是针对国际性银行监管主体缺位的现实。1983 年 5 月,修改后的《巴塞尔资本协议》推出,对前一个协议进行了具体化和细化。

《巴塞尔资本协议》的实质性进步体现在 1988 年 7 月通过的《关于统一国际银行的资本计算和资本标准的协议》(即通常意义上的《巴塞尔资本协议》)。该协议主要有四部分内容:(1) 资本的分类;(2) 风险权重的计算标准;(3) 1992 年资本与资产的标准比例和过渡期的实施安排;(4) 各国监管当局自由决定的范围。前两部分是协议的重点,体现了其核心思想。

首先,是资本的分类,也就是将银行的资本划分两级:一级为核心资本,包括银行股权资本;二级资本为附属资本,包括贷款损失准备金和次级债务(指在支付了存款人和债券持有人之后才支付的债务)等。其次,是风险权重的计算标准。报告根据资产类别、性质以及债务主体的不同,将银行资产负债表的表内和表外项目划分为 0%、20%、50% 和 100% 四个风险档次。风险权重划分的目的是为衡量资本标准服务。有了风险权重,报告所确定的资本对风险资产 8%(其中核心资本对风险资产的比重不低于 4%)的标准目标比率才具有了实实在在的意义。可见,《巴塞尔资本协议》的核心内容是资本的分类。也正因为如此,许多人直接就将《巴塞尔资本协议》称为资本充足率协议。

随着金融业的迅速变革,1988 年制定的《巴塞尔资本协议》已经难以解决银行实践中出现的许多新问题。因此,巴塞尔委员会对报告进行了长时期、大面积的修改与补充,如:重新详细定义了可计入银行资本用以计算资本充足率的普通准备金与坏账准备金,以确保用于弥补未来不确定损失的准备金计入附属资本,而将那些用于弥补已确认损失的准备金排除在外；改变《巴塞尔资本协议》中对所有经合组织成员国均确定零主权风险权重这一极其简单化的衡量方法，于 1994 年 6 月重新规定对 OECD 成员国资产的风险权重，并调低了墨西哥、土耳其、韩国等国家的信用等级；提升对市场风险的认识。在 1995 年 4 月对银行某些表外业务的风险权重进行了调整，并在 1996 年 1 月推出《资本协议关于市场风险的补充规定》。这一规定改变了《巴塞尔资本协议》中将表外业务比照表内资产确定风险权重并相应计提资本金的简单做法，提出了两种计量风险的办法：标准计量法和内部模型计量法。

1997 年 7 月爆发的东南亚金融风暴引发了巴塞尔委员会对金融风险的全面而深入的思考。1997 年 9 月推出的《有效银行监管的核心原则》表明巴塞尔委员会已经确立了全面风险管理的理念，它为此后《巴塞尔资本协议》的完善提供了一个具有实质性意义的监管框架，为新协议的全面深化留下了宽广的空间。

巴塞尔委员会彻底修改资本协议的工作是从 1998 年开始的，前后经过了长达 6 年时间的讨论、征求意见和定量影响分析。2004 年 6 月 26 日巴塞尔银行监管委员会发布了《新资本协议》，并于 2006 年底在十国集团国家开始实施。25 个欧盟成员国、澳大利亚、新加坡和中国香港等发达国家和地区也表示将利用《新资本协议》对商业银行进行资本监管，部分发展中国家如南非、印度、俄罗斯等也采取积极措施以实施《新资本协议》。《新资本协议》在全球主要金融市场的实施已成定局。

2.《新巴塞尔资本协议》的主要内容

《新巴塞尔资本协议》适用于并表基础上的各层次的各类国际活跃银行以及并表基础上的银行集团的控股公司。协议由三大支柱组成：一是最低资本要求，二是监管当局对资本充足率的监督检查，三是信息披露。

（1）最低资本要求。新协议延续了以资本充足率为核心的监管思路，将资本金要求视为最重要的支柱。根据新协议的要求，有关资本比率的分子（即监管资本构成）的各项规定保持不变。同样，8％的最低比率也保持不变。

新协议的修改重点体现在对风险资产的界定方面，即修改反映银行各类风险的计量方法。新协议一方面大幅修改了老协议中信用风险的处理方法，另一方面将操作风险纳入资本监管的范畴，即操作风险也将作为银行资本比率分母的一部分。协议中还分别为计算信用风险和操作风险规定了三种方法,银行和监管当局可以选择他们认为最符合其银行业务发展水平及金融市场状况的一种或几种方法。新计算方法将有助于完善银行对风险的评估,提高风险敏感度,从而使计算出的资本比率更有意义。

（2）监管部门的监督检查。《新巴塞尔资本协议》强化了各国金融监管当局的职责,强调银行和监管当局都应提高风险评估能力,并提出了较为详尽的配套措施。这反映出巴塞尔委员会仍然没有轻视银行作为利益主体利用信息的不对称作出违背监管规则的逆向选择,并由此产生道德风险的问题。

（3）市场约束。这是前两个支柱的补充。新协议更多地从公司治理的角度来看待银行,强调以市场的力量来约束银行。资本充足状况和风险控制能力及控制记录良好的银行能以更优惠的价格和条件从市场上获取资源,而风险程度偏高的银行则往往要支付更高的风险溢价、提供额外的担保或采取其他保全措施。

使市场纪律发挥作用的重要手段就是制定一套信息披露规定,以便市场参与者掌握有关银行的风险轮廓和资本水平的信息。由于新协议允许银行使用内部计量方法计算资本要求,公开的信息披露显得十分重要。通过强化信息披露来强化市场纪律,新协议的第三支柱对帮助银行和监管当局管理风险、提高稳定性有很多好处。

3.《巴塞尔资本协议Ⅲ》的推出背景与主要内容①

基于金融危机的教训,2009年中以来巴塞尔委员会对现行银行监管国际规则进行了重大改革。2010年12月16日正式发布《增强银行业抗风险能力的全球监管框架》和《流动性风险计量、标准与监测的国际框架》,统称为"第三版巴塞尔协议"（Basel Ⅲ）。Basel Ⅲ体现了微观审慎监管与宏观审慎监管②有机结合的监管新思维,按照资本监管和流动性监

---

① 参考资料：中国银监会网站,《危机以来国际金融监管改革综述》。

② 宏观审慎（macro-prudential framework）管理的核心,是从宏观的、逆周期的视角采取措施,防范由金融体系顺周期波动和跨部门传染导致的系统性风险,维护货币和金融体系的稳定。宏观审慎管理是与微观审慎监管相对应的一个概念：微观审慎监管更关注个体金融机构的安全与稳定,宏观审慎管理则更关注整个金融系统的稳定。《2009年三季度货币政策执行报告》首次提出我国"要将宏观审慎管理制度纳入宏观调控政策框架"后,《金融业发展和改革"十二五"规划》明确提出我国"建立健全金融宏观审慎政策框架"的目标。

管并重、资本数量和质量同步提高、资本充足率与杠杆率并行、长期影响与短期效应统筹兼顾的总体要求,旨在构建更加完善的银行业监管体系,确立了国际银行业监管的新标杆。

《巴塞尔资本协议Ⅲ》的主要内容有以下五个方面。

(1) 强化资本充足率监管标准。其中包括三个方面。

① 提高监管资本的损失吸收能力。

② 扩大资本覆盖风险的范围。一是大幅度提高证券化产品(特别是再资产证券化)的风险权重;二是大幅度提高交易业务的资本要求,包括增加压力风险价值(S-VaR)、新增风险资本要求等;三是大幅度提高场外衍生产品交易和证券融资业务的交易对手信用风险的资本要求。

③ 提高资本充足率监管标准。根据自下而上的定量影响测算和自上而下的监管标准校准的结果,巴塞尔委员会确定了三个最低资本充足率监管标准,即:普通股充足率为 4.5%、一级资本充足率为 6%、总资本充足率为 8%。为缓解银行体系的亲周期效应,打破银行体系与实体经济之间的正反馈循环,巴塞尔委员还建立了两个超额资本要求。一是要求银行建立留存超额资本(capital conservation buffer),用于吸收严重经济和金融衰退给银行体系带来的损失。留存超额资本全部由普通股构成,最低要求为 2.5%。二是建立与信贷过快增长挂钩的反周期超额资本(counter-cyclical buffer),要求银行在信贷高速扩张时期积累充足的经济资源,用于在经济下行时期吸收损失,保持信贷跨周期供给平稳,最低要求为 0-2.5%。待新标准实施后,正常情况下,商业银行的普通股、一级资本和总资本充足率应分别达到 7%、8.5% 和 10.5%。

(2) 引入杠杆率监管标准。

(3) 建立流动性风险量化监管标准。引入了两个流动性风险监管的量化指标:一是流动性覆盖率(LCR),用于度量短期压力情境下单个银行流动性状况,目的是提高银行短期应对流动性中断的弹性;二是净稳定融资比率(NSFR),用于度量中长期内银行解决资金错配的能力,它覆盖整个资产负债表,目的是激励银行尽量使用稳定资金来源。

(4) 确定新监管标准的实施过渡期。

(5) 强化风险管理实践。

五、我国银行业的主要监管指标①

为加强对商业银行风险的识别、评价和预警,有效防范金融风险,中国银监会根据有关法律法规,于 2006 年 1 月发布《商业银行风险监管核心指标(试行)》,风险监管核心指标自 2006 年 1 月 1 日起试行,2007 年起正式实施。

商业银行风险监管核心指标分为三个层次,即风险水平、风险迁徙和风险抵补,见表 3.3。

表 3.3　商业银行风险监管核心指标一览表

指标类别		一级指标	二级指标	指标值
风险水平	流动性风险	1. 流动性比例		大于等于 25%
		2. 核心负债依存度		大于等于 60%
		3. 流动性缺口率		大于等于 -10%
	信用风险	4. 不良资产率	4.1　不良贷款率	小于等于 4% 小于等于 5%
		5. 单一集团客户授信集中度	5.1　单一客户贷款集中度	小于等于 15% 小于等于 10%
		6. 全部关联度		小于等于 50%
	市场风险	7. 累计外汇敞口头寸比例		小于等于 20%
		8. 利率风险敏感度		
	操作风险	9. 操作风险损失率		
风险迁徙	正常类贷款	10. 正常贷款迁徙率	10.1　正常类贷款迁徙率 10.2　关注类贷款迁徙率	
	不良贷款	11. 不良贷款迁徙率	11.1　次级贷款迁徙率 11.2　可疑贷款迁徙率	

---

①　资料来源:中国银监会《商业银行风险监管核心指标(试行)》。

续　表

指标类别		一级指标	二级指标		指标值
风险抵补	盈利能力	12. 成本收入比			小于等于45%
		13. 资产利润率			大于等于0.6%
		14. 资本利润率			大于等于11%
	准备金充足程度	15. 资产损失准备充足率	15.1 贷款准备充足率		大于100% 大于100%
	资本充足程度	16. 资本充足率	16.1 核心资本充足率		大于等于8% 大于等于4%

资料来源：中国银监会关于印发《商业银行风险监管核心指标(试行)》的通知及附件《商业银行风险监管核心指标一览表》。

网址：http://www.cbrc.gov.cn/chinese/home/docDOC_ReadView/2196.html

1. 风险水平类指标

风险水平类指标包括流动性风险指标、信用风险指标、市场风险指标和操作风险指标，以时点数据为基础，属于静态指标。

(1) 流动性风险指标。流动性风险指标衡量商业银行流动性状况及其波动性，包括流动性比例、核心负债比例和流动性缺口率，按照本币和外币分别计算[1]。

① 流动性比例为流动性资产余额与流动性负债余额之比，衡量商业银行流动性的总体水平，不应低于25%。

② 核心负债比例为核心负债与负债总额之比，不应低于60%。

③ 流动性缺口率为90天内表内外流动性缺口与90天内到期表内外流动性资产之比，不应低于－10%。

(2) 信用风险指标。信用风险指标包括不良资产率、单一集团客户授信集中度、全部关联度三类指标。

① 不良资产率为不良资产与资产总额之比，不应高于4%。该项指标为一级指标，包括不良贷款率一个二级指标；不良贷款率为不良贷款与

---

[1]　中国银监会此后于2011年公布了《商业银行流动性风险管理办法(试行)》，该《管理办法》指出：流动性风险监管指标包括流动性覆盖率、净稳定资金比例、存贷比和流动性比例。

贷款总额之比,不应高于5%。

② 单一集团客户授信集中度为最大一家集团客户授信总额与资本净额之比,不应高于15%。该项指标为一级指标,包括单一客户贷款集中度一个二级指标;单一客户贷款集中度为最大一家客户贷款总额与资本净额之比,不应高于10%。

③ 全部关联度为全部关联授信与资本净额之比,不应高于50%。

(3)市场风险指标。市场风险指标衡量商业银行因汇率和利率变化而面临的风险,包括累计外汇敞口头寸比例和利率风险敏感度。

① 累计外汇敞口头寸比例为累计外汇敞口头寸与资本净额之比,不应高于20%。

② 利率风险敏感度为利率上升200个基点对银行净值的影响与资本净额之比。

(4)操作风险指标。操作风险指标衡量由于内部程序不完善、操作人员差错或舞弊以及外部事件造成的风险,表示为操作风险损失率,即操作造成的损失与前三期净利息收入加上非利息收入平均值之比。

2. 风险迁徙类指标

风险迁徙类指标衡量商业银行风险变化的程度,表示为资产质量从前期到本期变化的比率,属于动态指标。风险迁徙类指标包括正常贷款迁徙率和不良贷款迁徙率。

(1)正常贷款迁徙率。正常贷款迁徙率为正常贷款中变为不良贷款的金额与正常贷款之比,正常贷款包括正常类和关注类贷款。该项指标为一级指标,包括正常类贷款迁徙率和关注类贷款迁徙率两个二级指标。正常类贷款迁徙率为正常类贷款中变为后四类贷款的金额与正常类贷款之比,关注类贷款迁徙率为关注类贷款中变为不良贷款的金额与关注类贷款之比。

(2)不良贷款迁徙率。不良贷款迁徙率包括次级类贷款迁徙率和可疑类贷款迁徙率。次级类贷款迁徙率为次级类贷款中变为可疑类贷款和损失类贷款的金额与次级类贷款之比,可疑类贷款迁徙率为可疑类贷款中变为损失类贷款的金额与可疑类贷款之比。

3. 风险抵补类指标

风险抵补类指标衡量商业银行抵补风险损失的能力,包括盈利能力、准备金充足程度和资本充足程度三个方面。

（1）盈利能力指标。成本收入比、资产利润率和资本利润率。成本收入比为营业费用加折旧与营业收入之比，不应高于 45%；资产利润率为税后净利润与平均资产总额之比，不应低于 0.6%；资本利润率为税后净利润与平均净资产之比，不应低于 11%。

（2）准备金充足程度指标。资产损失准备充足率和贷款损失准备充足率。资产损失准备充足率为一级指标，为信用风险资产实际计提准备与应提准备之比，不应低于 100%；贷款损失准备充足率为贷款实际计提准备与应提准备之比，不应低于 100%，属二级指标。

（3）资本充足程度指标。包括核心资本充足率和资本充足率，核心资本充足率为核心资本与风险加权资产之比，不应低于 4%；资本充足率为核心资本加附属资本与风险加权资产之比，不应低于 8%①。

第七节　商业银行的信用创造与收缩

在金融体系中，商业银行最重要的特征是，商业银行能以派生存款的形式创造和收缩货币，从而非常强烈地影响货币供应量。因为商业银行是唯一可以经营活期存款（支票存款）的金融中介机构，而活期存款是货币的组成部分。商业银行通过其经营活期存款的机制，创造出活期存款，

---

①　中国银监会此后于 2011 年公布了《商业银行流动性风险管理办法（试行）》。该《管理办法》指出：

商业银行资本充足率监管要求包括最低资本要求、储备资本和逆周期资本要求、附加资本要求以及第二支柱资本要求。

商业银行资本充足率在任何时点上均不得低于最低资本要求：（1）核心一级资本充足率不得低于 5%；（2）一级资本充足率不得低于 6%；（3）资本充足率不得低于 8%。

商业银行应在最低资本要求的基础上计提储备资本。储备资本要求为风险加权资产的 2.5%，由核心一级资本来满足。特定情况下，商业银行应在最低资本要求和储备资本要求之上计提逆周期资本。逆周期资本要求为风险加权资产的 0—2.5%，由核心一级资本来满足。

除最低资本要求、储备资本和逆周期资本要求外，系统重要性银行还应计提附加资本。国内系统重要性银行附加资本要求为风险加权资产的 1%，由核心一级资本来满足。若国内银行被认定为全球系统重要性银行，所适用的附加资本要求不得低于巴塞尔委员会的统一规定。

从而创造了货币,这个特征也是商业银行与其他金融机构的最重要区别。

一、商业银行信用创造的前提条件

现代银行采用部分准备金制度和非现金结算制度,它构成商业银行创造信用的基础,也是商业银行存款创造的前提条件。

部分准备金制度又称存款法定准备金制度,是指国家以法律形式规定存款机构的存款必须按一定比例,以现金和在中央银行存款形式留有准备的制度。对于吸收进来的存款,银行必须按一定比例提留存款准备,其余部分可以用于放款。若是在100%的全额准备制度下,则根本排斥银行用所吸收的存款去发放贷款的可能性,银行就没有创造存款的可能。部分准备金制度的建立,是银行信用创造能力的基础。对一定数量的存款来说,准备比例越大,银行可用于贷款的资金就越少;准备比例越小,银行可用于贷款的资金就越多。所以,部分准备金制度是银行创造信用的基本前提条件。

非现金结算制度使人们能通过开出支票进行货币支付,银行之间的往来进行转账结算,无须用现金。如果不存在非现金结算,银行不能用转账方式去发放贷款,一切贷款都必须付现,则无从派生存款,银行就没有创造信用的可能。非现金结算制度也是商业银行创造信用的前提条件。

二、商业银行创造信用的过程

为了便于说明商业银行体系是如何创造信用的,我们假定:(1)银行体系由中央银行及多家商业银行组成;(2)活期存款的法定准备率为20%;(3)准备金由库存现金及在中央银行的存款组成;(4)公众不保留现金[①],并将一切货币收入都存入银行体系;(5)各商业银行都只保留法定准备金而不持有超额准备,其余均用于贷款或投资。

假设某人A向中央银行出售证券获得$10 000,并以活期存款的形式存入甲银行。由于法定准备金率为20%,甲银行只须以 $10\,000 \times 20\% = \$2\,000$ 作为准备金,其余的 $\$10\,000 \times (1-20\%) = \$8\,000$ 全部贷出。经过接受存款和发放贷款这两次交易以后,甲银行的T式资产

---

① 为说明方便起见,本节中的现金概念为狭义现金概念,即通货。

负债表见表 3.4。

表 3.4　甲　银　行

资　　产	负　　债
准 备 金　$ 2 000 未偿贷款　$ 8 000	客户 A 活期存款　$ 10 000
总　　计　$ 10 000	总　　计　　　　　$ 10 000

　　假定甲银行将 $ 8 000 贷给客户 B,B 以借到的这 $ 8 000 全部用来向 C 购买商品,C 将收到的 $ 8 000 存入乙银行。乙银行在接受 C 的 $ 8 000 活期存款后,依 20% 的比率保留 $ 8 000×20% = $ 1 600 准备金,而将其余的 $ 8 000×(1−20%) = $ 6 400 全部贷出去。乙银行的资产负债表见表 3.5。

表 3.5　乙　银　行

资　　产	负　　债
准 备 金　$ 1 600 未偿贷款　$ 6 400	客户 C 活期存款　　　$ 8 000
总　　计　$ 8 000	总　　计　　　　　$ 8 000

　　假定乙银行将 $ 6 400 贷给客户 D,而客户 D 又全部用来购买 E 的商品。E 将收到的 $ 6 400 全部以活期存款的形式存入丙银行,丙银行依法留出 20%,即 $ 1 280 作为 $ 6 400 存款的准备金,并将其余的 $ 6 400×(1−20%) = $ 5 120 全部贷出。丙银行此时的资产负债表见表 3.6。

表 3.6　丙　银　行

资　　产	负　　债
准 备 金　$ 1 280 未偿贷款　$ 5 120	客户 E 活期存款　$ 6 400
总　　计　$ 6 400	总　　计　　　　　$ 6 400

　　丙银行将 $ 5 120 贷给 F,F 又用于购买……这个过程可以无限地继

续下去。在这个过程中,每一家银行都在创造存款(见表 3.7)。

表 3.7　商业银行系统创造存款过程

n	活 期 存 款	法定准备金	贷　　款
1	ΔB	$r_d\Delta B$	$\Delta B(1-r_d)^1$
2	$\Delta B(1-r_d)^1$	$r_d\Delta B(1-r_d)^1$	$\Delta B(1-r_d)^2$
3	$\Delta B(1-r_d)^2$	$r_d\Delta B(1-r_d)^2$	$\Delta B(1-r_d)^3$
⋮	⋮	⋮	⋮
n	$\Delta B(1-r_d)^{n-1}$	$r_d\Delta B(1-r_d)^{n-1}$	$\Delta B(1-r_d)^n$
⋮	⋮	⋮	⋮
总计	$\Delta D = \Delta B \sum\limits_{n=1}^{\infty}(1-r_d)^{n-1}$	$\Delta R = r_d\Delta B \sum\limits_{n=1}^{\infty}(1-r_d)^{n-1}$	$\Delta L = \Delta B \sum\limits_{n=1}^{\infty}(1-r_d)^{n}$

由表 3.7 可知,若活期存款增加 ΔB,经过商业银行系统的扩张以后,其活期存款总额增加到:$\Delta D = \Delta B \sum\limits_{n=1}^{\infty}(1-r_d)^{n-1}$

由于法定准备金率一般都小于 1,所以 $(1-r_d)<1$,

因此
$$\Delta D = \Delta B \sum_{n=1}^{\infty}(1-r_d)^{n-1}$$
$$= \Delta B \frac{1}{1-(1-r_d)} = \frac{1}{r_d}\Delta B$$

同样,准备金总额 ΔR 也是公比小于 1 的几何级数。

$$\Delta R = r_d\Delta B \sum_{n=1}^{\infty}(1-r_d)^{n-1} = r_d\Delta B \frac{1}{1-(1-r_d)} = \Delta B$$

可见,法定准备金总额的增加等于最初的原始存款增加额。这也意味着由原始存款增加引发的存款扩张过程实际也就是这笔原始存款全部转化为法定准备金的过程。我们可以得到

$$\Delta D = \frac{1}{r_d}\Delta R$$

三、存款收缩过程

现在考虑相反的情况。假设法定准备金率还是 20%,并假设银行系

统没有超额准备。甲银行的客户 A 向中央银行购买了一张＄10 000的证券。甲银行原来的资产负债表见表3.8。

表3.8　甲　银　行

资　　产	负　　债
准 备 金　＄20 000	A 的活期存款　＄10 000
未偿贷款　＄80 000	其他活期存款　＄90 000
总　　计　＄100 000	总　　计　＄100 000

客户 A 动用在甲银行的＄10 000 存款,结果甲银行的准备金和活期存款各减少＄10 000,使得其准备金率下降到 $r^1 = \dfrac{10\ 000}{90\ 000} = 11.1\%$,低于法定准备金率,为此,甲银行必须设法收缩贷款来恢复到法定准备金率。由于甲银行对 A 的＄10 000 存款仅仅保持了＄2 000准备金,所以现在缺少储备＄8 000。假定甲银行向客户 B 收回贷款＄8 000,这样,资产方面贷款减少了＄8 000,而准备金增加了＄8 000,准备金比率恢复到 20％的法定准备金率。其资产负债见表3.9。

表3.9　甲　银　行

资　　产	负　　债
准 备 金　＄18 000	
未偿贷款　＄72 000	活期存款　＄90 000
总　　计　＄90 000	总　　计　＄90 000

如果甲银行准备金所增加的＄8 000 是客户 B 从乙银行提款偿还甲银行贷款所造成的,并且乙银行也没有超额准备金,那么乙银行也将减少贷款来达到法定准备金率要求。这样,与存款扩张的过程相对称,经过各银行的辗转提存后,存款将以几何级数减少,具体过程不再详述。这样,最初存款和准备金的减少额,即＄10 000,将最终导致存款减少＄50 000,相当于最初减少额的 $\dfrac{1}{r} = \dfrac{1}{0.2} = 5$ 倍。我们一般将这里的 $\dfrac{1}{r}$ 称为存款乘

数。如果用 d 来表示这个乘数，则 $d = \dfrac{1}{r}$。

四、存款乘数

通过以上的分析，我们可以看到存款的变动和储备的变动显然存在着一种乘数或倍数关系，但是由于存在着一些假设，而这些假设在现实中很难成立，因而这个乘数也不是 $\dfrac{1}{r_d}$ 这样简单。在以上分析中，我们只考虑了法定准备金这一种漏出因素，但实际上还有其他漏出因素，下面将一一叙述。

1. 现金漏损

前文的假设(4)是顾客将所有的货币收入都存入银行而不在手中保留现金，但事实上由于种种原因，顾客不会将所有收入都存入银行，而总会将部分收入以现金形式保留在手中。这种现象在银行制度不发达的国家尤为普遍。漏损出来的现金，即公众保持在手中的现金将不会参与存款的创造。如果以 k 表示每 \$1 活期存款中公众作为现金提取的比例，则活期存款乘数公式扩展为

$$d = \frac{1}{r_d + k}$$

存款货币的流动性接近于现金，但并非等于现金。在小额交易和秘密交易中，往往不用支票而用现金，所以很难想象不会有一部分漏到公众手中。现金漏损的比率 k 大小取决于公众使用现金的习惯。在节假日期间，人们持有现金多，k 就大些；同时也受多方经济条件影响，如利率升高，会吸引人们少持现金而多存款，因而会降低 k；银行业的安危也会影响 k 的大小等。

2. 超额准备

前面我们假设银行不持有超额准备金，而将所有超额准备金都用于放款或投资。实际上，银行为保持流动性，经常持有超额准备以避免向央行借款或在 CD 市场上购买存单，或避免被迫出售短期证券。不过，银行为了实现利润的最大化，其持有的超额准备通常很少。超额准备在存款创造时所起的作用是相同的。因此，如果将超额准备的因素也考虑进去，假如 e 是每 \$1 存款中银行持有超额准备的百分率，那么活期存款乘数就

是

$$d = \frac{1}{r_d + e + k}$$

　　正如前面的 r 和 k 一样,e 也会使存款乘数的值降低,因为银行保留的超额准备不进入存款创造过程。这个 e 对利率因素很敏感。在利率升高时,银行以大量超额准备发放贷款和投资,因而 e 就较小;在利率低时,银行就不愿意贷出所有超额准备,因为利率的收益可能不能弥补发放贷款的成本费用;或银行等待利率水平上升而持观望态度,因此 e 就比高利率时期大。

　　3. 活期存款变为非个人定期存款

　　随着活期存款的增加,其中有一些存款将会转变为非个人定期存款。由于法律规定银行对非个人定期存款也需要持有准备金(个人定期存款没有法定准备金要求),因此,如果非个人定期存款比率为 t,r_t 是非个人定期存款的准备金率(超额与法定准备金率之和),那么每 1 美元活期存款中就会有 $t \cdot r_t$ 作为法定准备漏出(假定对个人定期存款不保持超额准备),从而存款乘数进一步扩展为

$$d = \frac{1}{r_d + e + k + t \cdot r_t}$$

五、货币乘数

　　当只有法定准备金一种漏出因素时,存款存量为 $D = \frac{1}{r_d} \cdot R$,其中 r_d 为法定活期存款准备比率,R 是准备金额,这时的货币供给为 $D = \frac{1}{r_d} R$。当出现现金漏损(中央银行对商业银行的负债就有一部分转化为中央银行对通货持有者的负债)后,这时中央银行的基础货币就包括商业银行准备金 R 和公众所持有的通货 C,即 $H = R + C$,这里 H 表示基础货币,也被称为强力货币。银行系统活期存款货币就有 $D_d = \left(\frac{1}{r_d + r_t \cdot t + e + k} \right) \cdot H$。

　　以 M_1 表示狭义货币供应量,根据定义有 $M_1 = D + C$。由于 k 是公众手持现金的比率,得:$C = k \cdot D$

所以，$M_1 = D + C = \left(\dfrac{1+k}{r_d + e + k + t \cdot r_t} \right) \cdot H$

其中，$\left(\dfrac{1+k}{r_d + e + k + t \cdot r_t} \right)$ 为货币乘数，用 m 表示，则

$$M_1 = m \cdot H$$

这表明，货币供应量 M_1 等于基础货币与货币乘数的乘积。

对于广义货币 M_2，其定义是在 M_1 基础上增加另外一些项目，如小额定期存款、储蓄存款、货币市场存款账户等等，定义并不统一，并且有时会发生变化。为说明简便起见，我们用 X 来表示这些项目，用 x 来表示这些项目与活期存款的比率，r_x 表示这些项目的准备金率，这样并不影响我们对问题的理解。于是，我们可以得到

$$X = \frac{x}{r_d + e + k + tr_t + xr_x} \cdot H$$

$$M_2 = M_1 + X = \frac{1+k+x}{r_d + e + k + tr_t + xr_x} \cdot H = m_2 \cdot H$$

其中，$m_2 = \dfrac{1+k+x}{r_d + e + k + tr_t + xr_x}$，称为广义货币 M_2 的货币乘数，表示广义货币量 M_2 变动与基础货币量变动的比率。

一般说来，以上各种比率，如 e、r_d、k、t、r_t 都是比较稳定的，因而由它们所决定的货币乘数也是比较稳定的。要指出的是，货币乘数并不是固定不变的，随着经济条件的变化也会有所变化。银行愿意持有的超额准备金率，一方面决定于银行用这些超额准备金投资所能取得的利息率；另一方面取决于银行预期持有这些准备金所能获得的收益。公众愿意持有的现金对活期存款比率 k 取决于持有现金的机会成本，即取决于证券收益率和存款的隐含收益和名义收益。此外，收入或财富的变化也会影响 k 的值。非个人定期存款比率 t 取决于定期存款利率与活期存款收益及证券收益之比，也与财富多少有关。因此，收入、财富和利率是决定 e、k 和 t 的因素，从而也是决定货币乘数的因素。随着收入的提高和利率的增加，e 会有所下降，而若收入、零售额以及证券利率同时上升，k 也会上升。由此可见，货币乘数受到货币需求的影响，具有部分内生性。

　　中国人民银行对基础货币和货币乘数的定义如下①：

　　基础货币是中央银行对金融机构和社会公众的负债，包括金融机构在中央银行的准备金存款以及金融机构和社会公众持有的现金。中央银行通过调控基础货币实现货币供应量目标。货币乘数是基础货币与广义货币供应量扩张关系的数量表现，即中央银行投放或收回一单位基础货币，通过商业银行的存款创造机制，能使广义货币供应量增加或减少的倍数。货币供应量＝基础货币×货币乘数。

---

　　①　参见中国人民银行《2008 年第四季度中国货币政策执行报告》，第55 页。

本章内容提要

1. 以中央银行为中心,商业银行为主体,各类银行和非银行的金融中介机构并存,构成现代世界各国的金融体系,它包括了存款性金融机构和非存款性金融机构。

2. 在金融体系中,商业银行不仅规模最大,而且经营项目最多,经营领域最广,资产负债业务多样化程度最高,被称为"金融百货公司";商业银行是货币创造者之一,其经营活动强烈地影响着货币供应量。因此,商业银行在金融体系中占有特殊地位,起着举足轻重的作用。

3. 盈利性、安全性和流动性是商业银行的经营管理上的三个基本经营方针。盈利性直接关系到银行的生存和发展,是银行从事各种活动的动力所在;安全性是商业银行在经营中使资产免遭风险的程度;流动性是银行在资产不受损失的情况下满足客户的提款和正常贷款的需要。对盈利性、安全性和流动性三者,任何银行都希望同时达到最佳境地,但未必能同时兼顾。如何处理好三者的组合,是银行经营管理的永恒主题。

4. 为了使盈利性、安全性和流动性三者目标协调合理配合,在银行经营管理上发展起资产管理、负债管理、资产负债联合管理和资产负债表外业务管理等一系列经营管理理论和方法。

5. 商业银行为规避行政管理和利润风险,进行了业务创新和活动。而电子技术的发展为银行创新业务提供了物质基础和条件。

6. 混业经营是指银行不仅经营传统业务,而且还经营证券、保险和金融衍生业务及其他新兴金融业务。关于混业经营和分业经营,存在着不同的观点。

7. 由于信息不对称,使商业银行面临逆向选择和道德风险的问题。也给银行业的监管带来了新问题。

8.《巴塞尔资本协议》是世界各国银行监管中普遍采用的准则。从1988 年的《巴塞尔资本协议》、2005 年的《新巴塞尔资本协议》到 2010 年的《巴塞尔资本协议Ⅲ》,《协议》始终代表着最先进的风险管理技术和监管理念与实践。

9. 商业银行最重要的特征:商业银行能以派生存款的形式创造和收缩货币,而且其创造和收缩货币的功能非常强劲,因而它成为各国中央银行控制的重点。部分准备金制度和非现金结算制度构成商业银行创造信用的基础,也是商业银行存款创造的前提条件。

本章基本概念

存款性金融机构　非存款性金融机构　商业银行的资产负债表　商业银行的负债业务　商业银行的资产业务　一线准备　二线准备　表外业务　中间业务　商业银行的赢利性、安全性和流动性　贷款风险五级分类法　资产管理理论　真实票据论　转换理论　预期收入论　超货币供给理论　负债管理理论　信用评估 6C 原则　资产负债联合管理理论　资金缺口分析　中间业务管理理论　分业经营　混业经营　信息不对称　逆向选择　道德风险　存款保险　CAMEL 评级方法　巴塞尔资本协议　新巴塞尔资本协议　巴塞尔协议Ⅲ　商业银行风险监管核心指标　风险水平类指标　风险迁徙类　风险抵补类指标　流动性风险指标　信用风险指标　市场风险指标　操作风险指标　盈利能力指标　准备金充足程度指标　资本充足程度指标　存款法定准备金制度　非现金结算制度　法定准备金　超额准备金　存款乘数　货币乘数

本章思考题

1. 比较分析单元银行制和分支银行制的优缺点。

2. 商业银行的经营方针是什么? 如何理解这些方针既具有统一的一面又有矛盾的一面?

3. 何谓商业银行信用评估的"6C"原则?

4. 存款保险制度有哪些优缺点?

5. 商业银行何以有信用创造的能力? 影响商业银行信用创造的因素是什么?

6. 评述各种商业银行资产负债管理理论的背景、内涵及各自优缺点。

7. 举例说明"逆向选择"和"道德风险"问题是如何产生的? 应如何解决?

8. 请比较《巴塞尔资本协议》、《新巴塞尔资本协议》、《巴塞尔协议Ⅲ》的主要内容。

9. 请简述我国商业银行风险监管核心指标的类别及指标值。

10. 什么是货币乘数? 货币乘数的影响因素有哪些?

第四章　中　央　银　行

第一节　中央银行的发展和体制

一、中央银行发展的三个阶段

中央银行的发展是一个渐进的过程。经过曲折与完善,中央银行在实践中逐渐成长起来,终于发展成为今天这样一个机体健全、能够掌握和运用多种手段、对国民经济进行调节的机构。

中央银行的发展历史大体可分为三个阶段。

第一阶段是从 17 世纪中叶至 1843 年,这是中央银行的初创时期。最早设立的中央银行是 1656 年设立的瑞典里克斯银行。它原是私人资本创办的银行,最先发行银行券,但未独占发行权,1668 年改组为国家银行,它是现代中央银行的萌芽。然而,公认最早全面发挥中央银行作用的是 1694 年设立的英格兰银行。英格兰银行是在政府帮助下设立的一家私人股份银行,其成立的初衷是为政府筹集和提供资金。作为交换条件,政府授权该银行发行同等数额的银行券。这个特权仅限于伦敦地区,伦敦以外地区,其他银行有发行权。1833 年,英国国会通过法案,规定英格兰银行发行的货币作为全国唯一的法偿货币。英格兰银行被视为近代中央银行的先驱。此外,法国(1800 年)、荷兰(1814 年)、奥地利(1817 年)、挪威(1817 年)、丹麦(1818 年)等西方国家纷纷设立中央银行。这一时期中央银行的特点是尚未完全垄断货币发行权,并非专一行使中央银行职能的商业银行与中央银行相结合的私人所有的金融机构。

第二阶段是从 1844 年至 20 世纪 30 年代,这是中央银行逐步发展、完善的时期。1844 年,英国国会通过《皮尔条例》(Peel's Act),规定英格兰银行作为唯一的货币发行银行;将英格兰银行分成发行部和银行部两个部分,发行纸币与银行业务分开,银行业务不干预货币发行,从此奠定了现代中央银行组织的模式。随着英格兰银行地位的提高,许多商业银行把自己现金准备的一部分存入英格兰银行,商业银行之间的债权债务关系,通过英格兰银行来划拨清算。1854年起,英格兰银行成为银行业的票据交换中心。在英国几次周期性经济危机中,英格兰银行对一般银行提供贷款,充当"最后贷款人"的角色。随着发行权的集中,英格兰银行与政府及国库关系密切。这样,英格兰银行就逐步确立其中央银行的地位,成为中央银行的典范,为其他国家纷纷仿效。至1900年,主要的西方国家都设立了中央银行。

美国的联邦储备体系成立较晚。1863年以前,美国尚无联邦的银行立法,各州都有自己的银行立法,也可以发行钞票。这时曾两度建立过中央银行。1791年,美国联邦政府批准成立第一国民银行,标志美国联邦政府管理银行的开始,是美国中央银行的雏形。美国国会授权该行代理国库,发行银行券,对其他银行进行监督和管理。该行注册年限为20年,这期间只执行了部分中央银行职能,到1811年期满后便没有重新注册而停业。1816年美国第二银行成立,其主要是一家私人机构。该行发行银行券,进行严格的金融管理。同样,它遭到了州银行、农场主及企业家的反对。1836年注册期满后停业。至此,美国早期两次中央银行的萌芽尝试都未能持久。1863年制定的《国民银行法》,是美国银行历史上的一个转折点。该法案规定,凡是向联邦政府注册的国民银行,可根据自己持有的政府公债发行银行券。1908年国会成立全国货币委员会,着手进行货币银行制度的改革。1913年12月国会通过了《联邦储备条例》的改革方案,正式成立联邦储备体系,美国历史上第一次创建了中央银行制度。

进入20世纪之后,特别是第一次世界大战后,为了稳定战后币制、汇率和消除金融混乱的局面,1920年,在布鲁塞尔举行的国际金融会议决定,凡是尚未成立中央银行的国家,都应尽快成立中央银行。此后,几乎所有独立的国家,都先后设立了中央银行,中央银行制度得到了极大的发展和完善。1929—1933年世界性经济危机使西方各国开始强调中央银行作为"最后贷款者"的职能,强化中央银行对金融体系的集中统一管理。美国20世纪30年代的金融改革就体现了这一精神。1930年,在瑞士巴塞尔成立国际清算银行,各国中央银行作为本国金融机构的代表,加强国际合作,中央银行制度又进一步得到强化和完善。

中央银行发展的第三个阶段是第二次世界大战以后。随着国家干预经济的加强,政府利用中央银行来推行财政金融政策,干预国民经济,稳定货币。同时,各国纷纷加强了对中央银行的控制。许多国家的中央银行都先后实行了国有化。1945 年 12 月,法国公布法令,将法兰西银行收归国有,原股东的股票,换成政府债券。1946 年,英国政府紧接着宣布英格兰银行收归国有,英国财政部将股份全部收购,并以法律明确其关系;1957 年联邦德国建立德意志联邦银行,这是国家直接投资创建的中央银行。战后各国还纷纷制定新的银行法,明确中央银行的主要职责是贯彻执行货币金融政策,维持货币金融的稳定。1946 年美国国会通过《充分就业法》,规定联邦储备银行的职责是促进经济增长、充分就业、稳定货币和平衡国际收支。日本的新银行法规定中央银行必须"以谋求发挥全国的经济力量,适应国家政策的需要,调节货币、调整金融及保持并扶植信用制度为目的"。这些都从立法上保障了国家对中央银行的控制。中央银行的发展进入了一个新阶段。

二、中央银行在中国的发展

中央银行在中国的萌芽是 20 世纪初清政府建立的户部银行。当时主要是为了解决因战争赔款所带来的财政困难,统一币制,推行纸币。户部银行于 1905 年 8 月正式成立,是清政府的官办银行,除办理一般业务外,还享有国家授予的铸造货币、代理国库、发行纸币的特权。

最早以立法形式成立的中央银行是 1928 年成立的国民政府中央银行。1928 年 10 月,当时的国民政府颁布了《中央银行条例》和《中央银行章程》。1928 年 11 月 1 日中央银行正式成立,总部设在上海。《中央银行条例》规定,中央银行为国家银行,享有经理国库、发行兑换券、铸发国币、经理国债等特权。中央银行成立之初,尚未完全独占货币发行权,当时能同时充当法偿货币的,还有中国银行、交通银行和中国农业银行等几家银行发行的银行券。到 1942 年 7 月 1 日,根据"钞票统一发行办法",将中国银行、交通银行和中国农业银行三家发行的钞票及准备金全部移交给中央银行,由中央银行独占货币发行权,同时由中央银行统一管理国家外汇。1945 年 3 月,当时的财政部授权中央银行检查和管理全国的金融机构,其管理职能得到了强化。1949 年,国民政府的中央银行体系在大陆崩溃了。

中国人民银行作为新中国的中央银行,是 1948 年 12 月 1 日在原华北银行的基础上经过合并改组建立起来的,同时开始发行全国统一的人民币。1949 年 2 月将总行设在北京。在 1978 年党的十一届三中全会以前,中国人民银行既是行使货币发行和金融管理职能的国家机关,又是从事信贷、储蓄、结算、外汇等业务经营活动的专业银行,可以说是"一身二任"的银行机构,这是适应于中华人民共和国成立初期制止通货膨胀的历史需要,也同后来高度集中的经济管理体制相适应。1979 年以后,经济体制改革展开,银行体制也进行了改革。1983 年 9 月,国务院决定中国人民银行专门行使中央银行的职能,不再对企业、个人直接办理存贷业务,中国人民银行成为负责"管理全国金融事业的国家机关",其三项根本任务是:"集中力量研究和做好全国金融的宏观决策,加强信贷资金管理,保持货币稳定。"

中国人民银行行使中央银行的职能,标志着我国现代中央银行制度的确立。

三、中央银行的所有制形式

按所有制形式,各国的中央银行可划分为以下三类。

1. 属于国家所有的中央银行

资本属于国家所有是目前世界上大多数国家的中央银行所采用的所有制形式。有些设立较早的中央银行,开始是一些私人股份商业银行,国家为了加强对经济的干预,对这些银行逐渐实行国有化。第二次世界大战以后,许多新成立的中央银行,由国家直接投资创建。西方主要国家中,国有的中央银行有英、法、德、荷等国的中央银行。中央银行国有化已成为一种发展趋势。

2. 属于半国家性质的中央银行

这些中央银行的资本,部分股份是由国家持有,部分股份由私人持有。例如,日本银行,55％的股份由政府认购,其余 45％由民间认购,其私人股东唯一的权利是按规定每年领取最高为 5％的股息。又如,比利时的中央银行,国家资本占资本总额的 50％,董事由国家任命。

3. 属于私人股份资本的中央银行

中央银行的资本全部是由私人股东投入的,如意大利和美国等国家。意大利的中央银行——意大利银行,就是由股份公司组织转变为按公法管理的中央银行,资本为 30 万股,每股面值为 1 000 里拉,由储蓄银行和全国性银行等金融机构认购。美国的中央银行——美国联邦储备银行,它的资本是由参加联邦储备体系的各个会员银行所认购的股份形成的,这种中央银行在实质上也是一种属于私人股份资本的中央银行。

四、中央银行的组织结构

1. 单一中央银行制

单一中央银行制就是一国仅设立一家中央银行,作为中央金融管理机构,国家授权它掌握全国的货币发行,代理国库,制定和实施货币政策,管理和监督各金融机构的业务活动。世界大多数国家都采用这一制度,如英国、法国、日本、意大利和瑞士等国的中央银行。这类中央银行制度的特点是权力集中、职能齐全,根据需要在全国各地建立分支机构。

2. 联邦中央银行制

联邦中央银行制是指在实行联邦制的国家中,中央银行的结构也采用联邦制,即中央银行作为一个体系存在。它由若干相对独立的地区中央银行组成。货币的发行、为政府服务、制订和推行货币政策以及对金融机构监督管理等中央银行的职能,由这个体系中的全体成员共同完成。这种制度的特点是:权力和职能相对分散。采用这种制度的国家有美国、德国等。就美国来看,美国的中央银行是美国联邦储备体系,根据美国联邦储备法的规定,除在华盛顿设立联邦储备委员会外,将全国划分为12 个联邦储备区,每个区设立 1 家联邦储备银行。12 家联邦储备银行可以独立行使职能,12 家共同组成为中央银行。但是,随着联邦储备委员会权力的强化,各区的储备银行权力逐渐缩小,美国联邦中央银行制有向高度集中的单一中央银行制演化的趋势。

五、中央银行与政府的关系

中央银行与政府的关系,主要是指中央银行对政府的独立性程度。由于各国的特殊环境,中央银行的独立性程度不尽相同。按其独立性程度不同,可分为以下三类。

1. 独立性较大的模式

在这种模式中,中央银行直接对国会负责,直接向国会报告工作,获得国会立法授权后可以独立地制定货币政策及采取相应的措施,政府不得直接对它发布命令、指示,不得干涉货币政策。如果中央银行与政府发生矛盾,则通过协商解决。美国和德国等属于这一模式。

美国联邦储备体系享有较大的独立性,被誉为探讨中央银行独立性的典范。其独立性表现在:联邦储备体系直接向国会报告工作,向国会负责,但会计不受国会审核,对国会也有相对独立性;美国总统征得国会参议院同意后任命联邦储备委员会理事以及该委员会的主席和副主席,但由于理事任期与总统任期的不一致,总统无法在其任期内更换绝大多数理事,从形式上制约了总统完全控制联邦储备体系委员会的可能性;联邦储备体系委员会经国会授权,无须经总统批准,有权独立制定货币政策,自行决定采取的措施和运用政策工具,总统未经国会授权不能对联储发布任何指令;联储与财政部相互制约,形式上相互独立,联储无长期支持财政融资的义务。

德意志联邦银行也是西方工业国家中具有独立性和权威性的中央银行的典型。联邦官员无权对联邦银行发布任何命令;财政部可以派人参加中央银行委员会,但没有表决权,对联邦银行的决议,财政部只有令其延缓两周执行之权力;联邦银行可以独立地制定、执行有关国内的金融政策,当其他经济政策与稳定通货政策相矛盾时,联邦银行为实现自己所担负的任务,有权独立地运用货币政策手段,采取相应的措施。

2. 独立性稍次的模式

所谓独立性稍次的模式是指中央银行名义上隶属于政府,而实际上保持着一定的独立性。有些国家法律规定财政部拥有对中央银行发布指令的权力,事实上并不使用这种权力。政府一般不过问货币政策的制定,中央银行可以独立地制定、执行货币政策。英格兰银行、日本银行属于这一模式。

英格兰银行表面上隶属于财政部,根据英格兰银行法,财政部对英格兰银行有管辖权,可以直接向英格兰银行发布命令,但此项权力实际上财政部从未使用过。英格兰银行和政府始终保持着密切的合作,政府也一贯尊重该行的货币政策的意见,不参与理事会的评议,也不过问政策的制定。由于政府的授权,英格兰银行在货币金融政策方面实际享有相当的独立性,比法律规定的要大得多。

日本银行隶属于大藏省,但在制定和执行金融政策方面,仍具有相当的独立性。日本银行金融政策的制定是由日本银行政策委员会负责,该委员会是一个比较超然的机构,代表政府的委员对金融政策有发言权,但没有表决权。

3. 独立性较小的模式

这一模式的中央银行,接受政府的指令,货币政策的制定及采取的措施要经政府批准,政府有权停止、推迟中央银行决议的执行。属于这种模式的典型是意大利银行。

意大利银行是西方工业国家中独立性较小的中央银行。意大利银行总裁由理事会提名,总统任命。意大利银行受财政部统辖,财政部代表出席理事会会议,并且在认为会议决议与国家法令不符时,有权暂时停止决议的执行。有关的货币政策措施必须先经信用与储蓄部委员会批准,意大利银行才能执行。意大利银行如果与政府出现意见分歧,政府在与它磋商后仍不能解决,便可根据法定权限指示银行执行政府的既定政策,同时向议会汇报。

对于中央银行的独立性问题,在后文还将有专门讨论。

六、中央银行的管理体制

在现代银行监督管理中,中央银行具有不可替代的优势。随着经济发展的需要,中央银行的监管地位和重要性日益加强,所以有必要了解各国金融监督管理体制以及中央银行在其中的地位和作用。

概括而言,中央银行的监督管理体制主要有如下模式。

1. 双线多头银行管理体制

实行双线多头银行管理体制的国家不多。美国联邦和各州都有权对银行发照注册并进行监督管理,从而形成双线银行管理体制。在联邦这一线,有八个管理机构,其中最主要的是三个,即联邦储备体系、财政部通货总监和联邦存款保险公司。在州这一线,50 个州各有各的金融法规和银行监督管理机构。加拿大是由 10 个省和 2 个地区组成的联邦制国家,联邦和省的立法机构对不同的金融机构有不同的金融法规,实行双线立法管理。美国和加拿大的双线多头管理体制并不完全相同。美国是形成对某一家银行的多头的重复的检查管理,而加拿大却是各自监督管理特定的金融机构,彼此并不重复,尤其对联邦特许银行的监督管理还是单一的。

2. 一线多头银行管理体制

所谓一线是指相对美国等国的双线管理体制而言,管理权力集中于中央。但是,在中央一级又分别由两个或两个以上的机构负责银行体系的监督管理。通常,这种多头管理体制是以财政部和中央银行为主体开展工作的。

法国的银行监督管理体系比较复杂。财政部、法兰西银行、国家信贷委员会和银行管理委员会共同负责银行体系的管理。国家信贷委员会是金融界的"小议会",是金融政策的最高决策机构,可对金融机构发布命令。银行管理委员会监督银行执行各项金融法令和法规。法兰西银行在所有这些机构中发挥了事实上的核心作用。法兰西银行总裁是信贷委员会的副主席、事实上的执行主席,他还是由政府有关部门和社会各界代表组成的银行管理委员会的主席;法兰西银行还负责任命国家信贷委员会和银行管理委员会秘书处的全体工作人员。

在德国,德国信贷机构联邦监督局负责银行的监督管理,但通过与联邦银行的密切合作来行使它的职能。意大利银行负责管理其国内银行体系,但服从于部际信贷储蓄委员会的领导和命令。日本财政部的银行局和国际金融局是主要的监督机构,日本银行与这些机构紧密协商,共同完成任务。

3. 高度集中的单一银行管理体制

世界上大多数国家的银行管理体制是高度集中的单一型管理体系。1979年的《英国银行法》规定,英格兰银行全权负责银行体系的监督管理工作。在荷兰,中央银行——荷兰银行负责对所有金融机构进行监督管理,但有关法律要求荷兰银行在履行这一职责时,应征求注册信贷机构行业公会的意见,以便在尽可能自愿和自我约束的基础上完成监管任务。爱尔兰中央银行和澳大利亚储备银行理事会负责监督和管理各自国家的银行体系。

七、特殊的中央银行制度

1. 复合的中央银行制度

这指的是一个国家或地区没有专门设立行使中央银行职能的银行或机构,而是由一家大银行既行使中央银行职能,又从事一般商业银行业务。这种制度主要存在于过去的苏联和东欧一些国家。我国在1983年之前也实行这样的制度。

2. 准中央银行制度

有些国家或地区只设置类似中央银行的机构,或由政府授权某个或某几个商业银行来行使部分中央银行职能。新加坡、我国的香港特别行政区就实行这样的制度。新加坡设有金融管理局和货币委员会(其常设机构为货币局)这两个机构来行使中央银行职能。前者负责制定货币政策和金融业的发展政策,执行除货币发行之外的一切中央银行职能;而后者则主要负责发行货币和保管发行准备金。香港地区在过去较长时期内没有一个统一的金融管理机构,中央银行的职能由政府、同业公会和商业银行分别承担。1993 年 4 月 1 日,香港成立了金融管理局,它集中了货币政策制定、金融监管及支付体系管理等中央银行的基本职能,但它又不同于一般的中央银行。例如,货币发行职能就由渣打银行、汇丰银行和中国银行共同承担,票据清算由汇丰银行管理,政府的银行这一职能也由商业银行执行。另外,马尔代夫、斐济、利比里亚、莱索托等国也实行类似的准中央银行制度。

3. 跨国中央银行制度

这指的是由参与某一货币联盟的所有成员国联合组成的中央银行制度。二战后,在许多地区,相邻的一些欠发达国家建立了货币联盟,并在联盟内部成立参与国共同的统一中央银行。这种中央银行发行共同的货币,为成员国制定金融政策,以推进联盟各国经济的发展及避免通货膨胀。例如,由贝宁、象牙海岸、尼日尔、塞内加尔、多哥和上沃尔特等国组成的西非货币联盟所设立的中央银行,由喀麦隆、乍得、刚果、加蓬和中非共和国组成的中非货币联盟所设立的中非国家银行,以及东加勒比海货币管理局等,都是跨国中央银行体制。

跨国中央银行制度的最重要的例子就是欧洲中央银行。欧盟(原欧共体)为了推进内部经济一体化,早在 1969 年就提出要建立欧洲经济与货币联盟,以最终实现统一的欧洲货币、统一的欧洲央行、统一的货币与金融政策。这一计划于 1979 年正式开始实施,20 世纪 90 年代以来进展显著。1998 年 7 月成立了欧洲中央银行,1999 年 1 月 1 日欧元(EURO)诞生,1999—2002 年为欧元的过渡期,欧元与各国原有货币同时流通,到 2002 年 7 月 1 日欧元成为欧盟各国的法定货币。

八、美国联邦储备体系

美国的联邦储备体系的建立,始于 1913 年的《联邦储备法》,其最初的目的在于减少银行恐慌的频繁发生。出于美国传统的分权体制,美国的这种中央银行制度是权力分散并具有众多制约的平衡机制。联邦储备体系的结构以及职权示意图见图 4.1 所示。

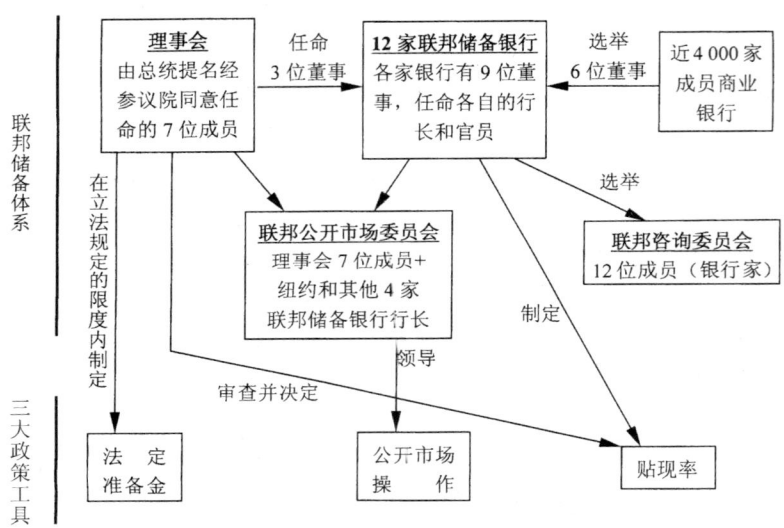

图 4.1　联邦储备体系的结构及职权示意图

1. 联邦储备银行

12 个联邦储备区各设有一家联储银行,并可在本储备区内的其他城市设立分行。各联储银行是私营公用事业的股份机构,股东就是本储备区内作为联储体系成员的私人商业银行,股息支付不超过 6%。各联储银行由 9 名董事组成董事会,其中 6 名由成员银行推选,包括 3 名职业银行家和 3 名工、商、农业界知名企业家,另 3 名由联储理事会任命,代表公众利益,且不是银行官员、雇员或股东。这种安排的目的是保证董事会能充分反映公众各界的意见。12 家联邦储备银行除了管理各自区内的银行之外,还介入货币政策的制定和执行。

2. 成员银行

所有的国民银行(指在货币监理处注册的商业银行)都必须是联储体系的成员,而在各州注册的商业银行则不必加入联储体系。目前,只有不到一半的商业银行是联储体系的成员。1980年之前,只有成员银行才必须在联储存入准备金,而非成员银行只须服从它们所在的州的规定。由于在联储的准备金存款不计息,导致作为联储成员的代价很高,所以许多银行脱离了联储体系。为了加强联储对货币供应、货币政策的控制能力,1980年通过了《放款存款机构管制和货币控制法》,规定1987年之前所有银行都必须在联储保有准备金,并且所有银行都能平等享有联储体系提供的各种便利,如贴现贷款和支票清算等。这样就缩小了成员和非成员之间的差别。

3. 联邦储备体系理事会

这是联储体系的最高领导层,设在华盛顿。其7名成员由总统提名、征得参议院同意之后任命。为防止总统控制联储体系,也了了把联储与其他政治压力隔离,理事任期长达14年且不连任,同时理事的任期错开。理事必须来自不同的储备区,以防突出某个区的利益。主席由理事中产生,任期4年,而且传统上主席离任后即退出理事会。理事会对货币政策的决策具有非常重要的作用,并且,由于联邦公开市场委员会的12名成员中有7名就是理事会的成员,因此,在联邦公开市场委员会制定有关货币政策的决策表决中,理事会就掌握了多数票。

4. 联邦公开市场委员会

由联储理事会的7名成员加上纽约联储银行行长和另外4位联储银行行长(在余下的11家联储银行之间轮流分配)组成,它的主席就是理事会主席。另外7位地区联储银行行长也列席会议并参加讨论,但没有表决权。由于公开市场操作是联储最重要的货币政策工具,联邦公开市场委员会也就成为决策的焦点,与法定准备金比率和贴现率有关的决策实际上也是在这里作出的。联邦公开市场委员会并不直接从事证券买卖,它只是向纽约联储银行交易部发出指令,由它实际操作。

总的说来,联邦储备体系是一个分权的中央银行制度,实际上,它是一家由理事会所控制的统一的中央银行,行使管理和监督的职能。理事会主席通过制定理事会和联邦公开市场委员会的议事日程、代表联储体系对外发言、同国会和总统商谈,通过其职位和个人的影响力,通过监督指导理事会的工作人员(经济学家和顾问)来有效地控制理事会。也就是说,理事会主席的权力非常大。联储体系对于政府的独立性很强,但由于国会的立法权,它仍然受到政治压力的一定影响。

第二节　中央银行的性质和职能

一、中央银行的性质

中央银行虽然是从商业银行发展演变而来,但一旦当其取得中央银行的资格,其性质就随之而改变。商业银行是经营货币的特殊企业,以获取利润为经营目的。中央银行是不以盈利为目的、统管全国金融机构的半官方组织。中央银行作为国家的银行,它是一国金融体系的核心和最高管理机关,负责制定和执行国家的货币金融政策,享有国家法律所赋予的发行货币的权力和其他种种特权。中央银行根据政府经济政策的要求,对商业银行和非银行金融机构进行业务上的管理和调节,以确保信用规模和货币供应适应经济发展的需要。中央银行作为国家管理金融的机构,不直接对企事业单位和个人办理日常的存贷款业务,而是面向商业银行和非银行金融机构,通过制定全国的金融宏观决策、货币政策和信贷政策,运用各种经济手段管理和监督商业银行和非银行金融机构的业务活动,使之适应国家经济政策的要求。

中央银行的宗旨主要有以下四点:

(1)向社会提供可靠的、良好的信用流通工具,为广大社会公众创造灵活方便的支付手段,满足生产和流通的客观需要。

(2)制定和推行货币政策,通过对货币供给的总量调节,保持本国货币价值的基本稳定,防止通货膨胀或通货匮乏,使社会总需求与总供给保持大体均衡,促进经济稳定发展。

(3)履行国家管理全国金融的职责,对整个金融业和金融市场实行有效的监督管理,提高金融效率,维护金融信誉。

(4)作为政府的银行和一国金融体系的代表,调节国际金融关系,管理对外金融活动。

二、中央银行的职能

中央银行的性质和宗旨决定了其有三项职能:发行的银行、银行的银行和政府的银行。

1. 发行的银行

在现代银行制度中,中央银行首先是货币发行的银行。垄断货币发行特权,成为全国唯一的货币发行机构,是中央银行不同于商业银行及其他金融机构的独特之处。

中央银行独占货币发行权,是中央银行发挥其职能作用的基础。中央银行通过掌握货币发行,可以直接地影响整个社会的信贷规模和货币供给总量,通过货币供给量的变动,作用于经济过程,从而实现中央银行对经济的控制作用。一部中央银行史,就是一部从独占货币发行到控制货币供应量的发展史。在当代,控制货币供应量成为各国中央银行的基本职能。货币有如经济中的"血液",中央银行掌握货币发行权,控制着货币供应量,也就掌握着经济"血液"的输入和输出,从而成为经济体系运行的心脏。

在此简要介绍一下我国的货币发行程序。人民币的具体发行是由中国人民银行设置的发行基金保管库(简称发行库)来办理的。所谓发行基金是人民银行保管的已经印好而尚未进入流通的纸币。发行库在人民银行总行设总库,下设分支库,在不设人民银行机构的县市,发行库委托商业银行代理。

各商业银行对外营业的基层行处设立业务库,它保存的人民币是商业银行办理日常业务的备用金。为避免业务库现金存放过多,规定有库存限额。

具体程序为:当商业银行基层行处的现金不足时,到当地人民银行从其存款账户提取现金。于是,人民币从人民银行发行库出库,进到商业银行的业务库,进而进入流通领域。当商业银行基层行之业务库的人民币现金超过规定的限额时,超额的部分必须送交人民银行,回到发行库,退出流通领域,可以用图 4.2 表示。

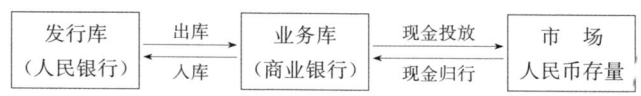

图 4.2　我国的货币发行程序简介

2. 银行的银行

中央银行一般不同工商企业和个人发生往来,只与商业银行和其他金融机构直接发生业务关系,在业务上和政策上对所有金融机构进行指导、管理和监督,同时也为金融机构提供各种服务,主要表现在以下三个方面。

（1）保管商业银行的存款准备金。为了保证存款人的存款安全,利用信用杠杆调节经济,中央银行规定商业银行吸收的存款必须按一定比例向中央银行交存准备金,这使中央银行能够通过各种手段影响商业银行的现金准备数量,从而控制全国信贷规模和货币供应量。

（2）对商业银行提供信贷。商业银行需要补充资金时,可将其持有的票据向中央银行请求再贴现,或以有价证券抵押申请贷款。中央银行对商业银行的贷款,其资金主要来源于国库存款和商业银行交存的准备金。如果中央银行资金不足,则可发行货币。中央银行成为商业银行的"最后贷款者",这是中央银行极为重要的职能。通过对商业银行提供信用,中央银行加强了对它们的监督和管理。

（3）办理商业银行之间的清算业务。商业银行在中央银行开立账户,并在中央银行拥有存款。这样,它们收付的票据则可通过其在中央银行的存款账户划拨款项,办理结算,从而清算彼此间的债权债务关系。这一方面节约了资金的使用,减少了清算费用,解决了单个银行资金清算所面临的困难;另一方面,也有利于中央银行通过清算系统,对商业银行体系的业务经营进行全面及时的了解、监督和控制,强化了中央银行对整个银行体系的监管职能。时至今日,大多数国家的中央银行都已成为全国清算中心。

3. 政府的银行

政府的银行是指中央银行既作为政府管理金融的工具,又为政府提供金融服务。其具体内容如下。

（1）代理国库。中央银行经办政府的财政收支,保管国库的存款,兑付国库签发的支票,代理收缴税款,经办政府公债的发行、还本付息以及其他有关国库的事务,充当国库的出纳。

（2）对政府提供信贷。中央银行作为政府的银行,负有对政府融通资金、解决政府临时资金需要的义务。但是,中央银行仅向政府提供短期贷款,用以弥补财政收支的临时性差额,这种信贷对货币流通总的影响一般不大。在财政赤字长期化的时候,政府如果利用中央银行的信用弥补自己的支出,就会破坏货币发行的独立性,从而使这部分政府的贷款成为威胁货币稳定的因素。所以,许多国家为了稳定货币流通,对中央银行向财政贷款的数量及期限都有法令加以规定,限制财政向中央银行的无限制借款。

（3）管理金融活动,调节国民经济。作为政府的银行,中央银行不以盈利为目的,不受某个经济利益集团的控制,处于一个比较超脱的地位,这样就可以较好地保证一国的各种金融货币政策的制定、实施符合国家的最高利益,为国家的经济发展长远目标服务。中央银行除了是国家货币政策的制定和执行者之外,还是管理金融机构和金融市场的最高当局,负责监督和管理各金融机构和境内金融市场的业务活动。此外,在金融立法方面,一般除国会之外,中央银行作为代表政府管理全国金融的机构,是全国唯一具有金融立法权的机构。

(4)代表政府参加国际金融活动,进行国际金融事务的协调、磋商等。在国际金融事务中,各国政府往往授权中央银行作为本国的代表,参加国际金融组织,参与国际金融重大决策,积极促进国际金融领域里的合作与发展。

三、中央银行的独立性问题

1. 独立性的定义

中央银行的独立性指的是中央银行在法律授权的范围内制定和执行货币政策的自主程度。中央银行的独立性集中反映为:在中央银行和政府的关系上,两者的宏观经济目标是一致的,但又存在分工和协作,在实现目标的措施选择上有所不同。为解决重大经济问题,政府往往要求中央银行更多地按照政府的安排行事。然而,主张中央银行必须保持独立性的意见认为,只有保持中央银行的独立性,解决特殊的金融问题,才能实现国家的经济目标。关于中央银行独立性的问题,不仅是理论问题,也是实践中的争论焦点。

2. 中央银行独立性的历史发展

第一次世界大战之前,西方各国普遍实行金本位制,社会金融形势稳定。此时,政府对中央银行的控制和干预不多,而中央银行也为政府服务,接受其控制,实现其政策意图。

一战爆发后,为了筹措战争费用,各国政府加强了对中央银行的控制,同时也给予央行更多的货币发行权。一战结束后,各国政府继续强化对中央银行的控制,以图重建经济。这段时间里央行的货币发行增长很快,许多国家出现了通货膨胀,金融市场受到冲击,加重了经济困难。

1920年在布鲁塞尔、1922年在日内瓦举行的各国中央银行会议上,呼吁政府减少对中央银行的干预,让央行拥有更多的独立性。之后,许多国家开始从法律上给予央行更多的权力和独立地位。

　　尽管如此,各国政府对中央银行的控制仍有进一步加强的趋势。尤其是 20 世纪 30 年代大危机之后,西方国家政治经济生活陷入混乱和动荡之中,传统的市场经济自发均衡理论受到怀疑,取而代之的是凯恩斯理论的盛行,政府纷纷干预经济运行,央行成为政府调节宏观经济的重要工具。二战后,各国政府对央行控制的继续加强,表现为央行的国有化和新的银行法案的制订和实施。

　　到了 20 世纪 70 年代,布雷顿森林体系崩溃、双挂钩制度不复存在,不兑换的信用货币制度普遍实行,货币的价值不再稳定,世界金融市场波动频繁。此时,中央银行的独立性问题又开始引起重视,政府开始尊重央行的独立地位,而中央银行的法律地位也进一步提高。我们可以从表 4.1 中了解到有关国家中央银行独立性的最新发展情况。

表 4.1　各国中央银行情况

国　家	时　间	情　况　概　要
英　国	1992	央行独立评估对通胀目标的执行进展。
	1993	央行获准相机调整各种利率。
法　国	1993	新法律赋予央行制定而不是仅仅实施货币政策的职责。 政府不得授意于央行或从央行处获得贷款。
德　国	1994	不再继续向政府支付款项。
意大利	1981	废除央行承购国库券的义务。
	1992	央行获得制定贴现率的权力。
	1993	禁止再向政府提供信贷。设定存款准备金要求的权力。
比利时	1993	新法律规定政府在央行职责范围内不得否决其决定,包括货币政策。央行不允许对政府贷款。
西班牙	1994	新法律赋予央行制定、执行货币政策的自主权。延长行长、副行长任期。禁止向政府提供融资。
瑞　典	1989	新法律规定央行对议会而非政府负责;延长行长任期并在任命上减少政治影响。
新西兰	1993	取消向政府经常性开支提供贷款的义务。
日　本	1997	大藏省失去了在央行的如下权力:对央行业务授意、执行检查、解雇人员、保留在董事会的永久席位。

资料来源:《国际清算银行 1997 年年报》。

3. 关于中央银行独立性的理论争论

（1）支持独立论的观点。支持独立论者认为，央行受制于政府，很可能导致通货膨胀。关于央行独立性与通胀的关系历来是一个争论的热点。在许多人看来，政府的行为具有短期性，政治家为了自身目的（例如，为了赢得下一次选举）会追求短期目标。这样，他们就不大会专注于像物价稳定这样的长远目标。相反，他们更热衷于对短期目标的解决，如失业率和利率，即使这样的短期解决方案可能在长期具有不良后果。例如，高货币增长率最初可能带来利率下降，但同时引起通胀，通胀带来利率的上升。当利率偏高的时候，政府可能会要求央行增发货币，结果可能带来进一步的通胀和更高的利率。从实证数据来看，央行的独立性与通胀之间存在负相关关系（虽然这并不能说明两者之间存在必然的因果关系）。

在后文我们还会分析，政府财政赤字可能会对基础货币产生影响。如果政府能够要求央行购买财政部发行的债券以弥补预算赤字，那么将导致政府债务的货币化，增加基础货币的数量。政府的这种行为将导致经济中更强烈的通货膨胀偏向。

另外，主张独立论者认为，货币政策的制定和执行是非常专业的技术性职责，因而不适宜交给政治家来进行决策。

（2）反对独立论的观点。持这种观点的人首先认为，金融体系是整个经济总体的一部分，而政府是对整个经济运行状况负责的，因此金融体系也应该由政府来统一管理。如果政府无法控制中央银行，也就是无法控制决定经济运行的一个最重要的因素，那么政府就无法对整个经济总体负责。并且，货币政策必须和财政政策相配合才能发挥作用。财政政策（政府支出和税收）是由政府控制的，只有把这两种政策置于同一个机构的管理之下，才能防止两种政策之间相互冲突。

反对独立论的人还认为，中央银行如果不对任何人负责，那么，把货币政策这样一种会影响到社会整体利益的重要工具交给中央银行来控制是不民主的。政府或其成员工作绩效不佳可能导致下台或被撤换，而央行即使业绩不理想也没有这样的规定。这样，央行的货币政策行为似乎没有什么约束。

另外，对政府目光短浅的指责也是不全面的，政府官员也可以关心长远目标。中央银行的行为并不见得一定是为经济的长远利益服务的，官僚行为仍然会影响央行的决策。在很多行为上，央行的动机只是扩大自身的权力和威望。

第三节　中央银行的资产负债

中央银行的性质,决定了其区别于商业银行和其他金融机构的业务,中央银行通过其自身的业务操作来调节商业银行和其他金融机构的资产负债,进而实现宏观金融的调控。

一、中央银行的资产负债表

中央银行的业务操作情况集中反映在某一时点的资产负债表上,因此,我们必须先了解中央银行的资产负债表结构。请见表 4.2 所示的 2016 年底的美国联邦储备体系的综合资产负债表。

表 4.2　美国联邦储备体系综合资产负债表(2016 年底)

单位:百万美元

资产项目			负债与资本项目		
项　　目	金额	比重	项　　目	金额	比重
货币黄金	11 037	0.25%	联邦储备券	1 637 993	36.78%
特别提款权	5 200	0.12%	减:被联邦储备银行持有的储备券	175 054	3.93%
硬币	1 873	0.04%	联邦储备券净额	1 462 939	32.85%
贷款和证券			出售回购协议证券	725 210	16.28%
存款机构和季节性贷款	63	0.00%	存款		
财政部证券	2 463 616	55.32%	存款机构存款	1 759 675	39.51%
政府支持企业的债券	16 180	0.36%	财政部一般账户存款	399 190	8.96%
联邦机构债券和政府资助企业的住房抵押贷款支持债券(MBS)	1 741 391	39.10%	国外官方存款	5 165	0.12%

续　表

资产项目			负债与资本项目		
项　目	金额	比重	项　目	金额	比重
未摊销的溢价证券	172 964	3.88%	其他存款	53 248	1.20%
未摊销的折价持有证券	−15 078	−0.34%	总存款	2 217 278	49.79%
贷款与证券总额	4 379 136	98.33%	财政部汇入款项	1 725	0.04%
公开市场体系的应收利息	25 598	0.57%	递延信用项目	922	0.02%
合并报表内权利主体持有的投资组合净额	1 742	0.04%	对"应计利息机构"的合并债务	33	0.00%
外币计价的其他投资	19 442	0.44%	其他负债	4 788	0.11%
央行间货币互换	5 563	0.12%	负债总额	4 412 895	99.09%
其他机构资产	8	0.00%			
其他资产			资本账户		
托收项目	118	0.00%	资本金	30 442	0.68%
银行不动产和设备	2 213	0.05%	盈余	10 000	0.22%
所有其他资产	1 407	0.03%			
资产总额	4 453 337	100.00%	负债与资本总额	4 453 337	100.00%

资料来源：美联储网站。

网址：https://www.federalreserve.gov/publications/files/2016-annual-report.pdf

从表 4.2 可以看出，在美国中央银行的资产中，证券是最主要的资产项目，其中最主要的部分是直接购买财政部证券，2016 年底占总资产比重为 55.32%。过去几十年里，美联储的资产多数都是国债，但自 2007 年下半年以来（2007 年底国债占总资产比重为 80.64%），国债出现下降，而持有的其他金融资产则迅速增加。2008 年金融危机前后，美联储新增了一些资产项目，如住房抵押贷款债券（MBS）、定期证券出借工具（TSLF）、商业票据融资工具（CPFF）和定期资产支持证券贷款工具（TALF）等，并出现了资产负债表快速扩张的现象。其中，2016 年底美联储持有的"联邦机构债券和住房抵押贷款支持债券"为 17 413.91 亿美元，占资产总额比重高达 39.10%，排在资产项目的第二位。而美联储负债项目中,2008年金融危机之前,排在第一位的一直是联邦储备券净额(货币发行),2007年该项目占总负债比重曾高达86.2%。2008年金融危机后,美联储的负债情况发生了很大变化,货币发行占比下降、存款机构存款占比增加,2016年底排在第一位的项目是存款机构存款(占比升至39.51%),排在第二位的项目是货币发行(占比降至32.85%),排在第三位的是出售回购协议证券(占比为16.28%)。总体说来,美联储的以上资产负债结构是与西方国家金融市场发达、公开市场业务操作能充分运用的特点相联系的。

表4.3是我国货币当局2016年12月的资产负债表。

表4.3　我国货币当局资产负债表(2016年12月)

单位:亿元人民币

资 产 项 目	金额	比重	负债与资本项目	金额	比重
国外资产	229 795.77	66.86%	储备货币	308 979.61	89.90%
外汇	219 425.26	63.84%	货币发行	74 884.44	21.79%
货币黄金	2 541.50	0.74%	其他存款性公司存款	234 095.17	68.11%
其他国外资产	7 829.01	2.28%	不计入储备货币的金融性公司存款	6 485.03	1.89%
对政府债权	15 274.09	4.44%	发行债券	500.00	0.15%
其中:中央政府	15 274.09	4.44%	国外负债	3 195.07	0.93%
对其他存款性公司债权	84 739.02	24.65%	政府存款	25 062.70	7.29%
对其他金融性公司债权	6 324.41	1.84%	自有资金	219.75	0.06%
对非金融性部门债权	81.03	0.02%	其他负债	−730.58	−0.21%
其他资产	7 497.26	2.18%			
总资产	343 711.59	100.00%	总负债	343 711.59	100.00%

资料来源:中国人民银行网站。

网址:http://www.pbc.gov.cn/diaochatongjisi/116219/116319/3013637/3013641/index.html

中国人民银行的资产主要是外汇储备、对其他存款性公司债权、对政府债权。可以看出,外汇储备在中央银行资产中占有重要的位置(2016年底中央银行外汇资产规模为 219 425.26 亿元人民币,占央行总资产比重为 63.84%)。这是因为过去十几年来,我国曾出现持续多年的"双顺差"局面,以及在央行采取冲销式干预措施的背景下,外汇储备迅速膨胀,外汇占款也成为基础货币的主要投放渠道之一。这表明中央银行在投放基础货币、调节货币供给方面尚存在较大的被动性。要说明的是,这一局面在 2015 年后发生了一些变化:"双顺差"发生改变,外汇储备资产规模不增甚至有所下降,外汇储备占央行总资产的比重也从历史高位开始回落。从中国人民银行的负债看,主要是其他存款性公司存款、货币发行、政府存款,占比分别为 68.11%、21.79%、7.29%。

比较中国人民银行与美联储资产负债表的结构,我们发现两者有很大的不同。

二、影响基础货币的因素

对中央银行的资产负债进行分析,有助于我们了解中央银行影响商业银行体系的准备金,从而实现金融宏观调控的全过程。

资产负债表的基本恒等式是

$$资产总额=负债+资本项目$$

上述公式也可用下述方程式表达:

$$资产总额=存款机构准备金存款+其他负债+资本项目$$
$$存款机构准备金存款=资产总额-(其他负债+资本)$$

这个方程式的意义很清楚:中央银行资产的增加(或减少),如果资产负债表的其他项目不变动的话,会使存款机构准备金存款增加(或减少);而中央银行负债的增加(或减少),如果资产负债表的其他项目不变动的话,会使存款机构准备金存款减少(或增加)。

可见,中央银行资产负债表上各项目的变动,在决定商业银行体系准备金存款的规模上是起作用的。

1. 中央银行的资产

中央银行资产项目的增加,是导致准备金增加的基本因素。

（1）购买政府证券。这是中央银行为改变银行准备金而进行的公开市场买卖业务。政府证券是西方国家中央银行资产中的最大组成部分,它具有特殊的重要性,因为它是中央银行借以调节银行体系准备金的主要工具。中央银行通过购买证券,使商业银行准备金增加。因为中央银行购买证券必须开出支票付款,出售证券的客户收到支票后将存入商业银行,商业银行将支票转中央银行进行结算,中央银行就在商业银行的中央银行准备金存款账户上增加这笔资金,从而使商业银行在中央银行的准备金存款增加。同样,如果中央银行出售证券,则可使商业银行准备金减少。

（2）贷款和贴现。中央银行给存款机构贷款的增加,将直接增加银行体系的准备金存款。当商业银行把未到期的票据经过背书后送到中央银行再贴现,中央银行就会按贴现率扣除利息,把其余部分贷记借款银行的准备金账户。

（3）黄金和特别提款权。如果黄金和特别提款权增加,银行准备金也将增加同样数额。假设中央银行代表财政部购买价值100万美元的黄金,黄金则成了财政部的资产,财政部则发行100万美元的黄金证券交给中央银行,黄金证券成了中央银行的资产。然后,中央银行把100万美元加进财政部在中央银行的存款账户上。财政部从其在中央银行的存款账户上签发100万美元的支票付给黄金卖主,这100万美元的支票被存入商业银行,商业银行把支票送中央银行结算,中央银行从财政部存款账户中减去100万美元并增加到商业银行在中央银行的存款账户上去。可见,财政部购买黄金,中央银行资产中黄金证券持有额增加,商业银行的准备金存款增加,社会的货币供应量也相应增长。

特别提款权证券是中央银行对国际货币基金组织所创造的、由财政部持有的特别提款权的要求权。特别提款权证券的增加与购买黄金的结果是一样的。

（4）中央银行的其他资产。中央银行其他资产的增加,也会使商业银行的准备金增加。例如,中央银行购买设备或向其他国家中央银行购买外国通货,都由中央银行开出支票支付,当支票被交由银行系统进行结算时,中央银行将贷记收票银行的准备金账户,银行准备金增加。

2. 中央银行的负债

中央银行负债项目的任何增加,都将导致银行准备金的减少。

（1）联邦储备券。这是中央银行最大的负债项目。美国纸币的最大部分是联邦储备券。当社会公众需要较多的通货时，到商业银行提取存款，商业银行则通过其在联邦储备银行的存款账户提取现金向客户支付。这样，流通中的联邦储备券增加，而商业银行在联邦储备银行的准备金存款则减少。

（2）财政部存款。财政部在中央银行的存款增加，也是银行准备金存款减少的因素。当企业或个人向财政部门缴纳税款时，签发支票给财政部门。支票经过结算，会使企业或个人开户的商业银行在中央银行的准备金账户减少同样的金额，而财政部在央行的存款则增加相应的数额。同时，企业或个人在商业银行的存款也相应减少。结果是商业银行的准备金和社会的货币供应都将减少。

（3）外国在中央银行的存款。这类存款大多是外国中央银行在本国中央银行的存款，其变动也会影响到商业银行准备金。这类存款增加，表明本国企业或公众向外国中央银行签发支票金额增加，商业银行在中央银行的准备金存款会减少，而外国在中央银行的存款相应增加。

（4）中央银行的其他负债增加，一般也会影响到商业银行准备金的减少。

总之，中央银行对存款机构准备金数额是有办法施加影响的，而准备金是金融机构进行信贷和投资的基础，中央银行可以通过调整自身的资产负债结构，间接调节金融机构的信贷规模，实现对金融的宏观调控。

三、财政赤字和基础货币

政府财政预算赤字是一种间接影响基础货币量的因素。在此，我们简化地认为：政府收入为税收，预算赤字等于政府支出减税收。为了弥补预算赤字，政府可以采取三种办法：增税、发债或发行通货。为了以下的分析方便，我们假设政府的预算赤字为1亿元，并且全部用于购买办公设备。同时，我们假设其他条件不变。下面，我们分别考察政府弥补预算赤字的各种方法对基础货币的影响。

1. 税收融资

假设政府为购买办公设备征收1亿元税款，公众把1亿元的支票上缴给财政部。这种变动的结果反映在公众、财政部、商业银行体系和中央银行的资产负债表上，具体结果见表4.4所示。

表 4.4　政府征收 1 亿元税款带来各主体资产负债表的变化

(公众以 1 亿元支票形式支付税款)

公　　众

资　　产		负　　债	
银行存款	−1 亿元	应交税金	−1 亿元

财政部

资　　产		负　　债	
应收税金	−1 亿元		
在中央银行存款	+1 亿元		

商业银行体系

资　　产		负　　债	
准 备 金	−1 亿元	公众存款	−1 亿元

中央银行

资　　产		负　　债	
		商业银行准备金	−1 亿元
		财政部存款	+1 亿元

　　而后,财政部向公众支付 1 亿元购买办公设备,有关各方资产负债表变化见表 4.5 所示(指变动之后的数额)。

表 4.5　财政部向公众支付 1 亿元购买办公设备带来各主体资产负债表的变化

公　　众

资　　产		负　　债	
银行存款	0	应交税金	−1 亿元
办公设备	−1 亿元		

财政部

资　产		负　债	
应收税金	－1亿元		
在中央银行存款	0		
办公设备	＋1亿元		

商业银行体系

资　产		负　债	
准备金	0	公众存款	0

中央银行

资　产		负　债	
		商业银行准备金	0
		财政部存款	0

可见,这些交易的净结果没有影响基础货币的数量。所以,用税收方式为政府财政赤字融资,对基础货币没有影响。

如果公众使用通货而非支票纳税,那么纳税后公众和财政部的账户变化见表 4.6 所示(这时商业银行体系和中央银行的账户不发生变化)。

表 4.6　政府征收 1 亿元税款带来各主体资产负债表的变化
(公众以 1 亿元通货形式支付税款)

公　众

资　产		负　债	
通　货	－1亿元	应交税金	－1亿元

财政部

资　产		负　债	
通　货	＋1亿元		
应收税金	－1亿元		

在财政部购买办公设备之后,变化结果见表4.7所示。

表 4.7　财政部向公众支付 1 亿元购买办公设备带来各主体资产负债表的变化

公　众

资　　产		负　　债	
通　　货	0	应交税金	−1 亿元
办公设备	−1 亿元		

财政部

资　　产		负　　债	
通　　货	0		
应收税金	−1 亿元		
办公设备	+1 亿元		

可见,结果一样,对基础货币的影响为零。

2. 债务融资

为简便起见,这里我们只分析公众用通货购买政府债券。对于公众用银行支票购买的情况,与税收融资中的分析类似,请读者自行完成。

政府向公众发行 1 亿元债券,带来的各方账户变化见表4.8所示。

表 4.8　公众以通货购买政府 1 亿元债券带来的各主体资产负债表的变化

公　众

资　　产		负　　债	
通　　货	−1 亿元		
证　　券	+1 亿元		

财政部

资　　产		负　　债	
通　　货	+1 亿元	证　　券	+1 亿元

政府购买办公设备之后,各方的账户变化结果见表4.9所示。

表 4.9　财政部向公众支付 1 亿元购买办公设备带来各主体资产负债表的变化

公　众

资　　　产		负　　　债	
通　　货	0		
证　　券	+1 亿元		
办公设备	−1 亿元		

财政部

资　　　产		负　　　债	
通　　货	0	证　　券	+1 亿元
办公设备	+1 亿元		

由于基础货币的各个项目在此都没有受到影响,所以用发行债券方式为政府支出融资,对基础货币没有影响。

3. 发行通货融资

在许多国家,财政部拥有发行通货的权力,可以通过发行通货来支付政府开支。因此,这将导致基础货币的增加。

不过,在另一些国家,如美国,财政部不能直接为了支出而发行通货,而只能发行证券。这时,财政部想要通过创造货币来为政府支出融资,就要经过两个步骤。首先,如同上面分析的那样,财政部向公众发行债券,获得资金购买办公设备。这一步骤对基础货币没有影响。之后,中央银行通过公开市场操作从公众那里购买这批债券,这将导致基础货币的等额增加。所以,财政部发行的债券若被中央银行购入,将导致基础货币增加。这也称为债务的货币化。

总的来说,政府预算赤字和基础货币的扩张并无必然的联系,关键在于政府弥补赤字的方式。不过,政府债券的发行可能导致债券市场的价格下降,利率上升。中央银行如果要防止利率上升,可能会购入债券以抬高债券价格、压低利率,这会带来基础货币的增加。

第四节　中央银行的货币政策

所谓货币政策,是中央银行为实现其特定的经济目标而采用的各种控制和调节货币供应量或信贷规模的方针和措施的总称。它是一个包括货币政策目标、货币政策工具、货币政策的中介指标、货币政策的效果等一系列内容在内的广泛概念。货币政策是国家经济政策的重要组成部分,是为经济政策服务的。货币政策是中央银行实现其职能的核心所在。

一、货币政策的目标

1. 货币政策目标的形成

20 世纪 30 年代以前,西方各国普遍信奉"自由放任"原则,认为资本主义是一架可以自行调节的机器,能够自行解决经济运行中的矛盾。当时,西方社会普遍存在各种形式的金本位制度,维持金本位制被认为是稳定货币的基础。因此,维持货币币值的稳定及物价稳定是当时货币政策的主要目标。

20 世纪 30 年代世界经济大危机震撼了世界。在这场大危机中,美国的物价水平下跌了 22%,实际国民生产总值减少了 31%,失业率高达 22%。各国政府及经济学家开始怀疑黄金本位的自动调节机能,纷纷抛弃金本位制度。1936 年,凯恩斯的《通论》问世,系统提出国家调节经济的理论,以解决失业问题。第二次世界大战结束后的 1946 年,美国国会通过就业法案,具体地将充分就业列入经济政策的目标。从此,充分就业成为货币政策的主要目标之一。

自 20 世纪 50 年代起,世界经济得到了迅速的恢复和发展。各国经济发展的不平衡性,使美国经济增长率一度落后于其他西方国家。为了保持自身的经济实力和政治地位,美国着重强调经济发展的速度问题,把发展经济、促进经济增长作为当时的主要目标。所以,各国中央银行的货币政策目标也发展成为稳定物价、实现充分就业和促进经济增长三大目标。

20 世纪 50 年代末期以后,国际贸易得到了迅速的发展。在长期推行凯恩斯主义的宏观经济政策后,各国普遍出现了不同程度的通货膨胀,国际收支状况也日益恶化,特别是美国经济实力削弱,国际收支出现巨额逆差,以美元为中心的国际货币制度受到严重威胁。其间,美元出现了两次大危机。许多国家密切注意这种态势的发展,相应提出了平衡国际收支的经济目标。因此,中央银行的货币政策目标也相应地发展为四个,即稳定物价、充分就业、促进经济增长和平衡国际收支①。

2. 货币政策目标的具体含义

(1) 稳定物价。所谓稳定物价,就是指在某一时期,设法使一般物价水平保持大体稳定。亦即在某一时期,平均的价格是相对不变的,但这并不意味着个别商品的价格是绝对稳定的。在动态经济中,整个价格的稳定与个别市场的价格变动并不矛盾。在实际生活中,整个社会物价稳定的同时,会出现某种商品价格上涨或下跌的情形。因为当社会对某种商品的需求增加时,该商品的价格就会上涨,促使这种商品的产量增加,以满足对这种商品需求的增加,价格机制自动发挥了作用。这种价格变动,往往会促使全社会资源得以有效地分配,提高整个社会的经济效益。所以,货币政策目标不是简单地抑制物价水平的上升,而是维持物价总水平的基本稳定。物价上涨与通货膨胀并不是同义词,但稳定物价的实质是控制通货膨胀,防止物价总水平普遍、持续、大幅度的上涨。物价"稳定"应到什么程度呢? 具体指标视各国不同情况而异。但是,任何国家都想把物价上涨控制在最小的幅度内。1970 年后,西方各国通货膨胀日益严重,成为经济上的普遍问题,因而各国都把反通货膨胀、稳定物价当作主要目标。

(2) 充分就业。充分就业并不意味着每个人都有工作,或每个劳动力在现行工资率下都能有一个职位。实际上,充分就业是同某种数量的失业同时存在的。在动态经济中,社会总存在某种最低限度的失业。失业有两种情况:一是摩擦性失业,即由于经济制度的动态结构调整、技

①　美联储在和其他中央银行官员讨论货币政策的最终目标时,经常提及以下六个基本目标:(1)高就业率;(2)经济增长;(3)物价稳定;(4)利率稳定;(5)金融市场稳定;(6)外汇市场稳定(参见弗雷德里克·S·米什金:《货币金融学(第七版)》,中国人民大学出版社,2006 年版,第 406 页)。但是,多数教材提及的货币政策目标都是以下四个:稳定物价、充分就业、促进经济增长和平衡国际收支。

术、季节等原因造成的短期内劳动力供求失调而形成的失业;二是自愿失业,即劳动者不愿意接受现行的工资水平或嫌工作条件不好而造成的失业。这两种失业在任何社会经济制度下都是难以避免的。

除了自愿失业和摩擦性失业之外,任何社会都还存在一个可承受的非自愿失业幅度,即劳动者愿意接受现行的工资水平和工资条件,但是仍然找不到工作,也就是对劳动力需求不足而造成的失业。所以,充分就业并不意味着失业率等于零。

通常以失业率,即失业人数与愿意就业的劳动力的比率来表示就业状况。那么,失业率为多少就可称之为充分就业呢? 或者说一国的可容忍失业程度为多大呢? 有的经济学家认为,3%的失业率就是充分就业;也有的认为,失业率长期维持在4%—5%算充分就业;在美国,大多数经济学家则认为,失业率在5%左右就是充分就业。因此,究竟失业率为多少才是充分就业只能根据各国不同的经济发展状况来判断。要想制定一个精确的指标,作为合理的失业水平,是很难办到的。

(3) 经济增长。经济增长是指一国人力和物质资源的增长。经济增长的目的是为了增强国家实力,提高人民生活水平。经济增长常常带来一些社会问题,如环境污染。靠破坏生态平衡、污染环境带来的经济增长,不能算是真正的经济增长;价格上涨常常会引起国民生产总值的增加,这也不表示经济增长。衡量经济增长最常用的方法是以剔除价格因素后的国民生产总值增长率来衡量一国的经济增长状况。

(4) 国际收支平衡。国际收支状况是一个国家同世界其他国家之间的经济关系,反映一国在一定时期对外经济往来的综合情况。一国国际收支会出现三种情况:国际收支逆差、国际收支顺差或国际收支平衡。在一般情况下,很难实现绝对的国际收支均衡,短期的逆差或顺差却很常见。在一定条件下,逆差不一定是坏事,它意味着得到了所需要的外国商品、服务或必要的援助,有利于吸收国内市场偏多的货币,增加商品供应。在国际经济交往中,要想所有国家的国际收支都保持顺差是不可能的,这意味着经济关系无法维持下去。因此,各国中央银行的货币政策中的国际收支平衡目标,就是要努力实现本国对外经济往来中的全部货币收入和货币支出大体平衡或略有顺差、略有逆差,避免长期出现大量的顺差或逆差。因此,各国在决定货币政策时,不能单纯考虑通货膨胀、失业和经济增长等国内经济目标,国际收支均衡也必须是货币政策的主要目标之一。

3. 政策目标之间的矛盾

货币政策的四个目标，都是国家经济政策的战略目标的组成部分，它们既有一致性，又有矛盾性，各国在制定货币政策时都必须充分考虑到这一点。要同时实现四个目标是非常困难的。在实际经济运行中，通过某种货币政策工具实现某一货币政策目标的同时，常常会干扰其他货币政策目标的实现。具体表现在如下三个方面。

（1）稳定物价与充分就业之间的矛盾。失业率与物价上涨率之间存在着一种此消彼长的关系。要保持充分就业，就必须扩大生产规模，增加货币供应量，从而导致物价上涨；而要降低物价上涨率，就要紧缩银根，压缩生产规模，这又会提高失业率。稳定物价与充分就业两者之间表现出一种矛盾的关系：要实现充分就业目标，必然要牺牲若干程度的物价稳定；而要维持物价稳定，又必须以失业率若干程度的提高为代价。

（2）经济增长与国际收支平衡之间的矛盾。经济迅速增长，就业增加，收入水平提高，结果进口商品的需要比出口贸易增长更快，导致国际收支状况恶化。要消除逆差，则必须压缩国内需求，但紧缩的货币金融政策又同时会引致经济增长缓慢乃至衰退，引发失业增加。

（3）物价稳定同经济增长之间的矛盾。对这个问题颇有争议，有的人认为，通货膨胀可作为经济增长的推动力；也有人认为，通货膨胀与经济增长是形影不离的；还有人认为，除非保持物价稳定，否则不能实现持续的经济增长。从根本上讲，经济的增长和发展为保持物价稳定提供了物质基础，两者在根本上是统一的，关键在于采取什么样的政策来促进经济增长。如果采取通货膨胀政策来刺激经济发展，暂时可能奏效，但最终会使经济发展受到严重影响。因为通货膨胀政策会导致物价恶性上涨，反过来迫使政府采取反通货膨胀政策，最终又降低经济增长率。总之，既要保持高速的经济增长率，又要防止通货膨胀，这确实是一道难题。

在实际经济运行中，既要达到合理的经济增长率、较低的失业水平，又要维持物价稳定、保持国际收支均衡，四者兼顾，同时实现这些目标，是非常困难的。事实证明，货币政策各个目标之间的矛盾是客观存在的。强调一个或两个目标，其他目标就可能会向相反的方向发展；要实现一个目标，就可能会牺牲其他目标。因此，在制定货币政策时，要根据本国的具体情况，在一定时间内选择一个或两个目标作为货币政策的主要目标。

随着政治经济形势的发展变化,货币政策目标的侧重点也会发生变化。

二、货币政策工具

中央银行对货币和信用的调节政策有两大类:一类是从收缩和放松两个方向调整银行体系的准备金和货币乘数,从而改变货币供应量,这就是一般性货币信用管理,它影响货币信用的总量,属宏观性措施;另一类是用各种方式干预信贷市场的资金配置,有目的地调整某些经济部门的货币信贷供应量,从而引起货币结构变化,这就是选择性信贷管理,属微观性措施。因此,中央银行的货币政策工具可分为一般性政策工具和选择性政策工具。

1. 一般性政策工具

一般性货币政策工具即传统的三大货币政策工具,也就是我们通常所说的"三大法宝":再贴现政策、存款准备金政策和公开市场政策。一般性政策工具的特点是:对金融活动的影响是普遍的、总体的,没有特殊的针对性和选择性。一般性货币政策工具的实施对象是整体经济,而非个别部门或个别企业。

(1)再贴现政策。再贴现政策是中央银行传统的货币政策工具。所谓再贴现政策,是指中央银行通过直接调整或制订对合格票据的贴现利率,来干预和影响市场利率以及货币市场的供给和需求,从而调节市场货币供应量的一种货币政策。

当商业银行急需资金时,可以以其对工商企业贴现的票据向中央银行进行再贴现。贴现率实质上就是中央银行向商业银行的放款利率。中央银行提高贴现率,就是不鼓励商业银行向中央银行借款,限制商业银行的借款愿望,这就影响到商业银行的资金成本和超额准备金的持有量,从而影响商业银行的融资决策。同时,商业银行就会因融资成本上升而提高对企业放款的利率,从而减少社会对借款的需求,达到收缩信贷规模和货币供给量的目的。反之,中央银行降低贴现率,则会出现相反的效果。

调整贴现率还有一种所谓的"告示性效应",即贴现率的变动,可以作为向银行和公众宣布中央银行政策意向的有效办法。近年来,贴现政策在某种程度上已演变成为心理上的宣传工具,表明中央银行货币政策的信号与方向,从而达到心理宣传效果。

但是,再贴现政策有一定的局限性。一方面,中央银行处于被动地位,往往不能达到预期的效果。因为尽管中央银行可以通过变动贴现率,使商业银行的融资成本发生变化,并影响其准备金数量,但不能强迫或阻止商业银行向中央银行申请再贴现,商业银行还可以通过其他渠道获得资金。并且通过对借款成本和放款收益之间的比较以及对流动性资产需求的机会成本高低等因素的综合考虑,商业银行未必会增加或减少向中央银行的借款量。另一方面,由于货币市场的发展和效率提高,商业银行对中央银行贴现窗口的依赖性大大降低,再贴现政策只能影响到前来贴现的银行,对其他银行只是间接地发生作用。另外。再贴现政策缺乏弹性,中央银行若经常调整再贴现率,会引起市场利率的经常性波动,使企业或商业银行无所适从。

再贴现的运用及形式,因各国制度而异。例如,英国的传统做法是:中央银行并不直接对商业银行放款,而只是对 11 家贴现银行放款,商业银行则向贴现银行借款。因此,若英格兰银行提高贴现率,则间接影响商业银行的信贷量。英国的贴现率通常高于市场利率,因此又称为"惩罚性利率"。换言之,若贴现银行因向商业银行放款过度,需现金周转而向中央银行借款时,必须支付较高的利息,从而增加了借贷资金的成本。1972年 10 月以后,英国贴现率改称为最低放款利率,一般比国库券利率高半厘左右。然而,美国的贴现率则不是一种惩罚性利率,各商业银行可以直接向联邦储备银行借款。借款的形式主要有两种:一种是用合法票据向中央银行再贴现;另一种是用政府债券作抵押取得借款。

(2)存款准备金政策。存款准备金政策是指中央银行在法律所赋予的权力范围内,通过调整商业银行交存中央银行的存款准备金比率,以改变货币乘数,控制商业银行的信用创造能力,间接地控制社会货币供应量的活动。目前凡是实行中央银行制度的国家,一般都实行存款准备金制度。

存款准备金政策是威力较大的政策工具,法定准备金的调整一般会产生很大的影响。一是对货币乘数的影响。根据信用创造原理,准备率越高,银行存款创造信用的规模就越小,存款准备金所能支持的派生存款数量就越小。二是对超额准备金的影响。表现为决定超额准备的多少,影响商业银行创造信用的基础。调整准备率,若基础货币和准备金总额不变,则超额准备金发生变化,货币乘数扩张或缩小。假定商业银行吸收存款 100 万元,如果法定准备率为 12%,则商业银行应交存中央银行 12

万元作为法定准备金,其余88万元才可以发放贷款。若中央银行抽紧银根,将法定准备率提高到13%,货币乘数变小,这就迫使商业银行削减它们的放款和投资量1万元。反之,若中央银行放松银根,可将法定准备率降至11%,货币乘数变大,商业银行就可提供89万元贷款,比原来可多发放1万元贷款。由于货币乘数的效应,商业银行可以派生发放相当于初始存款金额的若干倍的贷款,并维持相当于初始存款金额若干倍的存款。因此,降低法定准备率,导致货币乘数提高,就能放松银根,扩张经济;而提高法定准备率,货币乘数缩小,就可紧缩银根,收缩经济。这一工具操作简单,对于信用制度不很发达的发展中国家来说,比采用其他两种政策工具要简便得多。

但是,这一政策工具也会产生较大的负面影响。一方面,中央银行难以确定调整准备率的时机和调整幅度;另一方面,许多商业银行也难以迅速调整准备金以符合变动了的法定限额。由于商业银行一般只保留少量超额准备金,因此,即使法定准备金率略有提高,也会把超额准备金一笔勾销,从而使若干资金周转不足的商业银行,或被迫在市价疲软的情况下大量抛售有价证券,或处于资金严重周转不灵的困境。由于法定准备金变动可产生强大的冲击力,所以这一政策工具一般只在少数场合下使用,它只能作为信用调节"武器库"中一件威力巨大而不能经常使用的"武器"。

(3) 公开市场政策。所谓公开市场政策是指中央银行在证券市场上公开买卖各种政府证券以控制货币供给量及影响利率水平的行为。公开市场政策主要是通过影响商业银行体系的实有准备金来进一步影响商业银行信贷量的扩大和收缩,进而影响货币供应量的变动。同时,通过影响证券市场价格的变动,来影响市场利率水平。公开市场政策的基本操作过程是中央银行根据经济形势的变化,当需要收缩银根时,就卖出证券;反之,则买进证券。

中央银行在出售证券时,购买者无论是商业银行还是社会其他部门或个人,经过票据交换和清算后,必然会导致银行体系的准备金减少,通过货币乘数的作用,使商业银行的放款规模缩小,银根紧缩,货币供给量减少,抑制过度需求。同时,中央银行大量出售证券,会使证券价格下跌,市场利率提高,提高借入资金的成本,减少社会投资,抑制国民经济发展过程中投资过热和消费过热的势头。反之,中央银行购进证券,就会出现与上面相反的经济过程,表现为信贷规模扩张,货币供给量增加,市场利率下降,刺激投资和消费的扩张,刺激经济的扩展。

公开市场政策也可用来调节长期证券市场和短期证券市场的利率结构和水平。例如,中央银行在抛售短期证券的同时,购进长期证券,则可压低短期市场利率,提高长期利率,从而影响投资结构。如果购进长期证券和售出短期证券在数量上相等,那么在长、短期利率发生变化的同时,货币供给量则保持稳定。这种活动亦称为调期业务。

公开市场政策作为中央银行最重要的货币政策工具之一,其优点在于:第一,通过公开市场业务可以左右整个银行体系的基础货币量,使它符合政策目标的需要;第二,中央银行的公开市场政策具有"主动权",可以根据不同情况和需要,随时"主动出击",而不是"被动等待",这就比贴现政策优越;第三,公开市场政策可以适时、适量地进行调节,中央银行既可大量买卖有价证券,又可以在很小程度上买进或卖出,这就比威力较大的法定准备金政策灵活;第四,中央银行可以根据金融市场的信息不断调整其业务,万一经济形势发生改变,能迅速作反方向操作,还可以及时改正在货币政策执行过程中可能发生的错误,因而能产生一种连续性的效果,这种效果使社会对货币政策不易作出激烈反映。

从事公开市场操作时须注意以下三点。首先,公开市场业务对货币供应量和利率的影响,应视其买卖净值而定。因为中央银行可以在同一天中同时进行出售和购入业务,如果买进和售出的数额相等,则对货币供给量基本没有影响。对利率变动和结构的影响,则视买卖证券的种类而定。若买卖证券的种类不同,则可能改变利率的期限结构和影响社会的投资结构。其次,中央银行在购入证券后,固然会增加商业银行的准备金,但此举只能为银行体系的信贷扩张奠定条件,并不能迫使银行非扩张信贷不可。反之,中央银行在出售证券后,固然会使商业银行的准备金减少,但若银行准备金仍在法定准备金之上,即银行体系仍有超额准备,则银行体系就无立即收缩信贷的必要。只有超额准备等于或接近于零时,银行体系才非收缩信贷不可。再次,要采用公开市场政策并产生预期的效果,前提条件是必须具有一个高度发达的证券市场,并且是具有相当的深度、广度和弹性的市场。中央银行也必须持有相当的库存证券,才能开展业务。目前,只有少数发达国家才具备这些条件,其他的国家都为条件所限制,对这一政策难以充分加以利用。

在多数发达国家,公开市场操作是中央银行吞吐基础货币、调节市场流动性的主要货币政策工具,通过中央银行与指定交易商进行有价证券和外汇交易,实现货币政策调控目标。中国的公开市场操作包括人民币操作和外汇操作两部分。外汇公开市场操作于 1994 年 3 月启动,人民币公开市场操作于 1998 年 5 月 26 日恢复交易,规模逐步扩大。1999 年以来,公开市场操作已成为中国人民银行货币政策日常操作的重要工具,对于调控货币供应量、调节商业银行流动性水平、引导货币市场利率走势发挥了积极的作用。

从交易制度看,中国人民银行从 1998 年开始建立公开市场业务一级交易商制度。公开市场业务一级交易商(简称"一级交易商"),是指经中国人民银行审定的、具有直接与中国人民银行进行债券交易资格的商业银行、证券公司和信托投资公司。中国人民银行选择了一批能够承担大额债券交易的商业银行作为公开市场业务的交易对象,目前公开市场业务一级交易商共包括 40 家商业银行。

从交易工具看,一级交易商主要可以运用国债、政策性金融债券等与中国人民银行开展公开市场业务。

从交易品种看,中国人民银行公开市场业务之债券交易主要包括回购交易、现券交易和发行中央银行票据。回购交易分为正回购和逆回购两种:正回购为中国人民银行向一级交易商卖出有价证券,并约定在未来特定日期买回有价证券的交易行为。正回购为央行从市场收回流动性的操作,正回购到期则为央行向市场投放流动性的操作;逆回购为中国人民银行向一级交易商购买有价证券,并约定在未来特定日期将有价证券卖给一级交易商的交易行为。逆回购为央行向市场上投放流动性的操作,逆回购到期则为央行从市场收回流动性的操作。现券交易分为现券买断和现券卖断两种:前者为央行直接从二级市场买入债券,一次性地投放基础货币;后者为央行直接卖出持有债券,一次性地回笼基础货币。中央银行票据(简称"央行票据")是中国人民银行为调节商业银行超额准备金而向商业银行发行的短期债务凭证,其实质是中央银行债券,之所以叫"中央银行票据",是为了突出其短期性特点。央行通过发行央行票据可以回笼基础货币,央行票据到期则体现为投放基础货币。央行票据与金融市场各发债主体发行的债券具有根本的区别:各发债主体发行的债券是一种筹集资金的手段,其目的是为了筹集资金,即增加可用资金;而中央银行发行的央行票据是中央银行调节基础货币的一项货币政策工具,目的是减少商业银行可贷资金量。商业银行在支付认购央行票据的款项后,其直接结果就是可贷资金量的减少。

2. 选择性政策工具

选择性货币政策工具是中央银行针对个别部门、企业或特殊用途的信贷而采用的政策工具,这些政策工具可以影响商业银行体系的资金运用方向以及不同信用方式的资金利率。中央银行的选择性政策工具主要有以下三类。

第一,间接信用控制工具。这类工具的主要特点是:作用过程是间接的,要通过市场供求关系或资产组合的调整途径才能实现。这类工具主要有以下五种。

① 优惠利率。中央银行对国家重点发展的经济部门,如出口工业、重工业、农业等,制订较低的贴现率或放款利率,作为鼓励这些部门增加投资、扩大生产的措施。优惠利率多在发展中国家采用。

② 证券保证金比率。中央银行通过对购买证券的贷款规定法定保证金比率,以控制对证券市场的信贷量。规定法定的保证金比率,实际上也就是间接地规定最高放款额。通过调整这个比率,就能影响这类放款的规模。

③ 消费信用管制。中央银行根据需求状况和货币流通状况,对消费者信贷量进行控制,以达到抑制过度消费需求或刺激消费量增长的目的。这种控制手段主要包括规定最低的首期付现的比率和最高偿还期限。提高法定的首期付现比率,实际上就降低了最高放款额,从而抑制对此种用途的贷款需求;反之,则可提高这种需求。调整偿还期限,就会改变贷款者每次分期付款所需的支付额,相应地调整对这类放款的需求。

④ 预缴进口保证金制度。为抑制进口过分增长,中央银行要求进口商预缴进口商品总值的一定比率的外汇存于中央银行,以减少外汇流失。比率越高,进口换汇成本越高,其抑制作用就越大;反之,则越小。这一措施主要是在国际收支经常处于逆差状态的国家使用。

⑤ 房地产信贷管制。为了阻止房地产投机,中央银行限制银行或金融机构对房地产的放款。主要内容包括规定最低付现额和最高偿还期两方面。

第二,直接信用管制手段。直接信用管制是指中央银行以行政命令的方式,直接对银行放款或接受存款的数量进行控制。最普遍的工具是银行贷款量的最高限额和银行存款利率的最高限额。

① 贷款量的最高限额。这种管制方法一般较少采用,中央银行只有在战争、严重的经济危机等情况下,才使用这种行政控制手段。其控制对象主要是商业银行的贷款。控制的方式有两种:一种是控制贷款总量的最高额度;另一种是对贷款进行边际控制,即控制贷款增长的最高比率或幅度。这两种方法都可以达到直接控制信贷规模的目的。

② 存款利率的最高限额。这种手段的目的,是为了通过对存款利率上限进行限定,抑制金融机构滥用高利率作为谋取资金来源的竞争手段。因为用高利率争夺资金,会诱使银行业从事于高风险的、不健全的贷款;同时,银行为争夺资金来源而进行价格竞争,也大大增加了银行业的营业费用。

规定最高贷款限额和最高利率限额是一种直接的行政管理方式。西方经济学家大多认为,这种直接干预方式只能在特殊情况下采用。如果在平时长期采用这些工具,会使金融体系的效率受到损害,迫使受到干预的银行和金融机构千方百计地寻找各种手段来阻碍或回避这些行政管制,从而降低金融体系动员和分配资源的效率。因此,一般来说,中央银行应尽量避免采用直接行政干预。

第三,道义劝导。所谓道义劝导是指中央银行利用其地位和权威,对商业银行和其他金融机构经常以发出书面通告、指示或口头通知,甚至与金融机构负责人面谈等形式向商业银行通报经济形势,劝其遵守金融法规,自动采取相应措施,配合中央银行货币政策的实施。例如,在通货膨胀恶化时,中央银行劝导银行和其他金融机构自动约束贷款或提高利率;在地产与股票市场投机风气盛行时,劝谕各金融机构缩减这类信贷;在国际收支出现赤字的情况下,劝告金融机构提高利率或减少海外贷款等等。

道义劝导工具的优点是较为灵活方便,无需花费行政费用;其缺点是无法律约束力。因此,其效果如何,要视各金融机构是否与中央银行精诚合作而定。由于中央银行地位特殊,特别是作为商业银行的最后贷款者和经营活动的监督者,总是能够促使商业银行与其合作的。

3. 货币政策工具在我国的新发展

近年来,为增强主动提供基础货币的能力,中国人民银行综合运用公开市场常规操作工具、短期流动性调节工具、常备借贷便利(SLF)等多种货币政策工具,保持流动性合理充裕,创设中期借贷便利(MLF)和抵押补充贷款工具(PSL),引导金融机构向国家政策导向的实体经济部门提供低成本资金。

在银行体系短期流动性供求的波动性加大的背景下,为提高应对短期流动性波动的能力,中国人民银行于2013年年初创设了公开市场短期流动性调节工具(short-term liquidity operations,SLO)和常备借贷便利(standing lending facility,SLF),在银行体系流动性出现临时性波动时相机运用。

公开市场短期流动性调节工具作为公开市场常规操作的必要补充,以7天期内短期回购为主,遇节假日可适当延长操作期限,采用市场化利率招标方式开展操作。中国人民银行根据货币调控需要,综合考虑银行体系流动性供求状况、货币市场利率水平等因素,灵活决定该工具的操作时机、操作规模及期限品种等。公开市场短期流动性调节工具的操作对象为公开市场业务一级交易商中具有系统重要性影响、资产状况良好、政策传导能力强的部分金融机构。

常备借贷便利是中国人民银行正常的流动性供给渠道,主要功能是满足金融机构期限较长的大额流动性需求,期限为1—3个月。常备借贷便利的主要特点:一是由金融机构主动发起,金融机构可根据自身流动性需求申请常备借贷便利;二是常备借贷便利是中央银行与金融机构"一对一"交易,针对性强;三是常备借贷便利的交易对手覆盖面广,通常覆盖存款金融机构。常备借贷便利对象主要为政策性银行和全国性商业银行。利率水平根据货币政策调控、引导市场利率的需要等综合确定。常备借贷便利以抵押方式发放,合格抵押品包括高信用评级的债券类资产及优质信贷资产等。

2014年9月,中国人民银行创设了中期借贷便利(medium-term lending facility,MLF)。中期借贷便利是中央银行提供中期基础货币的货币政策工具,对象为符合宏观审慎管理要求的商业银行、政策性银行,可通过招标方式开展。中期借贷便利采取质押方式发放,金融机构提供国债、央行票据、政策性金融债、高等级信用债等优质债券作为合格质押品。中期借贷便利利率发挥中期政策利率的作用,通过调节向金融机构中期融资的成本来对金融机构的资产负债表和市场预期产生影响,引导其向符合国家政策导向的实体经济部门提供低成本资金,促进降低社会融资成本。

2014年4月,中国人民银行创设抵押补充贷款(pledged supplemental lending,PSL)。抵押补充贷款的主要功能是支持国民经济重点领域、薄弱环节和社会事业发展而对金融机构提供的期限较长的大额融资。抵押补充贷款采取质押方式发放,合格抵押品包括高等级债券资产和优质信贷资产。

三、货币政策的传导

货币政策的作用过程,是指货币政策的各种措施的实施,通过经济机制内的各种经济变量,影响到整个社会经济活动。这是一个非常复杂的过程,它包括货币政策的实施、货币政策的工具、货币政策中间目标的选择和控制、货币政策的传导机制。

1. 货币政策的中间目标

(1)中间目标的选择。准确地选择货币政策中间目标,是实现货币政策目标的前提条件。从货币政策工具的运用到货币政策目标的实现之间有一个相当长的作用过程。货币政策目标能为中央银行制定货币政策提供指导思想,却并不提供现实的数量依据。在整个过程中,需要及时了解政策工具是否得力,估计政策目标能否实现。最终目标的统计资料,需要较长时间的汇集整理,因而货币当局对整体经济运行状态,不可能随时随地掌握详尽的数据。但是,货币当局可以在短期内汇集一些经济指标,作为反映货币政策实施效果的指针,以决定货币政策的调整。因此,中间目标的选择是否正确以及选定后能否达到预期调节效果,关系到货币政策最终目标能否实现。可见,中间目标是货币政策作用传导的桥梁,是与货币政策的最终目标相关联的、能有效测定货币政策效果的金融变量。

为使货币政策中间目标能有效地影响货币政策最终目标,货币政策中间目标的选择必须具备以下四个条件。

第一,可控性。中央银行通过各种货币政策工具的运用,能对货币政策中间目标进行有效的控制和调节,能够较准确地控制该中间目标的变动状况及其变动趋势。不现实的、不受中央银行所左右的、无法用来影响货币政策贯彻实施的金融变量,不能选作中间目标。

第二,可测性。中央银行选择的中间目标,对货币政策能敏感地作出反应。这些金融变量概念应明确而清晰,中央银行能迅速而准确地收集到有关指标的数据资料,并且便于进行定量分析。

第三,相关性。中央银行选择的中间目标,必须与货币政策的最终目标有密切的联动关系,中央银行通过对中间目标的控制和调节,就能够促使货币政策最终目标的实现。

第四,抗干扰性。货币政策在实施过程中常会受到许多外来因素或非政策因素的干扰。中央银行所选择的中间目标必须不受这些因素的影响,使货币政策能在干扰度较低的情况下对社会经济发生影响,避免货币当局错误地判断经济形势,造成决策失误、控制失当的局面。

(2)中间目标体系。中央银行货币政策发生作用的过程相当复杂,在这个过程中,要求充当中间目标的某一金融变量同时具备上述条件是很困难的。因此,货币政策的中间目标往往不止一个,而是由几个金融变量组成中间目标体系。在该体系中,中间目标可分为两类:一类是操作目标,它在货币政策实施过程中,为中央银行提供直接的和连续的反馈信息,借以衡量货币政策的初步影响,也称近期目标;另一类是效果指标,在货币政策实施的后期为中央银行提供进一步的反馈信息,衡量货币政策达到最终目标的效果,也称远期目标。

第一,操作目标:超额准备金和基础货币。超额准备金可以反映银行体系扩大放款和投资的能力,也是预测未来货币供应量和利率运行效果的良好"预测器"。中央银行的货币政策工具一般通过调节银行系统的超额准备金而实现对货币信贷的调控。但是,对超额准备金的调控往往受制于商业银行体系的放贷意愿和财务状况。

基础货币是流通中的现金和银行的存款准备金的总和,是中央银行可直接控制的金融变量,也是银行体系的存款扩张和货币创造的基础,与货币政策目标有密切关系,其数额的变化会影响货币供应量的增减。所以,中央银行可以通过操纵基础货币影响货币供应量,影响整个社会的经济活动。因此,将基础货币作为货币政策操作目标,具有重要意义。

第二,效果指标:利率和货币供应量。利率是影响货币供应量和银行信贷规模、实现货币政策的重要指标。利率随中央银行直接控制再贴现率的升降而升降。在任何时候,中央银行都可以观察和掌握到市场利率水平及其结构方面的资料,并根据货币政策的需要,通过调整再贴现率或公开市场操作,调节市场利率,影响消费和投资,进而调节总供求,达到宏观调控的目的。

不过,利率作为中间目标也存在一定的问题,因为利率同时也是经济内生变量。当经济繁荣时,利率会因为资金需求增加而上升;如果货币当局为了抑制过热的需求,采用紧缩政策,结果利率的确上升了,但这种上升究竟是经济过程本身推动的还是外部政策造成的,则难以区分。此时,中央银行就不易判断政策操作是否达到了预期的目的。

货币供应量作为货币政策的中间目标是比较合适的。货币供应量按流动性标准可划分为 M_0、M_1、M_2 和 M_3 等若干层次。只要中央银行控制住这几个货币供应量指标,就能控制社会的货币供应总量。因为,这几项指标都反映在中央银行、商业银行及其他金融机构的资产负债表内,容易获取资料以进行预测分析。M_0 是中央银行直接发行的,由中央银行掌握,只要中央银行控制住基础货币的投放,就基本能控制 M_1、M_2、M_3 的供应量。这几项指标也代表了一定时期的社会购买力。因此,中央银行将这几项指标控制住,就大致控制了社会总需求,有利于达到货币政策的最终目标。货币政策的传导过程如图 4.3 所示。

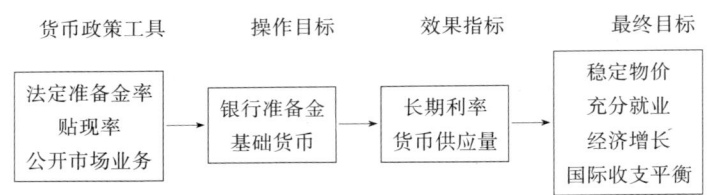

图 4.3　货币政策的传导过程

关于利率和货币供应量这两类货币政策的中间指标,需要作以下两点说明。

一是根据供求分析的结论,利率和货币总量指标不兼容,中央银行可以实现其中一个,但两者不能同时实现:中央银行追求货币总量的指标意味着利率的波动;中央银行遵循利率指标会导致货币供给以及基础货币等准备金总量的波动。因此,基于本国国情选择恰当的中介目标,对于央行实现货币政策效果就非常重要。与此相应,目前,各国央行遵循的货币政策中间指标也有两类。

以我国为例,中国人民银行从 1995 年开始采用货币供应量指标作为货币政策的中介指标,开始时同时公布 M_2 和 M_1 增长率控制目标,由于 M_1 波动较大,与经济的关系不稳定,2007 年开始改为仅公布 M_2 指标。

较长时期以来,我国货币政策重点监测、分析的指标和调控中间目标是 M_2 和新增人民币贷款。在某些年份,新增人民币贷款甚至比 M_2 受到更多关注。然而,由于新增人民币贷款已不能准确反映实体经济的融资总量,因此只有将商业银行表外业务、非银行金融机构提供的资金和直接融资都纳入统计范畴,才能完整、全面监测和分析整体社会融资状况。因此,近年来一个新的指标"社会融资规模"开始出现,并日益受到关注和重视。"社会融资规模"又称为"社会融资总量"。中国人民银行调查统计司司长盛松成在央行网站发表的《社会融资总量的内涵及实践意义》一文中做出了如下界定:"社会融资总量是全面反映金融与经济关系,以及金融对实体经济资金支持的总量指标。社会融资总量是指一定时期内(每月、每季或每年)实体经济从金融体系获得的全部资金总额。这里的金融体系为整体金融的概念,从机构看,包括银行、证券、保险等金融机构;从市场看,包括信贷市场、债券市场、股票市场、保险市场以及中间业务市场等。"其计算公式如下为

社会融资总量＝人民币各项贷款＋外币各项贷款＋委托贷款＋
信托贷款＋银行承兑汇票＋企业债券＋
非金融企业股票＋保险公司赔偿＋
保险公司投资性房地产＋其他。

社会融资总量为一定时期(每月、每季或每年)的新增量。《金融业发展和改革"十二五"规划》提出:"合理调控货币信贷总量,保持合理的社会融资规模。在继续关注货币供应量、新增贷款等传统中间目标的同时,发挥社会融资规模在货币政策制定中的参考作用。"此外,随着我国利率市场化进程的稳步推进,在未来利率作为中间目标的重要性可能也将日益显现。

以美国为例,近年来美联储越来越关注联邦基金利率(federal funds rate,银行间隔夜准备金贷款的利率),并将其作为货币政策的主要监控指标。1994 年 2 月以来,美联储在每次联邦公开市场委员会会议上都公布联邦基金利率目标,这个信息会影响整个经济体的利率体系,于是受到市场参与者的密切关注。

二是由于货币供给量的内生性特点日益明显,使人们认识到中央银行对货币供给的控制不是绝对的。此外,中央银行通过应用货币政策工

具对货币供给量进行控制存在时滞问题,因此 20 世纪末很多国家放弃了货币供应量、而改用利率作为货币政策的中介指标。以利率作为货币政策中介目标,并不排除特殊时期采取货币政策数量工具。例如,在 2008 年全球金融危机和欧美主权债务危机期间,发达经济体相继采取量化宽松的货币政策,其中美联储先后出台四轮量化宽松的货币政策。即便如此,利率仍可能长期处于美国最重要的货币政策中介目标。

2. 货币政策的传导机制

货币政策的传导机制就是货币政策工具的运用引起中间目标的变动,从而实现中央银行货币政策最终目标这样一个过程。当然,货币政策的传导过程事实上并不像我们所说的这么简单;相反,它是一个非常复杂的过程。有关这个过程的认识始终存在很多分歧和争论。以下是关于货币政策传导机制的一些主要理论观点。

(1)传统的利率传导机制。以利率为渠道是传统凯恩斯学派货币政策传导机制的核心,其基本思路可以表示为:货币政策工具→M(货币供应)↑→r(利率)↓→I(投资)↑→Y(总收入)↑。货币政策的作用过程,先是通过货币供量的变动影响利率水平,再经过利率水平的变动改变投资活动水平,最后导致收入水平的变动。货币政策对收入水平影响的大小取决于:货币政策对货币供应量的影响,这取决于基础货币和货币乘数;货币供应量对利率的影响;利率对投资水平的影响;投资水平对收入的影响,这取决于投资乘数的大小。

在这一传导机制中,核心变量为利率 r,这也是凯恩斯学派的基本观点——强调利率在经济中的核心作用。同时,利率传导机制还强调,影响消费者和企业决定的是实际利率而非名义利率,而且常常是实际的长期利率而非短期利率被认为对投资支出有主要的影响。

实际利率而非名义利率在影响支出是一个非常重要的原则。它很好地解释了:即使在通货紧缩时期,当名义利率达到零利率时,货币政策仍然可以刺激经济。当名义利率位于零点时,扩张性货币政策将提高预期物价水平和预期通货膨胀率。于是,即使名义利率固定在零利率,实际利率仍然会下降,进而通过上面的利率渠道刺激支出,即:货币政策工具→M(货币供应)↑→P^e(预期物价水平)↑→π^e(预期通货膨胀率)↑→r(利率)↓→I(投资)↑→Y(总收入)↑。这一过程因此揭示了当名义利率被货币管理当局调低至零利率时货币政策仍然是有效的。事实上,这一过程正是货币政策学派解释为什么在大萧条时期美国经济没有陷入流动性陷阱，扩张性货币政策仍然有效阻止了产出急剧下滑的关键一环。

凯恩斯学派的传统利率传导机制的前提条件是利率对消费和投资支出的巨大影响。然而，利率在经济中的作用一直是人们争论的焦点，这就导致传统的利率机制受到越来越多的质疑，从而激励着人们去寻找其他的货币政策传导机制。

（2）资产价格渠道。货币主义学派反对用 IS—LM 模型来分析货币政策对经济的影响的一个重要原因就是，它只专注于一种资产价格即利率，而不是考虑许多资产价格。在货币学派提出的传导机制中，货币政策是通过其他相关的资产价格以及真实财富作用于经济的。因此，与凯恩斯学派观点不同，货币主义学派不认为利率在传导机制中具有重要作用，而是强调货币供应量在整个传导机制中的直接作用。他们认为，货币是一种具有独特性质的资产，它是包括实物资产和金融资产在内的所有资产的替代物，因此货币政策传递机制同时在货币市场和商品市场进行；也就是说，增加货币供应量在开始时会降低利率，使银行贷款增加、货币收入增加和物价上升，从而导致消费支出和投资支出增加，引起产出提高，直到物价上涨将多余的货币量完全吸收掉为止。因此，货币政策的传导机制主要不是通过利率间接地影响投资和收入，而是通过实际货币余额的变动直接影响支出和收入，即：货币政策工具→M→E→Y。

那么，除了反映利率水平的债券以外，还有什么资产的价格是我们需要关注的呢？

① 汇率渠道。随着经济全球化的发展和浮动汇率的出现，汇率对净出口的影响已成为一个备受关注的货币政策传导机制。国内货币供应量的增加会使得利率下降，此时与用外币计价的存款相比，国内的本币存款吸引力降低，导致其相对价值下跌，即本币贬值。本币的贬值会造成本国商品相对于外国商品便宜，因而在一定条件下会增加净出口 NX，继而总产出增加。所以，货币政策的汇率传导机制为：货币政策工具→M（货币供应）↑→r（利率）↓→e（汇率）↓→NX（净出口）↑→Y（总收入）↑。

② 股价渠道。就货币传导机制而言，有两种重要的与股本价格相关的渠道：托宾的 q 理论和消费的财富效应。

詹姆斯·托宾发展了一种货币政策通过影响股票价格而影响投资支出的理论，通常被称为托宾的 q 理论。这里的 q 被定义为企业的市场价值除以其资本的重置成本。如果 q 很高,那么企业的市场价值要高于资本的重置成本,新厂房和设备的资本要低于企业的市场价值。公司可发行股票,而且能在股票上得到一个比他们正在购买的设施和设备要高一些的价格。由于厂商可以发行较少的股票而买到较多的新的投资品,投资支出便会增加。当 q 较低时,结果正好相反。

这一论述的关键在于,在托宾的 q 和投资之间存在一种联系。但是,货币政策又是怎样影响股票价格的呢?货币主义学派认为,当货币供给增加时,社会公众就会发现他们所持有的货币比所需的要多,于是就会通过支出来减少持有的货币。去处之一就是股票市场,社会公众增加对股票的需求从而提高股票的价格。于是,我们便可以得到托宾 q 理论的货币政策传导机制:货币政策工具 $\rightarrow M$(货币供应)$\uparrow \rightarrow P_e$(股票价格)$\uparrow \rightarrow q\uparrow \rightarrow I$(投资)$\uparrow \rightarrow Y$(总收入)$\uparrow$。

另一种借助股票价格的货币传导渠道是依靠消费的财富效应来运转的。这种观点认为,消费支出是由消费者毕生的资财所决定的。这种资财由人力资本、实物资本以及金融财富所构成。金融财富的一个主要组成部分便是普通股。因此,当货币扩张导致股价上升时,金融资产的价值也上升,导致消费者毕生资财增加,从而消费上升。于是,我们得到财富效应的货币传导机制:货币政策工具 $\rightarrow M$(货币供应)$\uparrow \rightarrow P_e$(股票价格)$\uparrow \rightarrow$ 财富 $\uparrow \rightarrow$ 消费 $\uparrow \rightarrow Y$(总收入)$\uparrow$。

(3)信贷渠道。由于传统的利率效应对货币政策如何影响长期资产成本的解释并不能令人满意,由此一种新的强调金融市场不对称信息的货币政策传导机制应运而生。信贷市场上的信息不对称问题产生了两种货币政策传导渠道:银行贷款渠道及资产负债表渠道。

① 银行贷款渠道。银行贷款渠道的出发点在于商业银行在金融体系中所扮演的特殊角色,即它们不仅为大型企业提供间接融资,而且更重要的是它们能够为一些无法在资本市场进行融资的中小型企业提供信贷资金。就货币政策的传导而言,扩张性货币政策将增加银行的准备金和存款,从而使得银行的贷款量上升。贷款量的增加将刺激企业投资和公众的消费。因此,简化的银行贷款渠道就是:货币政策工具 $\rightarrow M$(货币供应)$\uparrow \rightarrow$ 银行存款 $\uparrow \rightarrow$ 银行贷款 $\uparrow \rightarrow I$(投资)$\uparrow \rightarrow Y$(总收入)$\uparrow$。

这种信贷观点的一个重要启示就是:货币政策对那些更依赖银行贷款的小公司的作用,要大于对那些可以不通过银行而由股票和证券市场直接进入融资市场的大公司的作用。

②资产负债表渠道。尽管银行贷款渠道的重要性正在下降,然而另一种信用渠道——资产负债表渠道——却并非如此。资产负债表渠道也产生于信用市场中的信息不对称。公司的资产净值越低,贷款给这些公司所产生的逆向选择和道德风险就越大,因为净值较低意味着贷款人对其贷款只拥有较少的抵押品,则违约带来的损失也更高。净值的下降使逆向选择问题更严重,因为这会致使用于金融投资的贷款减少;净值的下降也使道德风险上升,因为它意味着所有者所拥有的公司的股本价值下降,这就更加促使他们去参与高风险的投资项目。进行风险更高的投资项目使得贷款人得不到偿还的可能性增大,故公司的资产净值下降会导致贷款的减少,进而引起投资下降。

货币政策可以通过多种途径来影响公司的资产负债表。

首先,扩张性的货币政策使股票价格上升,增加公司的资产净值。由于逆向选择和道德风险下降,使得投资增加,引起总需求上升:货币政策工具→M(货币供应)↑→P_e(股票价格)↑→净值↑→贷款↑→I(投资)↑→Y(总收入)↑。

其次,降低名义利率的扩张性货币政策改善了公司的资产负债表,因为它增加了现金流,因而降低了逆向选择和道德风险。于是,又形成了另外一条资产负债表渠道:货币政策工具→M(货币供应)↑→r(利率)↓→现金流↑→贷款↑→I(投资)↑→Y(总收入)↑。

最后,由于债务一般是事先确定的,并且利率通常是固定的,因此通货膨胀率的增加会使债务的实际价值减少,降低企业的债务负担,然而却不会降低公司资产的实际价值。所以,货币扩张会使公司实际净资产价值增加,降低逆向选择和道德风险,从而使投资和总产出增加:货币政策工具→M(货币供应)↑→P(未预期物价水平)↑→净值↑→贷款↑→I(投资)↑→Y(总收入)↑。

以上所介绍的信用渠道尽管大部分都是针对商业企业支出的,但是它对于消费者支出同样适用,尤其是耐用消费品和住房。货币紧缩导致银行贷款的下降,消费者由于无法接触其他的信贷来源,于是不得不减少耐用品和房屋支出。同样,由于消费者现金流所受到的不利影响,利率的上升会导致家庭资产负债表的恶化。

四、货币政策的效果

1. 影响货币政策效果的因素

(1) 货币政策的时滞。货币政策从制订到最终目标的实现,必须经过一段时间,这段时间称为货币政策的时滞(time lag)。时滞是影响货币政策效果的重要因素。通常货币政策的时滞大致有三种:第一种为认识时滞(recognition lag),即从需要采取货币政策行动的经济形势出现到中央银行认识到必须采取行动所需要的时间;第二种为决策时滞(decision lag),即从央行认识到必须采取行动到实际采取行动所需的时间。上述两种统称为货币政策的内在时滞(inside lag);第三种为货币政策的外在时滞(outside lag),即从央行采取货币政策措施到对经济活动发生影响、取得效果的时间。内部时滞的长短取决于货币当局对经济形势发展的预见能力、制定对策的效率和行动的决心等因素,一般比较短促,也易于解决。只要中央银行对经济活动的动态能随时、准确地掌握,并对今后一段时期的发展趋势作出正确的预测,中央银行对经济形势的变化,就能迅速作出反应,并采取相应的措施,从而可以减少内部时滞。然而,外部时滞所需时间较长,货币当局采取货币政策行动后,不会立即引起最终目标的变化,它需由影响中间目标变量的变化,通过货币政策传导机制,影响到社会各经济单位的行为,从而影响到货币政策的最终目标,这个过程需要时间。但是,究竟这种时滞有多长时间,以及对货币政策效果的影响力度如何,西方国家的学者有不同看法:一派认为这一时滞相当长,约2年,而且变幻无常;另一派学者则认为时滞不过为6—9个月而已。

(2) 合理预期因素的影响。合理预期对货币政策效果的影响,是指社会经济单位和个人根据货币政策工具的变化对未来经济形势进行预测,并对经济形势的变化作出反应。这可能会使货币政策归于无效。例如,政府拟采取长期的扩张政策,只要公众通过各种途径获得一切必要信息,他们将意识到货币供应量会大幅度增加,社会总需求会增加,物价会上涨,公众将认为这是发生通货膨胀的信号。在这种情况下,工人会通过工会与雇主谈判提高工资,企业预期工资成本增大而不愿扩展经营,或人们为了使自己在未来的通货膨胀中免受损失而提前抢购商品。最后的结果是只有物价的上涨而没有产出的增长。显然,公众对金融当局采取政策的预期以及所采取的预防性措施,使货币政策的效果大打折扣。

(3) 其他因素的影响。除以上因素外,货币政策的效果也受到其他外来因素或体制因素的影响,例如客观经济条件的变化等。一项既定的货币政策出台后总要持续一段时期。在这一时期内,如果经济条件发生某些始料不及的变化,而货币政策又难以作出相应的调整时,就可能出现货币政策效果下降甚至失效的情况。政治因素对货币政策效果的影响也是巨大的。当政治压力足够大时,就会迫使中央银行对其货币政策进行调整。

2. 货币政策的执行原则

货币政策的时滞等因素给政策的实施带来困难,并产生不良后果,这就在如何执行货币政策的问题上引发了争端。

货币学派主张,应制定"单一规则"来代替"相机抉择",即中央银行应长期一贯地维持一个固定的或稳定的货币量增长率,而不应运用各种权力和工具企图操纵或管制各种经济变量。货币主义相信市场机制的稳定力量,认为在经济繁荣、需求过旺时,固定货币增长率低于货币需求增长率,因此具有自动收缩经济过度膨胀的能力;而在经济不景气、需求不足时,固定货币增长率高于货币需求增长率,因而又具有自动刺激经济恢复的能力。同时,由于时滞的存在和人为判断失误等因素,"相机抉择"的货币政策往往不能稳定经济,反而成为经济不稳定的制造者。

与此相反,凯恩斯学派则赞成中央银行采取"相机抉择"政策,认为市场经济并无自动调节或稳定的趋向,而且货币政策的时滞是短暂的,中央银行应会同财政部门,依照具体经济情况的变动,运用不同工具和采取相应措施来稳定金融和经济。中央银行一旦认定目标,就要迅速采取行动。在情况发生变化或原有预测与所采取的行动有错误时,要及时作出反应,纠正错误,采取新的对策。

3. 货币政策和财政政策的配合

中央银行的货币政策若想获得最大效果,则必须与政府其他部门特别是财政部进行充分合作和协调。货币政策和财政政策的共同点在于通过影响总需求来影响产出。货币政策是通过调节利率或货币供应量来调节货币需求,进而影响总需求;财政政策是政府通过对其支出和税收进行控制而影响总需求。在调控经济活动时,为了避免相互抵消作用,增强调控力度,这就需要货币政策与财政政策相互协调配合。

(1) 松的财政政策和松的货币政策配合。这种配套产生的政策效应是财政和银行都向社会注入货币,使社会的总需求在短时间内迅速得到扩展,对经济活动具有强烈的刺激作用。但是,运用这种政策要在一定条件下才是可取的,即只有在经济中存在大量尚未被利用的资源时才可采用。如果没有足够的闲置资源,那将会导致通货膨胀的后果。

(2) 紧的财政政策和紧的货币政策配合。在这种政策配套下,货币当局加强回收贷款,压缩新贷款,紧缩银根,压缩社会总需求;财政部则压缩财政支出,增加其在中央银行的存款,减少社会货币量。这种双重压缩,会使社会上的货币供应量明显减少,社会总需求得以迅速收缩。这种政策能有效抑制恶性通货膨胀,但要付出经济萎缩的代价。

(3) 紧的财政政策和松的货币政策配合。在这种配套中,财政收支严加控制,年度收支保持平衡,甚至有盈余;银行则根据经济发展需要,采取适当放松的货币政策。这种政策配套适合于在财政赤字较大,而经济处于萎缩的状态时采用。

(4) 松的财政政策和紧的货币政策配合。在这种配合中,银行严格控制货币供应量,同时国家可动用历年结余,也可用赤字办法来适当扩大支出。这种配套适合于在经济比较繁荣,而投资支出不足时采用。

西方国家往往将货币政策与财政政策相配合运用,以达到政策的最佳效果。如何配合、采取哪种模式,应视经济情况需要而灵活运用。不管如何,只有通过财政政策与货币政策的合理搭配才能达到最佳的政策效果,这已为许多国家的实践所证实。

五、我国对完善货币政策调控体系的探索①

1. 优化货币政策目标体系

更加突出价格稳定目标,关注更广泛意义的整体价格水平稳定。处理好促进经济增长、保持物价稳定和防范金融风险的关系。合理调控货币信贷总量,保持合理的社会融资规模。在继续关注货币供应量、新增贷款等传统中间目标的同时,发挥社会融资规模在货币政策制定中的参考作用。

---

① 参考资料:中国人民银行等:《金融业发展和改革"十二五"规划》;吴晓灵:《中国金融"十二五"规划出炉　市场化改革提速》(载于《2012 年国际金融十大新闻》,《国际金融研究》2013 年第 1 期)。

2. 健全货币政策操作体系

完善市场化的间接调控机制,逐步增强利率、汇率等价格杠杆的作用,推进货币政策从以数量型调控为主向以价格型调控为主转型。完善公开市场操作目标体系、工具组合和操作方式,增强公开市场操作引导货币市场利率的能力。加强存款准备金工具与公开市场工具的协调配合。充分发挥再贷款、再贴现的作用,支持经济结构调整,促进薄弱环节发展,防范和化解金融风险。根据经济金融形势,合理安排货币政策工具组合、期限结构和操作力度,加强货币政策工具之间的协调配合,强化流动性管理,调节货币信贷增长。

综合上述"优化货币政策目标体系、健全货币政策操作体系"两点内容,预计我国未来货币政策框架可能出现三重变化。一是最终目标的变化。货币政策目标由"保持物价稳定,并以此促进经济增长"转为"关注更广泛意义上的价格稳定"。二是中介目标的变化。提出在继续关注货币供应量、新增贷款等传统中间目标的同时,更加强调对社会融资总量的关注,发挥社会融资规模在货币政策制定中的参考作用。三是操作工具的变化。从"以数量型调控为主向以价格型调控为主转变",逐步增强利率、汇率等价格杠杆的作用。

六、发达国家货币政策操作的发展与新变化[1]

20 世纪 90 年代以来,发达国家的货币政策操作发生了很大的变化,如将法定准备金制度改变成零准备金制度、将以公开市场操作为主的利率调控转为利率走廊调控、实行通货膨胀目标制、应用泰勒规则制定货币政策等。

1. 将法定准备金制度改变成零准备金制度

20 世纪 90 年代,德国、法国、日本和美国等国家都大幅度地降低了准备金率;新西兰、澳大利亚、比利时、科威特、挪威、瑞士、英国、墨西哥、

---

[1] 本部分内容主要参照以下资料整理而得:(1)胡海鸥、贾德奎编著:《货币理论与货币政策(第二版)》,世纪出版集团、上海人民出版社 2007 年 9 月版,第 277—285 页;(2)弗雷德里克·S·米什金著:《货币金融学》,中国人民大学出版社,第 406—408 页、第 415—425 页;(3)范方志:"通货膨胀目标制研究",《经济研究参考》,2007 年第 62 期,第 38—48 页。

加拿大等则先后实行了零准备金制度。零准备金制度应运而生。如此变革既是货币需求大幅度减少的结果,又是货币需求进一步减少的原因。它将对货币银行制度的演变、商业银行的运作和央行货币政策的实施产生深远影响。

所谓零准备金制度,不是不要缴纳准备金,也不是解除准备金制度,而是规定商业银行在结算日的准备金余额为零的制度。之所以出现零准备金制度的主要原因有以下五个方面:

其一,商业银行已经不再需要法定准备金来保障它的流动性。其二,法定准备金异化成商业银行额外负担的法定"准备金税",法定准备金制度因此具有某种财政的含义,而不具有货币政策工具的意义。其三,准备金制度的实施有悖公平的原则,在法定准备金异化成"准备金税"的背景下,越是大银行越可以少交准备金、越是小银行越是要承担准备金税的负担,准备金负担的不公平也使其失去了调节所有商业银行信用创造规模的功能。其四,市场的完善、金融环境的稳定、央行操作水平和未来可预见性的提高减少了商业银行的准备金需求。其五,电子货币的流通和发展降低了对准备金的需求。

零准备金制度实施时人们担心货币乘数会趋于无穷大,因为准备金率的倒数是货币乘数,准备金率为零就是货币乘数无穷大。实际情况并非如此。因为货币乘数为法定准备金率、超额准备金率和现金漏损率三者之和的倒数,实行零准备金制度,超额准备金率和现金漏损率仍不为零。而且,法定准备金率为零,自发准备金率并不为零,因为商业银行有要用以满足日常兑现的需求,所以货币乘数不会无穷大,尽管这三者也因为货币需求的减少而变得很小,货币乘数相应比以前大得多,但仍不会趋于无穷大。

2. 部分发达国家采用利率制定的"通道/走廊机制"("利率走廊机制")

一方面,近年来,世界上许多国家的中央银行都降低或者取消了法定准备金率:在美国,1990年12月联邦储备体系取消了定期存款的法定准备金率;1992年4月,又将支票存款的法定准备金率从12%调低到10%;加拿大迈的步子更大,1992年6月生效的《金融市场法》取消了两年以上存款的法定准备金;瑞典、新西兰和澳大利亚的中央银行甚至取消了全部的法定准备金。法定准备率的降低引起了一些人的担忧:如果准备金率的需求为零,中央银行可能无法对利率施以控制。另一方面,在过去的二十年中,电子结算系统和电子货币的发展大大减少了发达国家对基础货币的需求,许多选择控制货币供应量的中央银行都意识到货币需求的高度不稳定,货币增长率不再是预告通胀的适当指标。以上两方面的因素促使加拿大、澳大利亚、新西兰等国放弃货币量调控而转向了利率的"通道/走廊"调控。这些国家央行采用货币政策实施的通道/走廊机制表明,中央银行仍然可以有效地设定类似联邦基金利率的银行间隔夜利率。

"利率走廊"是一个管理市场流动性的政策操作设定,主要被中央银行用于平滑货币市场利率的波动。中央银行通过向商业银行提供存贷款便利而设定一个利率操作区间,以用于控制货币市场利率的波动。在典型的利率走廊操作中,操作区间的上限为中央银行的贷款利率,在清算资金出现不足时,商业银行可以此利率向中央银行申请抵押贷款;下限是商业银行在中央银行的准备金存款利率,商业银行的清算余额(或超额储备)可以此利率存在中央银行。在这样的设定下,短期市场利率与存贷款利率变动的时间序列轨迹便形似一条"走廊",即"利率走廊",也称为"利率通道"。以下是简单的分析:

在通道/走廊机制中,中央银行建立了类似美国和大部分工业国家实施的常备贷款便利,中央银行可以随时向银行提供所需的利率为 i^l 的隔夜贷款,这一常备贷款便利称为"伦巴第贷款便利(Lombard facility)",这些贷款的利率被称为"伦巴第利率(Lombard rate)"。中央银行无法规定银行借款的规模,只能随时向银行提供利率为 i^l、金额不限的贷款。因此,如图 4.4 所示,准备金供给的数量在 i^l 的水平上是水平的(供给具有无限弹性)。原因在于,如果以 i_{ff} 表示的隔夜利率开始上升,并且超过 i^l,商业银行就会无限地从中央银行借入贴现贷款。

中央银行在通道/走廊机制中还建立了另外一种常备便利,即向商业银行愿意在中央银行保留的准备金(存款)支付固定的存款利率 i^r。因此,如果隔夜利率开始下跌,并低于这个利率水平,商业银行就不会在隔夜市场上放贷,而会增加在中央银行的存款(相当于向中央银行发放的贷款),从而降低了中央银行的准备金数量。于是,准备金供给的数量在 i^r 的水平上也是平坦的。在 i^r 至 i^l 之间,准备金供给量等于由公开市场操作所决定的非借入准备金 R_n。如果预计准备金的需求为零,非借入准备金也会被设定在零水平上。因此,准备金的供给曲线如图 4.4 所示。

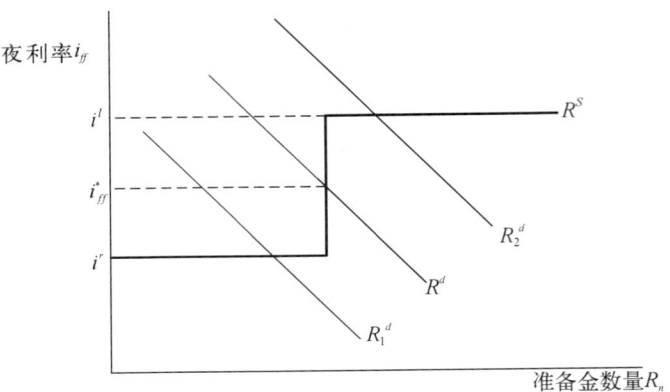

图 4.4　利率设定的通道/走廊机制

说明:在利率设定的通道/走廊机制中,常备贷款便利形成了平坦的供给
曲线 R^s。如果需求曲线在 R_1^d 和 R_2^d 之间移动,隔夜利率 i_{ff} 就总是介于 $[i^r,$
$i^l]$ 区间内。

　　准备金的需求曲线 R^d 通常是向下倾斜的。如图 4.4 所示,如果需求
曲线左移到 R_1^d,隔夜利率也不会低于 i^r;如果需求曲线右移到 R_2^d,隔夜
利率也不会高于 i^l。因此,通道/走廊机制确保中央银行将隔夜利率保持
在狭窄的通道/走廊内,其上限为 i^l,下限为 i^r。在加拿大、澳大利亚和
新西兰,贷款利率 i^l 高于所公布的目标利率 i_{ff}^* 25 个基点(0.25 个百分
点),而中央银行向准备金支付的利率 i^r 则低于目标利率 25 个基点。更
深入的分析表明,中央银行可以设定准备金的需求,使得需求曲线和供给
曲线在所公布的隔夜利率目标 i_{ff}^* 上相交,这样,同利率目标的偏离就会
非常小。这一分析的重点在于,通道/走廊机制能够帮助中央银行,无论
准备金的需求为多少,甚至在其为零的情况下,都能设定隔夜政策利率。
　　古特瑞(Guthrie)和赖特(Wright)在 2000 年提出了拆借利率的基本
模型,他们认为,不仅拆借利率只能在中央银行设定的存贷款利率之间波
动,而且均衡拆借利率也只能在此存贷款利率之和的 1/2 的位置上,此时
商业银行的超额准备金为零。超额准备金为零,就是中央银行既不向银
行系统注入基础货币,也不从中抽出基础货币。这样的均衡也表明,央行
只要确定自己的存贷款利率,就不仅规定了拆借利率的波动范围,而且决

定了均衡拆借利率,从而可以实现无货币供给量变动的利率调控。

关于"利率走廊"调控方案,也引起了我国学术界和货币当局的关注。如有学者认为,我国目前的利率市场化改革,无法完全参照美国的模式进行,相反近年来引起各国央行广泛关注的无货币供应量变动调控利率的方式(利率走廊调控方式)很适合我国国情。如果我国依此模式进行利率改革,将变现有的劣势为优势,大大缩短利率市场化的时间,以最小代价取得实质突破①。此外,时任央行支付结算司司长欧阳卫民于 2008 年 10 月提出,中国可探讨借鉴"利率走廊"的调控方式、让支付系统成为货币政策操作的平台,其具体调控手段,是通过在全额实时支付系统中设置参与者在中央银行存款和向中央银行贷款的利率来实现②。

3. 实行通货膨胀目标制

20 世纪 80 年代以来,一些国家的中央银行把实行通胀目标制作为实现价格稳定、增强央行可信性的重要手段。包括新西兰、英国、加拿大、以色列、瑞典等在内的逾 20 个国家的央行实行了通胀目标制,并取得了较好效果,特别是在拉丁美洲这一效果表现得更为明显。亚洲的部分国家是在亚洲金融危机之后采用通货膨胀目标制的,其中,韩国最早采用通货膨胀目标制;此后,菲律宾、泰国和印度尼西亚先后实行通货膨胀目标

---

① 胡海鸥、贾德奎:"无货币供给量变动的利率调控:我国利率市场化道路的另类选择",《上海金融》2003 年第 1 期。

② 时任央行支付结算司司长欧阳卫民于 2008 年 10 月 28 日在社科院金融所的金融论坛上提出,中国可探讨借鉴"利率走廊"的调控方式。参见欧阳卫民:《可探讨让支付系统成为货币政策操作平台》,中国证券网 2008 年 10 月 29 日。欧阳卫民指出,目前支付系统的发展为试行"利率走廊"调控模式提供了可能。目前,央行大额支付系统可以提供自动质押融资和日间透支等融资机制,其功能和效率均达到了国际先进水平。从处理的业务量来看,大额支付系统已成为社会资金运动的大动脉;从参与者来看,各政策性银行、商业银行已全部加入大额支付系统,各级农村信用社法人机构也大部分加入了大额支付系统。支付系统可将隔夜自动质押融资利率和超额准备金利率分别作为利率走廊调控区间的上下限。在此基础上,处理好公开市场操作与"利率走廊"之间的关系,将公开市场操作定位为基础货币管理工具和辅助的流动性调节工具,而稳定短期市场利率的任务则主要由利率走廊来完成。"利率走廊"的调控与日趋成熟的 Shibor 一起,为我国货币政策由数量型调控向价格型调控转变提供了条件,支付系统也将成为货币政策操作的重要平台。欧阳卫民表示,这种模式既简便了利率调节的方式,又应对了电子支付的快速发展对货币供应量调控带来的挑战。

制。从传统的以控制货币供应量为主的货币供应量目标和以稳定汇率为主的汇率目标到明确公布通货膨胀目标的通货膨胀目标制是世界金融领域一个重大的变化,毫无疑问,通货膨胀目标制无论是对货币政策理论的发展还是实践都将产生深远的影响。

"通货膨胀目标"尚没有比较统一的定义。根据伯南克的观点,通货膨胀目标是由官方公开宣布未来一段时间内需要达到的通货膨胀目标或区间,明确承认低的、稳定的通货膨胀率是货币政策的首要长期目标(Bernanke,1999)。一般认为,通货膨胀目标制是一种以保持低的和稳定的通货膨胀为目标的货币政策制度或政策框架,这一框架以价格稳定为货币政策的首要目标,目的是实现和保持较低的通货膨胀率。在通货膨胀目标制下,传统的货币政策体系发生了重大变化,在政策工具与最终目标之间不再设立中间目标,货币政策的决策依据主要依靠定期对通货膨胀的预测,由政府或中央银行根据预测提前确定本国未来一段时期内的中长期通货膨胀目标,中央银行在公众的监督下运用相应的货币政策工具使通货膨胀的实际值和预测目标相吻合。

通货膨胀目标制主要包括五个方面的基本要素:(1)中央银行的独立性,即中央银行应具备一定程度的工具独立性;(2)稳定价格的制度性承诺,即价格稳定成为中央银行的主要目标,就业和产出则成为次要目标;(3)通货膨胀名义锚,即中央银行明确发布通货膨胀目标,并对通货膨胀进行预测,根据通货膨胀目标确定货币政策工具以实现该目标;(4)货币政策透明度,即中央银行定期公布通货膨胀报告和货币政策报告;(5)责任性,即中央银行对实现通货膨胀目标负责。这5个要素既是通货膨胀目标制所要求的基本内容,同时也是实行通货膨胀目标制所需具备的基本条件。

通货膨胀目标制兼具规则和相机抉择的六个优点:(1)所有使用通货膨胀目标制的国家的法律框架明确地将价格或货币稳定设定为中央银行的首要目标,并给予中央银行运用政策工具的独立性;(2)通货膨胀目标制是一种前瞻性政策,具有名义锚的作用,在降低通货膨胀(存在滞后效应)和私人对通货膨胀预期方面是成功的,即一旦达到这一目的,它同时也有助于价格稳定,特别是在防止通货膨胀的一次性冲击对通货膨胀产生持久性影响方面;(3)可以提高货币政策的透明度和可信度,强化中央银行的纪律性和责任性,进而减少政策制定者在短期内的机会主义行为；（4）可以把中央银行意图传达给金融市场和公众,有助于降低未来通货膨胀过程的不确定性；（5）央行在维持长期价格稳定的目标内有应对短期经济形势变化的灵活性等作用；（6）通货膨胀目标制是"受约束的相机抉择"的政策框架。

从通货膨胀目标制的效果来看,实行通货膨胀目标制的大多数国家实现了低通货膨胀和低通货膨胀预期。

4. 泰勒规则的应用

目前美国联邦储备体系是通过联邦基金利率指标来实施货币政策的。但是,如何确定这个指标呢？美国经济学家约翰·泰勒给出了答案,即所谓的"泰勒规则（Taylor rule）",这一规则在其他部分国家也得到应用。

泰勒规则也称利率规则,是由泰勒经过长期的研究和实证分析,于1993年提出的一条货币政策调整规则,该规则表明了中央银行的短期利率工具依经济状态而进行调整的方法。以泰勒规则的方程为代表,其基本公式为[①]

$$i_0 = r_f + \pi_t + \alpha(\pi_t - \pi^*) + \beta\Delta y_t$$

其中, i_0 为名义利率, r_f 为均衡实际利率（长期内和充分就业相适应的利率）, π_t 为 t 期实际通货膨胀率, π^* 为目标通货膨胀率, $\pi_t - \pi^*$ 为通货膨胀缺口, Δy_t 为产出缺口,即实际 GDP 与潜在充分就业水平下的 GDP 估计值的百分率偏差, α、β 为管理层分别对通货膨胀、产出调控目标重视程度的权重,且 $0 \leqslant \alpha \leqslant 1, 0 \leqslant \beta \leqslant 1$。

根据这个公式,央行进行利率调控。如果实际通货膨胀超过目标通货膨胀,央行相应提高利率；如果实际经济增长超过目标经济增长（经济增长的背后是就业,且与经济增长同方向变动）,央行也只能提高利率；如果这两种情况反过来,央行相应调低利率。如果两者同方向变动,利率变动的幅度就比较大；如果两者变动幅度、方向不一致,央行的利率变动根据此两者变动互相抵消的净额进行。此外,两者提高的幅度由 α、β 的值

① 泰勒规则方程式的另外一种较简洁的表达形式是： $i = i^* + c(\pi - \pi^*) - b(u - u^*)$。其中因变量 i 为名义利率, i^* 是名义目标利率；π 为实际通货膨胀率, π^* 为目标通货膨胀率；u 为实际失业率, u^* 为自然失业率；a、b 是正的系数。

所决定。为简化分析,有时候进一步假设 $\alpha + \beta = 1$,则:如果央行把经济增长和它背后的就业看得比通货膨胀更重,α 接近于 0,央行调控主要根据经济运行状况,而不怎么在乎通胀的实际变化;反之,如果央行把通胀看得比就业更重要,α 值接近于 1,它就可能为稳定物价,而听任就业有较大幅度的变动。当然,在更多的情况下,央行对这两者都不敢掉以轻心,所以 α 和 β 的值可能都在 0.5 左右。

在泰勒规则中,通货膨胀缺口和产出缺口的同时存在表明,中央银行不但应该控制通货膨胀,而且应该减小产出围绕潜在水平周期性波动的幅度。对泰勒规则存在产出缺口的另一种解释是,根据菲利普斯曲线理论(本书将在第八章第三节具体介绍),产出缺口是未来通货膨胀率的指示器。泰勒还指出,当发生严重的外来冲击时,货币政策不必拘泥于这个公式。但是,他强调这个规则提供了一个货币政策的思路:选择一个通货膨胀目标,不仅考虑到当前的通货膨胀,而且也考虑失业的情况。

以美国为例,目前美国联邦储备体系通过联邦基金利率指标来实施货币政策,泰勒规则为确定联邦基金利率提供了测算工具。如果政策规则需要调整利率,联邦公开市场委员会便告知通过公开市场操作适当地调整货币供应。根据泰勒的研究,在美国,联邦基金名义利率对($\pi_t - \pi^*$)的反映系数为 0.5,对产出缺口 Δy_t 的调整系数也为 0.5。因此,泰勒规则运用于美国的表达形式为

$$联邦基金利率指标=均衡实际联邦基金利率+通货膨胀率$$
$$+1/2×通货膨胀缺口+1/2×产出缺口$$

下面是将泰勒规则应用于实践的一个例子。泰勒通过对美国联邦储备体系从 1987—1992 年货币政策的研究发现,美国实际均衡利率和目标通胀率均为 2%。假定通货膨胀率为 3%,导致正的通货膨胀缺口(3%—2%=1%),而实际 GDP 大于潜在水平 1%,有正的缺口 1%。于是,根据泰勒规则,联邦基金利率应将 i_0 应定在如下水平:

$$i_0 = r_f + \pi_t + \alpha(\pi_t - \pi^*) + \beta \Delta y_t$$
$$= 2\% + 3\% + \frac{1}{2} × (3\% - 2\%) + \frac{1}{2} × 1\% = 6\%$$

根据米什金对美联储货币政策的研究:在 1970—1979 年的伯恩斯时期,联邦基金利率一直低于泰勒规则所计算的水平,这个事实有助于解

释为什么在这个时期通货膨胀率高涨；在沃尔克时期，当时美联储试图迅速拉下通货膨胀率，联邦基金利率总的说来要比泰勒规则所示的要高；在格林斯潘时期，实际的联邦基金利率与泰勒规则规定的利率之间密切相关。

本章内容提要

1. 中央银行制度是商品信用经济发展到一定阶段的产物。中央银行是在商业银行的基础上发展演变而来的。从商业银行发展为中央银行,经历了一个较长的历史演变过程,大体可分为三个阶段。

2. 中央银行是不以盈利为目的、统管全国金融机构的半官方组织,是一国金融体系的核心和最高管理机关。西方主要国家的中央银行有四项宗旨:提供良好的信用流通工具、制定和推行货币政策、管理全国金融和调节国际金融关系。中央银行的性质和宗旨决定了其发行的银行、银行的银行和政府的银行这三项职能。

3. 由于西方各国的社会制度、政治体制、经济发展水平、金融业发展程度以及各国国情等千差万别,因而各国中央银行,以西方几个主要国家为例,在所有制形式、组织结构、与政府的关系以及管理体制方面各有差异。

4. 中央银行的性质,决定了其区别于商业银行和其他金融机构的业务。中央银行业务操作情况集中反映在某一时点的资产负债表上。中央银行可以通过调整自身资产负债结构,影响存款机构准备金数额,间接调节金融机构的信贷规模,实现对金融的宏观调控。

5. 货币政策是中央银行为实现其特定的经济目标而采用的各种控制和调节货币供应量或信贷规模的方针和措施的总称。中央银行货币政策的目标是稳定物价、充分就业、促进经济增长及平衡国际收支。中间目标的选择和控制是实现货币政策目标的前提条件。货币政策工具的运用引起中间目标的变动,从而实现最终目标即为货币政策的传导机制。货币政策实施效果,受诸多因素制约,引起货币执行原则的争论以及财政政策与货币政策的协调。中央银行的一般性政策工具为再贴现政策、存款准备金政策和公开市场政策,选择性政策工具为间接信用控制工具、直接信用管制工具和道义劝导。

6. 20世纪90年代以来,发达国家的货币政策操作发生了很大的变化,如将法定准备金制度改变成零准备金制度、将以公开市场操作为主的利率调控转为利率走廊调控、实行通货膨胀目标制、应用泰勒规则制定货币政策等。

本章基本概念

发行的银行　银行的银行　政府的银行　单一中央银行制　联邦中央银行制　双线多头银行管理体制　一线多头银行管理体制　货币政策　货币政策的目标　中间目标　操作目标　效果指标　货币政策的传导机制　货币政策的时滞　货币规则　相机抉择　一般性货币信用管理　选择性货币　信用管理　再贴现政策　存款准备金政策　公开市场政策　优惠利率　证券保证金比率　消费信用管制　预缴进口保证金制度　房地产信贷管制　直接信用管制　道义劝导　央行回购交易　央行现券交易　中央银行票据　社会融资规模　零准备金制度　利率走廊　通货膨胀目标制　泰勒规则

本章思考题

1. 如何理解中央银行制度是商品经济发展到一定阶段的产物,是经济发展的客观要求和必然结果?

2. 简述中央银行发展的三个阶段。

3. 如何评价中国人民银行的地位和作用,你对中国中央银行的发展有何看法及建议?

4. 中央银行的性质和宗旨是什么?

5. 简述中央银行的三项职能。

6. 如何从所有制形式、组织结构、与政府的关系及管理体制四方面分别将西方主要国家的中央银行进行分类?

7. 中央银行资产负债表的大致构成如何?

8. 中央银行资产负债表上各项目的变动对银行准备金的影响如何?并解释原因。

9. 中央银行货币政策目标的具体含义是什么以及它们之间的矛盾何在?

10. 为什么要选择货币政策的中间目标? 中间目标选择要具备什么条件?

11. 中间目标体系有哪两类? 各包括哪些变量?

12. 比较各种不同的货币政策传导机制。

13. 影响货币政策效果的因素有哪些? 它们是如何影响的?

14. 简述"单一规则"与"相机抉择"政策的争论。

15. 中央银行对基础货币的控制能力有何特点?

16. 为什么中央银行的资产业务规模会影响其货币供应量?

17. 中央银行向券商购买1亿元国库券对货币供应的影响与向商业银行购买有什么不同?

18. 货币政策与财政政策的协调策略有哪几类以及具体内容是什么?

19. 传统的三大货币政策工具的优缺点何在?

20. 请简述近年来我国对完善货币政策调控体系的主要内容。

21. 请简述20世纪90年代以来,发达国家的货币政策操作发生了哪些主要的变化。

第五章　金融抑制、深化和创新

　　在当今的社会,经济与金融已经紧密地结合在一起,任何国家的经济发展都离不开金融的大力支持。因此,对金融发展与经济发展之间关系的研究也就成了国际经济学界的一个热门课题。20 世纪 70 年代初,以爱德华·肖(E. S. Shaw)和罗纳德·麦金农(R. I. Mckinnon)为代表的经济学家,以广大发展中国家为样本,将这一研究引入更深层次,并提出了全新的"金融抑制与金融深化"理论,这对于迫切希望摆脱贫困的发展中国家来说具有重要的指导意义。就我国的现状而言,推动金融改革的深化,加快金融创新的步伐已成为当务之急,因此研究和借鉴这一理论对于我国的经济发展无疑也会起到有益的作用。

第一节　金 融 抑 制

　　爱德华·肖和罗纳德·麦金农等人认为,发展中国家有着一些共同的特点:劳动生产率低、人口众多、生活水平低下、过分依赖农产品和初级产品出口等,此外,还有一个影响经济发展的重要因素——"金融抑制"。

　　所谓金融抑制是指一国的金融体系不健全,金融市场机制未充分发挥作用,经济生活中存在过多的金融管制措施,而受到压制的金融反过来又阻滞着经济的成长和发展。

一、金融抑制的根源

金融抑制现象的产生并不是偶然的,它有着复杂的经济、政治和社会历史根源。

麦金农认为,发展中国家的经济具有严重的"分割性":资金、技术、土地、劳动力等生产要素分散于零散的经济单位之中,国内市场也处在割裂状态,无法发挥其合理配置要素的功能,市场价格千差万别,生产效率和投资收益率也因时因地而异,这种"分割经济"也就决定了金融体制的割裂与脆弱。由于市场机制的不健全,资金很难通过统一的金融市场来流通,有限的金融机构不能充分发挥"导管"的作用,因而投资多局限于本行业之中,用于投资的资本也只能依靠企业内部的积累,而这种"内源融资"的盛行无疑又减少了企业和个人的储蓄倾向,导致发展中国家的一个常见病——储蓄不足,进而影响到社会的再投资能力,造成全社会范围内效益的损失,延缓了经济发展,并且给一些发展中国家政府进行人为干预制造了"最佳"的借口。可见,经济的分割性是造成金融抑制的一个重要原因。

从政治方面看,由于大多数发展中国家是摆脱殖民统治后取得独立的,所以新政府对于国家主权有强烈的控制欲望。他们大多对宗主国实施的所谓"自由经济"政策给自己带来的恶果记忆犹新,自然对"市场"的作用持怀疑态度,加之本国经济的落后与割裂,因此他们宁肯相信政府干预的力量而不愿将国家的经济命脉交由那只"看不见的手"来操纵。据此,这也许不难解释为什么发展中国家里存在如此众多的经济管理部门和管理政策,而这些恰恰是金融抑制的突出表现。

另外,对高利贷和通货膨胀的恐惧也是导致金融抑制的一个重要原因。对大多数发展中国家来说,高利贷就意味着剥削,意味着社会财富的分配不公,而且支付了高额利息的生产商又会通过成本推进效应,将这笔费用计入最终产品的价格中,从而导致通胀率的上升。因此,在政府看来高利率的借贷活动必须禁止并代之以政府的财政计划和信贷配给。这种做法的结果是硬性规定了银行存贷款的利率上限,实际利率同名义利率相差甚远甚至为负数,金融体系对储蓄的吸引力日渐衰弱,而随配给制而来的特权与腐败现象却蔓延开来。实际情况往往是:发展中国家的金融体系的活动受到这样或那样的限制,而流通中的名义货币量却未受到有效控制,通胀的阴影依旧笼罩在人们的头上。

二、金融抑制的手段和表现

由于上述的种种原因,发展中国家的政府常常实施一些错误的金融政策和金融制度,主要表现为:政府对金融活动的强制干预。例如,人为地控制利率和汇率等,这就是所谓的"金融抑制"。

我们知道,利率作为资金的价格,反映着资本的社会稀缺程度,并能够灵活地调节社会资金的供求关系。然而,由于惧怕高利率会引发高通胀,一些发展中国家的政府采取了规定存贷款利率上限的做法。这种僵硬的名义利率往往低于实际的通货膨胀率,对于储蓄者来说,得到的实际利率为负数,当然就不愿将货币余额再存入金融体系之中;另一方面,较低的贷款利率又刺激了借款人的强烈的借款需求,导致资金需求远远大于供给。于是,他们纷纷转向非组织的金融市场来寻求所需的资金。这种游离于金融体系之外的融资反过来又加剧了金融管制的盛行,政府会更加坚定地认为"市场机制会带来无效和混乱",并采取诸如信贷配给的办法来分配有限的社会资本,消除总需求缺口。事实上,得到资金的往往是与政府机构有着密切关系的某些"特殊部门和行业",配给制并未使急需资金的企业获得足够的"动力",对中小工商业者和农民来讲,筹资的困难更大。

在这些国家的外汇市场上也存在着类似的情况:由于本国经济的长期落后,有相当数量的产品需要依赖进口,于是政府常常采取高估本币、低估外币的办法来保持本币币值的相对稳定性,这样一来,即便是在国内通胀率不断上升的情况下,进口商的实际支付也不会发生太大的变化。然而,能够以官方汇率获得外汇的只有那些持有进口许可证的特权机构,而广大用汇企业和个人只能转向外汇黑市交易。这一方面导致发展中国家幼小的外汇市场发育缓慢;另一方面,本币高估对该国出口来说也是一个灾难性的打击,并造成经济上的长期依赖性和落后性。

除了以上所述的利率和汇率控制之外,发展中国家在金融管理方面还有许多弊病。例如,政府部门高度集权,管理机构重复设置,财政政策和货币政策互相矛盾等。以财政政策为例,发展中国家的政府为了扶植本国的"新兴产业",不惜用增加公共税收、提供财政补贴的办法来增加投资,并给予那些所谓的"先进企业"以税收优惠,提供宝贵的外汇帮其引进国外最先进的技术装备。然而,先进的技术装备却常常因吸收能力有限而被闲置,大量的投资和补贴助长了企业的依赖思想,生产效益仍旧停留于低水平上;相当一部分生产投入转化成消费资金,增大了通胀压力。这种财政补贴的做法实质上违背了政府控制货币数量的初衷,并且用低效和显失公平的分配手段取代了高效、公平的金融导管作用,从而抑制了金融体系的发展。

在发展中国家中受到抑制的金融体系有两个显著表现:

第一,金融市场不健全。国家意志代替经济规律,行政指令胜于市场调节,金融市场还处在萌芽阶段。由于经济上的分割性,银行和非银行等金融机构又多局限于各自的传统领地内活动,它们之间缺少一个完整的有机的短期货币市场来连接,同业拆借的资金量少得可怜。分割经济又使得外部投资收益具有很大的不确定性,不断上升的通胀率也打击着投资者的信心,因而证券市场上的交易品种和数量十分有限,中长期资本不易流动。外汇汇率由官方决定,过度的外汇需求只能求助于黑市交易,而在有组织的外汇市场上则充斥着多重汇率和用汇额度。

第二,金融工具单调。这主要表现在银行等储蓄机构仅仅开办存、贷款业务,而且期限单一,利率僵硬,无法满足储蓄和借贷双方对金融资产流动、盈利和安全性等方面的需要;因商业信用不佳,商业票据无法广泛流通;证券交易品种有限,投资者缺乏选择金融资产的机会。

三、金融抑制的后果

由于金融与经济的密不可分性,金融抑制战略会对经济发展产生影响,主要表现为以下四个负效应。

1. 负收入效应

公众所持有的实际货币余额 M/P 越多,储蓄和投资就越多,而储蓄和投资的增加又会带来生产的增长和收入的提高。但是在许多发展中国家里,情况却恰恰相反。那里大多存在着较严重的通胀,但名义利率却受到严格限制。人们为了逃避通货膨胀,自然就会减少以货币形式保有的储蓄,从而导致投资来源枯竭,收入水平长期停滞不前。

2. 负储蓄效应

许多发展中国家试图用规定名义利率上限的做法来控制货币数量。而在通胀率很高的情况下,较低的名义利率只能造就更低的实际利率,使储蓄者不得不减少其储蓄倾向,用购买物质财富、增加消费支出和向国外转移资金的办法来回避风险；即便是有储蓄意愿，也因金融资产单调、流通变现困难等原因而受挫，这就不能不影响全社会中储蓄占国民收入的比重。

3. 负投资效应

由于发展中国家急于实现"工业现代化"，常常利用国家集权将有限的资金投向那些大规模、高技术的新型产业，无形中就限制了向其传统部门的投资，特别是阻碍了农业的正常发展，使得本国不得不增加对粮食和原材料的进口，这种需求缺口有时还要靠外援来填补。对于农业和小规模生产行业的资金歧视，又严重地影响了出口的增长，使国民经济的对外依赖性进一步增强。在某些资本—劳动比率很高的行业中，不熟练的生产技术和过剩的生产能力，又降低了投资的实际产出，造成资金的浪费。

4. 负就业效应

金融抑制战略对传统经济部门的限制迫使大量劳动力涌向城市。城市工业的规划者们常常忽略了本国人口众多的国情，热衷于建立资本密集型的工厂和企业。但是，这些企业只能把很小部分的闲散劳动力吸纳进去，那些未被吸纳的劳动力则形成了一个声势浩大的"城市贫民阶层"，并且伴随着生产的发展和技术的改进，失业现象会更加普遍，社会成员间的贫富分化进一步加剧。

第二节　金融深化

爱德华·肖和罗纳德·麦金农等经济学家一致认为，金融抑制是欠发达国家经济发展的一大障碍，要想实现经济迅速增长，就必须实现一系列的金融自由化政策，这就是所谓"金融深化"。

一、金融深化的出发点——"实际货币需求"

根据"深化论"的观点，一个受市场经济调控的金融体系的效率要远远高于受人为干预的金融体系，深化的目标就是要放松过多的行政干预，让金融体系充分发挥其有效的配置资金的作用，以促进经济的增长。

麦金农认为，金融深化的核心内容是"促进实际货币需求的增长"。

他将发展中国家的货币需求用以下这个函数来表达:

$$(M/P)^d = L[Y \cdot I/Y(D - P^*)]$$

其中,$(M/P)^d$ 表示实际货币需求;Y 代表收入;I 指投资;I/Y 为投资占收入之比;D 是各类存款名义利率的加权平均数;P^* 为预期的通货膨胀率。麦金农认为:发展中国家经济发展需要大量货币资金的投入,在内源融资盛行的背景下,积累实际货币是投资的前提。只有在持有实际货币的收益率较高时,人们才会增加对实际货币的需求,进而增加储蓄和投资,促进经济增长。所以,$D - P^*$ 这一变量所代表的货币存款的实际收益,在决定实际货币需求 M/P 方面起着十分重要的作用。如果$D - P^*$ 为正数,则说明货币持有者所得到的收益率为正,那么他就愿意将货币余额用于储蓄和投资,从而形成现金积累和资本积累的良性循环;如果$D - P^*$ 为负数,那他显然会对金融体系敬而远之,造成储蓄资源的枯竭。因此,金融深化政策的首要任务应是保持一个较高的"货币存款的实际收益",以此来刺激人们对实际货币余额 M/P 的需求。

二、金融深化的内容

我们知道,要促进 M/P 的增长就要确定一个合适的实际利率水平 $D - P^*$。

考虑到发展中国家存在着较为严重的通货膨胀,就必须取消不恰当的利率限制,让银行等金融机构有权提高存贷款的名义利率,保证货币资产的实际收益为正数,以此来吸取储蓄,优化投资结构。因为对金融资产支付的高利率如果大大高于企业内部投资的实际产出,那么,许多资金便会顺着"金融导管"流向更高效益的企业,这就在全社会范围内实现了资本的优化配置,而较高的贷款利率也会促进借款企业努力改进技术,提高资本使用效率。由此可见,提高货币的实际收益率,对于激发金融体系的活力来说具有十分重要的意义。当然,也有人担心,一旦金融机构拥有存贷款利率的浮动权,政府就失去了对信贷规模的控制,大量信贷资金就会冲击市场并抬高物价,国家为控制通胀所做的一切努力都会付诸东流。因而他们主张国家还要用行政手段来严格控制信贷量。事实上,放松对金融机构存贷款利率限制是金融深化的重要步骤,这并不意味着政府对宏观金融调控的放松。相反,在调高利率的同时,政府还应对名义货币量进行有效调节——因为名义货币量 M 和其增长率 $\dot{M}$，对稳定市场价格起着十分重要的作用。麦金农认为：面对高通胀率，发展中国家的中央银行的首要任务是控制住名义货币的增长率 $\dot{M}$，因为只有这样才能有效减少过量的货币对市场价格的冲击。与此同时，金融机构再适当提高存款的名义利率 D，使货币持有者的实际收益 $D-P^*$ 上升，从而增加对实际货币的需求，并扩大对社会再生产的投入。这两种政策的搭配既保证了市场价格的稳定，又不会阻碍经济的增长。

金融深化的另一个重要步骤就是放松汇率限制。由于存在着金融抑制，发展中国家的本币币值被人为地高估，固定汇率制为"特权阶层"带来了无尽的好处。所以对于这些国家来说，纠正这些人为的扭曲就成了当务之急。爱德华·肖认为，"维护货币价值高估的措施是不公平的"。高估本币汇率只会使进口许可证和外汇配额的持有者获得垄断利益，而出口行业和行业中的工人则受到歧视。所以他主张将高估的货币贬值，让汇率真正反映国内外货币价值之比，有效地减少对外汇的过度需求，并刺激出口，改善国际收支状况。有人担心货币贬值会诱发通胀，爱德华·肖认为，"通胀恰恰是贬值的原因而不是结果"。名义货币增长过多，本币的内在价值才会下降，而贬值不过是使汇率同货币的实际购买力相一致，那种用控制汇率来抑制通胀的办法是得不偿失的。也有人害怕贬值会加重本国的外债负担，而爱德华·肖认为，债务的名义价值增加了，而实际价值并未变，相反，贬值促进了出口增长，鼓励本国产品与进口品的竞争，以致还本付息占国民生产总值之比率反而下降，对外资的依赖性会逐渐减弱。在"汇率制度"的选择问题上，爱德华·肖赞成弹性汇率制。因为在其他条件不变的前提下，国际投资者都希望保持投资收益的稳定性和资本的流动性。因而，当一国国内通胀上升，而固定汇率制又不能做出相对调整时，国外投资者们就不可能保持原有的投资收益率，进而就失去了投资兴趣。只有在采用弹性汇率时，投资收益才会随着该国通胀水平的变动而变动。当然，金融深化的政策还包括外汇的自由兑换，也就是说，取消政府对外汇支付和转移的种种限制，允许国外投资者将其赚得的利润换成外汇汇往国外。只有当货币在广泛和高效率的空间内进行自由支付和转移时，货币才能实现最大的收入效应，资本在全社会范围内才能达到最有效配置。对于缺乏资金的发展中国家来说，这是吸引大量外资的前提之一。

金融深化的进行还需要财政改革与之协调。在金融抑制的背景下，繁重复杂的财政税收降低了人们的实际收入水平，削弱了公共储蓄的基础；而名目繁多的财政补贴和信贷配给又加剧了社会财富的分配不公。因此，爱德华·肖认为，财政改革的第一步就是合理规划财政税收，例如采取一系列税收减让政策，特别是降低"存款利率税"水平，让储蓄者的利益得到切实保障，从而减少税收的偷逃和挥霍式的消费，并自愿增加储蓄。其结果要比通过强制增税来增加社会总投入好得多。改革的第二步是减少不必要的财政补贴和配给。由于贷款利率受到压制，补贴和配给就成了解决过度资金需求的手段。但是，这会强化资本市场的不完善性，并改变实际贷款利率结构，使得有些企业可以以很低的成本借入资金，而另外一些企业却无法获得发展所需的资金，久而久之，那些优先获得投资的部门就会形成一个新的资本市场的分割部分，随之而来的是工农业差距的拉大、现代工业和传统工业不平衡的发展，以及社会贫富的进一步分化。因此，有必要减少对低效国营企业和某些特权行业的补贴，取消不平等的信贷配给，代之以按市场利率发放的贷款。所有这些财政改革无疑会强化金融体系的资金集散功能，而金融的深化又将导致收入和财富的增加——这意味着财政税收基础的扩大。

除了以上所述的利率、汇率和财政的改革之外，金融深化战略还包括：放松对金融业务过多的限制，允许金融机构之间开展竞争，大力发展各类金融市场、增加金融工具、改善对外贸易和吸引外资的环境等等。可以想象，这将是一个复杂、综合和深刻的改革进程。

三、金融深化的理论贡献

传统的金融深化理论的发展大致经历了两个阶段。1973年，爱德华·肖和罗纳德·麦金农分别出版了《经济发展中的金融深化》和《经济发展中的货币与资本》两本著作，从而标志着"金融深化"理论的建立。在第一阶段中，麦金农、肖以及约翰·格利、雷蒙德·戈德史密斯等理论创始者从发展中国家经济的"欠发达"出发，向凯恩斯主义提出了挑战，它结束了赤字货币化下高通货膨胀给经济带来的不利影响，使发展中国家走上了金融自由化。第二阶段始于20世纪90年代初期，以麦金农和马克威尔·弗莱为代表的一些经济学家在总结发展中国家金融改革的实践基础上进一步提出了金融自由化次序理论。他们认为，发展中国家金融深化的方法即金融自由化是有先后顺序的。如果金融自由化按照一定的次序进行,就能保证发展中国家经济发展的稳健性。金融自由化次序理论说明金融深化是以发挥市场作用为目标的一个有序过程,它解决了发展中国家财政赤字、国内金融自由化和金融国际化三者之间的无序状态问题。

30 多年来,经过不断的补充和发展,金融深化理论日臻完善,而它的贡献和影响也是极其深远的,主要表现在以下四个方面。

第一,它强调了金融体制和政策在经济发展中的核心地位,在经济和金融理论中第一次把金融业和经济发展密切地结合起来,克服了传统经济发展理论对金融部门的忽视。该理论认为:金融部门和经济发展息息相关,它有利于被抑制经济摆脱徘徊不前的局面,加速增长。但如果金融被抑制或扭曲,它就会阻碍经济发展。这一理论比较详细地分析了金融部门对经济发展的各种影响,把金融发展摆到了经济发展战略中的重要位置上。

第二,在货币和金融理论方面,该理论批判了传统的经济理论,如新古典学派和凯恩斯学派关于货币与实物资本是相互竞争的替代品的假设,认为这不适合于落后经济,因为落后经济中盛行“内源融资”,所以只有进行大量的货币积累才是有效增加投资和扩大生产的前提。从这一点讲,落后经济中的货币和资本在很大程度上是互补品。它还批判了落后经济中盛行的结构性通货膨胀学说,认为在经济发展和结构演变中,通胀是可以避免的,金融体系和实际经济完全可在物价稳定的环境中同步发展。在政策主张上,它既不同于凯恩斯学派的低利率刺激投资的政策,也不赞同货币学派过分倚重控制货币发行的办法,而是主张通过金融自由化和提高利率,在增加货币需求的同时,扩大投资规模,优化投资分配,以保持经济持续、稳定增长。除此之外,还提出财政、外贸政策配套改革的一系列建议,要求尽量减少人为干预,发挥市场的调节作用,这些对发展中国家的经济改革都具有重要的参考价值。

第三,它还剖析了依赖外资和外援的危害性,指出过多的外资和外援反而会削弱本国的经济基础,加剧对本国金融的抑制和扭曲,带来周期性的市场波动。在此基础上,它提出了自主发展的主张,对发掘发展中国家的内部资金潜力抱乐观态度。它认为只要经过金融改革,充分发挥金融机构的作用,发展中国家就完全可以在本国市场上筹集到所需的资金。

　　第四,它指出在发展中国家的"割裂性"经济结构中,资本的报酬率在不同部门、不同地区和不同规模企业之间,存在着社会差异,经济发展就是要消灭这种生产力的差异,以提高资本的平均社会报酬。因此,该理论反对把经济发展看作是"生产力均等的同质资本的积累",其暗含的意义是,发展中国家应多注意中小企业的改造和提高,而不能只重视现代大企业。这一观点可以说是切中时弊的。

四、金融改革的实例

　　近年来,致力于经济增长的发展中国家,以"金融深化"理论为指导,进行了一系列以金融自由化为核心的金融改革,并取得了一定的成效。这些改革主要包括以下三个方面。

　　第一,放松利率管制。为了消除利率限制对储蓄的阻碍作用以及伴随管制而出现的信贷配给、以权谋私现象,不少国家的政府解除了对利率上限的规定,允许金融机构有权决定存贷款利率,并且采取更为灵活的方式对社会平均利率水平进行调节。

　　第二,缩减指导性信贷计划。在金融改革之前,许多发展中国家都对信贷分配实施指导性计划管理,而一些政府影响力较强的国家,甚至用行政命令来分配信贷和消除资金需求缺口。这种人为的干预,往往效果很差。所以,很多发展中国家在 20 世纪 70 年代中期缩减了政府指导性信贷计划,而代之以由金融机构发放的受市场利率调节的贷款。

　　第三,减少金融机构审批限制,促进金融同业竞争。在发展中国家,一方面是金融机构数量有限;另一方面又存在着本国和外国银行登记注册中的各种障碍,不允许自由进入金融行业,势必造成金融垄断,而垄断派生的不合理信贷分配和僵化的利率必然造成金融运行的低效率。许多发展中国家的政府认识到了这一点,从而将减少进入金融行业的障碍作为金融改革的一个重要内容,促进金融机构间的竞争。

　　在实施金融改革的国家中,智利、阿根廷和韩国等具有较强的代表性。从 20 世纪 30 年代大危机到 60 年代末期这一段时间里,智利和阿根廷等国的通货膨胀日趋严重,而政府压制利率和控制信贷的做法,却使得金融体系丧失了自发调节资金流量的功能,大批企业不再对从金融机构获取资金抱有希望,而是转向在非法的场外市场直接融资,这就造成了严重的银行"脱媒"现象,而脱媒的产生又促使这些国家的政府采取更加强硬的手段来压制金融活动,这又造成经济的进一步收缩甚至衰退。

阿根廷、智利和乌拉圭等国在 20 世纪 70 年代中期实施了金融改革试验,主要措施有:① 取消对利率和资金流动的控制;② 取消指导性信贷计划;③ 对国有银行实行私有化政策;④ 减少本国银行和外国银行登记注册时的障碍。改革开始后,智利的通货膨胀率从 1974 年的 600%下降到 1981 年的 20%,实际利率水平 1980—1982 年分别为 12.1%、38.8%和 35.7%,而阿根廷和乌拉圭两国的通胀率虽无明显下降,但国内的实际利率在很长时间里还是相当高的。

韩国在战后的 10 年内,几乎没有显露出从低水平收入陷阱中明显跳跃出来的迹象。在有组织的银行体系中,不均衡的贷款和存款利率颇为盛行,从而使小规模放债人的传统非法市场成为企业主要的但却是有限的外部资金渠道。在 20 世纪 60 年代和 70 年代,严格的金融管制政策将利率控制在一个较低的水平上,在信贷分配总额中有 1/3 以上由政府指令支配。1964—1965 年,在对外贸易和储蓄政策领域爆发了两场重要的变革。一是外贸政策的改革,包括货币的贬值和统一多重汇率制度,有力地促进了出口增长和国内生产结构的升级换代。二是银行业的改革。1965 年 9 月,官方将定期存款和储蓄存款的名义利率的规定上限从 15%提高到 30%,各种定期存款和储蓄存款的加权平均收益也维持在很高的水平上——这就大大地弥补了高通胀造成的收益损失,并将私人储蓄和投资从非法市场引回"有组织"的金融体系中。由此带来了银行体系的大规模扩张,货币供应量 M_2 与国民生产总值的比率从 1964 年的大约 9%上升到 1969 年的大约 33%,而 M_2 的增加实质上就使银行发放信贷和拆借资金的来源增加,随之而来的是投资、产出和就业的兴旺,实际货币余额 M/P 的增加甚至更大。在银行放款方面,贷款名义利率从每年 14%提高到 26%,尽管升幅不小,但经济扩张期对资金的巨大需求及更高的投资回报率,都保证了私人借贷者的数量并不会减少。在财政方面,韩国政府通过增加税收和征收国有企业的使用费,使得政府储蓄得以增加,同时严格执行预算,削减不当补贴,使得向私人部门发放的银行贷款实际价值得以提高。所以,在 1965—1969 年韩国的经济获得了长足进步,实际产量增加 90%,年均通货膨胀率从改革前的 19.5%下降到 8%。

总而言之,这些发展中国家所实施的金融改革都十分重视发挥银行体系的作用,运用较高的实际利率以迅速增加储蓄,通过有组织的金融活动吸引资本,使得企业对内源融资的依赖大幅度降低,再加上政府有效的财政政策和央行对名义货币量 M 的控制,所以在实际货币余额 M/P 不断扩大的同时,通胀率 P^* 反而有所下降。

五、金融深化的争论和反思

20 世纪 80 年代初期,世界范围的经济衰退和利率高企使得广大发展中国家陷入严重的债务危机。当时,这些债台高筑的国家很难从国际资本市场上筹到足够的资金来满足国内的发展需求,只能转向国际货币基金组织(IMF)或世界银行(WB)等国际金融机构以寻求帮助。IMF 和 WB 提供的贷款往往都附带条件。由于这两个机构在理论上推崇金融深化理论,因此,它们通常都要求受援国实施以金融自由化为核心的金融体制改革,包括利率自由化、削减政府财政赤字、减少货币供应量、冻结工资增长率、收缩名义信贷总量以及本币贬值等政策。其他一些发展中国家在专家的建议下,也大多采纳了麦金农和肖开出的政策药方。然而从具体实践来看,大多数发展中国家在实施金融自由化改革之后的一段时间内,国内金融形势却变得更加糟糕,银行不良资产继续增加,许多公司和银行纷纷倒闭,甚至爆发严重的金融危机。危机的发生迫使这些国家的政府只好重新回到老路上,再次对经济施加不同程度的干预和管制,改革几乎又回到起点,甚至更低。

现实和理论的冲突使得人们不得不对金融自由化进行重新审视。在麦金农—肖学派的理论中,渗透着浓厚的新古典经济学气息,他们认为如果市场不受到任何干预,储蓄与投资将自发平衡。这一基本观点引来了众多其他学派经济学家的批评,而金融深化理论也受到越来越多的质疑。

1. 新凯恩斯主义学派

凯恩斯主义认为,市场并不必然是自发均衡的,储蓄的上升并不意味着投资的上升。储蓄和投资不会通过利率的运动而自动平衡,因为投资是在货币市场上决定的。而且,投资也不仅仅取决于利率,它还受到对外来需求和"景气"的预期的影响。新凯恩斯主义学派对凯恩斯主义的这一基本观点从各方面进行了扩展。就金融深化理论方面主要集中在以下三点。

一是强调有效需求的作用。新凯恩斯学派认为,有效需求受到收入分配的影响,而这又将影响到资本积累。伯克特(Burkett)和达特(Dutt)

指出,存款利率上升一方面会使得存贷款增加,另一方面也会增加储蓄的边际倾向。第二方面的效应大于第一方面的效应,因此总需求和产出将下降。新凯恩斯主义还认为,市场出清的实际利率可能是负值,因此政府提高实际利率水平到正值,有可能导致"向上的金融压制",从而引起银行体系的不稳定。

二是认为,即使在完全竞争的市场中,信贷配给也不可能消除,因而否定了金融深化理论认为提高利率、减少政府对金融的干预会消除信贷配给,从而提高投资质量的观点。新凯恩斯主义认为,在信息不对称的情况下,提高对借款者的利率可能会逆向影响银行贷款的质量,其原因是存在逆向选择和道德风险。

三是认为,由于市场的失败,政府在金融市场中的作用十分重要。新凯恩斯主义认为,由于信息不完全、外部性和规模经济的存在,自由和不受管制的金融市场将增加不稳定程度。因此,政府对金融市场应实施监管和间接调控,并依据一定的原则确立监管的范围和监管的标准。

2. 新结构主义学派

新结构主义最先对正统的金融发展和深化理论提出了批评,其关于发展中国家金融发展的模型与新凯恩斯主义有不少相似之处,他们强调通过产出而不是价格的变化来调节经济。在新结构主义的模型中,价格是由成本加价决定的,而工资则是工人与资本家谈判或斗争的结果。新结构主义与新凯恩斯主义最大的不同在于他们特别强调发展中国家信贷供给与非正式市场的重要性。新结构主义学派认为,金融自由化将会导致发展中国家潜在的滞胀。

泰勒(Taylor)和范温伯格(Van Wijnbergen)较早地从结构主义的观点分析了发展中国家的金融深化问题。泰勒认为,如果银行新增存款的来源是从非正式市场吸收过来的,则资金总量并没有增加,相反,由于正式市场会受到准备金要求的限制,信贷总额还会减少。范温伯格指出,政府提高存款利率对信贷供给的影响取决于若干因素。一方面,存款利率上升会增加定期存款,因而增加信贷供给;另一方面,也会引起非正式市场的存款转向银行体系,从而减少信贷供给,其减少的程度取决于正式市场准备金要求的高低。范温伯格认为,后一种效应将超过前一种,因而提高利率实际上将导致总信贷供给的减少。他还认为,提高利率还可能会导致通货膨胀,因为较高的存款利率增加了企业流动资本的成本,从而导致供给下降。假定利率上升的供给效应超过储蓄欲望上升所产生的总需求效应,则国内商品市场会产生过度需求,故通货膨胀率上升。

3. 新制度主义学派

新制度主义学派也对新古典主义传统从另一个角度提出了批评。新制度主义认为,麦金农和肖的金融深化理论忽略了制度的作用与制度对经济绩效的影响。新制度主义认为,在现实经济中,市场是通过一系列的制度——如国家、企业、工会、银行等进行运作的,这些制度在收集信息、降低风险等方面发挥着重要的作用。

帕特里克(Patrick)区分了需求引致型金融与供给主导型金融。他指出,人们通常认为金融调整是根据需求被动进行的,因此,只要政府不干预、限制金融机构的行为,适合的金融体系就会自动生成。帕特里克批评了这种观点,他更强调金融的供给主导角色,即金融机构能够主动地促进工业化与增长,特别是在经济发展的早期阶段。戈德斯密斯(Goldsmith)对墨西哥经济发展的研究以及吉布森(Gibson)对韩国的实证分析结果均支持了上述观点。

库拉奇(Courtakis)和德米特里德斯(Demetriades)等经济学家则强调金融发展中的市场结构与银行行为因素。库拉奇指出,市场结构将影响政府的金融压制或金融深化政策,如在银行业垄断情况下,贷款利率上限能够提高存款量。德米特里德斯等认为,在金融压制的各种模型中,金融机构的作用要么被忽略,要么是完全被动的,除少数例外,金融机构都被视为完全竞争者,存款转化为贷款是没有成本的。事实上,发展中国家的银行业通常是为少数银行所垄断的,加上信息的不对称,银行业并不是完全竞争的。因此,金融压制政策对存款的影响还将取决于市场结构,如银行可以通过扩大行销努力或增加分支机构来增加吸储量。德米特里德斯等人于是得出结论:存款量的增加,从而贷款量的增加可以在不改变利率的条件下实现,也就是说,在利率不上升的情况下,金融深化也有可能会出现。

综合考虑各学派的观点,我们可以发现,金融自由化理论之所以会遭到如此重大的理论与实践的挑战,其根本原因就在于传统的金融深化理论忽视了金融自由化的过程性——这个“化”的过程并不是仅仅意味着放松管制了事,它表明发展中国家的金融抑制和金融自由化将有一个合情合理的并存过渡时期而不是非此即彼的关系。如此一来,原本互相冲突的理论就可以融合在一个新的金融深化理论体系之中。

六、金融深化论对我国的借鉴

金融抑制和金融深化的理论是以经济欠发达国家为研究对象，来探索金融政策与经济发展之间的关系。对于同样是发展中国家的中国来说，其中一些思想也具有十分重要的借鉴价值。

第一，我国过去的经济发展中一直存在着金融压制的问题，主要表现为在计划经济体制下，政府对金融活动的过多干预，行政指令代替金融体系的作用，金融机构的单一性和分裂性以及金融市场的不发达等等，金融压制对经济的发展起着阻碍的作用。当然，就集中的计划体制而言这是一种必然现象。体制不改革，就无法消除金融抑制对经济的羁绊。既然现在要实行社会主义市场经济，让市场机制充分发挥对国民经济的调节作用，那么，我们就应充分认识到，金融业的发展好坏在很大程度上影响着经济发展的快慢与稳定，并且把金融深化作为经济体制改革的一个主要内容。

第二，在金融深化过程中，我们肯定会碰到一些发展中国家在改革中曾经遇到过的问题。因此，有必要深入研究、借鉴他们的得失经验，并根据金融深化论所论证的"金融自由化"政策来制订或修正我们的改革措施。比如，在解决金融机构多样化的问题、发挥利率调节作用和改革过分集中的管理体制问题、培育证券市场、开拓直接融资渠道等问题时，都有值得我们借鉴的地方。

第三节　金　融　创　新

在发展中国家致力于金融深化、促进经济增长的同时，西方发达国家的金融界也经历了一次革新浪潮，这就是所谓的"金融创新"。创新的过程从 20 世纪 60 年代后期开始，至 70 年代各项创新活动日益活跃，到 80 年代已形成全球性的大趋势，其内容包括突破金融业多年来传统的经营局面，在金融工具、金融方式、金融技术、金融机构和金融市场等方面都进行了明显的变革。金融创新的兴起和迅猛发展，给各国的金融体制、金融宏观调节和国民经济发展都带来了深远影响。可以说,金融创新是金融深化的必然趋势,也是经济发展到一定程度的客观要求。对于致力于经济发展的中国来说,研究"金融创新"现象对于指导我国正在进行的金融体制改革,健全社会主义市场机制,都具有十分重要的意义。

一、金融创新的动因

从根源上讲,金融创新反映的是商品经济发展的客观要求。

当今的世界经济处于日新月异的发展变化之中。特别是层出不穷的技术进步,使得商品经济的发展不断突破时间、空间和社会传统的界限,涌现出更多、更新的为人类文明生存与发展所需要的行业、部门、模式和手段;经济生活中各种因素相互联系的格局及社会运行机制迅速演进。在这种情况下,当然就会从不同角度、不同层次对于为之服务的金融行业再次提出新的要求,而原有的金融机构、金融工具、金融业务方式、金融市场组织形式和融资技巧等,已很难适应并满足商品经济发展的客观需要。客观需要与现实情况的矛盾终究要导致突破原有限制的金融创新。而且,由于经济发展的客观要求是强劲和持久的,所以金融创新的浪潮也将不断地推进。

如果要探究金融创新的直接原因,大致可以归纳为以下四点。

第一,国际金融业的飞速发展和日趋激烈的竞争。第二次世界大战后,金融业的国际化有了飞速发展。首先,发展动力来自生产和资本的国际化。随着跨国公司的全球性扩张,客观上就要求金融业也实现国际化和现代化,从而在更广泛的范围内满足跨国生产和销售对金融服务的要求;其次,西方发达国家的生产资本不断集中,促进了银行资本也趋于集中和垄断,一些国际性大银行面对日趋激烈的市场竞争,主观上也需要进一步扩展业务范围,获取超额利润。20 世纪 70 年代以来,西方大商业银行纷纷加速了国际扩张的进程。以日本为例,1983 年底,日本的海外银行分支机构总计高达 577 处;1984 年日本曾耗资 11.67 亿美元购买外国银行;到 1988 年,日本国际银行贷款额已占国际银行贷款总额的 38%。在这种扩张背景下,金融市场份额就成了银行家们争夺的焦点,而金融手段和技术的创新无疑是占领市场的有力武器。

第二,经济环境中的风险性增大,尤其是通货膨胀率和市场利率变化莫测。20 世纪 70 年代末和 80 年代初,美、英等国的通胀率都在两位数以上,如美国 1979 年消费物价指数上涨 11.3%,1980 年是 13.5%,1981 年为 10.3%。利率恰恰反映了人们对通胀的主观预期和当期投资的未来收益,当通胀率上升时,利率自然会随之升高。以美国短期国库券的利率为例,60 年代中期一直低于 5% 的水平,由于受经济波动的影响,70 年代波动于 4%—11.5%,80 年代又升至 7%—15%。短期利率的上升造成了对长期证券和不动产投资的收益率下降,而剧烈的利率波动又会导致一些巨额投资的溢价或资本损失,无疑增大了投资的不稳定性。利率的风险性越大,人们对长期投资的积极性就越受到影响;而经营这类金融资产的金融机构却要向客户支付更多的利息,无形中增加了自身的负担。因此,为了避免通胀率和利率变动对投资收益和债务负担的影响,降低经济波动所带来的风险,金融机构就创造出一些新的债权、债务工具,如可变利率存单和可变利率贷款;另外,还开发出远期交易和期权交易等套期保值方式。

第三,技术进步,尤其是电子技术的飞速发展为金融业发展铺平了道路。从 20 世纪 50 年代开始,电子计算机被引进银行业务,最初主要用于工资、账目方面的大量数据的成批处理,但从 70 年代以来,它已被逐渐应用于银行内部的各种复杂的资金清算和划拨。一国之内其至国际的银行业务正日益纳入到自动化的处理系统之下。以 1973 年成立的“全球银行间金融电讯协会”(SWIFT)为例,它目前已扩展成为一个拥有 50 多个国家、1 000 多家银行的巨大的国际电讯联网系统。它将美国的 36 家最大银行与 15 个国家的 300 多家大银行用电脑和现代光电通讯设备连成一体,专门处理美国、加拿大和欧洲跨国银行间的汇兑和结算业务,每天凋动的电讯高达 6 万件以上。在这样庞大而迅捷的电子通讯和传输的基础上,银行的工作变得更加快捷和高效,并出现了银行零售服务和批发服务的电子化趋势。前者包括代理收付、存取款和转账服务等,后者包括通过电子计算机建立起巨大的信息库和信息处理系统,为大公司、大企业提供资信报道、行情预测分析以及咨询服务。

第四,金融管理环境的变化。20 世纪 30 年代经济危机后,西方各国纷纷立法,对银行业的经营进行极为严格的管理和限制,以免重蹈货币发行的无节制性而造成严重通胀的覆辙。然而,金融管制又是一把“双刃剑”——它在一定程度上又束缚了银行的手脚,造成资金的闲置和利润的损失。以美国为例,为加强对银行业的管制,美国联邦储备法案曾列有

"Q项条款"(Regulation Q),规定了商业银行储蓄和定期存款利率的最高界限,而这一界限往往低于西欧各国美元存款的利率,使得银行储蓄对广大的货币持有者来说缺乏足够的吸引力,银行的负债业务总体发展不起来。另外,美国政府的货币政策中的《M项条例》规定商业银行要向联邦准备体系缴纳很高的存款准备金,而中央银行对商业银行的存款准备是不付利息的。所以,商业银行的准备金越多,所受的利息损失就越大,导致商业银行想方设法开发新的负债方式,以逃避严格的准备金要求。此外,对银行账户种类和功能的限制、对跨地区设置金融分支机构的限制等,都在不同程度上激发了金融创新的积极性。

二、金融创新理论

当代西方金融创新理论的各种学术流派,在20世纪70年代以前是零散和不系统的。从理论上明确而系统地探索金融创新的动因,则是70年代以后的事。

国外金融创新理论的内容主要集中在探讨金融创新的动因方面。金融创新理论流派繁多,这里仅介绍七种主要理论。

1. 技术推进理论

该理论认为,新技术革命的出现,特别是计算机、通讯技术的发展及其在金融业的广泛应用为金融创新提供了物质上和技术上的保证。

新技术在金融领域的引进和运用进而促进金融创新的例子很多,如自动提款机和终端机极大地便利了顾客,拓展了金融业服务的时间和空间。又如,信息处理和通讯技术大大加快了资金调拨速度,缩短了金融交易的时间和空间距离,降低了交易成本,促进了全球金融市场一体化的实现,并且使24小时连续性的全球性金融交易成为现实。

从技术创新角度探讨金融创新问题的代表人物主要是韩农和麦道威,他们通过实证研究发现20世纪70年代美国银行业新技术的采用和扩散,与市场结构的变化密切相关,因而认为,新技术的采用是导致金融创新的主要因素。但是,他们的研究对象仅限于自动提款机,实际上对计算机、电子通讯等方面的技术创新的相关性研究未能取得充分证据,因而他们对金融创新的研究是局部的和不系统的。技术推进理论也无法解释许多除技术之外的其他因素促成的金融创新。

2. 财富增长理论

该理论认为,经济的高速发展所带来的财富的迅速增长是金融创新的主要原因。这是由于财富的增长加大了人们对金融资产和金融交易的需求,促发了金融创新以满足这种日益增长的金融需求。

格林包姆和海沃德是这种理论的代表人物。他们在研究美国金融业的发展史时发现,科技的进步引起财富的增长,人们要求规避风险的愿望随之增加,促使创新不断出现,金融资产日益增加。因而,财富的增长是金融创新和金融资产的需求增长的主要动因。

财富增长理论主要从金融需求角度探讨金融创新的成因,有其片面性。① 单纯从金融资产的需求角度来分析金融创新的成因需要有一定的前提条件,即金融管制的放松。否则,如果金融当局出于"稳定"的目的而对金融业进行管理,特别是在出现问题时实施严格管制时,无疑会抑制因需求产生的创新动机。② 对金融创新的成因必须从需求和供给两方面综合考虑,仅有需求而缺乏供给动力的金融创新是难以推广和持久的。③ 该理论强调财富效应对金融创新的影响,忽略了替代效应,即利率变动对金融创新的影响。因此,该理论无法解释 20 世纪 70 年代以后出于为转嫁利率、汇率和通胀风险而出现的各种金融创新。

3. 约束诱导理论

该理论主要从供给方面探讨金融创新。该理论认为,金融业回避或摆脱其内部和外部制约是金融创新的根本原因。该理论认为,金融机构之所以发明种种新的金融工具、交易方式、服务种类和管理方法,其目的在于摆脱或逃避其面临的种种内部和外部制约。内部制约指的是金融机构内部传统的增长率、流动资产比率、资本率等管理指标。外部约束指的是金融当局的种种管制和制约,以及金融市场的一些约束。当经济形势的变化使这些内、外制约阻碍金融机构实现其利润最大化的终极目标时,势必迫使他们探索采用新的金融工具、服务品种和管理方法来回避内外制约,增强其实力和竞争力。

约束诱导理论的代表人物是西尔柏。西尔柏从寻求利润最大化的金融机构入手分析,认为创新是微观金融组织为寻求最大的利润、减轻内外部对其产生的金融约束而采取的自卫行动。他认为,金融机构之所以不断创新金融工具,其动力无非是减轻或摆脱诸多内外部制约。特别是外在环境的变化使金融机构无法实现利润最大化目标时,也就是说,内外制约导致成本大幅上升时,将迫使金融机构通过产品、服务和管理方法的创新来获得新的均衡。

应该说,西尔柏从供给方面,从微观金融企业的角度探讨金融创新,从金融机构的金融业务和工具创新中来分析金融创新的成因有一定的创见性;此外,约束诱导理论是探讨金融创新成因的一般性理论,因而系统性更强。

当然,约束诱导理论也有其局限性。① 该理论关于金融创新成因的探讨太过于一般化,它同样适用于普通企业的创新,不能充分体现金融创新的特征和个性。② 过分强调"逆境创新",即强调金融企业主要是在为了寻求利润最大化而摆脱限制和约束的过程中产生创新,因而使金融创新的内涵过窄,如 70 年代的转嫁风险的创新就无法归纳进去。③ 过分强调金融企业在金融创新中的作用,对与金融企业相关联的市场创新及宏观经济环境下引发的金融创新避而不谈。事实上,金融创新并非金融业的孤立行为,它是金融领域内诸多要素的全新组合和创造。因此,该理论不能全面地解释多种多样的金融创新。西尔柏本人也承认他的模型只能解释 1970—1982 年美国金融创新的 60%。

4. 制度改革理论

该理论认为,金融创新是一种与经济制度相互影响、互为因果的制度改革,金融体系的任何因制度改革而引起的变动都可以被视为金融创新。金融创新的成因可能是降低成本以增加收入,也可能是稳定金融体系及防止收入不均的恶化。

制度学派的一些学者如诺斯、戴维斯、塞拉、韦恩特等持有这一观点。他们主张从经济发展史的角度来研究金融创新,认为金融创新并不是 20世纪电子时代的产物,而是与社会制度紧密相关的。在计划经济体制下,虽然也存在科技发展、内外制约、财富增长、通货膨胀等可以触发金融创新的因素,但高度的集中统一和严格的计划管理使金融创新不是无法开展就是受到极大的限制。因此,在计划经济制度下,金融工具的种类较少,金融服务和管理比较落后,金融活动的规模和范围很小,很难形成真正自由的金融市场和国际金融中心。

此外,在自由放任的市场经济制度下,那些为回避官方限制与管理的金融创新也无产生的必要,因而不可能产生全方位的金融创新。即使有某种程度的金融创新出现,其范围也大大缩小了。因此,该理论认为,全方位的金融创新只能在受管制的市场经济中出现,如在英、美等国的混合经济制度下就可能有必要进行金融创新。当政府的干预和管理阻碍了金融活动时,就会出现各种相应的回避或摆脱管制的金融创新;当这些金融创新对货币当局的货币政策目标构成威胁时,货币当局又会采取新的干预和管制措施即制度创新,于是又引发了新的有针对性的金融创新。这种市场和政府之间的博弈最终形成了"管制—创新—再管制—再创新"的螺旋式发展过程。

从上述制度学派的观点看,政府行为也是金融创新的成因,实际上将金融创新的内涵扩大到包括金融业务创新与制度创新两个方面,较之其他理论探讨的金融创新的范围更广。但是,对该理论也存在着较大的争议。有学者认为:将制度创新与金融创新紧密相连,并视为金融创新的一个组成部分,特别是将带有金融管制色彩的规章制度也视为金融创新,是令人难以接受的。因为金融管制本身就是金融创新的阻力和障碍,作为金融管制象征的规章制度无疑应是金融改革的对象。

5. 规避管制理论

该理论认为,金融创新主要是由于金融机构为了获取利润而规避政府的管制所引发的。各种形式的政府管制与控制,性质上等于隐含的税收,阻碍了金融机构从事已有的盈利性活动和利用管制以外的利润机会。因此,金融机构会通过创新来规避政府管制。当金融创新可能危及金融稳定和货币政策时金融当局又会加强管制,新管制又会导致新的创新.两者不断交替,形成一个相互推动的过程。

规避创新理论的主要代表人物是凯恩。凯恩认为:作为金融控制的各种形式的经济立法和规章制度,是保持宏观经济均衡和稳定的基本措施,而经济个体规避这些措施的各种活动实际上反映了代表公众利益的国家和以寻求利益最大化为基本原则的经济个体之间的矛盾关系。经济个体为了追求自身利益的最大化,通过有意识地寻求绕开政府管制的方法来对政府的限制作出反应。凯恩在这一分析的基础上设计了一个制定规章制度的框架。在该框架中,制定经济规章制度的程序和被管制人规避的过程是相互作用的,这种相互作用会逐渐形成比较成熟和实用的规章制度。

从某种程度上看,规避创新理论是约束诱导理论和制度改革理论的折中,但又有很大的区别。首先,约束诱导理论从内外制约两方面探讨金融管制对金融创新的影响,但未提及金融企业创新对金融管制的反作用力。规避创新理论全面分析了外部约束与企业规避之间的作用力与反作用力。其次,规避创新理论与制度改革理论之间的主要区别在于对金融管制的定位不同。前者将金融管制看成是金融创新的外部压力,是金融创新的动因;后者则将金融管制视为金融规避创新的一个组成部分,在分析规避创新的同时,也强调技术创新的重要性。

6. 货币促成理论

该理论认为,货币方面的因素促成了金融创新的出现。20 世纪 70 年代汇率、利率以及通货膨胀的反复无常波动,是金融创新的主要成因。例如可转让支付命令账户(NOW)、外汇期货、外汇期权、浮动利息票据、浮动利息债券、与物价指数挂钩的公债等对汇率、利率和通货膨胀率具有高度敏感性的金融工具的出现,都是为了避免汇率、利率和通胀率等货币因素造成的冲击,使人们在不稳定因素的干扰下获得相对稳定的收益。

货币促成理论的主要代表人物是货币学派的米尔顿·弗里德曼,他认为:20 世纪 60 年代美国通货膨胀的加剧,导致了 1971 年布雷顿森林体系的崩溃,美元与黄金的联系被断裂,世界上所有货币都直接或间接地建立在不兑现纸币的基础上。布雷顿森林体系的解体使政府极有可能实施通胀政策,它反过来又加剧了通货膨胀及其在世界范围的传播。通货膨胀和利率的频繁波动引起经济的不稳定,促使金融创新不断出现并形成要求放松金融市场管理的压力。

货币促成理论可以解释布雷顿森林体系解体后出现的多种转嫁汇率、利率和通胀风险的创新工具和业务,但无法解释其他形式的金融创新。

7. 交易成本理论

该理论认为降低交易成本是金融创新的主要动因,表现在:① 降低交易成本是金融创新的首要动机,交易成本的高低决定了金融业务和金融工具的创新是否具有实际价值;② 金融创新实质上是对科技进步导致交易成本降低的反应。

对于交易成本的界定:一种观点认为,交易成本是买卖金融资产的直接费用,包括各方面转移金融资产所有权的成本、经纪人佣金以及借入和支出的非利率成本;另一种观点认为,投资风险、资产的预期净收益、投资者的收入和财产、货币替代的供给等因素都应加以考虑。

交易成本理论的代表人物是希克斯和尼汉斯。希克斯把交易成本、货币需求与金融创新联系在一起加以考虑：交易成本是作用于货币需求的重要因素，不同的需求产生对不同类型金融工具的要求，交易成本的大小使经济主体对需求预期发生变化。交易成本降低的趋势使货币向更高级的形式演变和发展，产生新的交换媒介和金融工具。不断地降低交易成本就会刺激金融创新，改善金融服务。

交易成本理论从微观经济结构变化的角度来研究金融创新，并把金融创新的动因归结为交易成本的降低，从另一个角度说明了金融创新的根本原因在于微观金融机构的逐利动机。这种理论有其一定的合理性。但其局限性也是显而易见的：该理论把金融创新的源泉完全归因于金融微观经济结构的变化引起的交易成本下降。实际上，科技进步并非是交易成本下降的唯一决定因素，竞争也会降低交易成本，促使金融创新工具产生。

以上七种西方金融创新理论的主要流派对金融创新动因的解释各不相同，但不同流派的金融创新理论内容又有相似之处，这表现在这些理论都指出了金融创新进程中科技进步不可磨灭的特殊贡献及金融管制与金融创新的相互促进作用。

但是，西方金融创新理论对金融创新的研究主要侧重于金融创新的生成机制，对金融创新的效应及后果很少涉及，因而其研究不够系统。在金融创新成因的分析中，各种理论多从某一个方面，如科技进步、规避管制、降低成本等来分析金融创新，缺乏将宏观、微观层面以及供给、需求因素结合起来的综合研究。此外，除了约束诱导理论外，其他理论都忽视了金融机构的趋利动机是金融创新的根本原因这个核心。如果缺乏盈利动机，即使拥有先进的科学技术，金融机构也不会有金融创新的积极性，不会有规避管制、增加收益的欲望。在计划经济体制下的前苏联和中国，金融体系的金融创新几乎处于空白，就是最好的例证。

要指出的是，制度改革理论对中国金融创新有很大的借鉴意义。该理论认为金融创新的最佳环境是有管制的市场经济，因此可以说社会主义市场经济有利于金融创新。当前中国的金融创新所面临的两个问题是：① 使金融机构成为真正的自主经营、自负盈亏的经济实体，其具有的盈利动机将成为促进中国金融创新的内在动力；② 将金融创新与破坏金融程序区分开来，鼓励提高金融运作效率的有序创新，这是中国金融创新的外部条件。

三、金融创新的内容

1. 金融战略的更新

面对国际经济的飞速发展和金融业的激烈竞争,金融行业的最高决策者们已渐渐从传统的经营思想中解放出来。他们不再视金融业务为被动地输送资金的过程,而是一项主动开拓业务领域,扩充自身实力的活动。为了在激烈的竞争中保持并扩大自己的市场份额,银行家们制订了不同的经营战略。这主要包括:① 征服策略(strategy of conquest)。这是指在自身占有竞争优势的市场中,进一步加强积极进取的态势,以雄厚的资金实力和广泛的分支机构赢得更多的市场份额,打败其他竞争对手甚至采取主动兼并方式来不断扩充自己的力量。② 变革策略(strategy of change)。这是指在势均力敌的市场竞争中加强银行内部的资产负债管理,改进已有的金融服务,增加新的债权债务工具,以吸引更多的服务对象,争取竞争中的主动地位。③ 合并策略(strategy of consolidation)。这是指在自身不占优势的市场中,寻找可以合作的对象,通过兼并、合资或者合营方式进行联合重组,依靠合力竞争。在上述这些战略思想的指导下,西方各国的金融机构在近 20—30 年中有了长足的发展:以 1973—1988 年为例,世界 300 家大银行的资产就从 22 230 亿美元增加到 154 310 亿美元,前 10 家大银行的金融活动占世界前 100 家银行的比率也从 1974 年的 23%上升到 1988 年的 26%。

2. 金融工具的创新

金融工具是银行赖以开拓业务、吸引客户的手段,自 20 世纪 70 年代金融创新的潮流兴起到今日,金融工具的创新可说是层出不穷,主要有以下三种类型。

(1) 规避利率风险的创新。比如,我们很熟悉的大额可转让存款单(CD)就是 20 世纪 60 年代的此类创新工具,它使大额定期存款也具有流动性,能够满足储蓄者将定期存款短期变现的需要。但是,市场利率的频繁波动使得长期储蓄的收益率变幻不定,仅靠 CD 等工具已不能满足储蓄者的保值和增值需要。于是,在 20 世纪 70 年代末一种更新的金融工具"货币市场共同基金"(money market mutual funds)又应运而生。这是一种开放式的共同基金,主要从事短期证券投资。它为中小投资者提供了一个进入以往只有大投资者才能进入的市场的机会：人们购买了MMMF 的股票，便成为基金的股东，基金将这些股本汇集起来，形成一股巨大资本，交由其下属的投资机构负责操作，投资的主要对象包括本国CD、欧洲美元、商业票据和财政票据等。投资者可以按出资的多少来领取投资收益，也可随时将所持股份卖给基金以换取本金。投资者在购入或卖出时不需支付买卖费用——这笔费用已从基金的每日收入中扣减。另外，基金还允许持股人开立限度为 500 美元的支票。"货币市场共同基金"近年来的飞速发展充分说明了金融工具创新的生命力。首先，创新带来了规模效益。基金集中了许多投资者的资金，大大降低了分散管理和经营的成本，同时又由具备专业知识和丰富经验的人员来操作，无疑能获得更高、更可靠的投资收益。其次，创新增强了投资的流动性和可分性。基金可在任何一个交易日内进行买卖，使得投资者收益不会因短期市场利率变化遭受很大损失。另外，在满足了最初的投资限额之后，增购和提现都可以较小的金额进行，投资者还可以开立支票，这都大大增加了创新工具的吸引力。

（2）运用高新技术的创新。20 世纪 70 年代以来，以电子计算机为核心的信息技术的高度发展和广泛运用，给银行业务开辟了一片广阔的天地。资金转移的电子化和信息交换的自动化使得金融服务在深度和广度上都更进了一步，人们因此享受到了更多的便捷和利润。

其中，银行卡就是一种新型的金融工具。它是由银行发行的、供客户办理存取款和转账支付的服务工具的总称，包括信用卡、支票卡、记账卡和智能卡等，它的出现使银行业务有了一个崭新的面貌。

信用卡，是代替现金和支票使用的支付工具，发卡人可以是银行、公司或商店。银行作为发卡人的操作程序是：与商店约定，接受持卡人凭卡购货，然后商店向银行收款，银行于月底汇总向顾客收款，因此它具有先消费、后付款的特点，而且发卡行往往还为持卡人规定一个透支限额，向他提供延期支付的便利。目前，信用卡是银行卡中数量最多的一种，并正向国际化、安全性、多用途方向发展，例如，世界驰名的 VISA、MASTER 信用卡系统已经通过先进的电子通讯网络在全球范围内开展服务。

智能卡，又称智慧卡。其中，主要的一种叫灵光卡或记忆卡。卡上带有微型的集成电路处理器，具有自动计算、数据处理和存储功能，卡片上可以记忆客户每笔收支和存款的余额，使用时将卡插入自动记录器即可办理各种支付。由于它具有存储记忆功能，在没有与银行电脑联机的终端机上也可以使用。还有一种是激光卡，它是运用激光技术的全息摄像卡。它把全息影像和磁性记录结合起来，在其磁性记录中存储着持卡人的安全照片，在用作支付方面与灵光卡类似，但它的优点是保密性更强，使用安全。

除了银行卡之外，旅行支票服务、可转让大额存单服务、支付利息服务、索取账单和支票簿服务、外币兑换服务等都广泛借助电脑来进行。而且，随着电子技术的日益完善，金融服务的触角正伸向社会的每一个角落。例如，自动提款机（ATM）的出现，使资金的流动更为便利——它可接受现金和支票存款，显示即期支付的金额，还可将资金从一个账户转移到另一个账户上。一台小小的机器就可提供一家银行的大部分日常服务，使客户的需求随时随地都能得到满足。如果以 ATM 为基础，加上先进的影像技术，人们就能进入一个"可视信息与现金流"的家庭金融服务时代。电子和声像系统将许多家庭直接同银行连接起来，并且还可与旅行社、航空公司及百货商店联网，允许资金在网络间转移。它提供的服务包括：显示客户银行账款余款，订购支票簿，查询市场利率和信用限额，向第三方转移资金以及进行一定数量的投资。人们足不出户，就可从电视屏幕上了解所需的信息，并通过电脑完成资金的调拨。

（3）规避金融管制的创新。为了减少金融管制给储蓄存款带来的收益损失，从 20 世纪 70 年代起，西方银行纷纷利用法规的漏洞，推出一些灵活的储蓄工具来吸引客户。以美国为例，针对联邦法律"不允许对活期存款付息"的规定，银行发明了"自动转账制度"（automatic transfer system），允许客户在银行开设两个账户：一个储蓄账户，一个活期存款账户。当客户开出支票后，银行即自动地将必要的资金从储蓄账户转到活期存款账户上进行支付。在平时，活期存款账户上的余额只保持 1 美元，这就保证了客户的存款既能生息，又能用于支付。针对"不准储蓄账户使用支票"的规定，银行又推出了"可转让支付命令账户"（negotiable order of withdrawal），这是一种储蓄账户，可以付息，同时又可开出有支票作用却无支票名称的"可转让支付命令"，这也使储蓄存款具备了较高的流动性。

为了避开美联储对银行法定存款准备金的要求，增加资金的使用效益,许多银行力图通过"吸存"以外的途径来扩大负债规模。例如,进行"回购协议"交易(repurchase agreements),即卖出联邦政府或其他政府机构的债券,换回现金,等到债券到期时再购回债券。因为回购协议是市场交易而非存款,所以银行不需交纳准备金。这样一来,银行就可将过多的、不生息的现金准备转化成回购协议,在一买一卖中,利用债券的差价获利。

3. 金融业务的创新

金融业务的创新包括两方面:一是间接金融的创新;二是直接金融的创新。

间接金融创新。传统的间接金融包括短期银行信贷、中长期银行信贷和抵押贷款等。利率及还款期固定,借贷与实物一般没有关系。但是,从 20 世纪 50 年代开始,银行贷款便逐渐同实物联系起来,出现了分期付款和租赁融资方式;60 年代出现了同出口货物紧密联系的出口信贷融资方式;70 年代随着欧洲货币市场的兴起,又出现了"循环信贷"(revolving credit)和银行辛迪加贷款;到 80 年代又出现了"票据发行融资"(note issuance facility),银行不直接向借款人提供贷款,而是以承购或备用信贷的方式,来支持借款人发行 3—6 个月的短期商业票据,如票据不能全部销出,则由银行买下所剩票据或提供贷款。显然,这是一种兼具银行贷款与证券筹资的融资方式。

直接金融创新。在传统的直接金融方式下,债券与股票、短期债务与长期债务、固定利率与浮动利率之间存在着明显区别。但是,新型的直接金融方式却突破了这些界限,表现在以下四个方面。

(1)证券到期日的创新,这是指证券到期日的多样化。例如,在短期证券融资方面,出现了 7 天至 1 年内灵活到期的欧洲商业票据。

(2)利率定价模式的创新。传统的利率定价模式是固定利率和浮动利率。但近来在固定利率债券市场上却出现了一种按面值打很大折扣的"零息债券"(zero coupon bond),其特点是:第一,它的收益由债券的息票价格与到期日决定,并在计算过程中始终假定债券利息可按当期获得并进行再投资,而固定利率债券是不能这样做的;第二,它的收益完全由未来到期日的资本升值(capital appreciation)决定,因而,预期的市场收益水平对零息债券价格影响很大;第三,在资本升值不作为收入而作为资本收益的税收制度下,投资者能享受低税率的好处。另外,在国际债券市场上,还出现了"可拆开证券"(stripped instruments),即息票与本金可分开单独交易的证券,它能把特定的固定利率债券转换为一系列零息债券。

在浮动利率定价模式上,也出现了"顶盖式定息"(interest cap)等创新,即规定利率波动的界限,允许债券利率在一定幅度内变化。

(3) 偿债选择权的创新。主要有分期购买债券(the deferred pourchase bond)和多档债券(multiple tranche bonds)。在分期购买债券的发行方式下,投资者可以先支付部分款项,其余部分则按公布的日程表在一定期限内分期付款。按多档债券的发行方式,借款者可先发行债券总额的一部分(通常为 1/3—1/2),其余各档债券可由借款者在一定期限内自主选择发行。此外,还有固定利率和浮动利率债券之间的转换、货币转换(借款者在数种货币之间的转移选择权)、双重货币债券(以一种货币标明面值和支付利息,以另一种货币偿还本金)。

(4) 互换交易(swap)。分为债务互换(debt swap)和资产互换(asset swap)两种。前者指各借款人从自己享有比较优势的资金市场,按较有利的条件筹措资金,再转换到自己所偏好的市场,并在此过程中对全部风险进行套期保值。

4. 金融机构的创新

表现之一是,金融机构正在从传统的单一结构向集团化方向发展。银行持股公司是银行集团化的重要形式之一。所谓银行持股公司是指一家公司控制了一定比例的银行股票,从而有权决定该银行的重要人事、营业政策和往来关系等事宜。目前,银行持股公司已成为现代银行的主要组织形式。表现之二是,"金融联合体"的出现,它是一种能向顾客提供几乎任何金融服务的"金融超级市场"——欧共体国家试图建立的统一的金融市场就在此例。表现之三是,金融业正在从提供单一金融服务向综合性金融服务方向发展,例如,商业银行已涉足信托和抵押、保险以及公司股票与债券的承销业务。

四、金融创新的影响

金融创新包括金融业务、金融市场、金融制度等宏观、微观方面多层次、多领域的创新,相应的金融创新的影响是广泛而深远的,利弊俱存。金融创新不仅对货币政策、货币供求造成重大影响,而且对整个金融业乃至整个经济机制的运行都形成一定程度的影响。

1. 金融创新的经济效应

（1）金融创新的正面经济效应。

① 金融创新促进了金融机构运作效率的提高，增加了经营效益。一方面，金融业务的创新，促使金融业务多元化和金融机构的日趋同质化。传统的业务分工和机构分工的界限被打破，金融机构的业务除了传统的存贷款、结算外，还向证券、租赁、房地产、信托等方面拓展，其服务领域大大拓宽。另一方面，金融工具、金融业务及金融交易方式的创新使金融机构的渗透力大大增加。金融市场的系统性风险、浮动利率和浮动汇率下跨国融资的利率和汇率风险以及全球范围内的资金调拨与转移等，在金融创新出现以前都是金融业面临的难题。通过金融创新，如期货期权交易、互换交易、全球清算系统等，金融机构过去无法解决的这些问题都迎刃而解。同时，金融创新使消费者对金融机构提供服务的全面性和便捷性的满意程度提高，金融创新使金融机构提供的金融商品和服务不断增加，多元化的金融机构及金融业务满足了不同类型的消费者不同层次的消费需求，并且突破时空的限制。此外，在金融创新进程中，金融机构资产的增长速度和盈利水平也不断提高。

② 金融创新丰富了金融市场的交易品种，促进了金融市场一体化。金融创新特别是金融工具的创新使得金融市场的交易品种增加，投资者的选择余地增大，防范风险的能力增强，交易成本降低。而且，金融市场自身的创新，无论是欧洲货币市场的发展，还是金融衍生市场的扩张，都促进了金融市场的一体化趋势。同时，金融监管制度的创新，特别是金融监管的放松，从宏观上为金融市场一体化打开了方便之门。金融创新后显现出的全球市场一体化趋势，提高了各国金融市场间信息传递速度和对价格的反应能力，同时也使各国金融运行的关联度大大增加，一国的金融市场波动会在瞬间波及全球，1997 年的亚洲金融危机和 2000 年美国纳斯达克股指暴跌迅速引起全球市场波动即是例证。

③ 金融创新促进了金融改革，推动了经济发展。一方面，金融创新是金融改革的结果；另一方面，金融创新又促进了金融改革。正是由于金融改革才出现金融机构多元化、金融业务全能化及金融工具多样化等方面的金融创新，而这些创新又使传统的金融制度成为金融业进一步发展的障碍，促使金融制度进行相应改革和调整，并鼓励和刺激新一轮的金融创新。金融创新是以金融资产的运作更有效率为前提的，也是以金融资

产获取更高利润为目的的。因而金融创新必然会促进经济的发展。

(2) 金融创新的负面经济效应。

① 金融创新使金融体系的稳定性下降。金融业务的多元化和金融机构的同质化,使得金融机构可以涉及信贷、信托、证券、保险、投资等诸多领域,金融体系的稳定性和安全性受到冲击。最明显的标志是金融机构破产数量急剧上升和金融机构不良资产迅速增加。当代金融创新最为活跃的美国,也是西方国家中银行破产家数最多的国家。在日本,银行业自 20 世纪 80 年代末以来出现了大量银行倒闭事件和巨额不良资产。英国巴林银行倒闭则完全是因从事投机性的金融创新产品交易(股指期货)失败而导致的。因此,如何使金融创新的活力和金融体系的稳定性形成有机的统一,是当代金融创新中亟待解决的重要问题。

② 金融创新使金融体系面临的风险加大。金融创新可以降低或转移个别风险,但不能消除或减少整个金融业的系统风险。非但如此,金融创新反而使金融在传统风险的基础上面临新的风险。

● 电子风险。一是客观存在的计算机系统运行过程中可能出现故障的风险;二是犯罪分子通过电脑恶意攻击金融计算机网络系统或进行金融犯罪的风险。近年来黑客攻击计算机网络事件时有发生。电子风险具有系统性特征,涉及交易金额巨大,一旦发生这些风险,可能会把金融机构甚至整个金融业都置于不安全的境地。

● 伙伴风险。金融创新过程中的金融自由化、金融机构业务多元化及金融机构同质化,使各金融机构间形成了密不可分的伙伴关系。金融机构之间、金融机构与非金融机构之间、国内金融机构与国际金融机构之间的依赖性大大增强。一旦某个环节、某个部门出了差错,很容易形成"多米诺骨牌"效应。

● 表外风险。金融创新的一大趋势是创新业务的表外化。表外业务的特点是灵活性和杠杆性强,但透明度差,一般不反映在资产负债表中,因而表外业务的风险具有潜伏性和放大性的特点。这种风险一旦爆发,就会给金融机构造成巨大损失甚至致命打击。

● 国际风险。现代计算机和通讯技术使全球金融市场一体化,一国的金融风险会波及多国,从而使金融业的国际风险加大。

③ 金融创新使金融监管的有效性被削弱。金融创新模糊了各金融机构间传统的业务界限,而且金融机构同质化加剧了金融机构间的竞争。

金融机构为了逃避管制,增强竞争力,大量增加表外业务,使金融监管出现"真空"地带。相对于金融机构的业务和工具创新,金融监管措施的创新显得滞后,传统的存款准备金、再贴现、银行充足资本比例等监管措施的有效性被削弱。

2. 金融创新对货币政策的影响

(1) 金融创新使部分传统的选择性政策工具失灵。传统的选择性货币政策工具包括利率限制、信用配给、法定保证金等。金融创新,尤其是规避管制的创新,如 NOW、ATS 等,其创新的目的就是要摆脱上述政策工具的约束。这些创新活动的成功与普及,使央行运用选择性政策工具越来越困难。

(2) 金融创新弱化了存款准备金制度的作用力度与广度。首先,金融创新弱化了存款准备金制度作用的力度。存款准备金制度发挥作用的基本前提条件是商业银行的超额准备相对稳定,这样才能对央行的存款准备金率的调整作出反应。然而,金融创新破坏了这一前提条件。商业银行可以通过创新业务和创新工具很容易地通过货币市场调整其超额准备,超额准备弹性的加大使存款准备金制度的作用力度减弱。例如,当央行提高存款准备金率时,商业银行可以及时地通过创新工具以货币市场补充其超额准备并维持规模不变,央行紧缩信用的目的便难以达到。其次,金融创新减少了存款准备金制度的作用范围。商业银行通过回购协议、货币市场互助基金等不受存款准备金制约的非存款工具,或通过欧洲货币市场,既能确保其应有的负债规模,又能逃避存款准备金制度的约束。

(3) 金融创新使再贴现政策的作用下降。再贴现政策发挥作用的大小取决于商业银行对中央银行再贴现窗口的依赖程度。金融创新使商业银行融资渠道多元化,融资方式更为灵活,而且成本下降。商业银行可以通过出售证券、贷款证券化、同业拆借、发行短期存单、从欧洲货币市场借款等渠道满足自己的流动性需要,对央行再贴现窗口的依赖性下降,再贴现政策的作用力减弱。

(4) 金融创新强化了公开市场业务的作用。金融创新所引起的资产证券化趋势及金融市场的全球化趋势,非常有利于央行公开市场业务操作,并且使其影响的广度和深度增加。① 金融创新拓宽了公开市场业务作用的范围,使央行可在公开市场的本外币市场充分发挥作用。例如在本币市场,央行可以运用政府债券、商业票据、承兑汇票等金融工具的买卖来调节基础货币；在外汇市场上，央行可以借助远期、掉期、互换创新交易，通过公开市场操作干预和调控市场。② 金融创新深化了央行公开市场业务的作用程度。在金融创新的证券化趋势中，金融机构的总资产中有价证券的比重增加，特别是政府债券成为金融机构举足轻重的二级准备，央行通过公开市场业务对金融机构的影响力增强。此外，随着金融市场和金融工具的创新，有价证券成为社会公众持有的重要资产形式，并且在社会公众的总资产中所占的比重不断增加。这样，央行通过公开市场操作不仅直接影响金融机构的运作，而且间接影响社会公众的行为。③ 金融创新还使央行公开市场操作的灵活性增强。一方面，金融工具创新为央行公开市场操作提供了大量可供买卖的工具，使央行公开市场操作的手段更为丰富。另一方面，金融交易方式的创新，如回购协议等方式使央行公开市场操作的买卖方式更为灵活。

五、过度创新与监管缺失带来的风险

近几十年来，发达经济体的金融产品创新层出不穷，但与此同时监管当局监管不足甚至监管缺失，导致衍生产品市场过度发达而严重背离了实体经济，并且给世界经济带来了巨大的风险，最终成为本轮国际金融危机的一个重要根源。

具体说来，近几十年来，金融机构受利益驱动，不断加大金融创新力度，金融产品的复杂性和不透明性上升，金融机构杠杆率不断提高，增大了市场的潜在风险。在金融创新名义下，一些金融机构的违规行为也大量涌现，如向不具备还款能力的借款人发放规模庞大的住房抵押贷款，基于次贷的金融衍生产品脱离实体经济需要而过度发展。金融业薪酬体制造成的激励与处罚不对称，也助长了金融机构的过度创新和其他高风险经营行为，加剧了市场的脆弱性。然而，主要经济体监管部门对设计复杂、链条过长的高风险产品的监管不足，过于相信市场自身的调节力量，导致风险未能得到及时、有效遏制，最终酿成金融危机。

尽管监管缺失下的金融产品过度创新成为次贷危机的一个重要原因，但是我们并不能因此否定金融创新在推动全球金融市场和世界经济发展过程中曾经发挥的积极作用。次贷危机给我们的一个重要启示是：金融产品创新要适度，要与实体经济的发展相符合；同时，在金融创新过程中，金融监管一定要配套跟进。

本章内容提要

1. 金融抑制是指一国的金融体系不健全，金融市场机制未充分发挥作用，经济生活中存在过多的金融管制措施，而受到压制的金融反过来又阻滞着经济的成长和发展。

2. 对金融抑制现象产生的根源，麦金农认为，由于发展中国家经济严重的"分割性"，使得金融体制割裂与脆弱，市场机制不健全，投资限于"内源融资"，延缓了经济发展，政府依赖人为干预。对高利贷和通货膨胀的恐惧，也导致金融抑制。

3. 发展中国家的政府对金融活动强制干预，人为地控制利率和汇率。金融抑制有两个显著的表现：一是金融市场不健全，二是金融工具单调。

4. 金融抑制对经济发展带来负效应：收入水平长期停滞不前；储蓄水平低；投资的负效应；失业现象普遍，贫富分化加剧。

5. 金融深化是指那些处于金融抑制的国家，想实现经济迅速增长，必须实现一系列金融自由化政策。金融深化的内容包括取消不恰当的利率限制，确定一个合适的实际利率水平；放松汇率限制；财政改革的配合；放松对金融业务的过多限制，引进竞争机制，发展金融市场和丰富金融工具等。

6. 西方发达国家从20世纪60年代后期起，引发了一个"金融创新"的浪潮，到80年代形成全球性大趋势，在金融战略、金融工具、金融方式、金融技术、金融机构和金融市场等方面都进行了明显的变革。

本章基本概念

金融抑制　金融深化　金融创新　金融自由化　内源性融资　实际货币需求　货币存款的实际收益（实际利率水平）　货币市场共同基金　自动转账制度　回购协议　利率市场化

本章思考题

1. 金融抑制的常见手段有哪些？
2. 金融抑制的负面效应表现在哪几个方面？

3. 金融深化论的主要内容是什么？人们对其的争论和反思对我们有哪些启示？

4. 金融工具创新包括哪几种？各有何特点？

5. 促使金融创新的因素有哪些？

第六章 货币理论（上）

广义的货币理论内容包括：货币的起源、本质、职能；货币的供应、需求；货币与经济的一般关系以及货币政策等许多方面。以下几章主要从货币供应和需求相互作用的角度，按照货币理论发展的顺序，分别介绍不同流派对货币与产量、就业及物价之间关系的理论阐述和实证分析。本章首先集中介绍货币供应量是由哪些因素决定的及其如何决定的理论。

第一节 基 础 货 币

一、影响基础货币的因素

在第三章讨论银行体系存款的扩张与收缩过程时，我们曾得到了一个反映货币量与基础货币关系的货币乘数

$$m = \frac{1+k}{r_d + r_t \cdot t + e + k}$$

如果货币乘数相对稳定，货币供应量就取决于基础货币的多寡，即

$$M_1 = m \times B$$

这被称为货币供应方程式，即货币供应量 M_1 等于基础货币 B 与货币乘数 m 的乘积。因此，研究货币供应量如何决定，必须研究基础货币和货币乘数是如何决定的。

基础货币又称强力货币。从来源看，它是金融当局（中央银行和财政部）的货币供应量；从运用看，它由商业银行的准备金（R）和流通中的通货（C）组成。在高度简化的中央银行资产负债表上，它们分别代表中央

银行的资产和负债(见表6.1)。

表6.1 中央银行资产负债表

资　　产	负　　债
对专业银行的贷款	商业银行准备金
财政借款	流通中的通货

在实际情况中,影响基础货币的因素远不止以上简表中的四项。美国联邦储备体系每周公布一种报表"存款机构准备金、联邦储备银行信贷资产和有关项目",即准备金方程式,它反映了各项影响商业银行准备金因素的变化情况(参见表6.2)。

表6.2 影响储蓄机构准备金和基础货币的因素

(单位:十亿美元)

增加准备金的因素	1985年11月20日	1986年11月19日	变　化
1. 联储信用	196.5	220.7	+24.2
政府债券	179.8	201.6	+21.8
贷款	1.6	1.1	−0.5
在途票据	1.5	1.5	0.0
联储其他资产	13.6	16.5	+2.9
2. 黄金存量	11.1	11.1	0.0
3. 特别提款权账户	4.7	5.0	+0.3
4. 财政部发行通货	17.0	17.5	+0.5
减少准备金的因素			
5. 财政部持有现金	0.4	0.5	+0.1
6. 财政部在联储的存款	3.0	3.7	+0.7
7. 其他在联储银行的存款 　(除存款机构外)	2.6	2.7	+0.1
8. 联储其他负债和资本项目	6.2	6.3	+0.1
9. 流通中通货	191.6	205.6	+14.0

转引自 Harry D. Huchinson: Money, Banking and the United States Economy, 6th edition P221.

准备金方程式把那些因本身的增加会造成准备金增加的项目,和那些因本身的增加会造成准备金减少的项目归并起来,前者称为资金来源,后者称为资金运用。

可以看出,影响商业银行准备金数额的最重要因素是联邦储备银行对政府债券的购买(即公开市场操作)和居民手持通货数量的变化。

二、准备金方程式的推导

为什么联邦储备银行的信用增加,就意味着商业银行准备金增加;相反,财政部在联邦储备银行存款增加,则表示商业银行准备金减少? 这是根据会计恒等式原理,将联邦储备银行和财政部货币账户资产负债表进行移项合并推导得出的,具体过程见表 6.3 所示。

(我们仅保留账户名称,而省去了具体的金额数字。)

表 6.3　联储资产负债表

资　　　　产	负　　　　债
(1) 黄金券	(8) 联储发行纸钞
(2) 特别提款权账户	(9) 会员银行存款
(3) 现金	(10) 财政部存款
(4) 贷款	(11) 其他机构存款
(5) 政府债券	(12) 延期现款账户
(6) 结算中现款账户	(13) 其他负债
(7) 其他资产	(14) 资产账户
财政部货币账户*	
(15) 黄金存量	(18) 黄金券
(16) 财政部发行通货	(19) 财政部在外通货
(17) 财政部持有联储纸钞	(20) 财政部持有现金

* 财政部货币账户与一般资产负债表的某些记账原则不同。

第一步,根据会计恒等式,资产总额＝负债总额,即

$$(1)+(2)+(3)+(4)+(5)+(6)+(7)+(15)+(16)+(17)$$
$$=(8)+(9)+(10)+(11)+(12)+(13)+(14)+(18)+(19)+(20)$$

第二步,移项合并,有

$$(9)=[(1)-(18)]+(2)-[(8)+(19)-(3)-(17)]+(4)+(5)+$$
$$[(6)-(12)]+(7)-(10)-(11)-[(13)+(14)]+(15)+$$
$$(16)-(20)$$

等式左边(9)为需要求解的商业银行准备金数量;右边第一个方括号内(1)和(18)都是黄金券,相互抵消;第二个方括号内四个账户合并后,为联储和财政部之外公众和银行持有的通货数量,即"流通中的通货";第三

个方括号内表示由于结算时差造成的在途资金,即"在途票据";第四个方括号的两个账户简单地合并成一个"联储其他负债和资本项目"。这样就得到了增加准备金的 8 个因素和减少准备金的 5 个因素,和列在表 6.2 中的一致。

以上的分析虽然以美国的货币制度为例,但仍不失其普遍意义,任何国家的基础货币都来源于通货发行当局的通货供应量,它在银行和社会公众之间被分配成各种用途。

三、基础货币变化的根本原因

进一步深究引起上述各因素变化的原因,包括以下四个方面。

1. 政府的财政收支

当政府财政收支恶化、出现赤字时,弥补的方法有:增加税收、发行新的公债、增发通货或直接向中央银行透支。后两种方法都会直接扩大基础货币供应。财政部发行的通货一般都是辅币,数量有限;直接向中央银行透支会扩大基础货币,可能引发通货膨胀,因此许多国家明令禁止这种做法。通过征税或发行新的债券来筹集开支,一定意义上并不会影响基础货币。当公众支付税收或购买政府债券时,货币基数会暂时减少,但是当政府支出这些债务时,它又回到流通中,使基础货币恢复到原来水平。如果我们假设货币流入和流出在同一时期,那么在这一段时期内,对货币基数的总影响为零。另外,在财政收支出现赤字时,财政部持有现金和在中央银行的存款倾向于减少,这也会扩大基础货币。当政府财政收支出现盈余,则财政部在央行存款和持有现金数增加;财政部偿还部分政府债务会减少财政部在外通货或减少央行的政府债券持有量。所有这些变化,都倾向于减少货币供应。

2. 黄金存量变化和国际收支状况

当黄金存量增加时,无论这些黄金是本国地下采掘或是从国外流入的,出售黄金的人均将获得一笔等值的款项。因此,中央银行在收购黄金的同时,投放了等值的通货。当国际收支出现持续顺差,或中央银行为了调控汇率,在外汇市场购入外汇时,效果和收购黄金相同,也会增加基础货币投放。

3. 技术和制度性因素

结算中的票据实际是中央银行为结算而向存款机构提供的短期信

贷。存款机构将收到的支票送交中央银行进行清算,准备金增加;由于传递耽搁等原因,中央银行不能立即借记出票存款机构的准备金账户。因此,一方面收款机构已经贷记了该支票;另一方面出票机构尚未进行借记,总的准备金就会暂时增加。当支票最终清算时,准备金的暂时增加会消失。但是,对于整个银行系统来说,这种在途结算中的票据始终存在,其数额除随经济活动总量增加而有增加的趋势外,还与资金结算技术有关。通过建立计算机网络和卫星通讯形式的结算中心,会大大缩短在途结算中票据数额,减少基础货币。

上面讲到政府在征收税收或发行公债时,基础货币会暂时减少,是因为假设政府将这些收入存入中央银行,通过清算,政府在央行的存款增加了,存款机构的准备金就减少了相同数额。既然这些资金通过政府支出必然会重新回到流通领域,为减少纳税高峰期基础货币的急剧波动,财政收入不能一次性全部存入中央银行,而应采取逐渐转移的方法。如果外国政府在中央银行也有账户,当它们将资金从存款机构转到中央银行时,其效果如同财政部将存款从存款机构转到中央银行,也会降低基础货币供应。

4. 中央银行的行为

对上述影响基础货币的因素中央银行不能直接加以控制,但是,中央银行拥有一项强有力的措施,可以精确地调节基础货币总量,它就是公开市场操作。中央银行通过在公开市场买卖证券(主要是政府债券),调整基础货币量,抵消其他因素造成的基础货币量的波动。例如,当中央银行为维持汇率稳定,被迫在外汇市场买入外汇时,会扩大基础货币供应量,通过在公开市场卖出等额证券,基础货币回复到原来水平,这种操作方法被称为冲销。

中央银行实施公开市场操作手段的前提是要存在一个活跃的政府债券二级市场。虽然在形式上,中央银行购入政府债券和直接向政府透支有相似之处,但前者是中央银行的一项积极主动的货币政策手段,可以进行双向操作,与后者被动地单向扩大基础货币有本质区别。为了保证公开市场操作这一精确的货币政策工具的有效性,有时政府在财政状况良好时,仍发行一定量的公债,以保持其二级市场的广度和深度。

表 6.2 表明,政府证券是联邦储备体系信用的最大组成部分,它也是由中央银行调节银行准备金(或基础货币)的最主要工具。由于中央银行能够通过公开市场操作,抵消其他因素对基础货币的影响,因此基础货币

总量就可以看成是由中央银行完全控制的外生政策变量。

四、有关概念

接下来,我们考察四个与基础货币相关的、在讨论货币政策时广泛使用的重要概念。

1. 已调整基础货币

基础货币从运用的角度看,包括商业银行的准备金和流通中通货,但在衡量货币政策属于扩张性还是紧缩性时,基础货币有时可能产生误导。如果存款从准备比率高的存款机构转到准备比率较低的机构,那么,即使中央银行没有改变法定准备金比率,平均的法定准备金比率实际上已有了一定程度的降低。因此,为了衡量货币政策,必须针对平均法定准备金比率来调整基础货币。比如,由于平均法定准备金比率下降,从而释放出1亿美元的法定准备金,这1亿美元就要加到基础货币上,得到已调整的基础货币。

2. 非借入准备金

一般情况下,中央银行不欢迎商业银行直接向其借款,因此,商业银行在取得较多准备金时,首先要归还向中央银行的借款,而不是使用这些准备金发放贷款。因此,存款创造将较少地依赖于总准备金或基础货币,而更多地依赖非借入准备金,或称自有准备金。在数量上,它等于总准备金减少存款机构向中央银行的借款。

3. 自由准备金

它等于非借入准备金中超过法定准备金的那部分数额,是商业银行可用于扩大贷款的准备金。

4. 超额准备金

它等于总准备金减去法定准备金。

从预测货币存量变化准确程度的标准看,哪一项指标更好? 这是一个尚未解决的问题。已调整的基础货币显然要比基础货币好,因为适用于它的货币乘数少一个变量,即法定准备金比率的变动,从而避开了一个难免出现估算误差的项目。

基础货币比银行准备金更为有利,因为它考虑到社会公众的通货持有量,而银行准备金却忽略了这一因素。但是,基础货币又把通货持有额看得太重要了,它将社会公众持有的每一单位货币都视同银行掌握的每一单位货币,而后者通过存款扩张机制,会产生几倍的货币量。

　　超额准备金和自由准备金也会产生误导。假设数据表明,超额准备金已提高,这不一定是存款将增加的信号,而可能是由于银行同业拆放利率下降,以致银行愿意持有更多的超额准备金。

第二节　货币乘数

　　基础货币供应增加后,货币存量不是简单地以 1：1 的比例增加。由于存款机构的信用创造,货币存量的增加量会以基础货币增量的若干倍数扩张。反映货币供应量与基础货币之间或它们增量之间倍数关系的量称为货币乘数,即

$$m = M_1/H \quad 或 \quad m = \Delta M_1/\Delta H$$

　　在第四章中我们推导出了一个较为完备的货币乘数表达形式

$$m = \frac{1+k}{r_d + r_t \cdot t + e + k}$$

　　如果货币乘数为常数,基础货币又是完全外生决定的,那么,中央银行通过调节基础货币就可以完全准确地控制货币供应量。但是,货币乘数不一定是常数。在决定货币乘数的系数中,中央银行可以控制的只有法定准备金比率 r_i 和 r_t;其余的定期存款和活期存款比率 t、通货活期存款比率 k 和超额准备金比率 e 分别由社会公众和存款机构决定,它们不是固定不变的,而是很容易受经济活动的影响。

　　2012 年 6 月 8 日和 7 月 6 日,中国人民银行根据我国金融机构改革不断取得新进展、金融机构财务硬约束明显增强、利率市场化基础条件逐步成熟等情况,将存款利率浮动区间的上限由基准利率调整为基准利率的 1.1 倍,贷款利率浮动区间的下限由基准利率的 0.9 倍调整为 0.7 倍,这是推进我国利率市场化改革的又一项重大举措。

一、影响超额准备金比率的因素

　　商业银行持有一定量的超额准备金,意味着用于创造信用货币的准

备金数量相对减少,是存款扩张过程中的一项漏出。所以 e 上升,会降低整个银行体系创造存款的能力,使货币乘数减小。作为特殊企业的商业银行,其持有的超额准备金数额,理论上应取决于成本与收益的对比关系,数量应维持在闲置准备金的边际机会成本与边际收益恰好相等的点上。机会成本是商业银行因保留超额储备而丧失的可能获得的利润;收益是银行避免因准备金短缺而要获取更多准备金时所花费的成本。影响超额准备金比率的因素很多,主要有以下三个因素。

1. 利率

市场利率是持有超额准备金的机会成本。市场利率上升,表明银行运用闲置资金能够获取更高收益,这倾向于降低超额准备金比率。在利率降低时,银行不愿意贷出所有超额准备,因为利率的收益可能弥补不了发放贷款和管理贷款的成本费用;或银行预期利率水平在不久的将来会回升,而持观望态度,因此 e 就比高利率时期大。

2. 贷款的投资机会

当经济处于周期中的上升阶段时,企业资金需求量上升,投资机会增多,从而促使银行减少超额储备,增加贷款发放。相反,投资机会减少,企业的资金需求下降,超额准备金比率趋于上升。

3. 借入资金的难易程度以及成本大小

如果银行能随时向中央银行或其他机构方便地借入资金,并且成本不会出现意外的大幅度波动,银行可以依赖外部获得流动性融通,保留超额准备金的收益不显著,那么超额准备金比率会降低。反之,如果中央银行的贷款条件苛刻,同业拆借资金利率波动剧烈,银行就会倾向于保留较多的准备金以应付突然的资金需求。

二、影响公众通货持有比率的因素

如果社会公众通货持有比率(即通货对活期存款的比率)k 提高,存款扩张过程中的漏出越多,因此 k 越大,货币乘数越小。影响通货和活期存款比率的因素有以下两个。

1. 公众的流动性偏好程度

通货是流动性最高的财富形式,如果人们的收入水平或对将来的预期发生变化,对通货的需求量就会发生改变,从而使 k 上升或下降。

2. 持有通货的机会成本

通货和活期存款及其他有关证券是替代程度很高的财富储存形式。持有通货的机会成本也就是存款的隐含收益和外在收益,以及有关证券支付的利率。如果后者利率提高,社会公众将倾向于增加证券持有量。但很可能发生的情况是:人们把持有证券作为持有存款的替代物,而不是作为持有通货的替代物,结果当人们购买证券时,存款减少,通货对活期存款的比率 k 上升。

有些经济学家认为,通货对活期存款的比率还会随着税率的改变而变化,因为对可能逃税的交易来说,由于使用支票会留下记录,所以对这些人来说,使用通货比使用可开支票的活期存款更为方便。如果地下非法经济活动增长(比如毒品、走私交易),通货比率也会增长,因为这些交易中要以通货而不是支票进行支付。相反,在正常的交易中,人们更多地使用方便灵活的支票结算代替现金支付,通货比率 k 则会下降。

三、影响定期存款对活期存款比率的因素

上一节提到,在法定准备金比例不变的情况下,如果人们改变各种存款之间的比率,实际的平均法定准备金比率也会改变。如果定期存款对活期存款的比率 t 上升,在其他因素不变的情况下,以通货(C)＋活期存款(D)度量的 M_1 就会下降。影响比率 t 的因素有以下两个。

1. 定期存款的利率

如果该利率上升,将诱使人们更多地以定期存款方式保留财富,t 趋于上升。反之,则下降。即使在定期存款利率不变的情况下,如果活期存款的隐含收益上升,定期存款比例也下降。比如,许多银行将企业的贷款和活期支票存款联系起来,甚至明确要求一定比例的活期存款余额。

2. 收入和财富

因为定期存款是持有财富的一种方法,一般说来,收入或财富增长,将导致各项资产同时增加,但如果生息资产的增长幅度高于支付工具的增长幅度,比率 t 上升。

所以,收入、财富、利率都影响 e、k、t,从而影响货币乘数。因此,货币乘数部分是内生的,主要受收入影响。也就是说,即使中央银行保持货币政策不变,货币存量也会随收入增加而增加,或者随收入减少而下降。换句话说,它是顺周期变动的。

四、货币乘数的其他形式

前述我们将货币供应量与基础货币的关系用乘数联结起来即有：$M_1 = m \times H$。其实，这一关系是一个恒等式，在任何情况下都是成立的，我们可以通过恒等变换的方式将它推导出来。根据定义

货币存量(M_1)＝通货(C)＋活期存款(D)

基础货币(H)＝通货(C)＋总准备金(R)

总准备金(R)＝活期存款法定准备金(R_d)＋定期存款法定准备金(R_t)＋超额准备金(R_e)

$$M_1 = C + D = \frac{C+D}{H} \cdot H = \frac{C+D}{C+R} \cdot H = \frac{\frac{C}{D}+1}{\frac{C}{D}+\frac{R}{D}} \cdot H$$

$$= \frac{\frac{C}{D}+1}{\frac{C}{D}+\frac{R_d+R_t+R_e}{D}} \cdot H = \frac{\frac{C}{D}+1}{\frac{C}{D}+\frac{R_d}{D}+\frac{R_t}{D}+\frac{R_e}{D}} \cdot H$$

$$= \frac{\frac{C}{D}+1}{\frac{C}{D}+\frac{R_d}{D}+\frac{R_t}{D_t} \cdot \frac{D_t}{D}+\frac{R_e}{D}} \cdot H$$

分别以k、r_d、t、r_t、e表示通货活期存款比率(C/D)、活期存款法定准备金比率(R_d/D)、定期存款法定准备金比率(R_t/D_t)、定期存款与活期存款比率(D_t/D)，以及超额准备金比率(R_e/D)，代入上式就得到了$M_1 = H(k+1)/(k+r_d+tr_t+e)$。

通过恒等变换，我们可以得到许多不同形式的货币乘数。经济学家分析货币供给量的决定时，采用不同的形式，是因为他们对不同变量的重视程度不同。影响较大的有[1]以下三位的分析。

1. 弗里德曼(M. Friedman)-施瓦兹(A. J. Schwartz)的分析

弗里德曼和施瓦兹关于货币供给量的决定因素的分析见他们合著的

---

[1]　参见盛松成等：《现代货币经济学》，中国金融出版社 1992 年版。

《1867—1960 年的美国货币史》一书。他们的货币乘数形式是

$$M = C + D = \frac{C+D}{H} \cdot H = \frac{C+D}{C+R} \cdot H = \frac{\dfrac{C+D}{C \cdot R}}{\dfrac{C+R}{C \cdot R}} \cdot H$$

$$= \frac{\dfrac{1}{R} + \dfrac{D}{R} \cdot \dfrac{1}{C}}{\dfrac{1}{R} + \dfrac{1}{C}} \cdot H = \frac{\dfrac{D}{R} + \dfrac{D}{R} \cdot \dfrac{D}{C}}{\dfrac{D}{R} + \dfrac{D}{C}} \cdot H = \frac{\dfrac{D}{R}\left(1 + \dfrac{D}{C}\right)}{\dfrac{D}{R} + \dfrac{D}{C}} \cdot H$$

$$m = \frac{\dfrac{D}{R}\left(1 + \dfrac{D}{C}\right)}{\dfrac{D}{R} + \dfrac{D}{C}}$$

基础货币 H 由中央银行决定，而影响货币乘数的变量在弗里德曼-施瓦兹的分析中简化为两个：存款准备金比率（D/R）和存款与通货比率（D/C）。他们称这两个比率及高能货币 H 为"货币存量的大致的决定因素"，而这三个因素又分别取决于货币当局、银行体系和社会公众的行为。

"银行存款与其准备金之比首先决定于银行体系"。虽然银行体系不能决定存款和准备金的绝对量，但却能决定这两者之比。这里的准备金（R）指包括活期存款准备金、定期存款准备金以及超额准备金在内的全部准备金，存款（D）指银行的全部存款负债。一般说来，银行能够通过改变超额准备金而迅速地达到它们意愿的存款与准备金之比。当然，这一比率还受制于中央银行对准备金比率的规定，并且同经济形势密切相关。当银行由于经济萧条而无法顺利地实施其贷款时，就不得不改变其意愿的（D/R）比率。

"存款与通货之比首先决定于公众"。同样，公众也只能决定其存款与通货之比，而无法决定各自的绝对量。影响这一比率的因素，在前面已有较详细的说明，主要取决于公众对流动性的偏好程度和持有通货的机会成本。

不难理解，（D/R）比率的变化会引起货币存量的同方向变化，这是因为这一比率愈高，一定量的存款准备金所能支持的存款也就愈多。同样，（D/C）的值愈大，高能货币中充当银行准备金的部分就愈大，货币乘数愈大，从而（D/C）比率的变化也将导致货币存量同方向的变化。虽然我们

难以从该分析中直接看出货币乘数的形式的这些影响,因为当这两个比率发生变化时,分子与分母都将发生同方向变化,但只要将乘数形式稍加变形,就不难得出上述结论。分别记比率(D/R)和(D/C)为A、B,弗里德曼-施瓦兹的货币乘数可变形为

$$m = \frac{A(1+B)}{A+B} = \frac{1+B}{1+\frac{B}{A}} \quad A\text{ 上升,货币乘数 } m \text{ 增大}$$

$$\text{或} \quad m = \frac{A(1+B)}{A+B} = \frac{\frac{A}{B}+A}{\frac{A}{B}+1}$$

$$= 1 + \frac{A-1}{\frac{A}{B}+1} \quad B\text{ 上升,货币乘数 } m \text{ 也增大}$$

弗里德曼-施瓦兹利用上述分析框架,检验了美国 1867—1960 年的货币史,得出的结论是:基础货币是广义货币存量长期性变化和主要周期性变化的主要原因;(D/R)和(D/C)比率的变化对金融危机条件下的货币运动有着决定性的影响,而(D/C)比率的变化则对货币的温和的周期性变化起了重要的作用。

另外,弗里德曼和施瓦兹虽然认为 H、D/R、D/C 三者分别取决于货币当局、银行体系和社会公众,但他们认为,中央银行可以采取相应的措施来抵消这些因素波动的影响。所以,货币供给函数是稳定可测的。他们对中央银行控制货币存量的能力抱有很大的信心。

2. 卡甘(P. Cagan)的分析

几乎就在弗里德曼和施瓦兹写作《1867—1960 年的美国货币史》一书的同时,美国著名经济学家卡甘也系统而又深入地研究了美国 85 年中货币存量变化的主要决定因素,研究结果体现在他的专著《1875—1960年美国货币存量变化的决定及其影响》。虽然这两本著作都试图阐明货币在经济活动中的作用,但卡甘的著作是专门分析货币存量的决定及其影响的,而弗里德曼和施瓦兹的著作只是涉及这一问题而已。就分析货币量的决定而言,这两部著作所使用的方法很相似,而且这三位经济学家在写作的过程中经常交流研究成果,所以有人将他们的分析称为"弗里德曼-施瓦兹-卡甘"分析。

卡甘的货币乘数形式是

$$M = \frac{H}{\dfrac{H}{M}} = \frac{H}{\dfrac{H \cdot D}{M \cdot D}} = \frac{H}{\dfrac{(C+R)D}{M \cdot D}} = \frac{H}{\dfrac{C \cdot D + R \cdot D}{M \cdot D}}$$

$$= \frac{H}{\dfrac{C \cdot D + R(M-C)}{M \cdot D}} = \frac{H}{\dfrac{C \cdot D + M \cdot R - R \cdot C}{M \cdot D}}$$

$$= \frac{H}{\dfrac{C}{M} + \dfrac{R}{D} - \dfrac{C}{M} \cdot \dfrac{R}{D}}$$

$$m = \frac{1}{\dfrac{C}{M} + \dfrac{R}{D} - \dfrac{C}{M} \cdot \dfrac{R}{D}}$$

在卡甘的分析中,决定货币乘数的变量也只有两个:通货与货币存量之比(C/M)、准备金与存款之比(R/D)。与弗里德曼-施瓦兹的分析略有不同,后者为存款与通货比率(D/C)和存款与准备金比率(D/R)。但是,这些区别并没有理论上的多大意义,(R/D)只是(D/R)的倒数,而(C/M)同(D/C)一样也反映了M、C、D三者之间的关系,因为$M=C+D$。弗里德曼和施瓦兹曾说过:"我们采用存款与通货之比,而不是它的倒数,以使货币存量同这一决定因素呈正相关关系,而不呈负相关关系。"卡甘也说,他使用不同于前者的比率,只是为了"更方便"一些而已。

卡甘将(C/M)和(R/D)分别称为通货比率和准备金比率。在美国,通货比率在长期中具有下降趋势,卡甘将其归因于收入和财富的增长以及城市化。城市化有助于通货比率下降是因为它扩展了银行业而减少了通货的使用。1875年以来,美国银行的准备金比率很不稳定,经常处在较大幅度的变动状态中。卡甘认为,这是由两方面的原因造成的,即存款在不同类型、不同地区的银行及不同种类的存款之间的转移和法定准备率的变化。由于竞争性原因,"存款间的转移总的来看是不重要的",这意味着准备金比率的变动,主要是由法定准备金比率的变化引起的。

卡甘也认为,政府控制基础货币,而公众和商业银行则共同决定基础货币为公众和银行所持有的比例。当公众减少通货持有额而相对增加银行存款时，银行准备金就增加了，"如果此时准备金比率保持不变，货币存量将增加"。同样，当银行增加贷款时，如果存款不变，准备金比率下降，货币存量增加。上述结论也可以通过对卡甘的货币乘数形式稍加变形得出。分别记通货比率(C/M)和准备金比率(R/D)为 X 和 Y，卡甘的货币乘数可变形为

$$m = \frac{1}{X+Y-X \cdot Y} = \frac{1}{X(1-Y)+Y} = \frac{1}{Y(1-X)+X}$$

由于通货比率和准备金比率都小于1，所以当 X 或 Y 上升时，货币乘数变小；反之，货币乘数扩大。

卡甘不仅分析了决定货币供应量的各个因素，而且深入地检验了各决定因素对货币存量变化率的作用。为了作此检验，卡甘首先对前述货币乘数恒等式求自然对数，得

$$\ln M = \ln H - \ln\left[\frac{C}{M} + \frac{R}{D} - \frac{C}{M} \cdot \frac{R}{D}\right]$$

再对两边分别对时间求导数，并化简得

$$\frac{1}{M} \cdot \frac{\mathrm{d}M}{\mathrm{d}t} = \frac{1}{H} \cdot \frac{\mathrm{d}H}{\mathrm{d}t} + \frac{M}{H}\left(1-\frac{R}{D}\right)\frac{\mathrm{d}\left(1-\frac{C}{M}\right)}{\mathrm{d}t} +$$

$$\frac{M}{H}\left(1-\frac{C}{M}\right)\frac{\mathrm{d}\left[-\frac{R}{D}\right]}{\mathrm{d}t}$$

利用以上等式，卡甘运用统计手段并从理论上检验和分析了美国1875—1960年中各决定因素在货币存量的长期性增长和货币存量增长（及下降）率的周期性变化中所发挥的作用，结论是"基础货币的增长是9/10 的货币存量增长的原因"，而通货比率和准备金比率的作用则很小，只有 1/10 的长期性货币增长是由这两个比率下降所引起的。因为在大部分时间，这两个比率的变化对货币量的影响差不多都相互抵消了。在周期性变化中，通货比率是最重要的，它"是货币存量变化率周期性变动的差不多一半的来源"，而"基础货币和准备金比率则分别是 1/4 的来源"。

3. 乔顿(J. L. Jordan)的分析

在前述弗里德曼-施瓦兹和卡甘关于货币存量的决定因素的分析中有两个共同的特征:一是采用了广义的货币定义,即货币不仅包括公众持有的通货和活期存款(M_1),而且包括定期存款和储蓄存款,也就是(M_2);二是未区分不同类型的银行和金融当局对不同类型存款的不同的准备金要求。20 世纪 60 年代末,美国经济学家乔顿导出较为复杂的货币乘数模型。

乔顿的货币乘数形式是

$$M_1 = C + D = \frac{C+D}{H} \cdot H = \frac{C+D}{C+R} \cdot H = \frac{kD+D}{kD+r(D+T+G)} \cdot H$$

$$= \frac{kD+D}{kD+r(D+tD+gD)} \cdot H = \frac{1+k}{k+r(1+t+g)} \cdot H$$

$$m = \frac{1+k}{k+r(1+t+g)}$$

式中,r 代表各种存款的加权平均准备率,存款包括商业银行活期存款(D)、私人定期存款(T)和政府存款(G);又记公众手持通货(C)、定期存款(T)、政府存款(G)与活期存款的比率分别为 k、t、g。

在乔顿模型中,货币只包括通货和活期存款在内的(M_1),决定货币乘数的变量有 k、r、t、g。与本节开始的货币乘数有许多相似之处。

不难理解,当 r、t、g 上升时,货币乘数减小。对于通货比率 k,我们也认为其上升时,意味着存款扩张过程中的漏出增加,货币乘数必然下降。一般情况下,这种分析是成立的,但是我们忽略了一个细节问题:因为在数学上,存在这样一种可能,k 与货币乘数同方向变动。

$$m = \frac{1+k}{k+r(1+t+g)} = 1 + \frac{1-r(1+t+g)}{k+r(1+t+g)}$$

$$= 1 - \frac{r(1+t+g)-1}{r(1+t+g)+k}$$

通常,k 与 m 反方向变动。但是,如果 $r(1+t+g) > 1$,货币乘数的后一项为负,k 就与 m 同方向变动。这种现象如何解释?

首先,看 $r(1+t+g) > 1$ 意味着什么。$r(1+t+g) > 1$ 表示在特殊

情况下,活期存款在绝对量上小于准备金总额。活期存款扩张过程中,漏向其他存款准备金的数额是如此之大,以至于活期存款对准备金而言,不是"扩张"而是"收缩"了。货币存量($M_1 = C + D$)小于基础货币($H = C + R$),货币乘数 m 小于 1。

因此,在中央银行基础货币供应量(H)保持不变时,公众降低通货比率 k,基础货币中(C)下降,(R)等值上升,(D)随之上升,但上升的绝对量小于(R)上升量,因此货币存量(M_1)下降,货币乘数 $m = M_1/H$ 减小,即货币乘数与 k 同方向变动。

当然,由于私人活期存款占了商业银行全部存款的大部分,存款准备金通常只占存款的较小比例,(R/D)远小于 1,实际情况中,m 与 k 总是反方向变动。

在这一节的分析中,货币乘数被看成是一些变量的函数,因而货币乘数部分地属于内生性的,这被称为货币供给理论,它不同于将货币乘数看成常数的机械的传统方法。因此,关于货币控制的问题则主要同货币乘数的具体形式和稳定性有关。中央银行控制货币供给能力的大小,取决于它能否准确地预测货币乘数及其决定因素的变化;而中央银行能否准确地作此预测,又取决于这些变化是否稳定。这些变化越是有章可循,中央银行的预测就越准确,其控制货币供应的能力也就越大。所以,当前西方货币供给的研究,许多已转向对货币乘数及其决定因素的稳定性和可预测的研究了。

第三节 货币供给的外生论与内生论

一、货币供给的外生论与内生论的内涵

根据对"货币供给是否货币当局能决定的变量"这一问题的不同回答,货币供给理论可以分为外生论与内生论两种。货币供给外生论是指,货币供给这个变量并不是由经济因素,如收入、储蓄、投资、消费等因素决定的,而是由货币当局的货币政策决定的。货币供给内生论是指,货币供给的变动,货币当局是决定不了的,起决定作用的是经济体系中的实际变量以及微观主体的经济行为等因素。

从政策含义的角度来考察这一问题,两者的分歧在于:货币政策的调节作用是否有效。外生论认为,货币供给是由货币当局的政策决定的变量,因此货币当局能有效地通过对货币供应量的调节来达到调控经济的目的。相反,内生论则认为,货币供给被动地决定于客观经济过程·而货币当局不能有效地对其进行控制;因此货币政策的调节作用、特别是以货币供应量作为操作指标的调节,就有很大的局限性,货币政策的效果也会大打折扣。

二、主流的货币供给外生论

1. 古典学派的货币供给外生论

古典经济学家实际上都认为,货币供给是外生的,因为他们的货币是金币,黄金的生产与经济的运行没有直接的内在的联系,按照费雪和庇古的货币数量说公式,都是货币的数量决定商品的价格,而不是商品的价格决定货币的供给。产出的多少为制度和技术因素所决定,既不受货币数量的影响,也不影响货币的数量。

2. 凯恩斯学派的货币供给外生论

凯恩斯明确地认为,货币供给是外生的,因为中央银行可以根据经济运行的情况自主地变动货币供给量,调节利率。没有中央银行的决策,流通中的货币供给量不会增加。也就是说,经济运行的状况不会自发地影响流通中货币供给量的变动。在凯恩斯的货币供给的图形中,货币供给曲线是条垂线,它与利率和实际经济的运行之间没有直接的内在联系。

3. 货币主义的货币供给外生论

弗里德曼认为,货币供给方程中的三个主要因素——高能货币 H、存款与准备金比率 D/R 和存款与通货比率 D/C,虽然分别决定于货币当局的行为、商业银行的行为和公众的行为,但其中,货币当局能够直接决定 H,而 H 对于 D/R 和 D/C 有决定性影响。也就是说,货币当局只要控制或变动 H,就必然能在影响 D/R 和 D/C 的同时决定货币供给量的变动。在这种情况下,货币供给显然是货币当局能决定的外生变量。

4. 理性预期学派的理论

卢卡斯等虽然没有具体讨论经济运行和货币需求对货币供给的影响,但是,他们都强调中央银行货币供给的至关重要性,以及中央银行采取稳定的货币供给的政策对于经济稳定的重要意义。因为,他们假定中央银行可以实行独立的货币政策,这就隐含着经济运行不能直接决定货币供给、货币供给是外生的意思。

三、托宾等的货币供给新论

1. 货币供给"新论"和"旧论"的主要观点对比

虽然货币供给理论比那种将货币乘数看作常数的简单的机械方法大大前进了,但它仍受到一些经济学家的挑战,这一方法被称为"新论"(new view)。

"新论"的领导者是美国耶鲁大学的托宾(J. Tobin)教授。他在 1963 年发表的《作为货币创造者的商业银行》一文中,概括了他称之为货币"旧论"的主要观点。在"旧论"中,商业银行与其他金融中介机构被严格区分开来。由于商业银行的负债(活期存款)是支付工具,它们是唯一能够创造货币的金融中介机构,因而在传统上被看成是具有独特性的。法定准备金的要求使它的存款扩张能力受到限制。而其他非银行金融中介机构则被看成仅仅起到媒介信用而不是创造信用的作用,因为与银行体系不一样,它们在放出贷款后,不能指望这些资金作为存款重新回流进来,因而不可能通过增加贷款来创造存款。非银行金融机构只有先吸收存款,然后才能发放贷款。在"旧论"中,银行与非银行金融机构区别的核心是后者的负债不是普遍接受的支付工具,因而不是货币。

在"新论"中,商业银行与其他金融中介机构、货币与其他金融资产的界限变得模糊起来。"新论"的支持者采取将货币理论看成是资产组合理论的分析方法,批评货币供给理论乘数方法所隐含的货币供应是可以由中央银行控制的外生变量的观点,而认为货币供应是一个反映银行和其他经济单位行为变化的内生变量。他们的注意力不在货币数量及其流通速度上,而是集中于所有资产的供求关系、报酬率和信用的可获得性等方面。

"新论"的支持者问,为什么银行仅仅因为他们的准备金增加就一定要供给更多的存款?难道它们不能像其他机构那样,把产出定在利润极大化的那一点上,而不是生产最大可能的产出?很显然,我们不会认为钢铁的产量仅仅取决于钢铁公司可获得的铁矿及其他原材料的数量。争取利润最大化的银行决定其贷款(从而整个银行体系存款)数量时,也要考虑边际收益和边际成本。

　　但是，上面所述的存款创造的情况仅仅考虑了供给方，即只限于银行可以创造的最大存款量，难道社会公众对存款的需求毫无作用，不管银行供给多少存款都来者不拒吗？"新论"的支持者不承认银行扩张贷款和存款的能力仅受准备金要求的影响。他们认为，和其他金融机构一样，银行也只能贷出公众所需要的数量，而不是更多。当银行从新增贷款中得到的边际收益等于边际成本时，"旧论"所描述的存款扩张机制就失效了。

　　我们也可以考虑一种相反的极端情况，转而假定，无论社会公众希望持有多少存款，银行都能够创造出来，因此存款的数量唯一取决于公众对存款的需求。当社会公众想要持有更多的总存款时，银行发现它们能够按较低的估算成本，把存款"出售"给社会公众，从而扩大银行的总存款量。但是，银行怎样取得法定准备金呢？首先，既然社会公众愿意持有更多的存款，他们就有可能把部分持有的通货存入银行，这就会增加银行准备金。其次，对总存款增加了的需求也可以通过银行提高定期存款利率来满足，这会诱使一些存款人把活期存款转为定期存款。由于对存款具有不同的法定准备金比率，定期存款的法定准备率低，这就会降低对存款平均余额所必须保持的准备金。因此，"新论"倡导者认为，准备金的供给对于货币创造，尤其对 M_2 来说，并不像传统方法强调的那么重要。

　　因此，包括银行在内，所有金融机构借款和贷款的数量取决于边际成本与边际收益的对比。如果说银行的存款扩张机制受到了法定准备金的限制，那就等于假定此时银行贷款的边际收益仍大于成本，所以一旦得到额外的准备金，就会用于扩张存款。因此，"新论"的支持者认为传统观点中商业银行在金融机构中的特殊地位来自中央银行对其过高的准备金要求或利率限制，而不是能够"自动"创造存款。

　　2. 货币供给"新论"的发展

　　"新论"一词是托宾在 1963 年首次提出的，它形成于 20 世纪 50 年代中期到 60 年代中期，是相对于传统的货币基数—货币乘数分析法而言的。"新论"强调商业银行与其他金融机构的同一性，以及货币与其他金融资产的同一性，主张货币供给的内生性。对这一理论作出贡献的主要有英国《拉德克利夫报告》的作者 Redcliffe、美国的格雷（J. G. Gurley）和肖（E. S. Show）、托宾（J. Tobin）等人，最后经托宾等的完善而成为一种系统的货币供给理论。

　　1959 年的英国《拉德克利夫报告》提出的中心论点是：对经济有真正

影响的不仅仅是传统意义上的货币供给,而且是包括这一货币供给在内的整个社会的流动性;决定货币供给的不仅仅是商业银行,而且是包括商业银行和非银行金融机构在内的整个金融系统;货币当局所应控制的应该是包括货币供给在内的整个社会的流动性。该报告指出,把货币供应量作为货币政策控制目标的不恰当性,实际上就是认为货币供给量是一个不受中央银行控制的内生变量。

1960 年,美国经济学家格雷和肖出版了《金融理论中的货币》一书,对以往观点作了进一步阐述。他们认为:货币不是货币金融理论的唯一分析对象,货币金融理论应该分析的是多样化的金融资产,货币仅仅是其中一种;控制货币的政策不是决策者可资依赖的唯一经济政策,影响金融制度乃至经济制度的应该是一套完整的金融政策,包括货币政策、债务管理政策和财政政策;在金融机构中,商业银行是唯一有能力创造活期存款形式的货币机构,而其他金融机构却是能创造某种独特的金融债券凭证的机构,他们通过放款和投资与商业银行分享着扩张信用的能力;商业银行在货币创造过程中,会受到其他金融机构的竞争,于是货币供给不仅决定于商业银行本身,而且决定于其他金融机构和社会公众的行为;应以更广义的货币定义作为理解货币与总体经济之间关系的基础,货币统计的口径越大,货币供给的内生性越大。因此,格雷和肖试图建立一个以研究多种金融资产、多样化的金融机构和完整的金融政策为基本内容的广义的货币金融理论,明确提出了非银行金融机构的信用创造问题。

托宾认为,弗里德曼对于货币供给方程式的解释是不能成立的。对于货币供给与高能货币、存款与通货比率和存款与准备金比率的关系不应简单化;这三个变量及其决定因素之间存在着交叉影响关系,特别是后两个变量,即 D/C 和 D/R,常常随经济环境的变化而变化,因而不应被当成货币供给方程式中的固定参数。他指出,存款与通货比率,从实际经济运行资料来看,并不是始终处于稳定的状况,而常常出现的是周期波动现象;至于存款与准备金比率的变动,商业银行行为的独立作用是很明显的。

"新论"的新颖之处主要表现在以下两个方面。

① 极为重视利率及货币需求对货币供给的影响。

托宾等人认为,视货币供给为外生变量是错误的,货币供给深受利率和货币需求的影响,H 和 M 之间并不存在简单明确的倍数关系。

首先,银行的资产负债规模及公众的货币需求量具有很大的利率弹性。利率的变动既诱使银行调整其资产经营规模,也引导社会公众改变其资产偏好行为。如果中央银行扩大基础货币的供给,会增加商业银行的准备金,从而出现 M 扩张的趋势。与此同时,利率趋于下跌,从而使银行减少贷款,公众增加通货的持有量,于是又导致一个货币紧缩的过程。

其次,银行体系创造存款货币的能力,并不完全取决于基础货币和法定准备金比率这些外生变量。因为只有当银行体系有足够贷款和投资机会,才能实现存款货币的创造。贷款和投资机会则是由经济运行状况和货币需求决定的,是中央银行无法直接控制的内生变量。

② 强调非银行金融中介机构对货币供给的影响。

第二次世界大战后,美国的各类非银行金融机构蓬勃兴起,它们的各项负债业务无论形式还是规模,都有较大的发展,打破了商业银行垄断信用市场的格局。货币供应新论的支持者认为非银行金融机构同商业银行一样,具有信用创造的功能。

他们认为,没有必要对活期存款与其他金融资产、商业银行与其他非银行金融中介机构作出严格的区分。理由有三个。首先,其他金融机构的某些负债同活期存款一样具有支付功能,所以它们往往被人们视为货币的良好替代物。其次,其他金融机构与商业银行在吸收存款等方面的激烈竞争,会减少商业银行的准备金,从而削弱商业银行创造存款的能力。再次,商业银行未必能尽量扩张存款,因为人们对贷款和活期存款的需求是有限的;而非银行金融机构也未必没有成倍地创造其负债的能力,因为只要经济内部存在着对其的贷款需求,该类机构就可以通过存款的增加来创造出若干倍的新负债来。

持货币供给新论的经济学家,一般采用一般均衡的方法来分析货币供给量与利率等经济变量之间的复杂关系,以及货币供给与货币需求之间互为因果的关系。下面介绍尼翰斯(J. Niehans)提出的一般均衡货币供应模式。

在这个模式中,共有三个部门,即中央银行、银行体系和非银行体系;三种资产,即中央银行供应的基础货币、银行存款和直接证券(包括银行体系的放款和投资,以债券为代表);两种利率,其一为存款利率 i_d,其二为债券利率 i_b。模式中的变量有通货(C)、银行体系存款(D)、银行体系储备(R)、银行体系资产或直接证券(L)、货币供应(M)和基础货币(B)。

非银行体系对通货和银行存款的需求函数为

$$C = C(i_d, i_b) \quad C' < 0, C'' < 0$$
$$D = D(i_d, i_b) \quad D' > 0, D'' < 0$$

上述需求函数的偏导数符号,表示对通货的需求与两种利率呈反向关系,对银行存款的需求则与存款利率依相同的方向变动,但与债券利率依相反方向变动。换言之,两种利率越高,则经济单位减少通货持有量、增加存款或债券持有量的可能性越大;两种利率中,债券利率越高,则舍存款而取债券的可能性也越大。

商业银行对准备金和直接证券的需求函数为

$$R = R(i_d, i_b) \quad R' > 0, R'' < 0$$
$$L = L(i_d, i_b) \quad L' > 0, L'' > 0$$

这些函数的偏导数符号可以解释如下:$R' > 0$,因存款利率越高,存款数量越大,故对准备金的需求也越强;$R'' < 0$,因债券利率越高,银行体系准备金用以增加证券投资的可能性越大;$L' > 0, L'' > 0$ 的理由更加明显,即如果存款利率越高,银行成本越大,对盈利资产的需求也越强;同样,债券利率越高,证券投资和放款的吸引力也越大。

均衡的条件为

$$\begin{cases} M = C(i_d, i_b) + D(i_d, i_b) & \text{即货币供应等于货币需求;} \\ C(i_d, i_b) + R(i_d, i_b) = B & \text{即银行体系对基础货币的需求与中央银行的基础货币供应相等;} \\ D(i_d, i_b) = R(i_d, i_b) + L(i_d, i_b) & \text{即非银行体系对银行存款的需求与银行体系的存款供应相等。①} \end{cases}$$

已知基础货币(B)后,即可求出三个未知数:存款利率(i_d),债券利率(i_b),货币供应量(M)[当然也可以同时求出通货(C),银行存款(D),准备金(R),直接证券(L)]。

由这一个简单的模式不难看出,货币供应量最终由中央银行、银行体系和非银行体系之间错综复杂的关系所决定,而后两者的行为,又受存贷

――――――――――

① 根据银行体系简化的资产负债表,准备金与银行资产等于存款的创造。

利率变动的影响。

其实,货币供给新论与传统的货币供给理论之间的冲突并不像表面上所表现的那么激烈。不妨设想准备金提高时会出现怎样的情况。我们首先假设处于均衡状态,即银行创造了最适当的存款量,从而它们由于持有社会公众存款而获得的边际收入(将这些资金贷放出去)正好等于提供这些存款服务的边际成本。现在,假设中央银行增加了基础货币供给,提供存款服务的成本之一就是要这些存款保留准备金而放弃利息收入,但由于可获得准备金增加,利率将要降低,结果提供存款服务的边际成本也会降低。由于边际成本小于原来的边际收益,以致银行将扩大它们的存款量,直到达到新的均衡,使得边际收益降低到与新的边际成本相等。因此对新论的批评者认为,正像传统观点所预料的那样,当银行获得更多准备金时,银行存款将增加。

在上面的尼翰斯的货币供应的一般均衡模型中,货币供应量(M)的约化解析式将是通过 i_d 和 i_b 联结起来的基础货币(B)的函数。这与货币供应的乘数分析方法是一致的。因为在货币供给理论的乘数分析方法中,货币乘数 m 不是机械不变的常数,而是受经济主体影响的行为参数。只有当影响货币乘数的诸多变量保持不变时,乘数才可以看成是一个常数。传统的货币供给理论的支持者承认,影响货币乘数的变量,如弗里德曼-施瓦兹分析中的通货比率和准备金比率,都受利率的影响。因此货币供给方程也可以写成

$$M = m \cdot B = m(i) \cdot B$$

此外,新论的批评者还认为,虽然传统方法对银行的分析与对其货物的分析方法大相径庭,它似乎忽视了需求方,但这并不一定就是错的,存款与其他货物有着根本的区别:存款供给的增加,在若干时间之后,会提高对它的需求。之所以会这样,正像以后将要分析的,是因为货币供给的增加会提高名义收入。名义收入越高,对名义货币的需求就越大。因此,当银行供给更多的存款时,在若干时间之后,对存款的需求也会增加。由于供给能自动创造出需求,所以我们不必过分注重需求。

无论如何,新论对于货币供给理论的批评要比对将货币乘数看成是常数的粗糙的"教科书"方法的批评要少得多。因为货币供给理论坚持由经济条件决定影响货币乘数的变量。例如,假定收入增加会提高利率,从

而改变 e、k 和 t。因此,货币供给理论为新论所强调的需求因素留下了充分的余地,但它对需求因素的强调明显低于新论。旧论假设影响需求的因素足够稳定,从而可以避免新论的充分复杂性。从某种意义上说,货币供应理论是新论的简化版本。实际上,如果货币存量的大部分可观察的变动是由银行准备金数量变化所引起,而不是由货币乘数变化所引起,那么,尽管货币供给理论关于货币乘数变动的分析相对来说还很有限,但也许已足够了。

但是,这里还是存在这样一个问题:从货币供给控制的实际操作要求来看,货币乘数如何才能算得上是稳定的和可预测的? 假设中央银行预测当月的货币乘数将为 2 500,而实际结果却是 2 525。像这样 1% 的误差似乎是一个很好的预测,但却可能足以使中央银行的货币控制遇到麻烦。这意味着,对于一定的基础货币规模,货币供给要比预测值大 1%,这要比表面上看起来严重得多。假定中央银行的目标是年货币增长率为 6%,大约每月增长 0.5%;现在由于对货币乘数估计的 1% 的误差,以至当月货币供给突然按 1.5% 的比率增加,为预期目标的 3 倍。这样,结果将按大于年率 18% 的速度增加,如果继续下去,就会造成高度的通货膨胀。因此,尽管中央银行对货币乘数的估计是基本准确的,它仍然可能受到不少批评。

货币供应理论上的分歧在实践中表现为货币控制操作目标的不同。在 1972 年之前,美国货币当局企图利用联邦资金利率(指联储可以通过公开市场操作施加影响的银行同业拆借利率)作为操作目标变量来实现货币政策目标。1972 年以后,尽管利率目标仍得到最多的重现,但银行储备基础货币仍被规定了目标范围。1979 年之后,货币当局对银行的储备基础货币设立了一个十分严格的控制模式。

在英国,20 世纪 60 年代政策的主要目标是信用而不是货币,清算银行放款的信用限额通常被用来控制诸如消费品和房地产公司的投资等非优先领域的支出,当局通过道义劝告和直接控制来影响银行信用。20 世纪 60 年代末期,当局认识到控制清算银行放款并不能阻止二级银行的扩张,1971 年 9 月开始实行竞争与信用管理政策,旨在使所有银行处于平等地位,促进竞争并更加依靠利率来控制银行放款。但是,政策的重点仍是信用而不是货币,通过银行放款需求而运行的利率机制就其效率来说是相当缓慢的和具有不确定性的,英格兰银行于 1981 年 8 月采取了"新措施",可以解释为转向基础货币控制或对利率控制的一个改进。

无论是使用利率还是使用数量操作目标,运用起来都非常困难。决定最佳操作目标需要大量的信息,在简单的规范化的模型中亦是如此,在实际操作中就更难以在两者之间作出选择。

四、温特劳布-卡尔多的内生货币理论

后凯恩斯货币经济学的代表人物温特劳布和卡尔多提出内生货币理论,他们认为货币的需求通过政府的压力,转化成中央银行的货币供给。这就是说,不是货币供给决定经济运行,而是经济运行决定货币供给。中央银行只能顺应经济运行的要求供给货币,而无法执行自主性货币政策。

温特劳布认为,货币供给只能以名义工资增长率超过平均劳动生产率的程度相应增加,而不为中央银行独立决定,即由经济运行的客观要求所决定,这就是温特劳布的货币内生性理论。具体说来:商品价格是在劳动成本及劳动成本之上的某种加成决定的;假定劳动生产率随时间的推移而提高的速度是相对稳定的,如果名义工资率(w)的相对增长率超过平均劳动生产率(A)的提高,物价(P)就会上升,从而社会名义收入(Py)也就增加,货币需求随之增加;如果此时中央银行拒不增加货币供给,就会导致利率上升,投资、真实收入以及就业量就要缩减,以使货币需求与供给在低收入水平上被迫相等;这当然是中央银行,特别是政府当局所不愿看到的。因此,只要物价水平主要由中央银行所不能控制的工资谈判所决定,货币当局就最多只能保证货币的充分供给,以消除阻碍充分就业和经济增长的金融障碍,货币当局并不拥有控制物价水平的有效手段。

温特劳布内生性理论的一个变体是卡尔多内生货币模型。卡尔多认为,中央银行的基本职责是作为最后的贷款人,通过贴现窗口,保证金融部门的偿付能力。中央银行为了防止信贷紧缩导致灾难性的债务紧缩,货币当局除了满足"交易需求"之外,别无选择,否则整个金融系统都将面临流动性不足的困难。该观点表明,在中央银行制定和维持的任何既定利率水平上,货币供给曲线的弹性都无限大,即货币需求创造自己的货币供给,供给因此而能满足经济对货币的需求,货币供给曲线呈水平状。

五、莫尔的水平主义供给理论①

自 20 世纪 70 年代卡尔多和温特劳布提出货币需求自创货币供给的理论以来,80 年代末莫尔又将他们的理论进一步推向深化。如果说,温特劳布-卡尔多的货币供给内生性主要表现为中央银行承担稳定经济金融秩序责任的无奈,那么莫尔的理论则超越了关于"政治压力"、"缺乏道德约束"、"不完全竞争"以及"官僚主义惰性"等分析,而是对金融运行机制变化的影响进行了深入探讨。莫尔的理论主要包括以下四点。

1. 信用货币供给的内生性

莫尔把货币分为三种:商品货币、政府货币和信用货币。商品货币是从各种实物演变而来,最后体现在黄金上的货币;政府货币是由政府发行债券而沉淀在流通中的货币。这两种货币都是外生的。信用货币是商业银行发行的各种流通和存款凭证,它们形成于商业银行的贷款发放,而这又取决于公众对贷款的需求。然而,公众的贷款需求又由经济的运行状况决定,这就决定了货币的供给也由经济运行状况所决定,这就是信用货币的内生性。因为,内生货币是在既定的利率水平上,无限满足所有的货币需求,所以莫尔的货币供给曲线是条水平线。

2. 基础货币供给的内生性

按照传统货币理论的解释,中央银行通过公开市场买卖政府债券,决定银行系统的基础货币量,基础货币因此是中央银行完全控制的外生货币。莫尔却认为实际情况并非如此,中央银行对于自己的债务凭证——基础货币控制的能力是有限的,它并不能自主决定基础货币的供给。

中央银行买卖有价证券的对象是追求利润最大化的商业银行,它们通常已经将其资产用于有价证券或者商业贷款,一般不会有闲置的资金参与公开市场买卖。这就决定了,商业银行购买政府证券的基金只能是其现有有价证券或商业贷款转换的,而这种转换并不容易顺利实现。这是因为,商业贷款在发放之前就有规定的偿还日期,企业的生产周期也限制它们提前还贷,因此商业银行很难提前收回贷款。相反,当经济萧条时,中央银行希望通过购买商业银行有价证券等公开市场业务增加基础

①　本部分参考胡海鸥、贾德魁编著:《货币理论与货币政策(第二版)》,世纪出版集团、上海人民出版社,2007 年版,第 206—212 页的内容整理而得。

货币的供应量，但中央银行促使商业银行出售有价证券的能力也比较有限。这是因为商业银行是否出售手头持有的有价证券也取决于其自身的成本与收益比较，只有政府证券的价格降低到一定程度从而使其收益率超过，或至少是相当于商业银行现有的有价证券，才会吸引商业银行购买，而这时利率之高又是政府所不能承担的。所以，中央银行不能顺利地通过公开市场操作决定基础货币量。

在再贴现的运用上，中央银行完全处于被动的地位，提高再贴现率虽可遏制商业银行的贷款需求，但它却不能阻止商业银行向贴现窗口寻求基础货币的补充。当然从理论上讲，中央银行拥有拒绝提供贴现的权力，但这种拒绝不仅会形成沉重的政治压力，甚至可能危及银行系统的流动性。这就是说，中央银行缺乏有效的手段促使商业银行购买政府债券，也难以拒绝商业银行的贷款需求。

3. 负债管理自给基础货币

莫尔指出，20 世纪 60 年代开始的金融创新，使商业银行可以直接在金融市场上筹集资金，而无需等待中央银行的基础货币注入。商业银行已由原来的资产管理转向负债管理，其主要资金来源已由原来的吸引存款为主转变为直接在金融市场上发行融资工具，欧洲美元市场的发展更加方便了商业银行从国际市场上筹集所需的资金。

由于金融市场和商业银行债务管理政策的发展，促使货币供给的内生性表现得更加明显。这是因为以下三点原因：首先，一家企业往往与多家银行建立业务关系，这样，处于激烈竞争环境下的商业银行，为保持与客户的稳定关系，只能随时发行可上市的存款凭证来满足企业的贷款需求；其次，负债管理还可帮助商业银行摆脱债市低迷对其资金的锁定效应，因为此时商业银行可以直接发行可上市的存款凭证，以满足企业的贷款需求，而不必低价出售政府证券；第三，由于所有可上市的金融工具几乎都不受中央银行直接控制，这就使商业银行比以往任何时候都不依赖中央银行。

4. 银行角色转换传导的内生性

莫尔把金融市场分成批发市场和零售市场，前者是商业银行筹集资金的市场，后者是商业银行发放贷款的市场。在批发市场上，商业银行是贷款条件的接受者和贷款数量的决定者，而在零售市场上，商业银行则是贷款条件的决定者和贷款数量的接受者。这就是说，公众在零售市场上对于资金的需求将通过商业银行直接传导至包括中央银行在内的批发市场予以满足,货币供给因而由货币需求决定。

此外,莫尔还否定货币乘数的意义,认为它不能解释创造货币过程中的因素及其创造的过程,以往的货币供给等于基础货币乘以乘数的等式仅仅是对现象的描述,而不是对现象的解释。政府无法控制信用货币的供给。

第四节　中国的货币供给

根据我国目前对货币供应量的定义,我们从基础货币和货币乘数两个方面来分析中国的货币供给。

一、中国的货币供应量定义及其乘数

由于金融发育程度不同,多国货币供应量的内涵不一致。我国目前对货币供应量的定义如下:

$M_0 = $ 流通中的现金。

$M_1 = C + D$,其中 C 为流通中的现金即 M_0, D 为活期存款,包括企业活期存款、机关团体存款及农村存款。

$M_2 = M_1 + TD$,其中 TD 为准货币,包括居民储蓄存款、企业定期存款、信托类存款与其他存款。

$B = C + R$,其中 B 为基础货币,R 为各类金融机构在中央银行的存款准备金。

由此,可以定义 M_1 和 M_2 的乘数。

$$m_1 = (1+k)/[(r_t+r_e)(1+t)+k],$$
$$m_2 = (1+k+t)/[(r_t+r_e)(1+t)(1+t)+k]$$

式中,m_1,m_2 分别为 M_1 和 M_2 的乘数,k 为通货存款比率($k = C/D$),t 为准货币占活期存款的比率($t = TD/D$),r 为总准备金比率($r = R/D+TD = r_t+r_e$),r_t 为法定存款准备率,r_e 为超额准备率。

二、基础货币的影响因素

从中国中央银行(中国人民银行)的资产负债表可以推导出,基础货币存量的任何变化都是以下一种或几种原因影响的结果:中央银行对中央政府的债权(包括政府在央行的透支和央行持有的政府债券)、商业银行再贷款数量的变化和美外汇储蓄存量的变化。

以中央银行对中央政府的债权为例,1994 年 1 月 1 日我国实行人民币汇率并轨,开始实行有管理的浮动汇率制度。在此之后,中国多数年份保持规模较大的国际收支顺差,为了保持人民币汇率的相对稳定,央行通过外汇公开市场业务入市干预,大量买入美元,从而导致基础货币的大量投放。近年来,我国外汇储备增长迅速,截至 2012 年 12 月国家外汇储备余额达到 33 115 亿美元。

据统计,1994—1996 年,以及从 2001 年开始后的近十年,央行外汇占款①成为基础货币增加的主要来源。为此,2002 年后我国频频通过发行央行票据与提高法定存款准备金率等手段进行对冲②。我国 1993 年第一季度—2012 年第四季度的"央行外汇占款余额/基础货币余额"情况如图 6.1 所示:1994 年汇改之前,"央行外汇占款余额/基础货币余额"指标基本都在 20% 以内;1994 年汇改—1996 年,该指标较快地增加至 40% 左右;1997—2002 年,该指标稳定在 40%—50%;2003 年以后,该指标迅速增加,2008—2009 年曾达到 120% 左右的较高水平(2009 年 10 月曾达到 131.22% 的最高值);2009 年后该指标又开始下降,2012 年底该指标降至 93.8%。

在这一阶段(尤其是 2003—2009 年),由于国际收支顺差大幅增长,央行为维持汇率稳定,不得不动用基础货币大量买入外汇市场"过剩"的外汇,从而形成了新一轮的对基础货币发行的"倒逼机制"。

---

①　外汇占款是中央银行及商业银行收购外汇资产而相应投放的本国货币。居民和企业往往在获得外汇收入后,会将部分出售给商业银行,商业银行再将之出售给央行。在统计口径上分为央行外汇占款及金融机构(包括央行)全口径外汇占款。一般而言,两种口径在变化幅度和规模上高度一致;但近年来,两种口径变化的差异有所加大。如 2013 年 1 月份的数据表明央行口径数据仅占全口径的 51%,这在以往较为少见。

②　据中国人民银行 2008 年 3 月公布的数据显示,央行大规模对冲流动性已逾五年,大体对冲了外汇占款流动性的八九成。

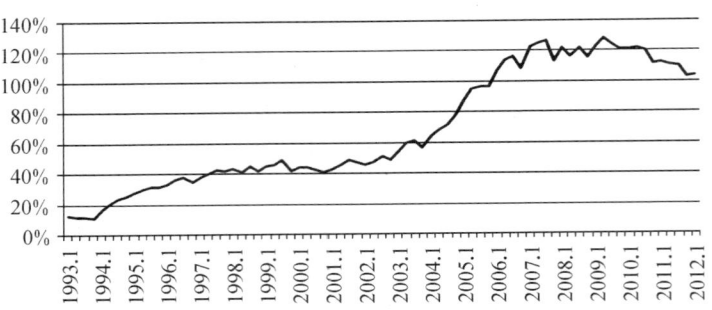

图 6.1　我国"央行外汇占款余额/基础货币余额"情况(1993.1—2012.4)

　　然而,随着我国国际收支逐步趋向基本均衡,"央行外汇占款成为我国基础货币投放主渠道"的局面可能逐渐得到改变。我国 1994—2012 年"央行外汇占款年度增量、基础货币年度增量、央行外汇占款年度增量/基础货币年度增量的比例"情况如图 6.2 所示。如图所示,在 2000—2008年,我国央行外汇占款年度增量迅速增加,至 2008 年达到 34 456 亿元的最高值;2009 年以后,外汇占款年度增量开始交替下降,到 2012 年外汇占款年度增量降至 4 281 亿元(实际上,我国于 2011 年第四季度出现了连续三个月外汇占款增量为负的记录,此后外汇占款在部分月度出现增幅大幅减缓甚至负增长)。从"央行外汇占款年度增量/基础货币年度增量的比例"情况看:1994—2000 年各年该指标都在 100% 以下的水平;2000—2005 年,该指标出现交替式上升,至 2005 年达到 295% 的最高值;此后,该指标总体呈下降趋势,2009 年后更是出现了直线下降,至 2012

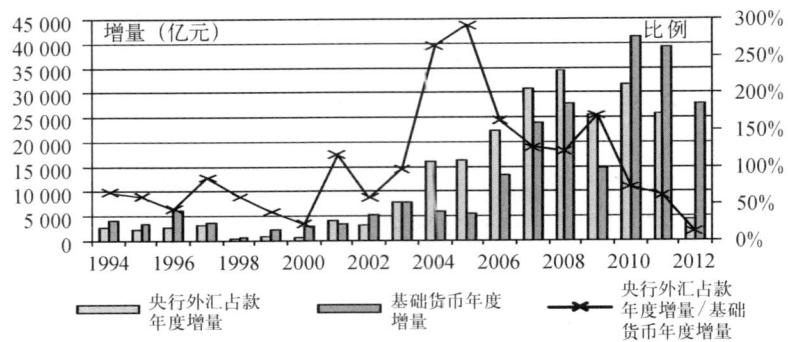

图 6.2　我国"央行外汇占款年度增量、基础货币年度增量"情况(1994—2012)

年降至 15% 的最低值(造成 2009 年该指标下降的原因,一方面是随着我国国际收支逐步趋向基本平衡、外汇管理体制改革不断推进,央行外汇占款年度增量逐渐减少;另一方面由于受全球金融危机、欧美主权债务危机等外部冲击的影响,我国为营造相对宽松的国内环境,在这一时期投放了较多的基础货币)。

因此,根据我国国际收支状况、央行外汇占款、基础货币的变化趋势,有学者提出"我国基础货币投放在未来可能逐步回归信贷和转向债券投放(特别是在二级市场上买卖国债)渠道"。

三、货币乘数

我国实际上从 1984 年才真正建立起中央银行制度。有关学者对我国 1985 年 6 月至 1995 年 12 月间货币乘数进行了分析。这一时期货币乘数变动具有如下特征。

1. m_1、m_2 具有明显的顺周期波动的特征,即在经济高涨时期趋于扩张,在经济调整时期趋于收缩

从 m_1 变动的情况看,20 世纪 80 年代中期以来我国出现两次经济过热,即 1988 年、1992—1993 年,这两个时期 m_1 都曾明显放大。1988 年 m_1 从年初的 1.3 左右逐步攀升,到 8 月达到相近年份的最高点 1.457;1992 年 m_1 也从年初开始上升,到次年的 5 月份达到最高点 1.498,这两次经济过热之后,央行进行了调整,m_1 也相应回落。第一次经济过热时,经央行调整后,m_1 回落到 1.1 左右,到 1992 年初一直在 1.15 之下。第二次经济过热时,1993 年 7 月中央提出整顿全国金融秩序,又使 m_1 迅速回落,到该年末 m_1 回落到 1.21 左右,此后一直徘徊在 1.2 附近。就 m_2 而言,虽然整体上呈上升趋势,但周期性特征依然很明显。两次经济过热时期,m_2 都呈显著放大之势,并且都达到局部性峰值;在随后的经济调整中,m_2 也都出现了回落。

2. 在影响货币乘数变动的因素中,超额准备率的影响最大

有学者计算,超额准备率变动对 m_1、m_2 的影响占各因素综合影响比重的 61.06%,超额准备率的变动大致决定了货币乘数变动的基本趋势,并且超额准备率本身的变动也具有逆周期波动的趋势,即在经济高涨时趋于收缩,经济调整时趋于扩张。

上述学者的分析说明,我国货币乘数不是一个稳定的变量,具有典型

的顺周期波动的特征。根据前面的分析,在影响货币乘数的各种变量中,超额准备率的影响最大,几乎决定货币乘数变动的基本趋势。那么,货币乘数为什么会有顺周期的特征呢?

　　正如我们所知道的那样,银行持有超额准备金的主要目的是保证其有充分的流动性,以应付储户出人意料的大幅提款的需要,但银行也因持有低收益的超额准备金而承担无法进行高收益贷款的机会成本。因此,超额准备金水平主要取决于银行贷款利率的高低。在经济高涨时,投资需求增加,由此造成对货币的需求增加,这必然造成货币市场上贷款利率的提高。而贷款利率的提高将增加持有超额准备金的机会成本,银行因此会减少超额准备金水平,降低准备率,增大货币乘数。同样,在经济衰退期,贷款利率的下降会使银行增加超额准备金,降低货币乘数。这样,货币乘数的变动就与经济波动保持一致了,从而具有顺周期波动的特征。

　　进入 2000 年以后,随着我国经济发展和经济体制改革的推进,货币乘数的发展变化也表现出一些新特点,货币乘数的顺周期波动的特征是否依然存在呢?我国 2000 年 1 月—2012 年 12 月的货币乘数变化情况如图 6.3 所示:在这一时间区间,货币乘数 m_1、m_2 总体经历了先上升后下降的变化趋势,都在 2006 年达到最高值(其中 m_1 在 2006 年 10 月达到 1.81 的最高值,m_2 在 2006 年 5 月达到 5.18 的最高值);2010 年后货币乘数 m_1、m_2 总体呈下降趋势,并处于相对低水平数值(2010 年年末后货币

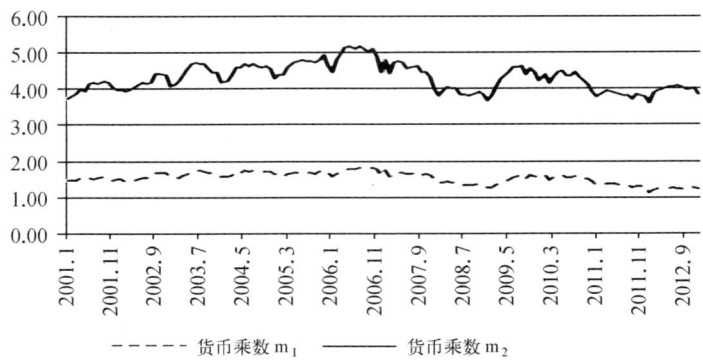

图 6.3　我国货币乘数 m_1、m_2 的变化情况(2000 年 1 月—2012 年 12 月)

乘数 m_1 多数都在 1.5 以内,货币乘数 m_2 多数在 4 以内;m_1、m_2 都在 2010 年 12 月达到最低值,分别为 1.14、3.61);2012 年 1 月后乘数又开始略有上升。结合我国在这一时期的经济发展周期,总的来说货币乘数 m_1、m_2 的顺周期波动的特点仍然存在。

货币乘数不稳定,并通过贷款利率的中介作用与顺经济周期同向波动,反映了我国货币乘数的内生性质,其变动与实际经济过程紧密联系在一起。

四、基础货币和货币乘数之间的互动关系

从以上对中国基础货币和货币乘数的分析中我们可以看出中国货币供给的内生性质。实际上,基础货币和货币乘数是相互作用和相互影响的。按照内生货币供给理论,货币供给的变动归根到底是由经济增长决定的。在恒等式 $PT = MV$ 中,如果把货币流通速度 V 看作一个常数,货币数量由基础货币和货币乘数决定($M = m \cdot B$),则可以得出 $PT = mBV$。这表明经济增长对货币的需求可由基础货币的增长和(或)货币乘数的上升来满足。基础货币增加得少一些,则货币乘数上升得快一些;反之,如果货币乘数上升得慢一些,则基础货币就增加得多一些。在实际经济运行中,在经济扩张期,如果基础货币受到央行控制不能迅速增加,货币乘数的迅速上升就会促进货币供给的增加;在经济紧缩期,如果货币政策不能有效地调整基础货币,货币乘数的下降就会抑制货币供给的增长速度。据对 1994—1997 年季度资料进行的分析,货币乘数变化率有规律的周期性波动几乎正好与基础货币增长率的周期性波动相反,因而在相当大的程度上抵消了后者剧烈波动的影响,而这一时期恰好是我国在经历了 1992 年的高增长之后的调整时期,经济增长速度正逐步放慢。

五、对我国货币供给内生性与外生性的讨论

关于"我国货币供给是内生变量还是外生变量"这一问题,是从我国货币供给能否直接由中央银行有效控制这一角度提出的。对这一问题的回答有"外生论"和"内生论"两种观点。

1. 货币供给的外生论

有一种观点认为,我国货币供给具有外生性。其论据主要有两个。首先,经济体系中的全部货币都是从银行流出的,更进一步地,根本上来

源于中央银行的资产负债业务。中央银行处于货币供给的源头,自然能够有效地控制货币供应量。其次,中国人民银行并不是没有控制货币供给的有效手段,而是没有利用好这个手段。如果人民银行始终不渝地按照稳定通货、稳定物价的政策目标调控货币供给,那么货币供给增长就不会过快。

2. 货币供给的内生论

我们认为,随着经济的发展和金融体制的改革,我国的货币供给将在越来越大的程度上体现出内生性。这主要可以从影响货币供给的公式进行分析,即 $M = m \times B$,这意味着货币供给 M 等于货币乘数 m 与基础货币 B 的乘积。因此,我们可以从货币乘数与基础货币两个方面来分析。

首先分析货币乘数 m。在第三章的分析中,我们曾经看到货币乘数不是固定不变的,收入、财富和利率是决定货币乘数的因素,货币乘数受到货币需求的影响,具有部分内生性;此外,在本节的分析中我们看到我国的货币乘数随着经济条件的变化而变化,也反映了我国货币乘数的内生性质。

其次分析基础货币 B。我们认为有三个方面造成我国基础货币 B 的内生性:一是在过去信贷规模控制下存在的"倒逼机制";二是在出口导向的经济增长模式与人民币汇率保持相对稳定的背景下,外汇占款成为我国投放基础货币的重要途径,一个典型的例子是,在过去几年双顺差背景下外汇储备激增,造成国内流动性过剩的压力;三是随着我国开放度的提高,我国的货币政策日益受美国等大国货币政策"溢出效应"的影响,货币政策的独立性受到一定的削弱,基础货币受外部冲击的影响也会增大。

根据以上对货币乘数和基础货币两方面的理论分析,我们能看到由于我国的基础货币与货币乘数都不是货币当局能完全决定的,因此我国的货币供给体现了一定的内生性。近年来国内学者对我国货币供给的内生性进行了实证检验,多数研究也表明我国的货币供给具有一定的内生性。这些研究认为我国的货币供给变化受制于经济增长、经济体制改革、国际经济形势等因素的变动。我国经济货币化程度的提高、银行金融机构改革的推进、非银行金融机构的发展、金融资产种类的增多以及货币需求的变动都会加剧货币供给的内生性,而在世界经济一体化加剧、我国对外开放度不断加大的经济条件下,外部经济环境的变动对货币供给的影响可能将更为明显。

本章内容提要

1. 如果货币乘数是相对稳定的,那么货币供应量就取决于基础货币的数量。

2. 基础货币从来源上看,它是金融当局的货币供应量;从运用上看,它由商业银行的准备金和流通中的通货组成。

3. 引起基础货币变化的根本原因在于政府的财政状况、黄金和外汇买卖引起的储备变化、技术和制度性因素以及中央银行的行为。

4. 影响货币乘数的因素有法定准备金比率 r_d 与 r_t、定期存款与活期存款比率 t、通货与活期存款比率 k、超额准备金比率 e,它们分别由中央银行、社会公众和商业银行等不同主体决定。收入、财富以及利率对这些比率有着不同程度的影响。

5. 货币供应量＝货币乘数×基础货币,这是一个定义恒等式。根据研究者的不同偏好,货币乘数可以有不同的表达形式。

6. 根据对"货币供给是否由货币当局能决定的变量"这一问题的不同回答,货币供给理论可以分为外生论与内生论两种。货币供给外生论是指,货币供给这个变量并不是由经济因素,如收入、储蓄、投资、消费等因素决定的,而是由货币当局的货币政策决定的。货币供给内生论是指,货币供给的变动,货币当局是决定不了的,起决定作用的是经济体系中实际变量以及微观主体的经济行为等因素。

7. 主流的货币供给外生论有:古典学派的货币供应外生论、凯恩斯学派的货币供应外生论、货币主义的货币供应外生论、理性预期学派的货币供应外生论等。货币供给内生论的代表性理论有托宾等的货币供给新论、温特劳布-卡尔多的内生货币理论、莫尔的水平主义供给理论。

8. 货币供应新论中,商业银行与其他金融机构不再作严格的区分,货币供应量被认为是内生的。新论采用一般均衡的分析方法,强调利率、货币需求等对货币供应的影响。

9. 影响中国基础货币的主要因素是中央银行对中央政府的债权、商业银行再贷款数量的变化和外汇储备存量的变化。而 1985 年以来,我国的货币乘数 m_1 和 m_2 具有明显的顺周期波动的特征,而在影响货币乘数的因素中,以超额准备率的影响最大。实证分析表明,我国货币乘数不稳定。关于我国货币供给的讨论,有外生论和内生论两种观点,近年来更多的理论和实证分析表明我国的货币供给具有一定程度的内生性。

本章基本概念

　　基础货币　中央银行资产负债表　已调整基础货币　准备金　货币乘数　恒等式　弗里德曼-施瓦兹-卡甘分析　货币供给外生论　货币供给内生论　货币供给新论　温特劳布-卡尔多的内生货币理论　莫尔的水平主义供给理论

本章思考题

　　1. 影响基础货币的因素有哪些?

　　2. 下列因素如何影响银行准备金的变化?

　　　　(1) 公众持有现金增加;

　　　　(2) 财政部在中央银行存款增加;

　　　　(3) 财政部购买黄金;

　　　　(4) 财政部发行通货;

　　　　(5) 财政部持有现金增加;

　　　　(6) 外国政府在中央银行存款增加;

　　　　(7) 中央银行买入政府债券;

　　　　(8) 中央银行向商业银行提供贷款;

　　　　(9) 中央银行提高法定准备金比率。

　　3. 什么叫冲销? 中央银行进行冲销的目的和前提条件是什么?

　　4. 根据定义,推导出货币乘数 $m = \dfrac{1+k}{r_d + r_t \cdot t + e + k}$。

　　5. 卡甘的分析中,影响货币供应量的因素与弗里德曼-施瓦兹分析中的因素有何异同?

　　6. 在乔顿分析中,通货是如何影响活期存款比率 k 和货币乘数的?

　　7. 货币供给新论的主要内容与特点是什么?

　　8. 请简述几种主流的货币供给外生论。

　　9. 请简述温特劳布-卡尔多的内生货币理论的主要观点。

　　10. 请简述莫尔的水平主义供给理论的主要研究内容。

　　11. 请讨论我国货币供给的内生性与外生性。

第七章 货币理论（中）

如果中央银行改变货币供应量，这会对产量、就业、物价、利率等产生什么样的影响？这是货币理论的中心问题。在此问题之前，逻辑上还有一个更基本的问题，即货币量对经济活动的总体到底有没有实质性影响？如果有影响，表现在哪些方面，需要经过哪些途径？货币对经济活动的重要性问题，主要同货币需求函数的具体形式和稳定性有关。弗里德曼认为："数量说首先是货币需求的学说。"本章分别介绍各个学派对货币理论的贡献，主要侧重于需求方面。

第一节 传统的货币数量说

古典学派的经济学家一般都认为货币本身并无内在价值，它仅仅起到方便交换的作用。货币是覆盖于实物经济上的一层"面纱"，对经济并不发生实际的影响。这种思想历史悠久，至少可追溯到 18 世纪英国哲学家和经济学家休谟的著作。其后这一传统思想在经济学说史上亦称为"货币数量说"，它是经济学中流传最广、势力最大的一种解释物价与货币价值的学说。

传统的货币数量说在 20 世纪 30 年代发展至巅峰，并引入了数学作为研究工具，由于货币数量学者对于货币数量与物价、货币价值之间关系的解释方法和侧重点不同，形成了不同的学派，其最为人熟悉的有两种：现金交易数量说和现金余额数量说。

一、现金交易数量说

美国经济学家费雪（I. Fisher）在 1911 年出版的《货币的购买力》一

书,是现金交易数量说的代表作。在书中,费雪提出了著名的交易方程式

$$MV = PT$$

式中,M 表示一定时期内流通中的货币平均量,V 代表货币的流通速度,P 为交易中各类商品的平均价格,T 为各种商品的交易量。

费雪认为,在货币经济条件下人们持有货币的目的是为了与商品进行交换,因此,货币在一定时期内的支付总额与商品的交易总额一定相等。交易方程式中右方为交易总值,左方为货币总值,双方必然相等。我们无法分别度量平均价格 P 和交易量 T 的绝对水平,只能用加权平均的方法大致估算出它的变化率。

费雪提出其货币数量说的基本观点时,曾作了几个重要的假设,费雪认为交易方程式中的 V 和 T 长期都不受 M 变动的影响。V 是由制度因素决定的,具体地说,它决定于人们的支付习惯、信用的发达程度、运输与通讯条件及其他"与流通中货币量没有明显关系"的社会因素。T 则取决于资本、劳动力及自然资源的供给状况和生产技术水平等非货币因素。正因为 V 和 T 都是独立于 M 而决定的,所以根据交易方程式,货币量增加所产生的影响,就是引起一般物价水平同比例的上升。费雪的结论是:"货币数量决定着物价水平。"

应该指出,费雪并不认为 V 和 T 是固定不变的常数,在长期内,它们都倾向于上升,但它们是整个经济体系的特征反映,变化甚慢,且与货币量 M 无关。

二、现金余额数量说

现金余额数量说是马歇尔(A. Marshall)、庇古(A. C. Pigon)等剑桥经济学家创立的。他们在考察货币的作用时,采取了和现金交易数量说不同的角度。如前所述,费雪的货币数量说着眼于商品的交易过程,而剑桥学派则强调了人们对货币的主观需求因素。剑桥方程式有许多形式,最常用的是

$$M = K \times P \times R$$

式中,M 为货币数量,也就是所谓现金余额,P 为一般物价水平,K 是 R 中以货币形式持有的比例,R 为"真实资源",在不同的形式中有不同

的含义,有时代表财富存量,有时代表收入流量,也可以表示实际收入、实际交易额或其他参数。

设 R 代表实际总产量,货币供求随时趋于均衡,根据古典学派的假定,产量在短期内不变,如果 K 也不变,则当货币供应相对于需求而增加时,唯一能使货币供求相等的途径就是物价 P 相应上升,反之亦然。这一结论与交易方程式的结论相一致。

剑桥方程式与交易方程式有明显的相似之处。如果设剑桥方程式中的 R 代表费雪交易方程式中的交易量 T,那么,不管人们保留货币是为了方便交易或是作为一种财富持有方式,货币持有量总可以表示为交易量 PT 的某个份额。这时 $M = KPT$,同时 $MV = PT$,所以有 $K = 1/V$。剑桥方程式中的 K 不过是费雪式子中 V 的倒数,即人们所保持的现金占整个交易量的比例。现金余额增加,货币流通速度就减慢;现金余额减少,货币流通速度就加快。决定系数 K 的因素与决定 V 的因素也有许多相同的地方,特别是支付习惯。其他因素还有:其他资产的报酬率、工业一体化程度、货币替代品的状况,以及"消费者和生产者制订计划时的确定性和信心"等。

将 R 与 T 等同起来有很大的随意性。T 是一段时间内的总交易额,包括金融交易、旧商品的交易、中间产品的交易。因此,PT 是最终产品交易额的某个倍数,V 是货币流通的交易流通速度,表示货币量 M 与总交易额之间的关系。R 被赋予不同的意义,K 值随之变化,但没有一个合理的 R 值与 T 的含义完全相当,因而 K 与 V 也不是简单的倒数关系。

现金交易数量说着重分析支出流,而现金余额数量说是存量分析,着重在货币的持有而不是支出。用剑桥大学罗伯逊(D. H. Robertson)的话说,前者的货币是"飞翔的货币"(money on the wing),后者则是"栖息的货币"(money sitting)。虽然剑桥方程式与交易方程式一样,也是一个定义恒等式,但如果我们用来作为理论分析的框架,剑桥方程式的定义方法具有更大的解释能力。"现金需求"的概念与"流通速度"的概念相比,有以下四个方面的优势。

(1)当人们谈到货币流通速度时,很容易把它看成多少有点机械的事。比如说,货币流通速度正好是6,那么能了解到的就不过这一点。相比之下,当谈到人的企望持有的货币占收入的份额为 K 时,人们就会想到这是一种人为选择的结果。因此,我们把 K 视为同支配我们持有其他耐用品一样的一种影响因素,即认为它取决于收入和商品费用。

(2)剑桥经济学家属于新古典学派,他们对经济理论的一个重要贡献就是提出并解释了"边际相等原理"。K 是这一原理在货币领域中的一个运用,人们对货币余额的需求量取决于持有货币的边际收益与边际成本相等的那一点。

(3)"现金需求"的概念可以引导人们进一步探求货币需求的动机。除了方便交易外还有没有其他动机使得人们愿意持有货币? 货币需求是否稳定? 在什么情况下,哪些因素会引起货币需求的变动? 循着这个思路,货币理论有了全新的发展。

(4)"货币需求"的概念有助于考察决定"货币流通速度"的因素,是一个更基本的概念,同时它也提供了一种阐述有关变量相互作用的机制,来解释为什么宏观经济运行从不均衡到达均衡时,物价水平与货币供给量同方向、同比例的变化。如当货币供给增加 1 倍时,人们觉得货币供给超过了自愿持有额,就会用多余的货币去购买商品,引起商品价格上升,直到商品价格上升为原来的 2 倍,人们愿意持有的货币额 $M^d = KP^1R = 2KPR$,为原来的 2 倍为止。而费雪的交易方程式则不能提供一种机制解释,在商品流通速度不变的情况下,价格 P 何以会上升为原来的 2 倍。

三、古典宏观经济模型

不管是现金交易数量说,还是现金余额数量说,传统的货币数量说主要是价格水平学说,将货币数量与价格水平直接联系起来,而对于经济学家现在所关心的其他重要经济变量,如就业水平和产出水平,则根据古典学派传统的两分法,认为其决定于经济当中的"实际"因素,如土地、资本、劳动力、生产技术。这方面内容虽与其货币理论关系不大,但作为对比,有助于认识其他学派对货币理论的贡献与发展。这里摘录其要点。

根据完全竞争市场完全灵活的工资、物价和利率的假定及"供给能够自动创造对自己的需求"的萨伊(T. B. Say)定律,经济有一种自发调节的机制,充分就业能够持久保持,不会出现普遍的生产过剩,储蓄能够全部转化为投资。

1. 劳动力市场

在劳动力市场上,货币工资可以随劳动力的供求状况上下涨跌,均衡工资率由劳动力的供给和需求共同决定。在图 7.1 中 N^s 代表劳动力的

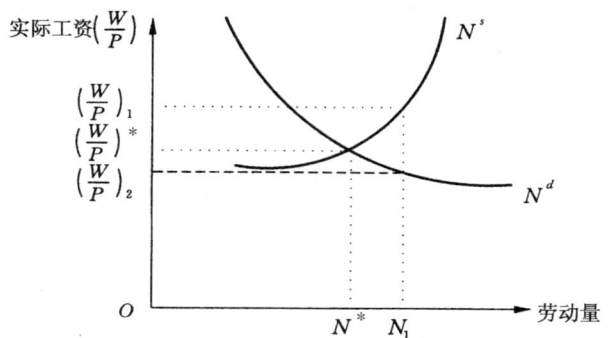

图 7.1　古典理论中均衡工资率的决定

供给曲线,它是实际工资的函数 $N^s = N^s\left(\dfrac{W}{P}\right)$,表示实际工资越高,工人愿意提供的劳动越多。$N^d$ 表示厂商对劳动力的需求曲线。追求利润极大的厂商的劳动力需求线实际上是由生产函数决定的劳动力边际产量线 $N^p = N^p\left(\dfrac{W}{P}\right)$,也是实际工资的函数。由于边际产量递减,劳动力需求曲线向右下方倾斜。

劳动力供给和需求的相互作用决定了均衡实际工资 $\left(\dfrac{W}{P}\right)^*$ 和充分就业的就业量 N^*。假如事实上还有一些人失业(如图 7.1 中的 $N^* N_1$),这种失业被称为"自愿失业",因为他们所要求的工资 $\left(\dfrac{W}{P}\right)_1$ 超过了边际生产力。如果他们愿意接受较低的实际工资水平,比如 $\left(\dfrac{W}{P}\right)_2$ 就可以找到工作。

2. 商品市场

在假定的资本数量下,劳动力市场决定的充分就业量,按照现有技术生产的全部商品,能够全部实现。一种商品的超额供给为其他商品的超额需求所抵消,通过价格调整,最后全部市场都出清。

3. 资本市场

在古典理论中,利率也是一个实际值,是由资金的供给(储蓄)和资本的需求(投资)共同决定的,通过利率的调整,储蓄实现向投资的顺利转化。在图 7.2 中,SS 代表资本的供给,表示利率越高,储蓄人愿意提供的资本越多。II 代表资本的需求,因为资本的边际生产力是递减的,所以 II 线向右下方倾斜。

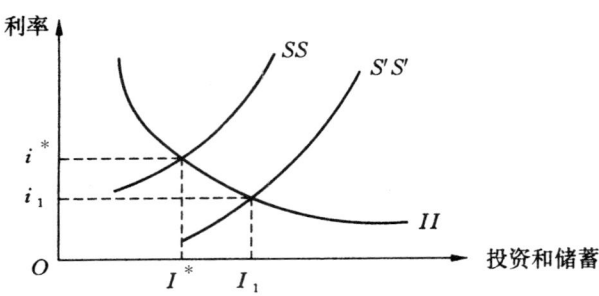

图 7.2　古典理论中均衡利率的决定

投资与储蓄的相互作用决定均衡利率 i^*。如果人们的储蓄倾向提高,对于每一利率水平,储蓄的水平提高,储蓄与投资的重新相等是通过利率下降实现的。在实际产量给定的前提下,消费与投资是竞争性的,只有当消费下降时,储蓄从而投资才会上升。

古典的宏观经济模型可以概括如下:

劳动力市场 $N^d\left(\dfrac{W}{P}\right) = N^s\left(\dfrac{W}{P}\right)$ 决定充分就业量 N^*、实际工资 $\left(\dfrac{W}{P}\right)^*$;

生产函数 $Y = F(\overline{K}, N^*)$ 决定实际产出水平 Y^*;

资本市场 $S(r) = I(r)$ 决定利率 r^*,储蓄和投资水平 S^*、I^*;

货币市场 $M^s = M^D = kPy^*$ 决定物价水平 P^*,从而名义工资 $W = P^*\left(\dfrac{W^*}{P}\right)$。

因此,货币市场的唯一作用就是决定绝对物价水平,与实际部门无关,传统的货币数量说就是关于价格水平的学说。

以上是人们对古典学派理论的概括。实际上,几乎所有的经济学家都认为,在短期内货币量的变化对实际经济是有影响的。费雪在其《货币的购买力》中专辟一章,讲述"过渡时期"的状况:货币量增加的最初影响是引起物价上涨。投资者的利润增加,从而鼓励他们向银行借款以扩大投资,投资扩大使产出和就业增加。物价上涨也会加快货币流通速度,因为人们预期物价可能继续上涨,都急于将货币换成价值稳定的实物。"货币和存款的突然变动将会暂时地影响它们的流通速度和交易量……因此,在过渡时期很难说'数量说'是绝对正确的。"当 M 和 P 的上升停止,V 和 T 回到以实际因素决定的正常水平时,"M 上升引起物价的严格按比例上升是过渡时期结束以后正常和最终的效果"。因此,传统的货币数量说是一种长期理论。不过,凯恩斯说,"在长期内我们都死了"。费雪的"过渡时期"也许会长达 10 年,这期间所发生的变化,才是许多经济学家最感兴趣的。费雪关于过渡时期的理论,得到了许多学者的赞赏。

第二节　凯恩斯的货币理论

　　早期的凯恩斯(J. M. Keynes)曾经是现金余额说的信徒和重要代表。随着他的《货币理论》在 1930 年出版,出现了货币理论上的分水岭。在此之前,他"把货币看作是供求通论以外的一种力量"。当该书完成时,他"已有若干进步,倾向于把货币理论拓展为社会总产量论"。1936 年《就业、利息和货币通论》的出版标志着他从价格分析转变到面向就业与产出的更为一般性的货币理论研究。本节所讲的凯恩斯的货币理论是指他在后期,尤其是在《通论》中体现出来的关于整个产出和就业的货币理论。

　　在上述两本著作中,凯恩斯对实际存在的持久失业现象提出另一种解释,这种解释从确定货币经济中的某些特征着手,特别强调经济中的不确定性和对未来预期的作用。凯恩斯企图以这种方式建立一种产出与就业理论,这种理论能够"在关于未来的预期变动不定的影响下分析当前的经济行为"。在这种理论中货币起着重要的作用,因为它是"联系现在与将来的一种微妙手段"。

一、凯恩斯的"流动性偏好"理论

　　在《通论》第十五章"流动性偏好的动机"标题下,凯恩斯分析了货币需求的各种动机。凯恩斯提出了构成货币需求的三种动机,即交易动机、预防动机和投机动机,前两个动机是他从庇古等人那里承袭过来的,投机动机则是他的独创。正是从投机动机为出发点,凯恩斯的货币理论走上了和传统货币数量说迥然不同的途径。

1. 交易动机

交易动机又可以再分为所得动机和业务动机。交易动机指的是为了日常交易而产生的持有货币的愿望。从个人角度看,在这方面保持现金的目的在于度过从支出费用到取得收入这一段时间间隔,就是所得动机;从企业角度看,持有货币是为了度过从支出成本到销售收入的获得这一段时间,就是业务动机。

2. 预防动机

预防动机也称为谨慎动机,是指为应付紧急情况而产生的持有货币的愿望。根据预防动机持有货币,对个人来讲是为了失业、患病等意料不到的需要,而对企业来说,是为了应付不时之需,或者准备用于事先没有料到的进货机会。

3. 投机动机

投机动机是指人们根据对市场利率变化的预测,需要持有货币以便从中获利的动机。这种动机,与上面的两种动机相比,凯恩斯认为"需要较详细的考察。理由有两个:一是人们对此动机的了解,不如对其他动机深;二是在传播货币数量改变的产生的各种影响这一点上,这个因素特别重要"。这一点非常重要。

交易动机和预防动机的强度,部分取决于需要现款时,临时借款的可靠性和代价;也取决于持有现金的相对成本,但除非持有现金的成本有很大的改变,否则这个因素的影响是次要的。

在正常的情况下,为满足交易动机和预防动机所需要的货币量,主要取决于经济形势和货币收入水平,基本上不受其他因素影响。用于满足投机动机的货币需求,随利率的变化而变化,两者之间的关系,可以用一条连续曲线表示。

在分析总的货币需求时,凯恩斯认为,虽然为满足交易动机和预防动机所持有的现金量和为满足投机动机所持有的现金量并不完全无关,但作为近似,这两种现金持有量,基本上可以看成是互不相关的。

凯恩斯以 M_1 代表为满足交易动机和预防动机而持有的现金额;M_2 为满足投机动机而持有的现金额。与这两部分现金额相对应的,是两个流动性偏好函数 L_1 和 L_2。L_1 主要取决于收入水平,L_2 主要取决于当前

利率水平与当前预期状况的关系。从总体上,就是

$$M = M_1 + M_2 = L_1(Y) + L_2(r)$$

其中,L_1 代表收入 Y 与 M_1 之间的函数关系,L_2 代表利率与 M_2 之间的函数关系。

在分析了影响货币需求的主要因素,给出具体的函数形式之后,凯恩斯接着提出了三个问题,并作了简要回答。这三个问题是:(1) M 改变时,Y 及 r 将起何种变化?(2) 什么决定 L_1 的形状?(3) 什么决定 L_2 的形状?

我们知道,在传统的货币数量说里,除非在"过渡时期",第一个问题是不存在的,它们是由"实际"因素决定的,与 M 数量无关;第二个问题,就相当于问决定货币流通速度或 K 的因素有哪些;第三个问题在传统货币数量说里也是不存在的,因为在他们那里,货币的唯一作用是媒介商品流动,不存在投机动机。凯恩斯对这三个问题的分析如下。

(1) M 改变时,Y 及 r 如何变化?凯恩斯分为金币流通和纸币流通两种情况加以考察。如果 M 的改变量是由金币增加所引起,那么 M 的改变最终只能由开采金矿而来,金矿员工包含在整个经济体系之内,因此 M 的改变必然直接引起 Y 改变(增加),因为新增加黄金,必然体现为某些人的收入。

如果 M 的改变,是由于政府印发纸币用于财政支出而增加,情况与金币增加相类似,因为新发的纸币也必然成为某些人的收入。但是,新的收入水平不会增加到这样一种程度,使得 M 的增加全部吸收在 M_1 之中。多余的货币要另找出路,购买证券或其他资产,于是利率降低,使得 M_2 加大;同时,因为利率降低,刺激 Y 上升,M_1 也增大,直至最后所有新的货币,不吸收在 M_2 之中,而吸收在 M_1 之中。

并且,凯恩斯将第二种情况作为典型,他强调说:要改变 M,必先改变 r。r 改变以后,则一部分因为 M_2 改变;一部分因为 Y 改变,引起 M_1 改变,又产生一个新的均衡。至于在新的均衡情况下,新增加的 M 如何在 M_1 和 M_2 之间分配,则要看投资对利率降低的反应和收入对投资增加的反应。因为 Y 部分取决于 r,所以当 M 改变一定量时 r 必须改变到一种程度,使得 M_1 和 M_2 的改变,相加起来,恰好等于 M 的改变量。

(2) 对于货币的收入流通速度,是指 Y 与 M 之比,还是指 Y 与 M_1 之比,凯恩斯主张用后一定义。用 V 代表货币的收入流通速度,则有

$$L_1(Y) = \frac{Y}{V} = M_1$$

V 的大小,决定于: ① 银行界和工商界的组织情况; ② 社会习惯; ③ 收入在各阶级的分配; ④ 持有现金的机会成本。在短时间内,上述各因素不会有重大改变,故 V 可以说是几乎不变。

（3）M_2 与 r 的关系。人们持有 M_2 的原因是人们对于利率前途的不确定。M_2 与 r 之间,并没有一定的数量关系,换言之,并不是有一个 r 值,就有一个确定的 M_2 值与之相应。但前面又说,M_2 与利率之间的关系,可以用一条连续曲线表示,这是不是自相矛盾? 其实这里所着重强调的,是预期的作用。若人的预期状态发生改变,r 与 M_2 的关系就是不确定的。但在预期状态不发生变化时,r 降低,会引起 M_2 增加。

上面的分析,可以用图 7.3 表示。

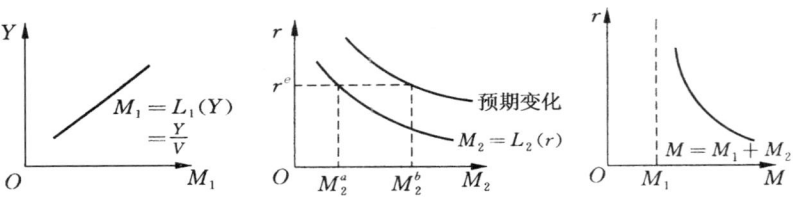

图 7.3　M 与 Y 及 r 的关系

由于 V 在短期内几乎不变,所以 $M_1 = L_1(Y) = \dfrac{Y}{V}$ 几乎是一条直线; 一般情况下,M_2 与 r 之间的关系,是一条向右下方倾斜的连续曲线,但当预期发生变化时,r 与 M_2 之间的关系就变得不确定。如对应于 r^e,原来的 M_2 是 M_2^a,现在是 M_2^b;如果预期再发生变化,M_2 还会变化。

对于第一个问题,凯恩斯用的是比较静态分析的方法。在原来的均衡状态下

$$M^a = M_1^a + M_2^a = L_1(Y^a) + L_2(r^a)$$

当 M 增加,达到新的均衡时

$$M^b = M_1^b + M_2^b = L_1(Y^b) + L_2(r^b)$$

其中,$Y^b > Y^a$,$r^b < r^a$,故有 $M_1^b > M_1^a$,$M_2^b > M_2^a$。

货币供应与货币需求又在新的状态下达到均衡,用图 7.4 表示。

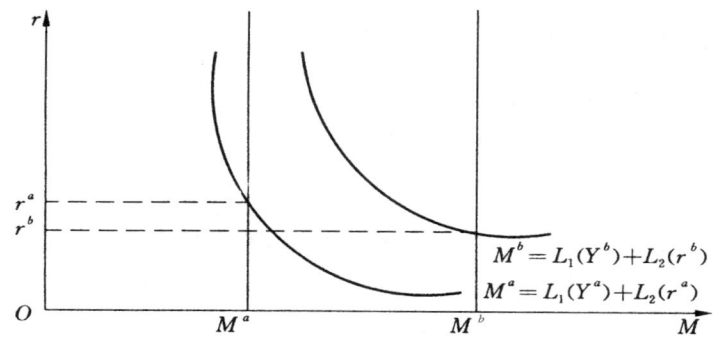

$$M^b = L_1(Y^b) + L_2(r^b)$$

$$M^a = L_1(Y^a) + L_2(r^a)$$

图 7.4　预期变化时货币供应、需求的比较静态分析

在预期状况不变时,图 7.4 中整个流动性偏好曲线向右移动是因为收入 Y 上升的缘故。

凯恩斯将自己的流动性偏好理论与传统的货币数量说作了比较。如果在静态社会中,社会上没有人对未来利率感觉不确定,因此流动性偏好函数 L_2(也称之为贮钱倾向)恒等于零,$M_2 = 0$,$M = M_1$。在均衡状态下,M 的改变就等于 M_1 的改变,所以有 $M_1V = Y$,其中 V 为前面定义的货币的收入流通速度,Y 为总收入。如果当期的产量和价格分别以 O 和 P 表示,则 $Y = O \times P$,也就是 $MV = OP$,得到了传统的货币数量说的表达形式。

因此,凯恩斯的货币理论的一个关键是基于投机动机的流动性偏好 L_2,它和利率呈反向关系,在传播货币量改变所产生的种种影响的过程中,起着特别重要的作用。货币的作用主要有两个:一是充当商品交换的媒介;二是作为贮藏财富的手段。就货币作为商品交换的媒介而言,它只是一种便利,没有什么重要性和实际影响,但就货币作为贮藏财富的手段而言,它将通过利率而影响投资,从而影响产出、就业和收入。古典学派只看到货币的第一个作用,而未看到它的第二个作用,因而得出货币中性的结论;而凯恩斯正是因为看到并强调了货币的第二个作用,所以才得出货币影响就业的结论,甚至将货币的存在看作持久性失业的根本原因。

二、凯恩斯的"有效需求"理论

至此,我们对凯恩斯的货币理论中有关货币需求方面的内容有了一个大致的了解。但是,货币与整个产业、就业之间的关系,尚未有清楚的阐述。对于上述三个问题中的第一个问题,M 改变,Y 及 r 如何变化,只给出一个比较静态分析的结论:r 下降,Y 上升。要了解其中的作用机制与过程,必须回到凯恩斯在《通论》第三章中建立的"有效需求"原理。按照凯恩斯的说法,它的就业理论可以归纳为下列五个命题。

(1) 在技术、资源与资本状况不变时,总收入(货币收入和实际收入)决定于就业量 N。

(2) 总收入与消费量 D_1 之间的关系,称为消费倾向。如果消费倾向不变,则消费量取决于总收入,从而也就取决于总就业量 N。

(3) 雇主愿意雇用的工人数 N,取决于有效需求 D。有效需求包括预期的总消费量 D_1,以及预期的总投资量 D_2。

(4) $D_1 + D_2 = D = \Phi(N)$。Φ 称为总供给函数;又因为根据第(2)条,D_1 为 N 的函数,记作 $D_1 = X(N)$,X 的形式与消费倾向有关,所以 $\Phi(N) - X(N) = D_2$。

(5) 因此,均衡就业量由下列因素决定:① 总供给函数 Φ;② 消费倾向 X;③ 投资量 D_2。这就是就业理论的要点。

因为总供给函数是由技术因素决定的,所以消费倾向和新投资量决定就业量 N(劳动就业量又决定劳动边际生产力,从而决定实际工资水平)。

当就业量增加时,D_1 增加,但由于消费倾向小于 1,D_1 增加得没有收入快。总供给超过消费需求的部分必须由相应的投资需求加以弥补,否则就会产生有效需求不足,就业量不会增加,从而引起失业。

投资需求决定于资本边际效率和利率。若前者高于后者,投资需求增加;反之,投资需求减少。资本边际效率决定于预期投资收益和资本财产的重置成本:在短期内,它上下波动;在长期中,它则趋于下降。利率决定于货币的供给和需求。货币供给由货币当局决定,货币需求即流动性偏好,由前面介绍的持有货币的三种动机决定。

因此,根据凯恩斯的有效需求原理,货币供应量改变对有效需求,从而对就业量的影响,"是由货币数量可以左右利率这一点产生的"。货币供应量增加,利率趋于下降,投资需求上升,从而就业量上升,产出和收入增加。

但是,上述货币量对就业、产出发生作用的机制还会受到其他一些因素的影响：① "如果公众的流动性偏好比货币数量增加得更快,则利率不会降低"；② "如果资本边际效率比利率下降得更快,则投资量不会增加"；③ "如果消费倾向下降,则就业量未必增加"。第一种情况在有些书中称为流动性陷阱；第二种情况称为投资对利率缺乏弹性。在这些情况下,利率机制失效,货币量对就业产出几乎没有影响。

以上这些因素,都是由人们的心理因素决定的。人的心理难以捉摸,并且会因为对前途看法的改变而改变。正是在这个意义上,凯恩斯特别强调不确定性和预期的作用,如凯恩斯说："资本的边际效率非常重要。主要通过这个因素,人们对未来的预期才能影响现在,其联系现在和将来的能力,比利率大很多。"但不幸的是,凯恩斯对不确定性和预期的强调,却常常被他的追随者所忽视。

如果我们仿照第一节的形式,凯恩斯的宏观经济模型可以概括如下：

货币市场：$M = M_1 + M_2 = L_1(Y) + L_2(r)$

投资函数：$D_2 = D_2(r)$

商品市场：$\Phi(N) - X(N) = D_2$

生产函数：$Y = \Phi(N)$

从该模型可以得出均衡的收入 Y、利率 r、投资量 D_2、就业量 N。而货币量对于物价水平的影响,凯恩斯认为,货币量的改变增加有效需求, "一部分用在增加就业量,一部分用在提高物价水平。故事实上并不是当有失业存在时,物价不变,一达到充分就业,物价即随货币数量作同比例增加；而是当就业量增加时,物价逐渐上涨"。分析物价对货币数量的反应,需要考察许多复杂的因素。

从上面的模型,可以很方便地引申出汉森(A. H. Hansen)等为代表的凯恩斯学派的 IS—LM 模型。凯恩斯强调说,分析的目的, "不是提出一部机器,或一套盲目计算法,使我们可以得出百无一失的答案；而在使我们有一种有组织的、有次序的思维术"。批评一些所谓"数理"经济学, "大部分是杂凑,其不精确一如其开头所依据的假定；而其作家,却在神气十足却毫无用处的符号阵中,把现实世界中之复杂性与息息相通性置于脑后了"。

第三节　凯恩斯货币理论的发展

上节说过,凯恩斯对货币理论的基本贡献是认为人们持有货币的原因除交易动机、预防动机外,还有投机动机。人们持有货币不仅是为了作为交换媒介,还作为价值贮藏手段。前者基本与利率无关,后者则主要取决于利率。货币需求与供给一起,决定利率水平,而利率又是决定投资量和就业量的重要因素。

对于凯恩斯的货币理论,虽然没有出现像其本人对古典理论那样革命性的突破,但经过经济学家的深入研究,也不断得到丰富和发展。其中比较有影响的是:鲍莫尔(W. J. Baumol)等人对于凯恩斯关于交易性货币需求理论的发展;惠伦(E. L. Whalen)等人对预防性货币需求理论的发展;托宾等人对投机性货币需求理论的发展。

一、鲍莫尔模型

早在 20 世纪 40 年代,汉森就对凯恩斯关于交易性货币需求与利率基本无关的观点提出质疑。他指出,当利率上升到相当高度时,货币的交易性余额也会具有利率弹性。首先将交易性货币需求与利率和规模经济的关系以数学公式形式表达的学者,是鲍莫尔和托宾,因此这一模型又称为"鲍莫尔-托宾模型"。同时,由于该模型本质上是运用管理科学中最适度存货控制技术于货币理论的成果,所以又通称为"货币需求的存货管理模型"。

鲍莫尔认为,如果企业或个人的经济行为都以收益最大化为目标,则在货币收入的取得和支出之间的时间间隔内,没有必要让所有用于交易的货币都以现金形式持有,因为现金不会给持有者带来收益。应将暂时不用的现金转化为生息资产的形式,到用时再变现。只要利息收入超过变现的手续费就有利可图。并且,利率越高,收益越大,生息资产的吸引力也越强,人们就会把现金持有额压到更低的限度。如果利率不够高,实现成本大于利息收入,人们将全部持有现金。因此,交易性货币需求与利率有关,"凯恩斯贬低利率对现金的交易需求的影响可能是错误的"。

在具体分析时,鲍莫尔作了如下假定:

(1) 人们有规律地每隔一段时间内取得一定收入 Y;支出则是连续和均匀的。

(2) 生息资产一律采取短期政府债券的形式,因为这种形式最安全。

(3) 每次出售债券与前一次出售的时间间隔及每次的出售量 K 都相等。

鲍莫尔认为:"一个企业的现金余额通常可以看作为一种存货——一种货币存货,这种存货被其持有者随时用来交换劳动、原料等。这种存货同鞋子制造商随时用以交换现金的鞋子存货并没有本质区别。"保存任何存货都有成本。现金存货的成本有两项:一是将债券变现时所必须支付的手续费 b。因为设每次变现额为 k,而支出总额为 y,故在一个支出期间内,全部手续费为 $b \cdot \dfrac{y}{k}$;二是持有现金而牺牲的利息(机会成本)。在支出期间的平均交易余额为 $k/2$。设利率为 r,从而利息成本为 $r \cdot \dfrac{k}{2}$。

若保持较多的交易余额,则所需变现次数少,手续费降低;但牺牲的利息多。反之,持有较少的交易余额,利息成本低,但手续费增加。所以,必须选择适当的 k,使得总成本最小。若以 C 代表现金存货的总成本,则有

$$C = b \cdot \frac{y}{k} + r \cdot \frac{k}{2}$$

根据数学上的原理,C 的最小值在其一阶导数为零处取得

$$\frac{\mathrm{d}c}{\mathrm{d}k} = -\frac{by}{k^2} + \frac{r}{2} = 0$$

得到 $k = \sqrt{\dfrac{2by}{r}}$

即每次变现量为 $\sqrt{\dfrac{2bY}{r}}$,平均手持现金余额为 $\dfrac{1}{2}\sqrt{\dfrac{2bY}{r}}$,若将物价因素考虑在内,实际平均交易余额为

$$\frac{M}{P} = \frac{1}{2}\sqrt{\frac{2bY}{r}} \text{ 或改写为 } M = 2^{-0.5}b^{0.5}Y^{0.5}r^{-0.5}P$$

　　上式就是著名的"平方根公式"。它表明：在交易量或手续费增加时，最适度现金存货余额将增加；而当利率上升时，这一余额会下降，从而将利率与交易性余额联结起来。从上式中还可以看出，最适度现金存货与交易量、手续费以及利率的变化不是成比例的关系，对其弹性分别为0.5、0.5和－0.5。由于现金余额与交易量的平方根成比例，所以在最适度现金余额的决定中，存在着规模经济作用。

　　鲍莫尔模型自20世纪50年代问世以来，对西方货币理论产生了重大影响，归纳起来，有以下三点。

　　第一，该模型论证了最基本的货币需求——交易性货币需求也在很大程度上受到利率变动的影响。这一论证不仅为凯恩斯主义的以利率作为货币政策的传导机制的理论进一步提供了证明，而且向货币政策的制定者指出，货币政策如果不能够影响利率，那么它的作用就不大。

　　第二，根据平方根公式，假定利率和物价不变，收入增加的比例必须大于货币供给增加的比例，才能使公众吸纳新增的货币，因此在萧条时期，货币政策的效果可能比预期的要大。

　　第三，鲍莫尔模型虽然是针对国内经济单位的货币需求而作出的，但其基本结论也可用于国际金融领域。有学者认为国际储备也有"规模经济"的特点，因此国际储备未必与国际贸易成同一比例增长。使用一种普遍的国际货币，可以节省国际支付和交易成本。

　　由于鲍莫尔模型的假设过于简单，得出的结论：交易性货币需求对交易量和利率的弹性分别为0.5和－0.5是站不住脚的。其他经济学家从理论和实证两个方面对此模型作了批评。在引进支付利息的货币、企业在银行的补偿性余额、金融市场上的隔夜交易、一次性的收入和支出及不确定性等因素以后，"存货管理模型"在解释企业和个人交易性货币需求方面的有效性大大削弱。布伦纳(K. Brunner)和梅尔泽(A. Meltzer)认为货币需求对交易量的弹性是一个变数：当交易量变小时，向下变动；当交易量变大时，向上变动。米勒(M. H. Miller)和奥尔(D. Orr)也根据他们的计量模型指出现金需求对交易量的弹性可以在1/3—2/3，甚至在更大范围内变化。

　　由此可见，鲍莫尔模型对影响交易性现金需求的诸因素所作的定性分析有相当的启发意义，而对此所作的定量分析则有着很大的局限性。

二、惠伦模型

在考虑了收入和支出在时间上的不确定性以后,1966 年惠伦及米勒和奥尔先后发表文章,论证了预防动机的货币需求也同样为利率的减函数。比较有代表性的是惠伦模型。

预防性货币需求来自事物的不确定性。一个人无法保证他在某一时期内的货币收入和支出同事先预料的完全一致,也不可能排除实际支出超过实际收入或发生不测之事,以致临时需要现金的可能性,因此即使预期未来的收入与支出相抵,还必须保留一定的预防性货币余额。

惠伦认为影响预防性货币需求的因素有三个:非流动性成本、持有预防性现金余额的机会成本、收入和支出的平均和变化情况。非流动性的成本是指因低估在某一支付期内现金需要而造成的严重后果。当人们因缺乏现金而无法应付付款义务时,就有三种可能:陷于经济困境甚至破产,此时,非流动性成本是非常高的;如果能够及时得到银行贷款,则非流动性成本就是银行贷款成本;如果人们持有易转换成现金的资产,则非流动性成本等于将非现金资产转换成现金的手续费。企业为免于破产,同时也不能保证随时得到贷款,因此第三种情况应作为理论分析的一般情况。持有预防性现金余额的机会成本则是指持有这些现金而需放弃的一定的利息收益。

在建模思想上,惠伦模型与鲍莫尔模型基本相同。如果人们为预防不测而持有较多货币,就减少了预期的非流动性成本,但同时却增加了持有预防性现金余额的机会成本;反之,如果他持有较少的预防性现金余额,减少了机会成本,但却提高了非流动性成本。因此,追求利润极大化的企业,必然选择适当的预防性现金余额,以使这两种成本之和下降到最低限度。

模型的假设如下:如果一定时期内净支出(即支出减去收入)N 大于预防性现金持有量 M,公司就要将其他资产变现,费用为 b,净支出的概率分布以零为中心(由于长期内收入等于支出,净支出为 0),净支出大于预防性现金持有量($N>M$)的概率为 P。那么,持有预防性现金余额的机会成本为 $r\times M$,预期的非流动性成本为 $b\times P$。预期总成本为

$$C = r\times M + b\times P$$

对非流动性概率 P 作不同假设,可以得出不同的结论。惠伦假设企

业和家庭都是风险回避者,所以在估计净支出超过预防性现金金额的可能性时,作最保守的估计,取 $P = Q^2/M^2$,其中 Q 为净支出的标准差①。代入上式得

$$C = r \cdot M + b \cdot P = r \cdot M + b \cdot \frac{Q^2}{M^2}$$

根据数学上的原理,C 的最小值在其一阶导数为 0 处取得

$$\frac{\mathrm{d}C}{\mathrm{d}M} = r - \frac{2bQ^2}{M^3} = 0$$

得到 $M = \sqrt[3]{\frac{2Q^2 b}{r}}$ 或写作 $M = \alpha Q^{\frac{2}{3}} b^{\frac{1}{3}} r^{-\frac{1}{3}}$,其中 $\alpha = \sqrt[3]{2}$。

上述表明,最适度的预防性现金余额同净支出方差 Q^2、非流动性成本 b 正相关,与利率 r 负相关。结论同鲍莫尔模型基本一致;不同的是惠伦模型中预防性现金余额对手续费、利率的弹性分别为 $1/3$、$-1/3$,而鲍莫尔模型中分别为 $1/2$ 和 $-1/2$。

有人要问,收入在惠伦模型中是否也起作用?答案是肯定的,因为收入和支出的数额和次数都影响净支出方差 Q^2。假设净支出服从正态分布,如果每笔收入的价值不变,但收入和支出的次数增加,则有 $Q^2 = K_1 Y$,其中 K_1 为常数,Y 表示总交易量(收入)。如果每笔收入的价值增加,但交易次数不变,则有 $Q^2 = K_2 Y^2$,其中 K_2 也为常数。代入惠伦模型,就得到预防性现金余额的收入弹性在 $1/3$(次数增加)和 $2/3$(价值增加)之间变动。

但是,惠伦模型对货币持有者的行为指导是模糊的。似乎是只要当期的净支出 N 绝对值大于平均货币持有额 M,就要实行其他生息资产与货币之内的转换。实际货币持有额本身是一个随机变量,很可能出现的尴尬情况是:当期净支出 N 大于平均最适度货币持有额 M,而实际

---

① 根据切比·晓夫(Tcheby Cheff)不等式,变量偏离均值 μ 的概率与偏离程度 tQ 的关系是:$P(\mid \alpha - \mu \mid > t\,Q) \leqslant \dfrac{1}{t^2}$,在这里,根据假设 μ 为 0,所以 $P\left(\mid N \mid > M = \dfrac{M}{Q} \cdot Q\right) \leqslant \dfrac{1}{\left(\dfrac{M}{Q}\right)^2} = \dfrac{Q^2}{M^2}$。

货币持有额却大于 N；相反，当期净支出 N 小于平均最适度货币持有额 M，而实际货币持有额却小于 N。米勒–奥尔模型与惠伦模型十分相似，但它给出了一个确定的行为准则。其结论如下：

当货币余额降为 0(或银行要求的最低补偿性余额 L)或达到上限 H 时，人们通过货币与其他生息资产之间的转换，使货币余额重新回到 M。

$$M = \sqrt[3]{\frac{3bQ^2}{4r}}, \text{或改写为} M = \alpha \cdot Q^{\frac{2}{3}} b^{\frac{1}{3}} r^{-\frac{1}{3}}, \text{其中} \alpha = \sqrt[3]{\frac{3}{4}}, \text{上限}$$

$H = 3M$。

结论几乎与惠伦模型完全相同。在鲍莫尔模型、惠伦模型、米勒–奥尔模型中现金余额的变化情况见图 7.5 所示[1]。

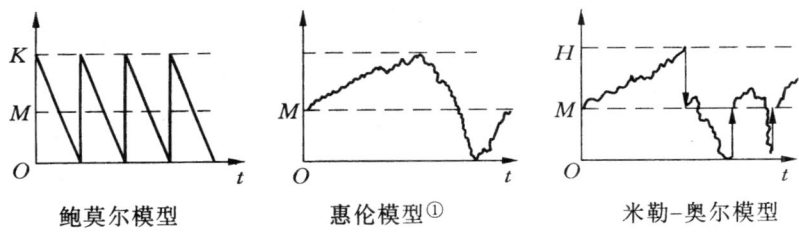

鲍莫尔模型　　　　惠伦模型[1]　　　　米勒–奥尔模型

图 7.5　三种模型下现金余额的变化

这些模型论证了即使是纯粹作为交易工具的货币，也对利率相当敏感，并且随收入提高，具有"规模经济"的特点。根据这些模型，凯恩斯的货币需求函数应修正为

$$M = M_1 + M_2 = L_1(Y, r) + L_2(r)$$

三、托宾模型

凯恩斯学派的货币理论的另一重大发展，是将凯恩斯的流动性偏好论，扩大和修正为资产偏好或资产组合论。

凯恩斯关于投机动机的货币需求，实际上隐含着这样一个假定：投

---

① 惠伦模型图形依笔者理解而绘，但如正文所指出的，在货币持有人行为方式的指导上模糊不清，所以有 $\frac{\mu_R}{\theta_R} = \frac{ar}{a\theta_g} = \frac{r}{\theta_g} = K$ $\mu_R = K \cdot \theta R$，即 $\theta_R = a\theta_g$，$Q_R^c = a^2 \theta_g^2 = a^2 E(\tilde{r} - r)^2$。

资者对所谓"正常预期利率"有一个比较明确的定位,因此只在两种资产中,即货币和债券(以政府公债为代表)中间任选一种,而不能两者兼有。在实际情况中,投资者对自己的预计往往并不完全有把握,一般人都是既持有货币,同时又持有债券。托宾将前人的资产选择理论和货币需求理论结合起来,用投资者避免风险的行为动机来解释对闲置货币余额的需求。

在托宾模型中,资产的保存形式有两种:货币和债券。持有债券可以得到利息,但也要承担由于债券价格下跌而受损失的风险,因此债券是风险资产;持有货币虽然没有收益,但也没有风险,所以称作安全性资产。将资产按不同比例投资于债券和货币,其预期收益率 μ_R(在数学上,是收益率的期望值)与风险 θ_R(在数学上,以 μ_R 的标准差表示)存在线性关系 $\mu_R = k\theta_R$。其中,k 为债券预期收益率与其收益率标准差的比值。债券预期收益率 R 越大,k 值越大①。

托宾认为典型的投资者都是风险回避者。当投资风险增加时,其相对的预期收益率必须相应增加,作为补偿,两者的关系可以用投资者的无差异曲线表示。

将收益与风险之间的线性关系与投资者的无差异曲线两者结合起来,就可以得出投资决策:资产中债券比例为多少,货币比例为多少。在图7.6中,上半部纵轴表示预期收益率 μ_R,横轴表示风险 θ_R,θ_R 的最大值为 θ_g。下半部左纵轴表示风险资产的构成比例,右纵轴则表示无风险资产现金的比例。根据定义 $a+b=1$,I_1、I_2、I_3 为投资者的无差异曲线。$OC_1(r_1)$、$OC_2(r_2)$、$OC_3(r_3)$ 为对应于不同预期收益率的投资机会线,$\mu_R = k \cdot \theta_R$,O_X 是风险和资产构成率的关系轨迹,$\theta_R = a \cdot \theta_g$。

当债券预期收益率为 r_1 时,无差异曲线 I_1 与 C_1 相切于 A。投资者资产中现金比率为 b_1。当债券预期收益上升为 r_2 时无差异曲线 I_2 与 C_2 相切于 B,投资者资产现金比率下降为 b_2,这样就得到了一个债券预期收益率与现金持有比率之间的对应关系,将其划在右图,得到一个向右下方

---

①　设债券收益率为 $\tilde{r}$,期望值为 r,收益率标准差为 θ_g,即 $E(\tilde{r}-r)^2 = \theta_g^2$。若资产中,投资于公债的比率为 a,则 $\hat{\tilde{R}} = a\tilde{R} + (1-a) \cdot 0 = a\tilde{r}$,$\mu_R = E(\tilde{R}) = E(a\tilde{r}) = aE(\tilde{r}) = ar$,$\theta_{R^2} = E(\tilde{R} - E(\tilde{R}))^2 = E(a\tilde{r} - ar)^2$。

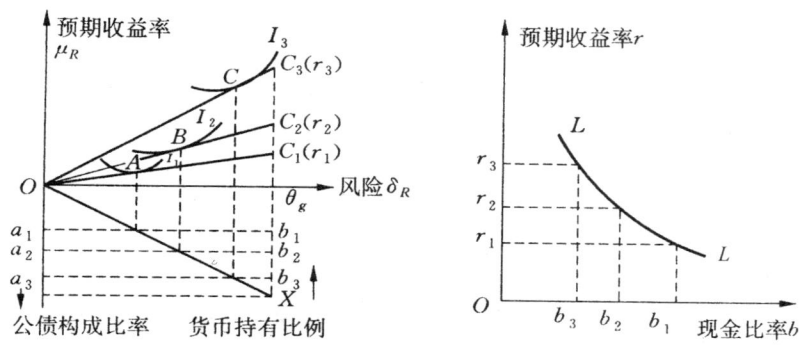

图 7.6   托宾模型与托宾曲线

倾斜的曲线,有些学者称之为"托宾曲线",该曲线证明了利率与货币投机需求之间的反向关系。

与凯恩斯流动性偏好曲线不同的是,托宾曲线明确肯定了不确定性对货币需求的重要作用,而且也能解释现金与其他风险资产同时持有,即资产分散的现象。

托宾模型对投机性货币需求的解释虽然比凯恩斯的流动性偏好理论有进步,但也存在不足:

(1)托宾模型只包括两种资产,即货币及公债,而不包括其他金融资产。

(2)由于信息及其他交易费用的存在,分散化投资策略事实上只能由一些庞大的投资基金或少数富人采取,普通投资者难以运用。

(3)托宾模型忽略价格波动因素。从名义价值看,货币是无风险资产,但用实物价值衡量。货币价值随物价波动而升降。

战后西方金融业高度发展,金融工具不断创新,出现了许多风险低、有收益、流动性强的金融资产。若我们将这些资产引进资产组合模型,则货币需求能否用避免风险的动机解释顿生疑问。

希克斯(J. R. Hicks)用几何图形来阐述此观点。在图 7.7 中,设投资者可将其财富分配于三种资产:公债、股票和现金。公债的相对比重由原点 O_B 向右计算,股票的相对比重由原点 O_E 向左计算,衡量风险收益以后,公债、股票对投资者的边际效用都随比重的增加而降低。现金无收益,故边际效用为零;但亦无风险,故也不会递减。所以,现金的边际效用线就是横轴。

三种资产的最佳分配比例是使其边际效用相等。换言之,最理想的投资比例是公债 O_BC、股票 O_EA、现金 AC。但是,如果投资者对风险的估量或态

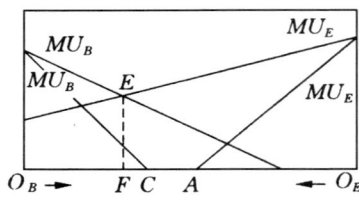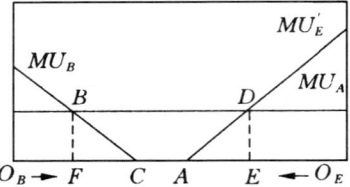

图 7.7　希克斯对投资者财富分配的分析

度发生变化,则上述组合也将随之改变。如果投资者的态度比以前更加乐观,较愿承担风险,则 MU_B 向右旋转,MU_E 向左旋转,两者相交于 E。最理想投资比例变为:公债 O_BF、股票 O_EF,现金则减为零。

如果引入另一种无风险,但略有收益的资产(如短期国库券、可转让存款单),其边际效用线 MU_A 高于横轴。最佳投资比例为:公债 O_BF、股票 O_EE、无风险收益资产 EF。也就是说,在投资对象中增加了一种无风险的有息证券后,对货币的投机需求可能降为零。因此,经济单位经常持有现金的现象,只能由交易动机或预防动机来解释。

因此,在金融体系高度发达,存在无风险收益资产的社会中,无论凯恩斯的投机动机或托宾的避免风险的动机,都不能对货币的需求作出充分的解释。交易成本才是货币需求的必要条件。此外,市场缺陷也是另一重大因素。如投资者信息不全,达不到规定的投资规模等,使得经济单位只能以货币形式持有资产。

四、凯恩斯学派的宏观经济模型

以上主要是凯恩斯学派对其货币需求理论的发展,而在货币对就业、产出的作用方面,其主要利用汉森的 IS—LM 模型为工具,分析当货币量增加时,利率降低从而货币需求增加;同时,利率降低导致投资增加,通过"乘数机制",提高就业和产出水平,收入增加反过来又提高货币需求,这之间的关系错综复杂。IS 曲线代表商品市场上的均衡,LM 曲线代表货币市场上的均衡,只有将两者结合起来,才能决定一组利率 R 和收入水平 Y,使得这两个市场同时达到均衡。

凯恩斯学派片面强调了凯恩斯指出的货币量在作用时可能遇到的两

重难关：公众的流动性偏好比货币量增加得更快,利率不会降低,从而 LM 曲线为水平;或资本边际效率比利率下降得更快,则投资量不会增加,从而 IS 曲线垂直。在这两种情况下,货币量对产出、就业都不会发生影响(见图 7.8 所示)。

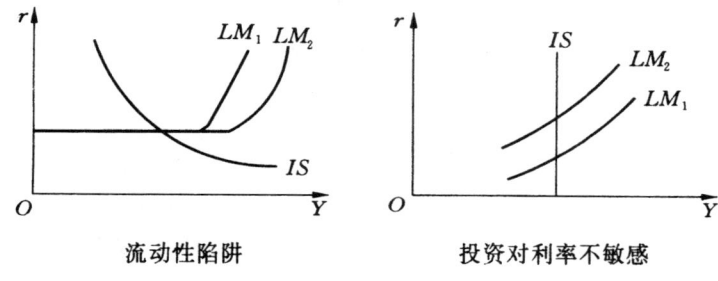

图 7.8　流动性陷阱与投资对利率不敏感

凯恩斯学派认为引起这种特殊情况的环境是很普遍的。即使不是这两种极端形式,他们相信 LM 的斜率也很小,而 IS 曲线斜率很大,因此认为货币政策在刺激经济方面一般来说是无效的。在经济萧条时,保证恢复充分就业的唯一有效的政策工具是财政政策。政府通过增加支出或减少税收直接刺激总需求使 IS 曲线右移,使经济恢复到充分就业水平(见图 7.9)。

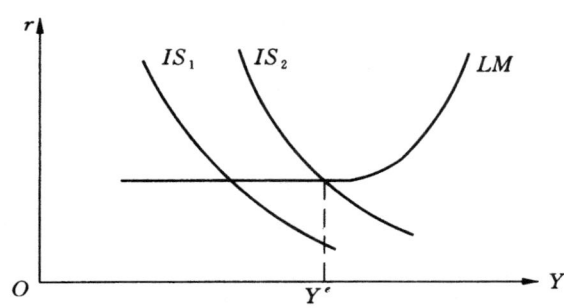

图 7.9　凯恩斯学派主张经济萧条时的扩张性财政政策

IS—LM 模型是以瓦尔拉(L. Walras)一般均衡理论为基础的。当价格和工资可以自由升降时,通过"凯恩斯效应"和"庇古效应",经济能够自动回复到均衡状态。这与凯恩斯的观点相背离,《通论》中凯恩斯将经济均衡与非自愿失业同时并存视作经济常态,而充分就业是各种可能的均衡位置的极限点,是一种特例。所谓"凯恩斯效应"指的是工资和价格下降后,实际货币余额增加,意味着 LM 曲线右移,利率下降从而投资、就业、产量扩张;"庇古效应"指价格下降后,消费水平也会提高,从而 IS 曲线右移。这两种效应有时又通称"实际余额效应"。虽然凯恩斯效应在出现流动性陷阱或投资对利率不敏感的作用下不起作用,但庇古效应可以解决这两个难题,从而将凯恩斯学派模式中低于充分就业的均衡归于价格刚性的结果。

在理论上反对庇古效应有五个理由。

(1)货币量可以分为两个部分,即外部货币和内部货币。外部货币是政府的负债,而内部货币是和各部门之间的债权、债务关系,不应包括在作为庇古效应基础的财富当中,因为债权人的实际余额增加将会被外部债务人的不利影响所抵消。

(2)某种"分配效应"可能使庇古效应不起作用。例如,在一般情况下,社会上较富有的人是债权人,他们从货币实际余额的增加中获得好处。但是,其边际消费倾向可能比受到不利影响的其他社会成员(如债务人)的边际消费倾向要小,因此,如果受损失者减少消费比得益者增加消费的数量为多,则对消费的净效应可能是负数。

(3)在考虑价格下降对工厂的货物需求所引起的效应时,我们忽略了分析供给方面。如果把实际余额包含在宏观经济模式的生产函数中,实际余额的增加会使劳动的需求曲线向外移动,从而增加充分就业的均衡水平,从而使庇古效应在恢复充分就业方面的有效性削弱。

(4)如果因当前物价水平下降使消费者预期价格会进一步下降,因而暂时延迟消费支出,削弱庇古效应。

(5)货币供应未必是外生的,在萧条时期,货币量可能因银行体系收缩信贷而大幅度减少。即使货币量可以保持不变,但由于企业部门是净负债者,因此在物价下降后,可能会引起企业的破产和工人失业。

从实证上看,1930—1933 年,英国价格水平下降 20%。根据估算,庇古效应会使消费支出增加约 1%,而实际上,消费下降了 6%,国内总支出下降 10%。因此实践上,价格水平变化对消费支出不发生作用,甚至反作用,它也意味着在理论上,纯粹以庇古效应为基础的调整过程涉及的时滞很长,商业信心必然受到不利影响。因此,不能依靠庇古效应来作为一种均衡因素。

　　IS—LM 模型的一个更大的弱点是,它忽略了凯恩斯在《通论》中反复强调的货币经济中的不确定性和人们的未来预期对经济的重要影响。在西方经济学界,有人指责凯恩斯学派曲解并庸俗化了凯恩斯经济学,因而主张重新评估凯恩斯经济学。

第四节　弗里德曼的货币理论

　　凯恩斯的《通论》在 1936 年出版后,对学术思想和经济政策产生了深刻的影响。在货币理论方面,最显著的变化是推翻了自 18 世纪以来占统治地位的传统货币数量说,代之以他称之为流动性偏好的货币需求理论。凯恩斯批评古典学派的货币理论和货币政策的失效,在 20 世纪 30 年代经济危机时期,引起了强烈共鸣,出现了所谓的"凯恩斯革命"。30—50年代,是凯恩斯学派的新兴时期。50 年代开始,经济形势发生了变化,大规模经济萧条现象已不是世界经济的主要问题,通胀成为经济中的头号难题,到 70 年代,简单的通胀又为更复杂的"滞胀"问题所代替。这种经济环境和背景的转变,在经济理论上反映为货币数量说的复兴。但是,这种学说采用了理论分析与实证研究相结合的方式,与古典学派大不相同,所以称之为"新货币数量说"或"货币主义",这一理论主要是由美国芝加哥大学经济学教授米尔顿·弗里德曼和他的同事们发展起来的。

一、弗里德曼的货币需求理论

　　弗里德曼的新货币数量说与旧货币数量说有许多相似之处,在形式上复杂得多,采用了剑桥方程式和凯恩斯货币需求函数形式,他放弃了传统货币数量说的货币供应量只会按比例改变价格水平的结论。在 1975年的一篇文章中,他说:货币供应量增加的头 6 个月,除了对利率之外,没有什么影响。6—9 个月后,GNP 增长率提高。大约 18 个月之后,影响主要转移到价格方面。再过 1 年左右产出增长率回到甚至低于"正常水平",而长期内,货币量的变动反映在物价水平上。因此,又回到传统的货币数量说的基本结论上。

　　弗里德曼的货币需求理论是他的新货币数量说的重要组成部分。在

1956 年发表的名作《货币数量说的重新表述》一书中,他指出:数量学说首先是货币需求的学说,而不是产出学说,也不是货币收入学说或价格水平学说。解释这些变量需要将数量说与货币供应和其他变量状况的设定结合起来。但是,他同时又承认,货币需求方程在决定诸如名义收入水平、价格水平等变量上,起着举足轻重的作用。

与传统货币数量学说不同,弗里德曼不把货币需求看成是由支付习惯、工业一体化程度等决定的常数,而是一个由许多变量决定的函数。弗里德曼将货币看成是一种资产,认为它仅是保持财富的一种方式。因此,货币需求理论成了资本理论中的一个特殊论题,它基本是由总财富及各种不同形式财富的报酬这两类因素决定的函数。但是,弗里德曼在强调预算的制约因素是财富而不是收入时,他面临着如下的问题:寻找一个可以包括在货币需求函数中的人们能够接受的财富衡量标准。

为了解决这一问题,弗里德曼利用了资本学说里的一个基本原理,即财富不过是收入的资本化价值。因此,他拒绝把当前收入作为财富的代表,而采用他在消费理论中提出的"恒久收入"的概念来代替。

在弗里德曼的财富概念中,除了货币、金融资产等财富形式外,还有"人力财富",即人们的赚钱能力。但是,人力财富向非人力财富的转化,会由于制度方面的约束而受到很大限制。如当经济不景气时,人力财富难以转化为收入。因此,为了应付可能发生的人力财富的滞销,人力财富在总财富中的比例越大,对货币的需求也越大。财富所有者对不同形式的财富所提供的服务的偏好,一般情况下是有固定模式的,但当宏观环境变动时,则有可能变动,如战时,社会以货币形式保持的财富比例增大。

不同形式财富的报酬是持有货币的机会成本,弗里德曼以债券、股票作为人力财富的代表。通货膨胀率是影响机会成本的一个因素。

价格水平也是一个影响货币需求的主要变量。这是因为,弗里德曼所讨论的货币需求,是对支配商品和劳务的实际余额的需求,而不是对名义余额的需求。弗里德曼认为,这是新、旧货币数量说的基本特征。

因此,弗里德曼的货币需求函数可以表示为

$$M = f\left(p, r_b, r_e, \frac{1}{p} \cdot \frac{\mathrm{d}p}{\mathrm{d}t}; W, Y, u\right)$$

式中,p 代表价格水平;r_b、r_e 分别表示债券、股票的预期名义收益率;$\frac{1}{p} \cdot \frac{\mathrm{d}p}{\mathrm{d}t}$ 为通胀率;W 为非人力财富对人力财富的比例;Y 为恒久收入;u 代表影响货币需求偏好的其他因素。

不论采取哪一种名义来表示 p 和 Y,都不会改变上式中的关系,所以如果表示物价和货币收入的单位发生变化,货币需求量也应作同比例变化。在数学上,这意味着货币需求 M 是 p 和 Y 的一阶齐次式。即

$$\lambda M = f\left(\lambda p, r_b, r_e, \frac{1}{p} \cdot \frac{\mathrm{d}p}{\mathrm{d}t}, W, \lambda Y, u\right), \quad 取 \quad \lambda = \frac{1}{p} \quad 有 \quad \frac{M}{P} =$$

$$f\left(r_b, r_e, \frac{1}{p} \cdot \frac{\mathrm{d}p}{\mathrm{d}t}, W, \frac{Y}{p}, u\right)$$

表示对实际余额的需求是实际变量的函数,它不受名义价值变化的影响。

$$取 \quad \lambda = \frac{1}{Y}, \quad 有 \quad \frac{M}{Y} = f\left(\frac{p}{Y}, r_b, r_e, \frac{1}{p} \cdot \frac{\mathrm{d}p}{\mathrm{d}t}, W, Y, u\right) =$$

$$\frac{1}{V\left(r_b, r_e, \frac{1}{p} \cdot \frac{\mathrm{d}p}{\mathrm{d}t}, W, \frac{Y}{p}, u\right)}, \quad 可改写为: M \cdot V\left(r_b, r_e, \frac{1}{p} \cdot \frac{\mathrm{d}p}{\mathrm{d}t}, W,\right.$$

$$\left.\frac{Y}{p}, u\right) = Y$$

在形式上,这与传统的数量说非常相似,但有两点根本不同:一是在弗里德曼的方程式里,Y 代表恒久收入,是作为财富水平的代表,而在交易方程式中,代表当前交易水平;二是弗里德曼不像传统数量说那样,假设 V 是固定不变的,而是认为货币需求是高度稳定的。

弗里德曼进一步指出:"数量论者不仅把货币需求函数看作是稳定的,他还认为这一函数在决定诸如货币收入水平和物价水平等对整个经济分析极为重要的变数中起着举足轻重的作用。正因为如此,他才特别重视货币需求……数量论者还认为,影响货币供给的若干重要变量并不影响货币需求……只是为了探究货币供给变化所产生的影响,稳定的货币需求函数才是有用的。"

二、实证研究

在实证研究方面,弗里德曼在其和施瓦兹合著的《美国货币史》一书中指出,在近百年的历史中,货币流通速度年均递减率仅 1%,年度通货

增加超过 10％的仅有 13 个年份。因此,在长期内货币需求随收入增加而稳定上升。并说,货币是一种"奢侈品",其收入弹性大于1。

在商业周期中,流通速度和收入是同方向波动的。由于流通速度是货币需求的倒数,这就意味着货币需求是收入的减函数,这与长期内的结论相反。对此,又如何解释呢? 一个解决办法是通过利率,认为在繁荣时期,利率上升,货币需求下降,从而流通速度上升;在衰退时,情况相反。但是,弗里德曼认为利率不大可能解释流通速度的周期性波动,他用自己独创的"恒久收入"的概念来解释这一点。恒久收入像实测收入(即当前收入)一样会在商业周期过程中波动,但"恒久收入"是最近各期实测收入的平均值,波动较小。在繁荣阶段"恒久收入"的上升幅度小于实测收入;在衰退阶段"恒久收入"的下降幅度又小于实测收入。流通速度如果按"恒久收入"计算,则有可能在繁荣时期下降,从而货币需求上升;在衰退时期上升,货币需求下降。

这样,弗里德曼就维护了货币需求是稳定的基本观点,并且将"恒久收入"作为决定货币需求的主导因素。因为"恒久收入"是相对稳定的,所以名义收入的变化只能是来自货币供应而不是货币需求。并且,"恒久收入"的变化比实测收入小,而货币供应的变化导致当前实测收入的更大幅度的变化时,才会引起恒久收入的变化,使货币供求重新达到均衡。

通过"恒久收入"这个概念,弗里德曼成功地解释了:(1)货币的流通速度有周期性变化,但不是利率变化的缘故;(2)为什么短期货币乘数($\Delta Y/\Delta M$)的值很大。这一分析的政策含义是:货币的流通速度是宏观经济学中的重要关系,货币供给是最重要的政策变量。

为了检验这些研究结果的重要性,弗里德曼和其他人进行了多项研究以评价货币学派提出的各种关系的可预测性,并确定货币供给变化和货币收入变化之间的因果关系。

在这方面,弗里德曼和迈赛尔曼(D. Meiselman)进行了一项重要研究,试图估价货币的流通速度和凯恩斯乘数作为名义收入决定因素的相对重要性[①],凯恩斯学派的乘数为 $\Delta Y = \dfrac{1}{1-b}\Delta A$。

---

① M·弗里德曼和 D·迈赛尔曼:"美国 1897—1958 年货币流动速度和投资乘数的相对稳定",载于《稳定政策》,1963 年。

其中：Y 为名义收入，b 为边际消费倾向，A 为自发支出（即 $I+G+X-M$）。他们检验这一关系是否比货币学派的下列关系能对货币收入提供更好的预测

$$\Delta Y = V \cdot \Delta M$$

其中，M 为货币供应，V 为货币流动速度或货币乘数。他们发现，从 1897—1958 年内，货币供给与货币收入有较密切的关系，比凯恩斯学派模式对货币收入的变化能作出更好的预测。

安德森(L. C. Adersen)和乔丹(J. L. Jordan)利用美国的资料进行了研究，发现货币数量的变化对货币收入有很大的和几乎立竿见影的影响[1]。ΔM 对 ΔY 的冲击约有 25% 都发生在第一高度，而财政政策需要更长的时间方能生效，并且其对货币收入的影响更难预测。弗里德曼和施瓦兹在他们的《美国货币史》一书中，还对 20 世纪 30 年代的大萧条说明了货币政策的无能这一普遍被接受的观点提出了异议。他们说在 1929—1933 年内，实行了货币大紧缩政策，联储对此引起的银行崩溃袖手旁观，这就更加重了萧条的严重性和时间长度。他们认为，如果联储当时采取扩张政策并增加货币供给，则萧条的持续时间不至于如此之长。

虽然 ΔM 与 ΔY 之间存在高度的相关性，但仍然存在着因果关系的问题：可能是 ΔY 引起 ΔM 变化，也可能是 ΔM 引起 ΔY 的变化。为避免前一种解释，货币学派对经济关系中的时间顺序提出了大量的证明，他们特别调查了在商业周期的转折点上货币供应与货币收入的时间序列之间的前后关系问题。

三、货币主义者的传送机制

以上只是从实证的角度说明 ΔM 与 ΔY 之间的关系，货币主义者还从理论上提出了一个从货币量到名义收入、价格水平之间"传送机制"的令人信服的说明。

货币主义者的传送机制主要是资产组合效应。在资产组合的理论体系中，货币是一种代表一般购买力的资产，和其他资产一样，货币也有其

---

[1]　L. C·安德森和 J. L·乔丹："货币措施与财政措施：它们在经济稳定中的相对重要性的检验"，载于《圣路易联储银行评论》，1968 年 11 月。

外在的或隐含的收益率。经济单位的资产构成随市场情况加以调整,直到各种资产的边际收益率相等,才达到均衡状态。

对这种资产组合效应凯恩斯学派的经济学家也是承认的。但是,货币主义者认为资产的范围不应局限在货币等少数金融资产上,还应该包括其他形式的资产,如厂房、设备,甚至包括耐用消费品、衣服、通过锻炼获得的技能等人力资本,诸如此类。每种资产都有一个利率。因为这些货物或人力资本的作用不是一下子就释放出来的,而是在长时间内不断地提供服务或收入。这些服务或收入的现值可以按一个适当的利率将它们计算出来。当货币量增加时,其边际收益下降,因此资产持有者会把货币转为其他资产。这与凯恩斯学派的分析一样,但货币主义者强调的是这种资产组合的调整包括实物资产在内,直到各项资产的利率都相等,而不仅仅是金融资产的利率。当货币量增加时,投资者除购买金融资产,使其价格上升、利率降低外,还可以将闲置资金用于购买各种消费品和资本品,促使其价格上升、生产扩张,从而产出和收入水平上升。因此,货币学派认为货币在金融领域内的替代程度是很低的,因而货币需求的利率弹性很低。

因此,货币学派认为货币发生作用的传送机制直接而迅速,不像凯恩斯学派认为的那么间接和迂回,需要通过投资乘数效应的诱发。货币主义者不重视利率在传递机制的作用,一方面是因为扩大资产范围之后,货币需求的利率弹性很低;另一方面是因为名义利率有误导的作用。一项扩张的货币政策可能只是暂时地降低利率。当货币供给的增加逐步渗透,导致支出增加、物价上升时,利率又会开始上升。因此,利率是关于货币政策宽松还是严谨的容易误导的指示。

货币学派的传送机制除资产组合效应外,还有财富效应。当资产价格上升后,资产所有者的财富增加,因此支出增加。如果是个人,其消费品支出增加;如果是厂商,投资支出增加。结果导致产出和收入的增加。

四、货币主义者的理论框架

弗里德曼的货币理论的重要特征之一,在于特别注重实证分析,即通过大量统计资料的验证来得出相应的结论。因此,有人指责弗里德曼的货币理论只是一种单纯的经验研究的结果,而缺乏坚实的理论分析的基础。为了回击这种指责,弗里德曼于 1970 年发表了《货币分析的理论框架》一文,对货币在收入决定上的中心作用进行了理论上的阐释。次年,他又发表《名义收入的货币理论》一文,对前文提出的理论作了进一步的分析。

弗里德曼将传统的货币数量说和凯恩斯理论作了比较,认为两者都可以用同一模式表达。但是,模型只有 6 个方程式,而却有 7 个未知数。传统货币数量说对此问题的解决办法是假定产量恒等于充分就业产量,凯恩斯学派的解决办法是假定在充分就业实现之前,物价固定不变。弗里德曼认为,预期实际利率 r^* 和预期实际收入增长率 g^* 都是由经济中的实际因素决定的,两者之间的差额基本上是常数。其公式为

$$k = r^* - g^*$$

式中,名义利率 i 是实际利率 r 和通胀率 π 之和,$i = r + \pi$;同时,由于预期作用,市场利率可假定等于预期利率,$i = i^* = r^* + \pi^*$。又由于预期通胀率 π^* 等于预期名义收入增长率 $\hat{y}^*$ 与预期实际收入增长率 g^* 之间的差额,$\pi^* = \hat{y}^* - g^*$。所以又有 $i^* = r^* + \hat{y}^* - g^* = (r^* - g^*) + \hat{y}^*$。再根据一开始的假定 $k = r^* - g^*$,我们得到

$$i = i^* = k + \hat{y}^*$$

加上　　$M^d = Y \cdot L(i)$　　　　　货币需求方程

　　　　$M^s = M(t)$　　　　　　货币供给方程

　　　　$M^d = M^s$　　　　　　货币市场均衡

构成弗里德曼的 4 个方程模型。经过一系列的数学变换,再加上其他一些假设,得到

$$\hat{y} = \hat{y}^* + \frac{1}{1 - \beta \cdot S}[\hat{M} - \hat{y}^*]$$

$$\hat{V} = \frac{\beta S}{1 - \beta S}[\hat{M} - \hat{y}^*]$$

其中,β 为名义收入增长率的适应性预期常数,S 为货币流通速度对利率的敏感性,$\hat{M}$ 为货币量增长率。在正常情况下,$0 < \beta < 1, 0 < S < 1$。

从上面的两个等式,弗里德曼得出如下主要结论。

(1) 如果货币量增长率 $\hat{M}$ 等于预期名义收入增长率 $\hat{y}^*$,则名义收入

增长率等于其预期值,亦等于货币量增长率,$\hat{y} = \hat{y}^* = \hat{M}$。而货币流通速度保持不变,即 $\hat{V} = 0$。

(2) 如果货币量增长率大于预期名义收入增长率,即 $\hat{M} > \hat{y}^*$,则名义收入增长率也大于其预期值,即 $\hat{y} > \hat{y}^*$;而且,货币流通速度亦将增加,即 $\hat{V} > 0$,从而名义收入增长率也大于货币量增长率,即:$\hat{y} > \hat{M}$①。

虽然,根据货币量增长率可能预测收入变化,但是,货币学派认为:货币数量与货币收入变化之间存在着"时滞",时滞本身的长短变化不定。因此,在实践中,货币政策不可能用来作为经济微调的工具,企图利用货币政策作为稳定工具只会使经济变得更不稳定。货币政策应该实行"单一规则",即保证货币供给有一个长期稳定的增长率。

货币学派认为,关于货币政策的这一消极结论对财政政策也同样有效,因为财政政策起作用也有一个长而易变的时滞。而且,如前所述,在影响收入水平方面,财政政策更是比较无效的工具。

弗里德曼的货币理论是"名义收入的货币理论",货币量增加引起的名义收入增加,短期内会引起产出增加。在名义收入增加中,有多少是由于实际收入而增加,多少是由于价格水平而提高? 弗里德曼认为,根据人们现有的知识水平,这是很难做到的,但这种划分是十分重要的。"货币收入的变动如何在价格与数量之间划分,亟待更多的研究。"因而有人将这一问题称为"弗里德曼难题"。

概括起来,货币学派的命题可以归纳如下:

(1) 货币需求是少数几个可以观察到变量的稳定函数,在这些变量中,恒久收入最为重要,利率没有被看成是货币需求的重要决定因素。

(2) 在货币供应发生变动时,因为货币和其他金融资产之间的替代效应很小,即货币需求的利率弹性很低,为使货币需求与已改变的货币供求相均衡,收入水平必须改变。

(3) 决定货币需求的主要因素是恒久收入,它是实测收入的平均值,为在货币市场重建均衡,在短期内的收入必须有较大的变化。

(4) 在货币量发生作用的传送机制解释上,货币学派认为,货币是一

---

① 因为 $\hat{y} = \hat{M} + \hat{V}$。

种有独特性的资产,它的替代品不仅包括金融资产,还应当包括房产、耐用消费品、投资品等所有实物资产,通过资产组合效应,货币的作用直接而迅速。

(5)实际利率、实际收入增长率都是由经济中的实际因素决定的。当货币供应增长率等于预期名义收入增长率时,名义收入增长率等于货币增长率。只有当货币增长率有意外增加时,名义收入增长率才会高于预期值。

(6)由于时滞因素,货币政策的短期作用很难预测,货币政策不是经济稳定的有效工具,最好的办法是实行一种与经济增长相一致的货币供应稳定增长的政策。

(7)短期内,由货币供给引起的名义收入变动,是物价与产出变动共同作用的结果。两者之间的划分,需要进一步的研究。

第五节　理性预期的货币理论

20世纪60年代以来,西方各国出现了普遍的"滞胀"现象,宏观经济学面临"对宏观经济能否进行管理"的严峻挑战。在这一背景下,理性预期理论开始兴起。理性预期理论以货币主义的"自然失业率假说"为基础,以"理性预期假说"为核心,将预期作为一种基于经济模型中的理性经济预测,以此区别于凯恩斯的"非理性预期"和弗里德曼的"适应性预期"。理性预期明确否定政府政策的有效性,对宏观经济学在指导经济政策方面的作用做出与传统观点截然不同的解释。

一、理性预期之前的几种预期及非理性预期的原因

1. 理性预期之前的几种预期

预期是对未来情况的估计,所有的经济主体在作出决策之前,都会对决策的影响进行预期,这种预期最终会影响到政府政策的效果。

经济学家也较早对"预期"进行了自觉或不自觉的关注。剑桥学派的马歇尔(A. Marshall)在提出"均衡利息论"时,就提出均衡利息这个决定于资本供求均衡的概念。其中,"等待"是牺牲"现期满足",而对"延期满

足"的补偿,构成资本的供给价格。这里的"等待"就是一种预期。这表明早期的西方学者已经不自觉地运用了"预期"的概念。

"凯恩斯革命"以来,预期概念得到了普遍的运用。凯恩斯的《通论》对货币需求、投资、就业等的分析,无一不取决于经济主体对未来的预期。如凯恩斯将预期引入对货币投机需求理论的研究,证明对未来利率变化的预期决定经济主体在货币与债券之间的选择。正是由于凯恩斯将未来的不确定性与对未来的预期提到经济分析的主导性地位,宏观经济分析才从静态均衡发展到动态均衡、从短期分析发展到长期分析,经济学也才因"凯恩斯革命"而彻底改观。然而,在凯恩斯的理论体系中,对预期的论述还是假设性和零散的,而不是系统的和分析性的;而且,在凯恩斯的模型中,预期的形成似乎被置于经济学之外,属于心理学的范畴。凯恩斯的预期主要还是指经济主体的主观情绪与心理状况,与基于经济模型之上的理性的经济预测还有很大的差距,因此被称为"非理性预期"。

20世纪五六十年代的经济学家通常认为预期仅仅由过去的经验所形成,也就是预期将随时间的推移和以往数据的变化,而缓慢地作出调整。这种预期形成的观点被称为"适应性预期"。例如,对通货膨胀的预期通常被认为是过去若干年通货膨胀率的平均数。弗里德曼货币主义理论中所引入的就是这种适应性预期。适应性预期后来遭到人们的质疑:对于某一变量提出预期时,人们一定会采用除了过去之外的很多其他信息来进行判断。譬如,在对通货膨胀率进行预期时,他们除了会关心当前与过去的货币政策,还一定会对将来的货币政策进行预测;此外,一旦出现新的信息,人们也会很快地改变他们的预期。

2. 非理性预期的原因

非理性预期有两个原因:第一,人们了解所有可得信息,但不愿意费力将自己的预期变成最好的估计;第二,人们不了解某些可得信息,因此他们对未来的最好估计并不准确。

二、理性预期理论

理性预期理论因在经济分析中假定经济行为的主体对未来事件的"预期"是合乎理性的而得名。理性预期的思想最初由美国经济学家J.F·穆思在《理性预期和价格变动理论》一文中提出,认为人们在对未来进行预期时,不仅依靠过去的经验,而且总是尽可能最有效地利用所有可以利用的信息,由此所作的预期才能说是合理的。20 世纪 70 年代芝加哥大学的 R·E·卢卡斯和明尼苏达大学的 T·J·萨金特和 N·华莱士等人对这一思想作了进一步发展,并逐渐形成理性预期学派。

理性预期理论可以用如下数学公式作较为规范的表述:

$$X^e = X^{of}$$

其中,X 代表需要预测的变量,X^e 代表对这一变量的预期,X^{of} 是利用所有可得信息对 X 的最优预测。这就是说,对 X 的预期等于基于所有可得信息的最优预测。

理性预期理论指出,预期和使用所有可知信息的最佳预测(即对未来的最佳估计)并无不同,如果人们不对未来作出最佳预测,那么他们会付出代价。该理论有两个重要含义:(1)如果某一变量发生变化,那么该变量预期的形成方式也将发生变化;(2)预期的预测误差平均为零,且事先无法预知。

三、有效市场理论

1. 有效市场定价行为的等式及含义

在金融市场中,持有某一证券的回报率等于证券资本利得(证券价格变动)与现金收益的总和,再除以证券最初的购买价格,用公式可以表示为

$$R = \frac{P_{t+1} - P_t + C}{P_t}$$

其中,R 为从时点 t 到时点 $t+1$ 持有某一证券的回报率,P_{t+1} 为持有期末即时点 $t+1$ 上证券的价格,P_t 为持有期初即时点 t 上证券的价格,C 为从时点 t 到 $t+1$ 的现金收入(利息或股息)。

在金融市场中,当持有的期末证券的预期价格是 P^e_{t+1} 时,预期的回报率可以用公式表示为

$$R^e = \frac{P^e_{t+1} - P_t + C}{P_t}$$

有效市场理论把对未来价格的预期看作是运用现在所有可知信息作出的最佳预测,即市场对未来证券价格的预期是合乎理性的,所以:

$$P_{t+1}^e = P_{t+1}^{of}$$

这意味着证券的预期回报率等于对回报率的最优预测,即

$$R^e = R^{of}$$

此外,根据证券市场的均衡条件,可得证券的预期回报率 R^e 等于其均衡回报率 R^*,而均衡回报率是证券供求相等时的回报率。即

$$R^e = R^*$$

将以上两式综合起来,可推导出有效市场定价行为的等式,即

$$R^{of} = R^*$$

该公式表明,金融市场中的现价水平应当使得根据所有可得信息对证券回报率所作的最优预测等于证券的均衡回报率,因为实际的证券回报率会无限接近于均衡回报率,所以有效市场的证券价格完全反映了所有可知的信息。

2. 有效市场条件的调节机制

并非金融市场中每位投资者都熟知某一证券的信息或对其价格有理性的预期,才能使该证券的价格趋于满足有效市场条件。金融市场可以容纳很多投资者,只要一部分投资者密切关注未被利用的盈利机会,在其追逐利润的过程中,市场价格就会不断接近并最终无限趋近于均衡证券价格,该盈利机会就会被消除。

例如,当 $R^{of} > R^*$ 时,人们投资该证券的收益高于他们应得的水平,此时存在未被利用的盈利机会,投资该证券可以获取相当高的回报率,投资者会加大购买量,从而推高其现价 P_t 相对于未来预期价格 P_{t+1}^e 的水平,从而降低了 R^{of};这一过程直到 $R^{of} = R^*$ 停止,此时未被利用的盈利机会随之消失,有效市场条件得到满足。反之亦然。

对应的,我们可将有效市场的调节机制表述为两种情形:

(1) $R^{of} > R^* \rightarrow P_t \uparrow \rightarrow R^{of} \downarrow$ 直到 $R^{of} = R^*$,此时有效市场条件满足。

(2) $R^{of} < R^* \rightarrow P_t \downarrow \rightarrow R^{of} \uparrow$ 直到 $R^{of} = R^*$,此时有效市场条件满足。

3. 结论

有效市场理论是理性预期理论在证券定价问题上的应用。该理论认为,现时的证券价格将完全反映所有的可知信息,因为在有效市场上,所有未被加以利用的盈利机会都将被消除。消除盈利机会是保障金融市场有效性的必要条件,但这并不要求市场所有参与者都能获得充分信息,并做出理性预期。有效市场理论的一个重要含义是,股票价格将大致随机变动,而无法预先知道。

四、卢卡斯批判与理性预期革命

二战以后,以凯恩斯模型武装起来的经济学家们认为,积极干预主义的政策手段可以在不引发通货膨胀的前提下,消除经济周期所带来的巨大波动。他们的政策主张在 20 世纪 60 年代和 70 年代得以付诸实践,但是随之出现的较大范围的滞胀现象让人们感到沮丧,也引起了人们对积极干预主义政策的反思。

在 20 世纪 70—80 年代,罗伯特·卢卡斯和托马斯·萨金特等经济学家利用理性预期理论,考察了积极干预主义政策表现糟糕的原因。他们的分析对宏观经济模型是否可以用来评估政策手段的潜在效果,以及被公众预料到的政策的有效性提出了质疑。

罗伯特·卢卡斯在其著名的《计量经济学的政策评价：一个批判》一文中,对传统的计量经济模型用来评估政策的有效性提出了质疑。经济学家建立模型的目的有两个：预测经济行为；评估政策效果。尽管卢卡斯对于这些模型作为预测工具的有效性并没有任何提及,但他声称,并不指望这些模型来预测某一特定的政策对经济所产生的潜在效果。

卢卡斯对这一政策评价过程的挑战是基于理性预期理论推导出的一个简单原则：当被预测的变量的行为发生改变时,预期的形成方式(即预期与过去信息的关系)也将发生相应的变化,它引出了著名的对政策评价的计量经济方法的卢卡斯批判。卢卡斯指出,当政策发生变化时,预期的形成方式也发生了变化,这样经济模型中变量之间的关系也会随之改变；基于历史数据估计的计量经济模型在预测经济变化所带来的效果时,其前提就发生了错误,因此必然推出一个错误的结论。卢卡斯批判(Lucas critique of policy evaluation)指出,不仅传统的计量经济模型不能用于评价政策效果,而且某一特定政策的效果在很大程度上取决于公众对政策的信心。

由于卢卡斯和萨金特的分析对政策实施方式具有重大的意义,因此他们的理论被称为"理性预期革命"(rational expectation revolution)。理性预期革命的一个结果是,经济学家们更加重视预期对经济决策行为和政策效果的影响。通过他们的理论我们可以看到:理性预期的存在降低了积极干预主义成功的概率,也使得经济学家对积极干预主义的政策效果不太乐观;同时,考虑到理性预期的存在,政策成功与否的一个重要因素就是公众对政策的信任。理性预期革命是当前货币理论中很多争论的核心,它对货币政策和财政政策的实施具有深远的意义。

第六节　中国的货币需求

随着中国经济、金融体制改革的不断深入和发展,货币政策作为间接调控经济运行的手段正日益得到广泛的运用。而要选定适当的货币政策目标,认清货币政策的传导机制,我们首先应该对货币需求的影响因素及其微观基础有一个全面的认识。

一、中国货币需求的主要影响因素

货币需求函数是否具有稳定性一直是学术界和货币政策制定者最为关注的问题之一,因为它关系到货币政策目标的制定和货币政策效果的大小。

货币主义鼓吹货币需求函数是稳定的。但是,西方国家 20 世纪 70 年代中期以来出现了"失踪货币问题",到了 80 年代,M_2 也变得不稳定了,货币供应量作为货币政策的中介目标就出现了问题。

下面我们进一步来分析影响中国货币需求的主要因素。

1. 规模变量

规模变量主要指收入和财富等表现经济活动规模的变量。一些实证分析表明,中国的规模变量与货币需求量之间是正向关系,货币收入弹性大于 1 而且比发达国家大。当然,也有些实证研究的结果是货币收入弹性小于 1。

2. 机会成本变量

机会成本是指持有货币,尤其是持有现金和活期存款等狭义形式的货币所放弃的收益。机会成本的变量主要有利率、通货膨胀率、交易成本,在开放经济条件下还有预期外国短期利率和汇率变动。

(1)利率。在我国,货币需求的利率弹性不大,甚至在实证模型中也总是不显著,这意味着利率调控机制仍落后于市场化改革进程。尽管近年来利率种类增多,但由利率代表的、由持币成本引致的投机性货币需求不论在长期还是短期基本上均被通货膨胀率所覆盖。随着经济体制改革的深入、利率市场化进程的推进,货币需求的利率弹性将逐渐变大。

(2)物价水平变动。在刚性利率政策下,物价水平成为测度持币成本的主要指标。在一般的货币需求模型中,物价水平变动率无论是在长期还是短期都对货币量有显著的解释力。物价水平是货币量的解释变量,但不能就此确定货币量同时构成物价水平的外生变量。

(3)交易成本。经济单位在进行资产组合调整时,交易成本直接影响资产组合收益率。特别是在金融资产品种丰富,甚至包括实物资产时,交易费用对货币需求影响更大。

(4)预期短期外国利率和汇率变动。开放经济中一般均衡货币需求函数可以写成

$$M^d = f(\overset{+}{Y^e}, \overset{-}{i^e}, \overset{+}{P^e}, \overset{-}{r^e}, \overset{\pm}{S^e})$$

式中,M^d 为期望实际货币需求,Y^e 为预期实际收入,i^e 为预期国内利率水平,P^e 为预期通货膨胀率,r^e 为预期短期外国利率(可以用 OECD 国家季度短期利率的平均值表示,表示外国有息资产的收益状况),S^e 是预期汇率。"＋"表示同方向变化关系,"－"表示反方向变化关系。

本币需求随预期短期外国利率的上升而减少,出现本、外币替代现象。尽管人民币目前还未成为可兑换货币,中国资本项目还未完全开放,但在亚洲金融危机发生后通过各种合法与非法途径进行的通货替代或资本外逃的数量越来越大。预期汇率变动对货币需求的影响是不明确的:从贸易角度考虑,预期本币贬值,出口增加,收入增加,则货币需求增加;从资金流动角度考虑,本币贬值,资金外流,货币需求将减少。

3. 制度变量

制度变量是指社会经济体制和生产组织结构等影响货币需求的因

素。改革开放使中国的制度变量发生了重大变化,因而制度变量对货币需求的影响非常大。有分析认为,如果把制度因素加进需求函数,则中国的货币需求还是符合一般数量论的。

影响中国货币需求的主要制度因素有：货币化进程、软预算约束、价格管制和被迫储蓄。

(1) 货币化进程。货币化进程主要是指以货币为媒介的经济活动的比例不断增长,衡量经济货币化的一个重要指标是 M_2/GDP。1978 年我国 M_2/GDP 为 0.25,1991 年为 0.97,1992 年为 1.06,1998 年为 1.34,2012 年升至 1.88。货币化进程主要表现在以下几个方面：① 农业经营制度变革；② 个体、私营或民营、乡镇企业等非国有经济的发展,国有企业市场导向增强；③ 地下经济活动,如走私、贩毒、制售假冒伪劣产品、逃税等。

(2) 软预算约束。软预算约束曾经对货币需求的上升起激化作用。但随着改革的深化,它对货币过度需求的引力逐渐消失。

(3) 价格管制。价格管制导致商品价格严重偏离其市场出清水平。目前价格机制已基本放开,因此价格管制因素对货币需求产生的影响已很小。

(4) 被迫储蓄。企业和个人被迫持有货币主要有两个方面的原因：一是商品供不应求；二是金融资产种类少。目前我国商品基本上已处于供过于求或供求平衡状态,因此造成被迫储蓄的原因主要是金融资产种类偏少。就居民来说,其货币需求不仅随着工资收入的增加而增加,还随着工资外其他收入的增长而增长。1985 年,城镇居民存款占工资总额的 20%,到 1995 年已占 83.2%。由于其他可供选择的金融资产少,银行存款占金融资产比例一直在 80% 以上,M_2 刚性增长,特别是 M_2 中准货币的比重不断增加,从 1985 年的 32% 升至 1996 年的 57%,1999 年 11 月开征利息税及股市的活跃才使 M_2 中准货币所占的比重略有下降。

二、中国货币需求的微观基础

货币需求最终是由微观经济主体行为造成的(当然宏观经济变量反过来也影响个体的微观决策)。从量的方面看,宏观经济变量不一定等于所有微观经济变量的加总；但从质的方面看,两者都有基本相似的函数。因此,要了解宏观意义上的货币需求,不能不了解微观主体在一定预算约束下的持币意愿。

从前文的货币理论可以看出,西方学术界对货币需求的微观基础的研究常常采用根据某一特定的持币动机来研究局部货币需求的方法。例如,因为货币是交易媒介,故有交易动机,鲍莫尔模型、惠伦模型是研究交易动机的模型;因货币有价值储藏功能,故有研究投机动机的"托宾模型"等。但在某一时点上,一个经济主体持有的货币总量中很难明确区分哪一部分用于哪一用途。即使能对各种货币功能的货币需求量加以区分,加总起来也未必恰恰等于实际货币需求量。

货币需求需要寻找微观基础,但微观基础与总量关系又十分复杂,因此造成了该领域研究处于众说纷纭、莫衷一是的状态。因而,有人称"货币需求是一个无法求解的谜"。

对于中国货币需求的微观基础,我们可以粗略地从定性的角度加以分析。这里着重分析经济行为主体的居民、企业和政府的基于各种持币动机的货币需求。

1. 居民的货币需求

在现代货币理论中,按照需求动机不同,货币需求被划分为三类,即交易性货币需求、预防性货币需求和投机性货币需求。

(1)居民交易性货币需求。

居民交易性货币需求与交易费用、货币收入正相关,与利率负相关。从我国的实际情况看:改革开放以来,金融体系逐步健全和迅速发展,金融产品日益丰富,储蓄营业网点增多,使交易费用下降,因而现金持有量下降;货币收入的增长从而交易量增长使现金和活期存款持有量增长;股票、债券市场的发展又降低了交易性货币需求。

(2)居民预防性货币需求。

第一,常规的预防性货币需求,即源于日常收支不确定性所引致的预防性货币需求,中国居民也不例外。一方面,常规的预防性货币需求与净支出变动呈正相关,净支出变动越大,收支结构的不确定性越强,则居民的预防性货币需求越多;另一方面,预防性货币需求与发生流动性不足时的交易费用呈正相关,即非流动性成本越高,则预防性货币需求越多;此外,预防性货币需求与有息资产的收益负相关。

第二,体制性预防性货币需求。这是在中国经济改革和转型过程中,由于体制变迁引发的一种较为特殊的预防性货币需求。经济体制改革导致社会福利制度的改革,特别是医疗、就业、教育、住房、养老金等方面的改革措施的逐步推行,使居民对未来的收支结构变化预期中的不确定性因素增强。由于这些改革的总体特征是在提高个人收入的前提下增加个人对这些项目的支出,减少国家的财政负担,因此这类预防性储蓄动机明显增强。在其他条件不变时,如果预期未来收入下降,则当期消费倾向下降,并且把储蓄较多地投入到高收益、低流动性的债券和较长期储蓄存款即 M_2 中的准货币上。一些实证分析表明,1985—1997 年,中国居民收入对居民储蓄几乎没有影响,而未来收入的不确定性是居民进行储蓄的主要原因。

(3)居民投机性货币需求。

居民投机性货币需求与利率是反向关系。在一个完善的金融市场上,具有理性的居民总会根据收益最大化原则在货币、股票、债券及外币资产之间进行资产选择。随着中国金融市场的发育、完善及金融产品的增多,利率对投机性货币需求的影响将十分明显。

2. 企业的货币需求

(1)企业交易性货币需求。

企业之所以存在交易性货币需求,是由于企业在追求收益最大化、成本最小化目标时降低生产经营过程中的交易成本的需要。交易性货币需求与利率呈反向关系,与交易费用和交易规模呈正向关系。一个理性的企业总是要在不生息的现金或活期存款与债券等生息金融资产之间进行资产组合,以实现对交易性货币余额的最适量控制。与金融市场发达国家的企业相比,中国企业的货币需求与货币资本需求难以清晰区分。交易性货币通常指无息的现金和活期存款,而货币资本则指直接参与生产过程,用于购买生产要素的货币,它们或迅速转化为实物资本,或以长期或短期证券与银行存款形式存在。企业的货币资本在金融市场成熟的环境中更多地以在资本市场发行的债券或股票形式存在。在中国,由于金融资产选择范围窄,国有企业的市场化程度不充分,这两方面原因导致企业不能有效地安排资产结构。企业将渗入生产过程中的大量货币资本以银行存款和现金形式持有。因此,中国企业的交易性货币需求不仅包含有西方经济学意义上的以降低企业外部和内部交易费用为目的的货币需求,而且还包含有维持生产经营中的资金供应、直接进入生产与交易过程、起到货币资本作用的部分。它们受多种因素影响,既有国家经济政策因素,又有企业经营环境和企业自身经营状况等因素,因此中国企业的交易性货币需求是企业经营过程内外因素的综合反映。

(2)企业预防性货币需求。

企业预防性货币需求是指企业为了预防收支的非常规变化、应付不时之需的货币支出,以避免资金周转不灵或丧失有利购买时机而持有的货币。由于中国企业存在货币需求资本化倾向,企业的流动性较高的狭义和广义货币资产构成企业金融资产的主体,大量的直接参与企业生产和投资过程的货币资本也以货币形式尤其是以企业存款形式存在。这一特点说明中国企业的预防性货币需求包含两个部分:一部分是以流动性最高的狭义货币形式持有,旨在应付企业生产经营管理过程中出现的一些不规则的货币支出需要,这也是西方经济学意义上的、与凯恩斯的"谨慎动机"的流动性偏好基本一致的预防性货币需求部分,我们可称之为狭义的预防性货币需求;另一部分预防性货币需求则主要以企业存款等广义货币形式存在,流动性稍低,其目的是应付企业营运过程中出现的意外的投资需要,我们可称之为广义的预防性货币需求。

狭义的预防性货币需求所针对的货币支出不确定性最大,且开支规模一般不大。因此,客观上需要以流动性最高的现金持有,而持有现金的利息损失成本也不算大。就中国企业营运的状况看,狭义的预防性货币需求来源于企业日常零星现金收支的不确定性。随着中国经济市场化的推进,企业日益走向具有不确定性的市场,在产供销等环节所可能遇到的不规则的现金开支需求会有所增长,从而导致企业狭义的预防性货币需求出现增长的趋势。

广义的预防性货币需求与投资需求相关,不确定性稍小,且开支规模大,如果以现金持有,其机会成本过大,因此一般以企业存款(包括活期和定期存款)的形式持有。中国企业广义的预防性货币需求也呈现增长的趋势。第一,企业的市场化经营趋向使得企业在原材料、零部件市场、中间产品市场和产品销售市场都面临着一定程度的市场风险。尤其是个体、私营企业,其广义的预防性货币需求更为迫切,因为在现有金融体制下它们一般不大容易获得银行贷款等外源融资,货币资金主要来源于内源式融资方式,同时它们的经营规模小,缺少长期稳定的供应商和客户,所以面临着更大的市场不确定性,相对需要持有更多的预防性货币资金。第二,在转型经济中,商业信用的信用度差,集中地表现为企业契约行为的非效率性,其中表现得最明显的就是"三角债"。商业信用的不规范减少了企业交易性货币需求,但造成企业货币收支的不确定性显著增强,促使企业增加广义预防性货币需求。

（3）资产性货币需求和信贷资产需求。

决定企业资产性货币需求的因素,除了企业资金规模等规模变量因素以外,最为重要的、也最为活跃的便是企业持有货币的机会成本变量,主要是持有实物资产和债券、股票、外汇等非货币金融资产的收益。企业的信贷资产需求与货币需求是相互交叉的两个概念。信贷资产需求中有相当多的一部分被企业以现金和银行存款形式持有,构成企业货币需求的主体,但仍有为数不少的信贷资产转化为企业的固定资产和非货币流动资产。

3. 政府的货币需求

政府一方面承担着公共职能,起到了维护经济制度和经济运行的作用;另一方面也有自身的利益,有较显著的寻租动机,是市场经济的行为主体之一。因此,政府的货币需求行为表现在履行公共职能和追求自身利益两个方面。

（1）政府的职能性货币需求。

政府的职能性货币需求主要表现在资源配置、收入分配和稳定经济三个方面。政府履行财政职能时发生的货币收支集中表现在财政存款的变动上。就中国现阶段的情况看,证券资产在政府资产中的比重逐渐增加,而现金结余数额不大,财政存款在财政资金收支中占有重要地位。

（2）政府的行政性货币需求。

政府的行政性货币需求主要源于行政管理费用开支的需要。改革开放以来,中国的财政收支始终处于相当紧张的状态,但行政系统的管理费用有不断上升之势,这是促成政府的行政性货币需求持续增长的主要原因。政府的寻租行为也扩大了行政性货币需求。政府各种类型的寻租行为的最终目的是使政府机构及其从业人员能获取大量的预算外收入,从而有条件改善有关人员的福利待遇,改善办公环境和设施。因此,政府机构的寻租行为是扩大行政性货币需求量的一个有力手段。

（3）政府的预防性和资产性货币需求。

政府部门的预防性货币需求源于对社会生活中突发事件的防范,如水灾、火灾、地震等。为应付这种突发性事件的储备性货币的支出可能性相对较小,但支出规模通常较大,因此,一般不宜以现金持有,而以存款形式保存。在突发事件发生时,这些预防性货币便通过政府购买和转移支付迅速转化为各种救急物资和特殊补贴。

政府机构的资产性货币需求在通常情况下相当微弱。对政府的职能性货币需求来说,由于货币支出的公益性和政府资产的公有化属性,行政机构缺乏对政府公共资产的保值和增值的动机,因而其货币的资产性需求也就不明显。比如,政府部门一般不会为了抓住有利时机,避免涨价损失,而提前拨款进行政府投资和政府购买。政府在行政性货币需求方面,一般也不具备明显的资产保值和增值动机,但在一定条件和范围下又会表现出一定的货币资产保值行为机制。例如,当政府机构在计划单位福利开支时,会在较大程度上考虑到货币资产的价值;在通胀预期较强烈时,会提前购买实物商品发放给职工,以求得自身福利的极大化。政府机构之所以如此,与政府职员的切身利益有关。

本章内容提要

1. 中央银行不能完全定量精确地调控货币供应量,但至少可以定性地增加或减少货币供应量。货币量对经济的影响,取决于货币需求函数的具体形式和稳定性。

2. 传统的货币数量说有现金交易说和现金余额说。共同点在于两者认为货币对经济没有实质性影响,货币数量变化的影响全部反映在物价水平上。但是,余额说采取了需求函数的形式,具有更大的解释力。

3. 古典学派采用两分法,认为经济中的实际变量由实际因素决定。

4. 凯恩斯将人们持有货币的动机分为交易动机、预防动机、投机动机三种,其中投机动机是他的独创。他认为投机动机在传播货币数量改变所产生的各种影响这一点上,特别重要。

5. 凯恩斯认为:在金币流通的情况下,货币数量的改变直接引起收入的改变;在纸币流通的情况下,货币供求的均衡一方面是由于收入增加引起交易、预防需求的增加,另一方面是由于利率下降,投机需求增加。

6. 凯恩斯在《通论》中提出有效需求的原理,认为货币供应量通过改变利率从而改变有效需求。货币供应增加,利率下降,投资需求上升,从而就业量上升,产出和收入增加。但是,这一机制可能会因为流动性陷阱或投资对利率缺乏弹性而不起作用。

7. 鲍莫尔模型将存货控制技术运用于货币需求的分析,提出交易性货币需求也与利率反相关的数学模型,又称"平方根公式"。

8. 惠伦等经济学家论证了预防性货币需求同样也为利率的减函数。

9. 托宾将凯恩斯的流动性偏好理论修正为资产组合论。投资者根据预期收益与风险之间的权衡,决定现金在总资产中的比例。但是,如果在该模型中引入无风险收益资产,则会产生现金需求为零的矛盾。只有交易需求才是货币需求的必要条件。

10. IS—LM 模型以一般均衡理论为基础,将低于充分就业的均衡归于价格向下的刚性,与凯恩斯的原意相违背。

11. 以弗里德曼为代表的新货币数量说放弃了传统货币数量说中将货币需求看成是常数的做法,认为它是由许多变量决定的函数,但又认为货币需求函数是相对稳定的。国民收入的变化来自货币供给,从而认为货币供给是最重要的政策变量。

12. 货币主义者认为,货币供给对经济产生影响的传送机制主要是资产组合效应,它直接而迅速。

13. 虽然货币主义者认为,货币对经济的影响至关重要,但由于货币数量对名义收入的作用存在时滞,企图利用货币政策作为微调工具只会使经济更不稳定。

14. 20 世纪 60 年代以来,西方各国出现了普遍的"滞胀"现象,宏观经济学面临"对宏观经济能否进行管理"的严峻挑战。在这一背景下,理性预期理论开始兴起。理性预期理论以货币主义的"自然失业率假说"为基础,以"理性预期假说"为核心,将预期作为一种基于经济模型中的理性经济预测,以此区别于凯恩斯的"非理性预期"和弗里德曼的"适应性预期"。理性预期明确否定政府政策的有效性,对宏观经济学在指导经济政策方面的作用做出与传统观点截然不同的解释。

15. 影响中国货币需求的主要因素有规模变量和机会成本变量,前者主要指收入和财富,后者包括利率、物价变动水平、交易成本和预期短期外国利率和汇率变动。中国经济运行中各微观主体的货币需求各有不同,有其特殊性。

本章基本概念

现金交易数量说　现金余额数量说　"实际"因素　流动性偏好　投机动机　有效需求　流动性陷阱　平方根公式　惠伦模型　预期收益和风险　恒久收入　货币需求函数　资产组合效应　时滞　弗里德曼难题　单一规则　理性预期理论　适应性预期　卢卡斯批判　理性预期革命

本章思考题

1. 试比较现金交易数量说与现金余额数量说的异同。

2. 如何理解古典学派的两分法?

3. 凯恩斯流动性偏好理论的独创性表现在什么地方? 它与传统的货币数量说有何异同?

4. 根据凯恩斯有效需求理论,货币供应量是如何影响就业和收入水平的?

5. 鲍莫尔模型、惠伦模型、托宾模型对凯恩斯货币需求理论的发展体现在什么地方?

6. 为什么说交易动机是货币需求的必要条件?

7. 为什么说 *IS—LM* 模型与凯恩斯的原意相背离?

8. 弗里德曼的新货币数量说与传统货币数量说有何异同?

9. 弗里德曼是如何解释商业周期中货币流通速度与收入同方向变动的?

10. 货币主义者认为货币量对经济发生作用的机制是什么? 货币主义者为什么不提倡积极的货币政策?

11. 请简述理性预期革命的政策意义。

第八章 货币理论（下）

通货膨胀是世界各国普遍存在的经济问题。对通胀的研究已成为西方经济学理论的一个极其重要的组成部分。在表面上，通货膨胀总是表现为过多的货币追逐过少的商品，因此"无论何时何地，通货膨胀总是一种货币现象"。这道出了部分真理，但不是全部。本章将分析通货膨胀的定义、成因、效应和如何治理。

第一节 通货膨胀的定义、度量和分类

"通货膨胀"是当代经济学和日常生活中使用频率很高的词汇。普通人的理解也许就是"又涨价了"、"钱不值钱了"。经济学家对通货膨胀的定义因人因时而异。有人做过统计，结果发现在不同的意义下，通货膨胀有一百多种用法。

一、通货膨胀的定义

哈耶克（F. A. Hayek）认为：通货膨胀的原意是指货币数量的过度增长，这种增长合乎规律地导致物价的上涨。弗里德曼认为：物价的普遍上涨就叫作通货膨胀。萨缪尔森（P. A. Samuelson）则加上时期概念，认为通货膨胀的意思是：物价和生产要素的价格普遍上升的时期，面包、汽车、理发的价格上升；工资、租金等等也都上升。罗宾逊夫人对通货膨胀的解释是：由于对国际经济活动的工资报酬率的日益增长而引起的物价直升变动。

还有其他种种界定，例如：（1）通货膨胀指的是需求过度的一种表

现,在这种状态下,过多的货币追逐过少的商品。(2)通货膨胀就是货币总存量、货币总收入或单位货币存量、单位货币收入增长过快的现象。(3)通货膨胀就是在如下条件下的物价水平上涨现象:无法准确预期;能引发进一步的上涨过程;没有增加产业和提高就业效应;其上涨速度超安全水准;由货币供应的不断增加来支撑;具有不可逆性。(4)通货膨胀指货币客观价值的下跌,其度量标准是:黄金价格、汇率,在金价或汇率由官方规定的条件下对黄金外汇的过度需求,等等。

这些有关通货膨胀的定义,不是强调它的成因,就是注重它的结果,或者涉及通货膨胀过程的一些特征。对成因或结果的偏重,实际上涉及更深层次的两个问题:(1)谁应对通货膨胀这一不受欢迎的现象负责?(2)如何消除通货膨胀?对这两个问题存在意见分歧,争论很多。

一个大家普遍能够接受的定义是:通货膨胀是商品和劳务的货币价格总水平持续明显上涨的过程。对于这个定义,还有必要增加几点说明。

(1)通货膨胀不是指一次性或短期的价格总水平的上升,而是一个持续的过程。同样,也不能把经济周期性的萧条,价格下跌以后出现的周期性复苏阶段的价格上升贴上通货膨胀的标签。只有当价格持续地上涨作为趋势不可逆转时,才可称为通货膨胀。

(2)通货膨胀不是指个别商品价格的上涨,而是指价格总水平(即所有商品和劳务价格的加权平均)的上涨。

(3)通货膨胀是价格总水平的明显上升,轻微的价格水平上升,比如说0.5%,就很难说是通货膨胀。不过,能够冠以"通货膨胀"的价格总水平增长率的标准到底是多少,取决于人们对通货膨胀的敏感程度,是一个主观性的概念。

二、通货膨胀的度量

既然通货膨胀是物价总水平的持续明显上涨,通货膨胀的程度也就可以用物价上涨的幅度来衡量。世界上多数国家,一般采用以下一种或一种以上的物价指数。

1. 消费物价指数

消费物价指数(CPI)也称为零售物价指数或生活费用指数,它反映消费者为购买消费品而付出的价格的变动情况。这种指数是由各国政府根据各国若干种主要食品、衣服和其他日用消费品的零售价格以及水、电、住房、交通、医疗、娱乐等服务费用而编制计算出来的。有些国家进一步根据不同收入阶层的消费支出结构的不同,编制不同的消费物价指数。

消费物价指数的优点是能及时反映消费品供给与需求的对比关系,资料容易搜集,公布次数较为频繁(通常每月一次),能够迅速直接地反映影响居民生活的价格趋势。缺点是范围较窄,只包括社会最终产品中的居民消费品这一部分,不包括公共部门的消费、生产资料和资本产品以及进出口商品,从而不足以说明全面的情况。一部分消费品价格的提高,可能是由于品质的改善。消费物价指数不能准确地表明这一点,因而有夸大物价上涨幅度的可能。

2. 批发物价指数

批发物价指数(WPI)是根据制成品和原材料的批发价格编制的指数。这一指数的优点是对商业周期反应敏感,缺点是不包括劳务产品在内,同时它只计算了商业在生产环节和批发环节上的价格变动,没有包括商品最终销售时的价格变动,其波动幅度常常小于零售商品的价格波动幅度。因而,在用它判断总供给与总需求的对比关系时,可能会出现信号失真的现象。

3. GNP 平减指数

GNP 平减指数是按当年价格计算的国民生产总值与按不变价格计算的国民生产总值的比率。所谓按不变价格计算,实际上是按照某一基期年份的价格进行计算。如某国 1990 年的 GNP 按当年价格计算为 65 000 亿元,按 1980 年的价格计算为 44 800 亿元,1980 年基期指数取为 100,则 1990 年的 GNP 平减指数为 65 000/44 800×100=145,表示与 1980 年相比 1990 年物价上涨了 45%。如果 1989 年的 GNP 平减指数为 138(也是以 1980 年为基期),则 1990 年与 1989 年相比,物价上涨了 (149/138-1=5%)。

GNP 平减指数的优点是范围广泛,除了居民消费品外,还包括公共部门的消费、生产资料和资本产品以及进出口商品,因此能较准确地反映一般物价水平的趋向。缺点是资料较难搜集,需要对不在市场上发生交易的商品和劳务进行换算,因此公布次数不如消费物价指数那样频繁。

以上三种指数,以消费物价指数和 GNP 平减指数的使用最为普遍。除上述缺点外,两者还遗漏了许多资产的价格,主要是实际资产存量和金融资产。在通货膨胀加速期间,各类资产的价格上涨幅度往往超过消费物价的上涨幅度。艾奇安(A. A. Alchian)和克莱茵(B. Klein)在他们合著的《论通货膨胀的正确测量》中,建议采用理想指数,这是一种包括所有资产:金融资产和非金融资产、有形资产和无形资产、耐用和非耐用资产、消费性和生产性资产、人力和非人力资产在内的指数。假定W_A是A期(即基期)的资产或财富总额,W_B是B期的资产或财富总额,则理想的指数应为

$$P_{AB} = \frac{W_B}{W_A} = \frac{\sum\limits_{i=1}^{n} P_B(i)Q_B(i)}{\sum\limits_{i=1}^{n} P_A(i)Q_A(i)}$$

式中,P_{AB}表示B期对A期的物价指数,$P_B(i)$表示B期各项资产的价格,$Q_B(i)$表示B期各项资产的数量;同样,$P_A(i)$为A期各项资产价格,$Q_A(i)$为A期各项资产数量。

因为资产是所有现在与未来消费服务流量的来源,所以,在理论上,理想指数最能准确地反映通货膨胀对消费的侵蚀程度。例如在通货膨胀过程中,一些实物资产和金融资产如房地产、金融资产、绩优股、艺术品等价格,往往以更大幅度上升。消费物价指数和GNP平减指数不包括这些资产,因此对不拥有这些资产的消费者来说,通货膨胀就会被低估了。但是,理想指数只是一种理论上的设计,要将其付诸实施,资料的搜集将遇到巨大的困难。

在经济理论中,除了用物价指数来衡量已经发生的通货膨胀的严重程度外,还有一种测量通货膨胀压力大小的办法,即测算"通货膨胀缺口"。通货膨胀缺口与以物价指数衡量的通货膨胀率不同,前者只是用来估计通货膨胀发生的可能性,后者则用于度量现实的通货膨胀。

测算通货膨胀缺口的工作最初是由凯恩斯做的,它等于有效总需求与可供私人消费的商品与劳务总量之间的差额,表现在市场上对商品和劳务消费的过度需求。当这种过度需求的压力加大而又没有其他方法可以缓和、释放时,通货膨胀就可能现实地发生。

在英国,官方曾明确地把不可能通过举债或私人储蓄等方式予以弥补的财政赤字称为"通货膨胀缺口"。20世纪40年代初,英国财政大臣对通货膨胀缺口的定义为:在政府支出中,有一部分数额没有社会成员投放的真实人力或物资资源与之相应,这一数额即为通货膨胀缺口。

三、通货膨胀的分类

在经济分析中，人们根据不同的标准，对通货膨胀进行分类。

1. 按通货膨胀的程度划分有爬行式、温和式、奔腾式和恶性通货膨胀四种

爬行式通货膨胀指价格总水平上涨的年率不超过 2％—3％，并且在经济生活中没有形成通货膨胀的预期。温和式通货膨胀时，价格总水平上涨比爬行式高，但又不是很快，具体百分比没有一个统一的说法。奔腾式通货膨胀指物价总水平上涨率在两位数以上，且发展速度很快。恶性通货膨胀或称超级通货膨胀，物价上升特别猛烈，且呈加速趋势。此时，货币已完全丧失了价值贮藏功能，部分地丧失了交易媒介功能，成为"烫手山芋"，持有者都设法尽快将其花费出去。当局如不采取断然措施，货币制度将完全崩溃。

2. 按市场机制的作用划分有公开型通货膨胀和隐蔽型通货膨胀

公开型通货膨胀的前提是市场功能完全发挥，价格对供求反应灵敏，过度需求通过价格的变动得以消除，价格总水平明显地、直接地上涨。隐蔽型通货膨胀则是表面上货币工资没有下降，物价总水平也未提高，但居民实际消费水准却下降的现象。其前提是：在经济中已积累了难以消除的过度需求压力，但由于政府对商品价格和货币工资进行严格控制，过度需求不能通过物价上涨而吸收，商品供不应求的现实通过准价格形式表现出来，如黑市、排队、凭证购买、有价无货以及一些产品在价格不变的情况下质量下降等等。

3. 按预期划分有预期性通货膨胀和非预期性通货膨胀

预期性通货膨胀是指通货膨胀过程被经济主体预期到了，以及由于这种预期而采取各种补偿性行动引发的物价上升运动。如在工资合同中规定价格的条款，在商品定价中加进未来原料及劳动力成本上升因素。非预期性通货膨胀指未被经济主体预见的，不知不觉中出现的物价上升。

经济学家将通货膨胀分为预期性和非预期性两种，主要作用在于考察通货膨胀的效应。一般认为，只有非预期性通货膨胀才有真实效应，而预期性通货膨胀没有实在性的效果，因为经济主体已采取相应对策抵消其影响了。关于这一点，在后面将有更详细的说明。

4. 按成因划分有需求拉上型通货膨胀、成本推进型通货膨胀以及结构性通货膨胀

5. 其他

除了上面的分类方法外,还有:

(1) 按是否推进通货膨胀政策划分:有自主性通货膨胀和被动性通货膨胀。由于当局主动推行膨胀性的政策而引发的通货膨胀为自主性通货膨胀;反之,则是被动性的。

(2) 按通货膨胀是否由于国际因素传递引起分为:内生性通货膨胀和外生性通货膨胀。前者是由于国内因素引起的,后者是由于对外经济联系,如国际贸易活动引起的。有时又称输入性通货膨胀。

(3) 按是否存在战争因素来划分,有战时通货膨胀及和平时期通货膨胀。

第二节 通货膨胀的成因

虽然,许多学者认为通货膨胀总是纸币发行过多引起的,只要采取断然措施,将流通中货币量大大减少,使每种货币所代表的金量不断增加,以至逐渐恢复到其所代表的原有价值水平,则通货膨胀自然消除,通货膨胀引起的一系列问题也自然解决,但在现代经济中,货币与金属必要量的直接联系已被切断,"流通中的必要金属货币量"这个概念只具有理论上的意义,无法实际测度;对付所有通货膨胀一律采取紧缩政策,有时收效甚微,甚至可能出现"滞胀"。对通货膨胀的成因作进一步的分析,有助于理解通货膨胀过程中的各种现象和制定适当的消除通货膨胀的措施。

在西方经济学界,有关通货膨胀的文献可谓多如牛毛,通货膨胀理论不胜枚举,这里只能选择介绍其中影响大、概括力强的几种理论。

一、需求拉上的通货膨胀

在西方经济学中,"需求拉上"论是产生最早、流传最广、影响力最大的通货膨胀理论。在 20 世纪 50 年代中期之前,"需求拉上"论几乎为所有经济学界所接受,此后尽管各种新的理论层出不穷,其仍不失其原有的

统治地位,只是理论结构和分析方法与前大不相同。

需求拉上的通货膨胀,一般定义是指社会总需求超过社会总供给,从而导致物价上涨。这一理论有两种形态:一是凯恩斯学派的过度需求论;一是货币学派的数量说。

凯恩斯所处的时代,通货膨胀这一经济现象不很普遍,对经济的影响还不十分突出。在《通论》中,凯恩斯认为货币变动对物价的影响是间接的,影响物价的因素除货币量之外,还有成本单位和就业量等多种因素,货币数量的增加是否具有通货膨胀性,要视经济体系是否达到充分就业而定,具体来说有以下两点。

(1)在达到充分就业分界点以前,货币量增加,就业量随有效需求增加而增加,"因为在该点以前,货币数量每增加一次,有效需求尚能增加,故其作用,一部分在提高成本单位,一部分在增加产量"。这双重效果的原因之一是存在闲置的劳动力和生产资源,供给有弹性,增加有效需求有刺激产量增加的作用,此时货币数量增加不具有十足的通货膨胀性,而是一方面增加就业量和产量,另一方面也使物价逐渐上涨。这种情况,凯恩斯称之为"半通货膨胀"。

(2)当达到充分就业以后,由于各种资源已充分利用,供给无弹性,货币量增加后有效需求增加,但"已无增加产量之作用,仅使成本单位随有效需求同比例上涨,此种情况,可称之为真正的通货膨胀"。

用图 8.1 表示,在充分就业时的产量 Y_f 点之前,总供给曲线 SS 具有价格弹性,向上倾斜,表示在价格上升的同时,可以诱导产量的增加。在达到 Y_f 之后,SS 曲线变为垂直线,短期内,物价上升已无法刺激产量增加,需求增加只能引起"真正的通货膨胀"。

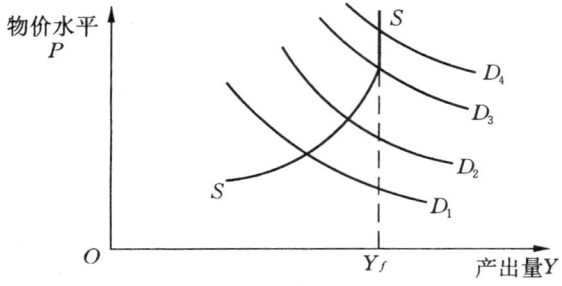

图 8.1 需求拉上的通货膨胀

　　总需求的增加,并不一定是由于货币供应量的增加,凯恩斯在 1940 年出版的《如何筹集战费》的小册子中,又提出了"通货膨胀缺口"的概念,按其思路:

　　　　私人可支配收入＝私人总收入－直接税

　　　　有效总需求＝私人可支配收入－私人储蓄

　　　　可供私人消费的商品和劳务总量＝实际产业水平－政府支出

　　　　通货膨胀缺口＝有效总需求－可供私人消费的商品和劳务总量

　　所以,私人储蓄倾向降低,消费倾向提高,或者政府增加支出都会产生通货膨胀压力。

　　在凯恩斯学派的模式里,直接将政府支出包括在有效需求之内。除消费需求外,总需求还包括投资需求和净出口。在总产出不变时,其中任何一项的自发增加都会产生通货膨胀缺口。

　　货币学派的理论在前面已有介绍。传统的货币数量说把货币数量看作是决定一般物价水平的唯一因素。假设经济总量处于充分就业水平,货币数量的增加必然引起一般物价水平作同比例的上升或下降。以弗里德曼为代表的新货币数量说对传统理论作了修改,但仍强调货币数量对通货膨胀的作用,认为"通货膨胀主要是一种货币现象,是货币量比产量增加更快造成的。货币量的作用为主,产量的作用为辅。许多现象可以使通货膨胀率发生暂时的波动,但只有当它们影响到货币增长率时,才产生持久的影响"。如果货币数量增长率超过产量的增长率,势必造成通货膨胀。一旦人们对这种物价上涨产生预期之后,整个经济就会陷入工资—物价循环上升的过程,致使通货膨胀愈演愈烈。

　　与凯恩斯学派的需求拉上说相比,货币学派的需求拉上说更强调货币供给量的变化对总需求的影响,并强调货币供给的外生性。凯恩斯学派的有效需求变化与货币供给量的增减之间并没有固定的因果关系。就是说,货币供给量的增减可以引起总需求的增减,从而导致一般物价水平的升降;反过来,有效需求中的项目也可以自发地增加或减少,并通过一般物价水平的升降而使货币供给量或货币流通速度被动地服从和适应需求的变化。根据货币学派的理论,货币量是一个独立的外生变量,其变动必先于物价变动而发生,货币量不可能是适应物价变动的内生因素,通货膨胀纯粹是一种货币现象,并强调预期的作用。

二、成本推进的通货膨胀

按照需求拉上的理论,经济在达到充分就业之前,需求增加会产生物价和产出同时上升的"半通货膨胀"。到了 20 世纪 50 年代后期,资本主义经济发生了很大的变化,一些国家出现了物价持续上升而失业率却居高不下,甚至失业率与物价同时上升的情况。对此,需求拉上的理论无法解释。于是,一些经济学家提出一种解释通货膨胀成因的新理论,认为通货膨胀的根源不在总需求方面,而是由于总供给的变化。

成本推进的通货膨胀,是指由总供给函数移动引起的物价上涨。这种理论认为,厂商的产品定价一般采取成本加成的办法,即商品的价格等于生产成本加上一个既定的利润率。因此,当成本上升时,总供给曲线向上移动。

如图 8.2 表示,充分就业时的产量为 Y_f,在此之前,总供给曲线具有价格弹性。当总需求不变时,由于成本上升,总供给曲线上移,导致产量下降,同时价格水平上升。

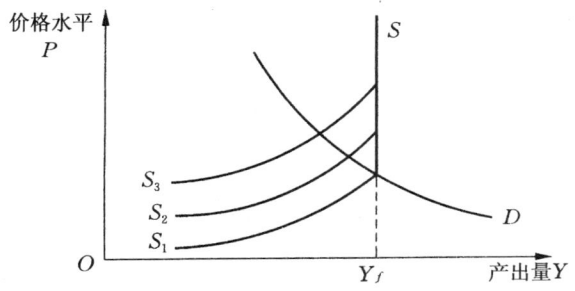

图 8.2　成本推进的通货膨胀

在封闭型经济中,标准的成本推进型通货膨胀是指劳动生产率在前期没有提高和价格总水平在前期没有上升的情况下,货币工资自发的、一次性的增长。这种增长可能来自错误的通货膨胀预期,也可能来自具有垄断力量的工会为改变收入分配格局所做的努力。一旦出现通货膨胀以后,工人为维持先前的实际工资水平而要求工资进一步上涨,从而出现工资—物价螺旋上升。

除了工资成本变化外,引起供给曲线向上移动还有三个原因。(1)原料价格上升。例如，由于气候原因，导致农产品歉收，价格上升；石油输出国组织大幅度提高价格，致使成千上万以石油或其加工品为原料以及以石油为能源的商品的成本上升。（2）间接成本推动。现代企业为了加强竞争，扩张市场，必须增加许多间接成本开支，如技术改进费、广告费等，将这些增加的间接成本转嫁到产品价格中，就会引起物价上涨。（3）垄断价格。一些企业具有垄断力量，它们可以大幅度提高垄断价格，同时带动其他商品价格上涨。

在政府干预经济的情况下，尤其是在凯恩斯主义盛行的时代，面对这种失业增加、产量下降的现象，政府不会袖手旁观。为了避免失业和萧条恶化，必然会采取扩张性的财政、货币政策，相应地扩大总需求。这样，失业和产量可以恢复到原有水平，而物价则进一步上升。

如图 8.3 所示，由于成本推动，总供给曲线由 S_1 上移到 S_2。如果总需求不变，则物价由 a 上升到 b，而产出量由 Y_f 减少到 Y_1。政府采取扩张性的财政、货币政策，将总需求曲线由 D_1 上移到 D_2，产出量虽恢复到 Y_f，但物价进一步上升到 c。为抵消通货膨胀因素，工人会进一步要求提高工资，厂商提高价格，总供给曲线上升到 S_3。如此下去，物价循 $a \rightarrow b \rightarrow c \rightarrow d \rightarrow e$ 而作螺旋上升，形成所谓"混合性通货膨胀"。

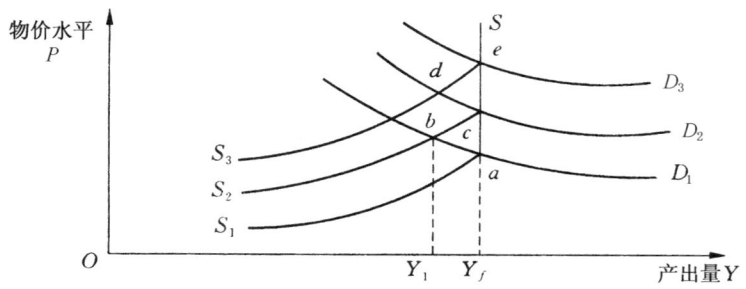

图 8.3　混合性通货膨胀

在现实的通货膨胀过程中，需求与供给因素往往互相结合，极难将其分成两种独立的现象。需求拉上和成本推动为通货膨胀理论提供了分析的初步概念。

但是，以弗里德曼为首的货币学派坚持需求拉上的主张，反对成本推进的说法，其理由是：成本推进的通货膨胀理论将个别价格同一般物价水平等同起来,把相对价格与绝对价格混为一谈。只要货币供给量没有变化,则普遍的、持续的物价上涨不可能发生。某种商品价格上升后,人们在该种商品上的支出可能增加,但在货币收入不变的条件下,用在其他商品上的支出必然减少。于是,一种商品价格的上升为其他商品的价格下降所抵消,所以一般物价水平不可能上涨。弗里德曼还指出,由成本上升所引起的物价上涨往往是一次性的,而不会是持续性的。不过,这种一次性的物价上涨可能使政府作出增加货币供应量的反应,从而导致持续性的物价上涨。一些国家,如日本和德国,在石油危机时没有作出这样的反应,通货膨胀得以避免。

不过,相对价格的调整需要时间,在此期间内出现的衰退也许是政府难以承受的;其次,成本上升引起的物价上涨也可能不是一次性的,因为它改变了不同利益集团的收入分配结构,受到损失的集团为抵消物价上涨对其利益的侵蚀,可能发起新一轮自卫性的成本上升的通货膨胀。

三、结构性通货膨胀

需求拉上或成本推进的通货膨胀理论都不足以充分说明一些国家的长期通货膨胀问题。一些经济学家又另辟蹊径,从一个国家的经济结构及其变化方面寻找通货膨胀的根据,将由于结构因素引起的通货膨胀称为"结构性通货膨胀"。

正当需求拉上与成本推动的理论之间争论不休时,1959 年,舒尔兹(C. L. Schultze)发表了《最近美国的通货膨胀》一文,从经济结构的变化导致需求在部门之间的移动来解释通货膨胀的原因,这就是著名的"需求移动论"。这种理论与需求拉上说有相似之处,都从需求方面寻找通货膨胀的原因,但是,需求拉上说认为,通货膨胀的原因是总需求过多,而需求移动论则认为,即使总需求不是过多,只要需求在部门之间发生移动,也会产生通货膨胀。

在舒尔兹看来,随着产业结构的变化,一些部门日渐兴盛,而另一些部门则日趋衰弱,一部分需求将由一个部门转移到另一个部门。需求增加的部门,其工资及物价自然会上升,但需求减少的部门,其工资、物价却未必下降。因此,由于短期中需求在部门之间的大规模转移,资源缺乏流动性,不能从需求下降的部门流向需求扩张的部门,以及工资和价格缺乏下降的弹性三个方面的原因,在总需求不变的情况下,也会引发结构性通货膨胀。

　　1967 年,鲍莫尔发表《不平衡增长的宏观经济学:城市危机的解剖》一文,提出了一个以不同劳动生产率增长率为核心的结构性通货膨胀模型。在鲍莫尔的不平衡增长模型中,经济活动分为两个部分:一是劳动生产率不断提高的先进部门(工业部门);一是劳动生产率保持不变的保守部门(服务部门)。当前者由于劳动生产率的提高而增加货币工资时,由于攀比,后者的货币工资也以同样的比例提高。在成本加成定价的通常做法下,整个经济必然产生一种由工资成本推进的通货膨胀。

　　1974 年,希克斯(J. R. Hicks)在《凯恩斯经济学的危机》一书中,将社会经济部门划分为"扩展部门"和"非扩展部门"。在扩展部门,在经济繁荣时期由于劳动力缺乏,工资上升,但在衰退时货币工资却降不下来。当扩展部门工资水平上升时,非扩展部门的劳动者认定这不是暂时的现象。因此,如果他们的工资不上升,就显得"不公平"。为求得公平,他们会对雇主施加压力。这种要求往往能够得到满足,因为任何仲裁者都会认为提高工资是"公平"的。而且,雇主也很清楚,为了搞好劳资关系,他们必须提高工资。因此,繁荣时期由扩展部门开始的工资上升必然蔓延到其他部门,而使整个经济的工资水平普遍上升。一旦这一过程开始以后,则"提高工资的主要力量不再是劳工缺乏。不管劳工是否缺乏,工资总得提高。所以,衰退时期工资上升的程度将与繁荣时期工资上升的程度相等或接近于相等"。希克斯认为,这就是产生通货膨胀,特别是滞胀的主要原因。

　　托宾有类似的见解,人们把他们的理论称为"希克斯-托宾劳动供给理论"。托宾在 1972 年发表的《通货膨胀与失业》一文中,也提出了关于相对工资的理论。托宾和希克斯按同一基本原理进行分析:在现代社会中,商品市场和劳动力市场上适用的经济分析原则是不同的。商品市场上,买卖双方交易完成后关系就结束了;在劳动力市场上,供方和需方的关系会维持相当长的一段时间。工人们关心相对工资胜过关心绝对工资,如果工资比在别处的工资相对地下降,他们就可能退出劳动。因此,在经济结构的变化中,某一部门的工资上升,将引起其他部门向它看齐,从而以同一比例上升。

　　结构性通货膨胀还有另外一种模型,称为"斯堪的纳维亚模型"或"北欧模型",主要适用于分析"小国开放经济"的通货膨胀问题。这一模型最初由挪威经济学家奥克鲁斯特(O. D. Aukrust)提出,又经瑞典经济学家德格伦(G. T. Edgren)、法克森(K. O. Foxen)及奥德纳(C. E. Odhner)等人加以发展和完善,所以又称为 AUKRUST - EFO 模型。

小国开放经济指的是一类小型国家,它们参与国际贸易,但其进出口总额在世界市场上所占份额微乎其微,无足轻重,因而它们的进出口不会对世界市场上的价格产生任何影响,是一个纯粹的价格接受者,但世界市场的价格变化却通过贸易对其国内价格水平产生影响。因此,这些国家的通货膨胀在很大程度上要受世界通货膨胀的制约。

在模型中,小国开放经济分为两个部门:一是开放部门(E),一是非开放部门(S)。开放部门包括那些生产的产品主要用于出口的行业,或虽用于国内消费,但有进口替代品与之竞争的行业;非开放部门是指那些因受政府保护或者因产品本身的性质而免受国外竞争压力的行业。

斯堪的纳维亚模型包括以下五个主要关系。

(1)以本国货币表示的开放部门的产品价格由世界市场价格与现行汇率共同决定;在固定汇率下,开放部门的通货膨胀率 π_E 等于世界通货膨胀 π_W,即

$$\pi_E = \pi_W$$

(2)开放部门的劳动生产率的增长率 λ_E 由外生变量决定,$\pi_E + \lambda_E$ 构成开放部门每个工人产出价值的增长率。如果收入分配结构不变,则每个工人的产出价值增长率就等于货币工资的增长率 W_E,即

$$W_E = \pi_E + \lambda_E$$

(3)开放部门的货币工资增长 W_E 与非开放部门的货币工资增长 W_S 之间存在着一种"挤出效应"或"关联效应",市场力量和工会的工资政策将导致非开放部门的工资增长率与开放部门一样高,即

$$W_E = W_S$$

(4)非开放部门实行成本加成定价原则,因此,该部门的货币工资增长率 W_S 与劳动生产率的增长率 λ_S 共同决定了这一部门的通货膨胀率 π_S,即

$$\pi_S = W_S - \lambda_S$$

(5)开放部门的通货膨胀率 π_E 和非开放部门的通货膨胀率 π_S 的加权平均数构成国内通货膨胀率 π,即

$$\pi = a_E \pi_E + a_S \pi_S$$

其中,a_E 和 a_S 分别为开放部门和非开放部门在国民经济中的比重,因此有

$$a_E + a_S = 1$$

以上这些关系式经过简单的数学处理后,就可以得出斯堪的纳维亚模型的结论①

$$\pi = \pi_W + a_S(\lambda_E - \lambda_S)$$

它说明一个小国开放经济的通货膨胀率取决于三个因素:世界通货膨胀率 π_W、开放部门与非开放部门之间劳动生产率的差异($\lambda_E - \lambda_S$),以及开放部门与非开放部门在国民经济中的比重。由于一般情况下,开放部门劳动生产率增长率高于非开放部门,即 $\lambda_E - \lambda_S > 0$,所以,在世界通货膨胀率一定时,若开放部门比重增加而非开放部门比重减少,则通货膨胀率下降;反之,通货膨胀率上升。这体现了结构性因素对通货膨胀的影响。同时,对小国开放经济而言,世界通货膨胀率直接成为国内通货膨胀的一个组成部分,所以该模型又被看作是通货膨胀国际传播的典型。

结构性通货膨胀模型的核心:经济中存在两大部门(需求增加部门,需求减少部门;先进部门,保守部门;扩展部门,非扩展部门;开放部门,非开放部门),由于需求转移,劳动生产率增长的不平衡或世界通货膨胀率的变化,一个部门的工资、物价相应上升,但劳动力市场的特殊性要求两个部门工人的工资以同一比例上升,相反的情况出现时,工资与物价存在向上的刚性,结果引起物价总水平的普遍持续上升。

第三节　通货膨胀的效应

对于通货膨胀本身,几乎没有人持欢迎态度,但通货膨胀常与经济繁

---

① $\pi = a_E \cdot \pi_E + a_S \pi_S = a_E \pi_E + a_S(W_S - \lambda_S) = a_E \pi_E + a_S(W_E - \lambda_S)$
　　$= a_E \pi_E + a_S(\pi_E + \lambda_E - \lambda_S) = a_E \pi_E + a_S \pi_E + a_S(\lambda_E - \lambda_S)$
　　$= (a_E + a_S)\pi_E + a_S(\lambda_E - \lambda_S) = \pi_E + a_S(\lambda_E - \lambda_S)$

荣、失业率降低相伴而生,因此一定程度的通货膨胀似乎必须加以容忍。低失业率、低通货膨胀率两者不可兼得成了一些国家进行宏观经济政策选择的前提。关于通货膨胀对经济的影响,西方经济学界在 20 世纪 60 年代曾有过激烈的争论,形成三种观点:一是促进论,认为通货膨胀可以促进经济增长;二是促退论,认为通货膨胀会损害经济增长;另一种是中性论,认为通货膨胀对经济增长既有正效应,也有负效应。

一、通货膨胀"促进论"与"促退论"的争论

通货膨胀促进经济增长的最直观的说明,恐怕要数菲利普斯曲线了,它是 1958 年由执教于英国伦敦大学的新西兰经济学家菲利普斯(A. W. Phillips)在《1861—1958 年英国的失业率与货币工资率的变化率之间的关系》一文中提出来的。通过分析,菲利普斯发现在失业率与货币工资上升率之间存在一种比较稳定的替代关系,即在失业率较低的时期,货币工资上升得较快,而在失业率较高的时期,货币工资上升得较慢,甚至有可能由上升变为下降。

菲利普斯的发现引起了经济学家们的高度重视,但它只是统计研究的结果,并无理论上的根据。1960 年,加拿大经济学家利普赛(R. G. Lipsey)发表论文,进一步验证了菲利普斯的研究结论,并通过对劳动力市场的供求情况分析,为菲利普斯曲线提供了理论上的诠释。利普赛认为,货币工资增长率与劳动力的超额需求之间存在线性关系,劳动力的超额需求越大,货币工资上升趋势越显著。同时,劳动力的超额需求越大,寻找工作越容易,失业率就越低。将这两点结合起来,就得到了表示货币工资增长率与失业率呈反向关系的菲利普斯曲线[1](见图 8.4 所示)。

假设劳动力在国民收入分配中的比例保持不变,按照成本加成定价的原则,工资上涨率可以由物价上涨率来代替,就得到了通常所说的表示物价上涨率与失业率之间反向关系的菲利普斯曲线。

在 1968 年之前,菲利普斯曲线大获成功,不仅在理论上普遍地被人

---

[1]　还有用产出代替失业率,描述通货膨胀率与产出量之间正相关的"菲利普斯曲线"。因为根据生产函数,产出与就业量之间存在正向关系,而失业率越高,就业量越低,所以产出与失业率呈反向关系。

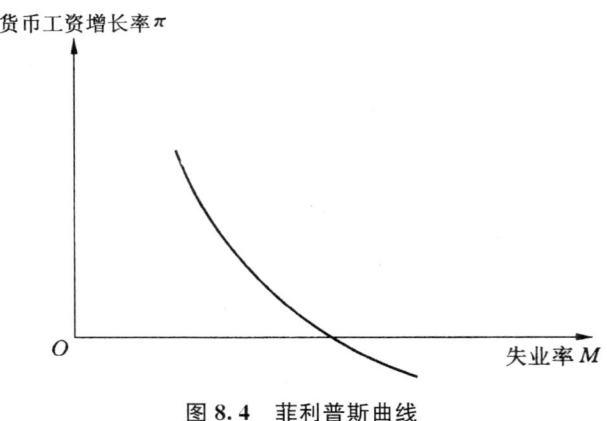

图8.4 菲利普斯曲线

们接受,政府当局还利用这种关系进行相机选择,制定和执行适当的经济政策,以使通货膨胀和失业都被控制在可以接受的限度之内。

认为通货膨胀可以促进经济增长的观点大多遵循凯恩斯有效需求分析的传统。他们认为,西方社会中普遍存在的问题是有效需求不足,因此,要刺激经济增长就要增加财政支出,增加货币供应量,实行膨胀性政策,刺激投资与消费,增加有效需求。

第一,通货膨胀的直接表现是货币供给过多,货币是由政府强制发行的,多发行的那一部分直接表现为政府的收入,可以用于增加投资。政府用多发行的货币来购买社会物资,等居民拿到货币再去购买商品时,市场上的商品已经减少,而存留于流通领域中的则是更多的货币,这时物价开始上升,居民持有的货币事实上已经贬值,所受损失被国家占有,用于投资。这实质上是政府对所有货币持有人的一种隐蔽性的强制征税,称为"通货膨胀税"。如果居民的消费不变或消费的下降小于投资的增加,通过乘数效应,产出以新增投资的倍数上升。

第二,通货膨胀具有一种有利于高收入阶层的收入再分配效应。在通货膨胀过程中,高收入阶层的收入比低收入阶层的收入增加得更多。与此同时,高收入阶层的边际储蓄倾向比低收入阶层高,因此,在通货膨胀时期,高收入阶层的储蓄总额增加,转化为投资,导致实质经济的增长。

第三,在通货膨胀初期,全社会都存在货币幻觉,将名义价格、名义工资、名义收入的上涨看成是实际的上涨。就业者将名义工资的增加看成是实际收入的增加，因而他们愿意提供更多的劳动。企业家将一般物价上涨看成是自己产品的相对价格的提高，因而扩大投资，增加雇佣工人，单个企业家行为的集合就导致了就业的增加和产出增长速度的加快。

第四，通货膨胀增加了持有现金的机会成本。资本的边际生产率 R 和通货膨胀率之和构成了持有现金余额的机会成本。通货膨胀率上升，导致持币的机会成本上升，由于实物资产和现金余额两种财富形式之间的替代性，经济单位会增加实物资产的需求，从而推动投资和产出的增加。

第五，通货膨胀有利于产业结构的调整。由于价格存在下降的刚性，相对价格调整困难。通货膨胀引起的物价上涨在各地区、各部门、各行业、各企业之间是不平衡的。长线产品的价格和短线产品的价格都上升，但短线产品上升的幅度更大，因此，两类部门的投资都可能增加，但短线产业的投资规模比长线行业大，增长速度快，从而全社会的产业结构可以得到局部调整。

与此相反，另一些经济学家认为通货膨胀不仅不能促进经济增长，反而会降低效率，阻碍经济增长，这种观点被称为"促退论"。有五个理由如下。

第一，在通货膨胀时期，价格上升和工资增加在时间和幅度上都是不对应的，工人可能会通过罢工等方式向政府和资方施加压力；政府从本身利益考虑，可能对某些价格实行行政控制，从而使经济运行缺乏竞争性和活力，价格的信号作用削弱，经济效率下降。

第二，在通货膨胀时期，货币贬值，存贷款风险增大，严重的通货膨胀甚至导致金融活动的瘫痪。在通货膨胀时期，政府控制名义利率，导致对借贷资金的过度需求，出现对借贷资金实行配给的局面，从而使资金的运用得不到优化资源配置和加快经济成长步伐的作用。

第三，较高的通货膨胀率会错误地引导资金流向，使一部分资金从生产部门转向非生产部门，对长期经济增长不利。在通货膨胀中，进行投机的商业资本周转快，投机者对商品、黄金、外汇和有价证券进行投机交易可获取丰厚的投机利润。而投入生产领域里的资本，一般周转期较长，在物价上涨时期，进行长期生产投资是不利的，生产不如囤积。结果一部分工业资本从生产领域转向流通领域，服务于投机活动，生产资本减少，经济衰退。

第四,通货膨胀会降低储蓄。一方面,通货膨胀会减少人们的实际可支配收入,削弱其储蓄能力;另一方面,通货膨胀又会使本金贬值,人们对储蓄产生悲观预期,边际储蓄倾向下降,出现消费对储蓄的强迫替代。投资资金减少,生产规模因资本缺乏而缩减。

第五,反复无常的通货膨胀打乱了正常的生产秩序,市场不确定性因素加大,价格信号的确切性降低,增大生产性投资风险和经营风险,打击投资信心,生产萎缩。

二、"菲利普斯曲线"的发展

20 世纪 60 年代后期,资本主义经济现实越来越与菲利普斯曲线相背离,一些国家出现了通货膨胀率与失业同时上升的滞胀现象。菲利普斯曲线无论在理论上和实证研究上都受到了尖锐的批评。用弗里德曼的话说,对失业与通货膨胀实际问题的研讨进入了第二个时期,即所谓的"自然失业率说"的时期。

弗里德曼认为,菲利普斯曲线的最大弱点是采用名义工资率来代替通货膨胀率,并由此推断通货膨胀与失业率之间具有稳定的替代关系。但是,这仅是短期内通货膨胀尚未被人们预期时的情况。一旦形成了通货膨胀的预期,工人会要求足以补偿物价上涨的更高的名义工资,而雇主则不愿在这个工资水平上提供就业,最终,失业率又恢复到"自然失业率"水平。

如图 8.5 所示,假定开始,处于 E 点,通货膨胀率为 O,失业率为 U_N。政府为减少失业而采取膨胀性政策,通货膨胀沿短期菲利普斯曲线 P_1 上

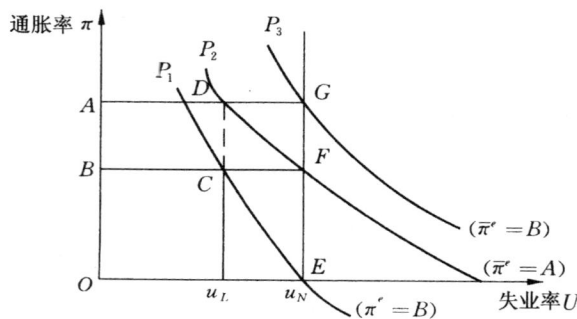

图 8.5　适应性预期下的长期菲利普斯曲线

升至 C,失业率暂时下降至 U_L。随后,人们根据经验,将通货膨胀预期调整到 $\bar{\pi} = A$,短期菲利普斯曲线上移到 P_2,如果名义工资保持不变,人们愿意提供的劳动减少,失业率重新回到 U_N。要使失业率降低,政府必须采取更为扩张的政策,将通货膨胀率上升到 D,失业率才能又暂时地降到 U_L。随后,人们的通货膨胀预期会进一步调整到 $\bar{\pi} = B$,短期菲利普斯曲线上升到 P_3。失业率又再重新回到相对于 G 点的 U_N。如果政府继续实行扩张政策,这个过程就持续下去。因此,长期内通货膨胀率和失业率之间并不存在稳定的交替关系,将 E、F、G 点连接起来,菲利普斯曲线变成一条垂直线。弗里德曼将长期的均衡失业率 U_N 称为"自然失业率",它可以和任何通货膨胀率水平相对应,且不受其影响。因此,长期的菲利普斯线是一条垂直线,如图 8.5 中的 EFG。

弗里德曼所讲的预期是适应性预期,即人们根据以前的经验预测未来。芝加哥大学的卢卡斯(R. E. Lucas)等则提出理性预期的概念,认为人们能够充分利用已有信息,形成对未来的无偏估计。当政府宣布采取扩张性政策增加有效需求时,人们就已经预测这会产生通货膨胀,工人事先要求提高工资,厂商提高价格,因此扩张性政策除提高价格水平外,即使在短期内对产出也没有作用。这比弗里德曼的适应性预期菲利普斯曲线,更强调了通货膨胀政策的无效性,是支持"中性论"的又一理论基础。弗里德曼的"自然失业率"的定义非常晦涩难懂:所谓"自然失业率"是这样一种失业率,它可以根据瓦尔拉的全面均衡方程体系计算出来,只要给予这些方程式以劳动力市场和商品市场的现实的结构性的特征,这些特征包括市场不完全性、需求和供给的随机变化、获得有关工作空位和可利用的劳动力的情报的费用、劳动力流动的费用,等等。

除了将不同预期的短期菲利普斯曲线上的点联系起来看,会出现通货膨胀与失业同时增长的现象外,弗里德曼在其获诺贝尔奖的演说辞中还提出了菲利普斯第三阶段的概念,即可能存在长期内的向上倾斜的菲利普斯曲线。他认为高度的和变化剧烈的通货膨胀,可能也提高自然失业率。理由是:(1)在通货膨胀不可预测地加剧的情况下,工资没有受到指数化条款保护的工人,可能会因不满意实际工资的降低而停止工作;(2)通货膨胀本身的反复不定,会降低市场信号的功能,从而降低生产效率;(3)由于物价不断波动而引起政府干预,也很可能加深经济功能的失调而提高自然失业率。

如图 8.6,假定最初的自然失业率为 U_{N1}, P_1、P_2、P_3 是短期菲利普斯曲线,由于通货膨胀变化无常导致生产率和市场功能下降,自然失业率由 U_{N1} 上升到 U_{N2}、U_{N3},从而长期菲利普斯曲线 P_L 为向上倾斜的曲线。如果说第一阶段的菲利普斯曲线支持通货膨胀"促进论",第二阶段菲利普斯曲线基本上支持"中性论"的话,第三阶段的菲利普斯曲线显然是"促退论"的最好说明。

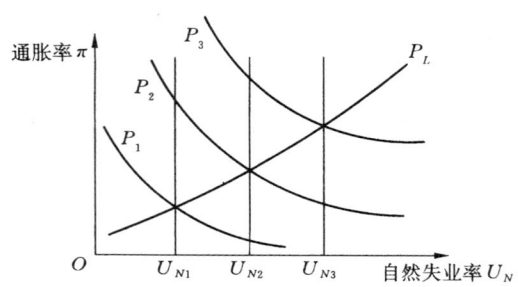

图 8.6　菲利普斯曲线的三个阶段

三、通货膨胀与产出关系的实证研究

关于通货膨胀对产出的作用,人们不仅进行理论上的思辨,还试图通过实证分析来作回答。由于各人所收集的统计资料不同,分析方法、时间选择、样本容量各异,结论大相径庭。

关于通货膨胀产出效应最著名的实证分析首推美国温贝尔脱大学的伍·江(W. Jong)和马歇尔(J. Marshall)。他们于 1986 年用计量经济学中的因果分析法研究了 19 个工业化国家和地区、37 个发展中国家和地区 1950—1980 年的资料,结果表明:38 例支持中性论,16 例支持促退论,2 例支持促进。其中,19 个工业化国家和地区没有一例支持促进论,9 个工业化国家支持促退说。

我国台湾省"中华"经济研究院的蒋硕杰对 22 个发展中国家两个十年(1961—1970,1971—1980)的通货膨胀率与实际 GNP 增长率之间的关系进行了分析,结果表明,两者在第一个十年有微弱正相关,但到了第二个十年,两者是负相关。而且,在第一个十年中的微弱正相关似乎完全是由于韩国的特殊经验造成的,如果将其从样本中去除,则剩下的 21 个国家的通货膨胀率与 GNP 增长率之间的正相关就不存在了。

以上从理论和实证两方面考察了通货膨胀与就业、产出之间的关系,结论似乎是:短期内,通货膨胀可以降低失业率,提高产出水平;长期内,影响甚微,甚至起相反的作用。

四、通货膨胀的收入再分配效应

通货膨胀除了对产出、就业有影响外,还会引起国民收入再分配的效应,这在前面已简单提到。具体地说有以下四个方面。

1. 固定收入者吃亏,浮动收入者得利

对固定收入阶层来说,实际收入因通货膨胀而减少,生活水平必然降低。哪些人属于固定收入阶层呢? 最为明显的是那些领救济金、退休金的人,以及白领阶层、公共雇员以及靠福利和其他转移支付维持生活的人。他们在相当长的时间内所获得的收入是固定不变的。近年来,西方政府试图用增加福利的办法来抵消通货膨胀对社会保障接受者不利的再分配效应。如从 1972 年起,美国根据一项自动增长的调整公式,将社会保障利益指数化,即与消费品价格挂起钩来,自动调整。

对浮动收入者而言,收入上涨如果在企业价格水平和生活费用上涨之前,则会从通货膨胀中得到好处。如果产品价格上升得比工资和原料价格上升快,企业主就能从通货膨胀中获得好处,增加利润。

2. 债务人得利,债权人吃亏

债务人获得货币进行即期使用,提高购买力;待其偿还时,由于通货膨胀,同量货币的实际购买力已经下降。通货膨胀靠牺牲债权人的利益而使债务人获利。如果通货膨胀被预期到,在借贷合同中附加通货膨胀条款,则这种再分配效应就不存在了。

3. 实际财富持有者得利,货币财富持有者受损

实际财富包括不动产、贵金属、珠宝、古董、艺术品,股票代表实际财富的所有权,有时和实际财富一样,在通货膨胀时期价格上涨;而货币财富包括现金、银行存款、债券,其实际价值因物价上涨而下降。因此,通货膨胀会降低储蓄倾向。

4. 国家得利,居民受损

前面讲到,国家通过通货膨胀税占有一部分实际资源。货币是政府的负债,同时,政府通过发行公债,已欠下居民大量债务,通货膨胀将其债务的实际价值缩减了。另外,由于累进税制,通货膨胀能提高税基,纳税

等级上升,政府税收增加。

通货膨胀对商品流通、货币金融等领域的影响前面已有所涉及,除此之外,通货膨胀对社会稳定、政权巩固、对外关系等方面也有影响,许多已超出了经济的范围。

第四节 通货膨胀的治理

通货膨胀破坏正常的经济秩序,增加不确定性,一般民众对它都持反对态度,有时将其视为需要解决的头号经济问题。在发生严重通货膨胀时,货币功能丧失,经济面临崩溃,危及政府统治,各国政府都要对此加以治理。

对于恶性通货膨胀,政府一般采取断然措施,废除旧币、发行新币,同时辅以其他措施来保持社会安定,恢复和增加生产,从而消除原来货币流通的混乱局面,在新的基础上实行稳定。

恶性通货膨胀一般发生在遭受战争、内战和因社会动乱造成重大破坏的国家,在和平时期极少出现。大多数国家所经历的通货膨胀,都是比较温和的,但治理起来十分复杂。

一、需求政策

如果通货膨胀主要是由于总需求过度膨胀引起的,那么采取紧缩需求就能取得明显的效果。减少总需求的途径主要有紧缩财政和紧缩货币两种措施。

财政方面的紧缩措施:(1)削减政府支出,包括减少军费开支和政府在市场上的采购;(2)限制公共事业投资和公共福利支出;(3)增加赋税,以抑制私人企业投资和个人消费支出。总之,是紧缩财政支出,提高赋税。一方面压缩政府支出形成的需求;另一方面抑制私人部门的需求。但是,财政支出有很大的刚性,教育、国防、社会福利的削减都是阻力重重,有时并非能由政府完全控制。增加税收更会遭到公众的强烈反对,政府轻易不敢尝试。

紧缩的货币政策有时并不是指货币存量的绝对减少,而只是减缓货币供应量的增长速度,以遏制总需求的急剧膨胀。当然,当局也可以采取传统的中央银行的三大政策工具,限制银行信贷规模,绝对减少货币存量。

货币学派更注重货币政策的作用,弗里德曼说:"正因为过多地增加货币量是通货膨胀的唯一原因,所以,降低货币增长率也是医治通货膨胀的唯一方法。"①只有将货币增长率最终下降到接近经济增长率的水平,物价才可能大体稳定下来。

采取需求扩张的政策引起通货膨胀的同时,能否带来产出增加、就业提高,经济学家也许意见不一,但紧缩总需求以制止通货膨胀会导致经济增长降低、失业率增加,却是一个不争的事实。并且,开始紧缩的力度越大,衰退就越严重,但持续时间较短,通货膨胀率也能较快地降下来;反之,采取比较温和的措施,开始时的衰退并不严重,但拖延的时间长。因此,政府就面临着选择:是付出较大代价以求迅速见效,还是使其成为一个较为漫长的过程。两种方法的效果见图8.7所示。

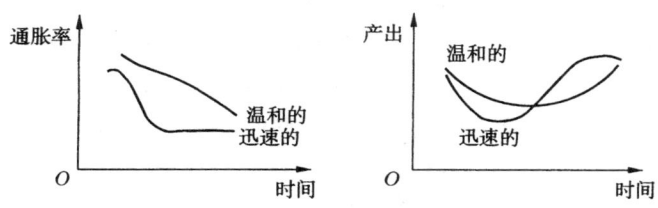

图8.7　两种紧缩性财政政策的影响对比

二、收入政策

收入政策又称为工资与物价管制政策。这是指政府制定一套关于物价和工资的行为准则,由价格决定者(劳资双方)共同遵守。目的在于限制物价和工资的上涨率,以降低通货膨胀率,同时又不造成大规模的失业。

收入政策主要针对成本推进型的通货膨胀。当工人要求提高工资在国民收入中的份额或厂商试图提高利润份额时,就会导致成本推进的通货膨胀并引起工资和物价的螺旋式上升。这如看戏一样,有人想看得更

---

①　弗里德曼:《自由选择》,中国社会科学院出版社,1982年版,第11页。

清楚一些,站了起来,结果是所有的人都站了起来,但没有人比以前看得更清楚。在这种情况下,通过限制工资和物价过分上升能够用较小的代价遏制通货膨胀。

收入政策可以采取以下三种形式。(1) 指导性为主的限制。对特定的工资或物价进行"权威性劝说"或施加政府压力,迫使工会或雇主协会让步;对一般性的工资或物价,政府根据劳动生产率的提高等因素,制定一个增长标准,作为工会和雇主协会双方协商的指导线,要求他们自觉遵守。(2) 以税收为手段的限制。政府以税收作为奖励和惩罚的手段来限制工资—物价的增长。如果增长率保持在政府规定的幅度之内,政府就以减少个人所得税和企业所得税作为奖励;如果超过界限,就以增加税收作为惩罚。(3) 强制性限制,即政府颁布法令对工资和物价实行管制,甚至实行暂时冻结。

但是,收入政策也存在着缺陷。(1) 如果是指保守性的指导性政策或税收政策,则效果取决于劳资双方与政府能否通力合作。(2) 强制性的收入政策会妨碍市场机制对资源的有效配置。因为市场是通过价格信号来指导生产和要素流动的。如果禁止价格上涨,价格限制也就等于取消了资源转移的动力。(3) 如果在价格管制的同时没有采取相应的紧缩需求的措施,公开的通货膨胀变为隐蔽型的,一旦重新放开价格,通货膨胀会以更大的力量爆发出来。

在许多工资合同中,有一个所谓的"生产费用调整"条款。规定根据生活费用的变动情况,至少部分地自动调整工资水平,即所谓工资"指数化"。一些经济学家建议把所有工资都指数化,认为这有两个优点。一是它有利于抑制通货膨胀。在这种情况下,反通货膨胀只会造成很少的失业,因为当通货膨胀率低于签订劳动合同时的预期水平时不会引起实际工资的提高,从而不会造成就业的减少。二是指数化可以消除通货膨胀率预测的失误而引起的效率损失。

但是,指数化也存在问题。假如由于劳动生产率的增长下降或其他类似石油危机时的供给方面的冲击,产出下降,这就要求国民收入中工资的份额必须下降。但是,由于指数化保护了工人的实际工资,其他人为维护自身利益,也提高价格,结果引起通货膨胀。在通货膨胀发生后,指数化使其一定程度上具有惯性,而使情况变得更为棘手。

三、供给政策

以拉弗(A. Laffer)等为首的供应学派认为,通货膨胀是与供给紧密地联系在一起的。通货膨胀与供给不足之间的关系:通货膨胀的主要危害在于损伤经济的供给能力,而供给不足、需求相对过剩又是引起通货膨胀的主要原因。他们认为,虽然通货膨胀的直接原因是货币量过多,但从根本上说,需求膨胀、货币过多是相对于商品供给过少而言的。

供应学派认为,治理通货膨胀,摆脱滞胀困境,治本的方法在于着力增加生产和供给。增加生产意味着经济增长,这样可以避免单纯依靠紧缩总需求而引起衰退的负面效应。增加供给就满足了过剩的需求,从而克服通货膨胀。要增加生产和供给,一个最关键的措施就是减税。减税可以提高人们的储蓄和投资的能力与积极性。同时,配以其他政策措施:一是削减政府开支增长幅度,争取平衡预算,消灭财政赤字,并缓解对私人部门的挤出效应;二是限制货币增长率,稳定物价,排除对市场机制的干扰,保证人们储蓄与投资的实际效益,增强其信心与预期的乐观性。政府除为增加供给创造良好的环境和提供必要的条件外,不应对经济多加干预,而由市场机制对经济进行自动调节。只有这样,才能充分发挥减税刺激供给的积极作用。随着商品和劳务供给的增加,彻底消除通货膨胀。

供给学说强调了一向被忽视的供给方面的因素,认为治理通货膨胀,特别是滞胀,根本的出路在增加供给,有其积极意义,但他们过分夸大了减税对增加供给的刺激作用。从实际情况看,效果并不明显。

改善劳动力市场结构的人力资本政策也是针对供给方面治理通货膨胀的措施之一,主要包括:对劳动者进行再就业的训练;提供有关劳动力市场的信息,减少对就业和转业的限制,指导和协助失业人员寻找工作;优先发展劳动密集型和技术熟练要求程度较低的部门以扩大就业,由政府直接雇用私人企业不愿意雇用的非熟练工人,使他们在从事对社会有益的事业中得到训练和培养,提高就业能力。

四、结构调整

考虑到通货膨胀的结构性,一些经济学家建议应使各产业部门之间保持一定的比例,从而避免某些产品供求因结构性失调而推动物价上涨,特别是某些关键性产品,如食品、原材料,这一点尤其重要。

实行微观财政、货币政策,影响需求和供给的结构,以缓和结构失调而引起的物价上涨。微观财政政策包括税收结构政策和公共支出结构政策。税收结构政策不是指变动税收总量,而是指在保证一定的税收总量的前提下,调节各种税率和施行范围等。同样,公共支出结构政策指在一定的财政支出总量前提下,调节政府支出的项目和各种项目的数额。在当代西方国家,各执政党为了政治上的需要,把建立国家福利制度作为其争取选民的一种手段。财政支出的这种结构性变化,不仅失去了刺激生产、扩大就业的作用,而且使得失业者不急于寻找工作,扩大了失业队伍。降低财政支出中转移支付的比重,增加公共工程等投资性支出,可以扩大就业,增加产出,降低通货膨胀率。

微观货币政策包括利息率结构和信贷结构。旨在通过各种利息率差的调整,以及通过各种信贷数额和条件的变动来影响存款和贷款的结构和总额,提高资金使用效率,鼓励资金流向生产性部门,遏制消费基金的扩张。

前面提到的理性预期学派对通货膨胀的看法有必要说明一下。理性预期学派认为人们能够对未来作无偏估计,不会犯系统性的错误。政府扩大总需求的措施只会引起物价上涨,对产出与就业毫无帮助。反过来,政府则可以利用这一点而无痛苦地将通货膨胀率迅速降下来。政府宣布,为清除通货膨胀,它将采取紧缩的货币和财政政策,人们预期价格将下降,要求的工资和物价上涨相应下降,在产出几乎毫无降低的情况下,通货膨胀率顺利地降了下来。在这里,政府政策的可信性至关重要。如果人们不相信政府会真心采取紧缩措施,仍要求较高的工资增长率,衰退就不可避免。

理性预期学派将经济波动归咎于信息不全,过分夸大预期的作用,认为通货膨胀可能毫无代价地被清除,是很不现实的。但是,预期在通货膨胀的形成和治理过程中可能发挥的作用,确实有必要进行深入研究。

第五节　通货紧缩理论

一、通货紧缩的定义

在 20 世纪 20—30 年代,通货紧缩是经济学研究的重要课题。例如,凯恩斯就曾经讲过:"只要金本位继续存在——意味着在任何地方的国际商品价格必须保持一致——就必然引起通货紧缩的竞争性活动。我们每个国家都力图使自己的价格下降速度比其他国家快,由此带来的结果是失业扩大,企业亏损达到难以忍受的地步。"显然,他的通货紧缩所要表达的含义是指价格水平的下降。

第二次世界大战以后,由于很少发生通货紧缩,而是持续发生通货膨胀,20世纪60—70年代在西方经济学教科书中几乎连"通货紧缩"这个名词都很难看到,对"通货紧缩"这个名词几乎只字不提。甚至到了80—90年代,仍有不少流行的宏观经济学教程对通货紧缩没有提及,而开辟专章介绍通货膨胀理论。80年代出版的、在西方颇具权威的《新帕尔格雷夫经济学大辞典》和美国学者格林沃尔德主编的《经济学百科全书》中也没有把"通货紧缩"列为条目。即使在下文所引述的教程中,对通货紧缩也只是在论述通货膨胀时顺便提及,没有作为重点加以分析。下面我们来看几本西方比较流行的经济学教科书中通货紧缩的定义。

萨缪尔森和诺德豪斯在其《经济学》第十六版中是这样定义通货紧缩的:通货紧缩是指物价总水平的持续下跌。斯宾塞在《当代经济学》中对通货紧缩的定义是:所有商品和服务的一般价格水平的下降——或者说,单位货币购买力的上升。斯蒂格利斯、巴罗、布兰查德、戈登、雷诺兹等在其各自所著的《宏观经济学》中对通货紧缩的定义基本上都表述为一般物价水平的持续下跌。

在西方流行的经济学辞典中,货币主义的代表人物 D·莱德勒在《新帕尔格雷夫财政金融大辞典》中对"通货紧缩"的定义是:通货紧缩是一种价格下降和货币升值的过程,它是和通货膨胀相对的。托宾在《经济学百科全书》中对通货紧缩的解释是:"通货紧缩也是一种货币现象,它是每单位货币的商品价值和商品成本的上升(举个例子来说,从 1929—1933年,价格平均每年下降 6.7%)。"此处他把通货紧缩表述为货币升值。由于货币升值与价格总水平下降这两种不同表述方法对应的是同一过程,且其所举例子直接以价格下降作为证据,因此托宾与 D·莱德勒对通货紧缩的定义是一致的。

从以上所提到西方经济学教科书和辞典中关于通货紧缩的定义来看,都是根据价格总水平的下降来定义通货紧缩的,大致反映了西方经济学界的主流观点。但是,也有少数经济学者如加拿大的G·L·斯根认为：通货紧缩不只是价格下降，还包括货币数量减少和货币流通速度下降以及经济萧条。这种观点未能写进经济学教科书和辞典中，无法代表主流观点。

综上所述，通货紧缩可以定义为：通货紧缩是指一般物价水平持续下跌、币值不断升值的一种货币现象。

既然通货紧缩是与通货膨胀相对应的一种货币现象，因此衡量通货膨胀的指标同样适用于通货紧缩。

几种典型的通货紧缩理论都与1929—1933年的大萧条有密不可分的关系，它们对于理解1997年以来世界部分国家包括中国在内出现通货紧缩的经济现象有所裨益。

二、凯恩斯关于通货紧缩的理论

凯恩斯在《就业、利息和货币通论》中除仅有一处直接提到了通货紧缩以外，更多是使用"就业不足均衡"和"有效需求不足"这样的术语。由于发生有效需求不足的时候物价往往是下降的，因此后人将实际有效需求同能够实现充分就业的有效需求之间的差额称为通货紧缩缺口。如图8.8所示，可以认为《通论》中的分析适用于对通缩的分析。

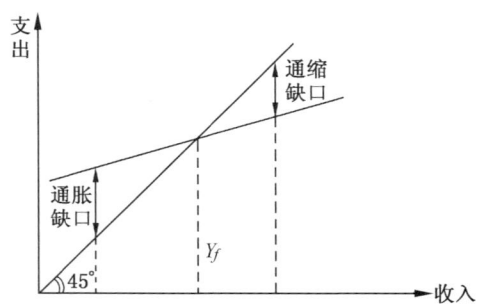

图8.8　凯恩斯提出的通货紧缩理论

在封闭经济中，有效需求包括消费 C、投资 I 和政府开支 G 三个部分，有效需求决定了社会的产出水平。

由于消费较为稳定，波幅很小，因而凯恩斯认为经济波动主要源于企业投资的不稳定，而投资需求取决于企业的利润预期。因此，凯恩斯认为经济衰退的原因在于企业家利润预期的突然下降，投资无利可图，甚至在很低的利率水平下也是如此。投资的不稳定对经济总量的影响又会因乘数效应而加剧,当企业投资减少时,总产出会以多倍的数额减少。

凯恩斯理论的政策含义:当企业投资低落、经济衰退,特别在经济严重衰退时,企业家的利润预期非常低,以至于任何正利率都显得太高,因此通过放松银根、降低利率的货币政策来抑制衰退,效果不会明显,只有通过增加政府开支来增加有效需求。

在《货币改革论》和《劝言集》中,凯恩斯针对当时的英国情况,着重分析了由于一国汇率高估而导致本国产品出口价格过高、外部需求减少、国际收支状况恶化、黄金外流而引发通货紧缩的情况。凯恩斯认为,通货紧缩将使社会生产活动陷于低落。不论通胀还是通缩,都会产生巨大的损害,两者都会改变财富的再分配,不过通胀相对严重一些;而在对生产财富的影响上,通胀有过度刺激的作用,而通缩有阻碍作用,且更具有危害性。这是由于通缩加重了债务人的负担,而企业经营所需的资金大部分是借来的。对于任何一个企业经营者,此时暂时退出经营是有益的;对于任何一个打算支出的人,尽可能地推迟支出也是有益的。精明、务实的人会把他的资产转变为现金,摆脱风险,停止工作,静候其现金价值向他预期好了的方向稳步提高。因此,通缩导致生产过程的低落,从而导致失业的增多。正如前文所述,治理通缩的有效措施是增加政府支出。

三、奥地利学派的理论

该理论认为,通货紧缩并不是独立形成的,而是由促成经济萧条的生产结构失调所引起的。否则,通缩就不会发生。因此,通缩是一种派生的过程。下面结合奥地利学派的经济周期理论来介绍其通货紧缩的理论观点。

奥地利学派的经济周期理论由米塞斯提出了最初理论框架,后被哈耶克加以扩展和精炼。其核心观点:信贷扩张和货币的注入通过影响相对价格和所谓生产的时间结构来影响经济的实际运行,使资源加速从最近的生产环节(消费品)转向最远的生产环节(投资品)而重新配置。然而,这种过程不可能永远持续下去,迟早会出现危机。

米塞斯和哈耶克借用了瑞典经济学家魏克塞尔关于自然利率和货币利率的差异作为其理论分析的基础。所谓自然利率是指经济体系保持均衡的利率,货币利率则指在银行政策和其他货币因素影响下的市场利率。

　　哈耶克的分析从充分就业假定开始,由银行系统派生的信贷增加将促使市场利率下降,低于自然利率。企业家受到这个错误信号的引导而重新配置资源,从消费品生产转向投资品生产。在短期内消费品生产不会受太大影响,然而过一段时间后,由于消费品供给相对于需求发生短缺,那么消费品价格相对于投资品就会上涨。消费品价格的上升引起初级阶段价格相对于高级阶段价格的上升,标志着生产的时间结构需要重新配置,需要回到更直接的生产过程。为使经济体系重新向均衡方向调整,有必要提高利率,这会使那些在低市场利率时有利可图的投资变得无利可图,危机随之出现。

　　假如银行信贷能够继续发展下去,就可能避免危机的发生。问题是,随着银行信贷的扩张,货币流向投资品部门,而过度投资使得投资品部门的预期收益不能实现,银行贷款质量相应恶化,银行体系为防范自身的风险被迫收缩信贷,这会导致通货紧缩的发生。

　　米塞斯和哈耶克等人认为,通货紧缩是繁荣过度的必然后果。假使听任繁荣局面发展下去,就会引起生产结构的失调,从而以通货紧缩的形式付出代价。因此,他们主张一旦危机已经开始,就应该允许衰退通过市场机制自发治愈。而抑制衰退的最佳行动是防患于未然,防止繁荣的过度发展。他们认为,公共工程和政府投资项目是有害的,因为它们会导致进一步的扭曲,阻碍资本结构的进一步调整。

　　奥地利学派中有些经济学家认为,如果在通缩过程中的某个时间区间增加货币投入量,有助于缩短这一过程。但是,他们随即就提出警告说,这个药方只能在通货紧缩过程中的某一阶段使用,还得采用适当的方式,稍有不慎,就有可能造成危害。这个办法对货币当局要求过高,因此,实际可行的政策也许是听任通货紧缩自然发展,避免使用可能使事态恶化的干预措施。

四、费雪的"债务—通货紧缩"理论

　　费雪在其 1933 年的论文《大萧条中的"债务—通货紧缩"理论》中,从某个时点经济体系中存在过度负债这一假设开始,费雪认为,由于新发明、新产业的出现或新资源的开发等所导致的利润前景看好,企业因此过度投资;从而导致过度借债。债权人一旦注意到这种过度借债的危险,就会趋于债务清算。费雪认为这种清算会导致如下的因果链:

（1）债务清算导致销售的困难，进而导致

（2）存款货币的收缩，这是由于归还银行贷款和货币周转速度的下滑。存款货币的收缩和货币周转速度的下滑进一步加剧销售的困难，这又导致

（3）价格水平的下降，或货币的升值。假使价格水平的这种下降过程不能被通货再膨胀或其他措施所抑制，将会出现

（4）净经营资产的更大幅度的下降，并对破产现象推波助澜，很可能出现

（5）利润的下降，造成那些正在营运的企业的亏损，从而导致

（6）产出、劳动力就业数量的减少。这类亏损、破产、失业又会导致

（7）悲观情绪和信心的丧失，这又相应地导致

（8）窖藏货币和货币周转速度的更大幅度的下降。

上述一系列变化将导致：

（9）对利率的复杂扰动，尤其是会出现名义利率的下降及实际利率的上升。

费雪以这种简明的逻辑清楚地解释了债务和通货紧缩是如何导致大萧条的。

在上述逻辑顺序表述中，除了债务这个初始原因和利率复杂扰动这个最终结果外，所有波动都是由于价格下降而发生的。当只有过度负债的发生而没有价格下降的情况时，最终的"循环波动"将温和并且规则得多。类似地，如果由于非债务的原因而出现通货紧缩，同时又不存在巨额债务，最终的结果也会轻得多。正是过度负债和价格下降这两者的结合才会导致巨大的灾难。

过度负债和通货紧缩两者是相互作用的。过度负债这种较轻的"疾病"会导致通货紧缩这种较重的"疾病"；反过来，由债务所导致的通缩也会反作用于债务。当通缩发生时，尚未偿付的债务的实际价值变大，这样，如果初始的过度负债足够大，债务的清偿就会跟不上其所欠的每单位货币债务价值的上升，从而导致"正是人们减轻其债务负担的努力反而增加了债务负担，因为人们一起蜂拥而上清偿债务的整体效益是提升了所欠的每元钱的价值"。这种悖论正是大多数经济萧条发生的主要内因。"债务人偿债越多，他们就欠得越多。"费雪以1929—1933年大萧条为例

证实了上述结论。从 1929 年到 1933 年 3 月,债务清偿减少了 20% 的名义债务额,但美元升值约 75%,这样真实债务反而上升了 40%。

费雪认为,如果他的"债务—通缩"理论是正确的话,那么控制价格水平就颇为重要了。即使价格水平是稳定的,仍然有可能出现过度负债问题。

五、货币主义的理论分析

凯恩斯学派关于货币政策对抑制经济衰退无效的观点,遭到了货币主义学派的激烈反驳。货币主义的核心观点:货币对于经济活动是重要的。关于货币存量与价格变化的相互关系,货币主义的论点:"货币存量的大幅度变动是一般价格水平大幅度变动的必要而且充分的条件。"

在弗里德曼重新表述的货币数量论中,也包含着从货币紧缩到价格下降的传导机制的说明:当货币紧缩时,货币的边际收益上升,人们就会将金融资产和实物资产转换成货币资产,直到重新构成新的资产组合使得各资产的边际收益率相等。这就可能导致金融资产和实物资产的价格下降。

但是,弗里德曼也指出,货币存量的变动与价格的变动之间的关系虽然十分紧密,但并不是机械不变的,产量的变动与公众希望持有的货币数量的变动会造成货币存量变动与价格变动之间的不一致。因此,他认为更为重要的是,不仅要考察单位产量的货币存量,同时还要考虑到货币流通速度的变化。弗里德曼和施瓦茨提供了大量实证材料证明其论点。在 1867—1960 年这 93 年中,美国曾发生六次严重的经济紧缩,其间都伴有货币存量的下降。同时,这六次经济紧缩中,价格总水平的降幅也较为明显。但是,两者的变化也有可能不一致。一种情况是货币供应量还在增长,但由于货币供应的增长慢于经济的增长,价格总水平出现了明显下降。例如,1882—1894 年间,美国的货币供应量一直在增长,但同期批发价格指数下降 35.2%,消费价格指数下降 10%。

货币存量的变动与价格水平的变动不仅在幅度上存在不一致,而且由于从货币存量的变动到价格水平的变动之间的传递存在时滞,这种时滞的长短难以把握。因此,货币主义理论认为:"相机决策"的货币政策不仅无助于经济的稳定,往往还加剧了经济波动。货币主义的政策处方是:为了避免大规模的通货膨胀和通货紧缩,必须使货币供给的增长率保持在适当的水平上,即货币政策的"单一规则"。

六、萨缪尔森、布坎南、瓦格纳等人的"滞—缩"理论

这是战后出现的一种反凯恩斯主义的、与"滞—胀"相对应的理论。针对 20 世纪 30 年代的大危机、大紧缩,凯恩斯依据"有效需求不足"原理,明确提出加强国家干预,运用通货膨胀的政策进行治理。由于对症下药,西方主要资本主义国家纷纷走出危机,摆脱了通货紧缩的困境,在50—60 年代还出现了经济全面高涨的繁荣时期。然而,由于国家干预过多和通货膨胀的长期实施,进入 70 年代后,资本主义经济便染上了一种新病:"滞—胀",即经济停滞与通货膨胀交织并发。凯恩斯主义在实践中陷入困境,在理论上开始受到攻击,众多资本主义国家开始实施强有力的反通货膨胀政策,即通货紧缩政策。战后"滞—缩"即生产停滞与通货紧缩并存局面的产生以及"滞—缩"理论的发展,都是这种通货紧缩政策的产物。法国经济学家莫里斯·阿莱指出:"过度的通货膨胀以及为了校正前一段时期货币超量发行而采取的通货紧缩政策这两者的不断交替发生,一般来说对经济增长都是十分有害的。"从上可见,通货膨胀的结果是"滞—胀",通货紧缩的结果是"滞—缩",两者并非是毫无关联的,往往是经常相伴和互相交替的。

"滞—缩"理论的主要代表人物布坎南、瓦格纳、萨缪尔森等都是反凯恩斯主义者。他们认为:通货膨胀也好,通货紧缩也罢,都是政府政策的产物,原因在于政府干预过多,政策失当。布坎南、瓦格纳认为:"政府活动的扩展本身就可能是不稳定的一个根源。"通货紧缩的一个重要标志是"市场呆滞"。要从高通货膨胀恢复到经济正常发展过程必然会经历衰退。"衰退是恢复过程的一个必不可少的组成部分。只要采取减少总开支的紧缩政策就可以减缓通货膨胀。失业要求扩大开支,而通货膨胀又要求紧缩,这就是其窘境,明了而又简单。"控制过高的通货膨胀容易导致通货紧缩,而治理通货紧缩又要求扩大开支,实行通货膨胀,两者一旦交替循环,便会陷入进退维谷、左右为难的困境。所以"滞—缩"同"滞—胀"一样难以治理。

关于"滞—缩"的形成和作用机理,萨缪尔森和诺德豪斯在他们的《经济学》一书中阐述得十分清楚:"货币收缩抬高利率,这压低投资支出,并且通过乘数抑制总需求,并以此降低产量和价格。这个基本顺序是:M

（货币供应）$\downarrow \rightarrow r$（利率）$\uparrow \rightarrow I$（投资）$\downarrow \rightarrow Y$（总收入）$\downarrow$ 和 P（物价水平）$\downarrow$。"由此可见，Y 和 P 的下降完全是由 M 的下降所引起的，即由通货紧缩所致。Y 和 P 的下降又会进一步迫使与促进 M 的收缩，如此循环往复，必然造成经济衰退、停滞和通货紧缩并存。

"滞—缩"理论虽然也着眼于从货币供应量的减少来分析通货紧缩，但它不同于以往的货币理论，它是着眼于反凯恩斯主义国家干预的新自由主义货币理论。其基本点是反"滞—胀"，但结果却落了个"滞—缩"。因为它没有抓住资本主义经济发生"滞—缩"的根本原因在于资本主义制度本身，而只是认为其原因在于由于凯恩斯主义的国家干预过多，经济中发生严重过度的通货膨胀而不得不实行通货紧缩政策所致，因此"滞—缩"理论不可能揭示资本主义经济运行中"滞—缩"现象的深刻经济根源，这是它无法超越的局限性。同样不能否认的是，"滞—缩"理论也具有其一定的合理性及适用性，即它指出了通货紧缩的政策原因，并大力反对国家过多干预，反对通货膨胀，这对各国政府都是有实用价值与借鉴意义的。

七、克鲁格曼的通货紧缩理论

面对近年来世界范围内通货紧缩的蔓延，美国著名经济学家保罗·克鲁格曼进行了大量的研究，创造性地发挥和发展了凯恩斯主义的流动性陷阱理论，主张推行"激进"的或"反传统"的货币政策主张，逐步形成了一套较完整的"新凯恩斯主义"的通货紧缩理论。

第一，克鲁格曼认为，当今世界上发生的通货紧缩不是由供给过剩造成的，而是起因于社会总需求不足。国际上最流行的观点是从供给的角度阐释通货紧缩的成因，认为二战后世界科学技术进步日新月异，新技术、新材料、新工艺不断涌现，使得全球生产力有了飞速的发展，并造成了全球性的生产过剩，从而引发了许多地区和国家发生通货紧缩，物价水平下降。克鲁格曼则认为，仅从供给过剩这个角度来解释是不够的，起码不能说明如下事实：（1）总供给的增加所造成的物价水平下降，对人类的生活改善和经济增长都是有利的，而不能认为是有害的；（2）仅凭生产过剩这一点尚不足以解释和证明日本、中国、新加坡、瑞典等国通过增加基础货币投放、扩大政府财政支出等手段来刺激社会总需求。上述情况说明：通货紧缩并非主要是供给方面"生产过剩"的原因，在需求方面肯定是有什么因素限制了需求的增加。如果需求相应地增长了,就不会发生大量的"生产过剩",通货紧缩就不会发生了。因此,他认为从日本、中国、新加坡以及瑞典等国的实践来看,社会需求不足才是当今通货紧缩形成的根本原因。他特别强调,需求不足在不同的国家或在某一个国家的不同时期有着不同的社会制度根源。例如,日本经济面临的普遍需求不足主要是由人口因素造成的:(1) 20 世纪 70 年代以后,日本人口出生率逐渐降低,而人口平均寿命大大延长,成为世界人口平均寿命最长的国家,这样,人口老龄化问题就格外严重。结果是:一方面青年一代的后续需求不足;另一方面由于缺乏完备的社会保障,居民的边际储蓄倾向不断上升。(2) 日本向外国移民大量增加,尤其是青壮年中有知识和技术的人员因国内劳动强度大而收入水平相对较低而大批移居国外,这就造成了本国适龄劳动人口的逐渐下降,使企业预期收益下降,不愿意扩大投资,这也使生产需求不足。克鲁格曼认为,日本经济已经陷入了"流动性陷阱"。他主张采用非传统的货币政策,造成一个长期的通货膨胀预期,使实际利率为负,以便刺激投资需求和消费需求。克鲁格曼这样解释日本、中国等国的社会有效需求不足的原因并没有超出凯恩斯的"有效需求不足"理论,因为他仍然是用投资收益递减原理及储蓄倾向原理来说明问题,但把需求不足的成因侧重于人口等社会因素的分析上,这是他的独到之处。

　　第二,克鲁格曼认为,通货紧缩、物价下降,是市场价格机制强制实现经济均衡的一种必然,更是流动性陷阱作用的结果。他认为,在信用货币的条件下,之所以发生通货紧缩而传统的货币政策对其无能为力,其根本原因在于经济处于"流动性陷阱"状态:社会公众偏好于未来,即使短期名义利率降至很低的程度,甚至为零,储蓄倾向仍高于投资倾向。要消除储蓄与投资之间的缺口,只有两条路:(1) 使当前的物价水平下降,增加消费,减少储蓄;(2) 降低名义利率,使投资支出增加。由于名义利率不能小于零,经济均衡所需要的负的真实利率难以实现,因而利率机制对经济活动的调节作用失去效力。这样一来,实现经济均衡的唯一途径就是物价水平下降。这是价值规律强制发挥作用的结果。要走出"流动性陷阱",不能否定和违背价值规律,而只能遵从价值规律的要求,设法使公众提高投资收益的预期和信心,提高投资倾向。

　　第三,克鲁格曼认为,必须对适度通货膨胀政策的可行性进行研究,他主张用"有管理的通货膨胀"来治理通货紧缩,这是对传统货币金融理论的挑战。传统货币金融理论认为,物价水平的稳定是实现经济均衡的条件。公众对物价水平保持稳定的预期,是货币政策有效性的必要前提。克鲁格曼的看法恰好与此相反,他证明了在"流动性陷阱"的条件下保持零通货膨胀的货币政策不再是中性的,而是紧缩性的负面影响;公众对物价稳定的预期,会使货币政策丧失效力。因此,不要盲目追求物价水平稳定,更不要造成公众对物价稳定的预期。一旦通货紧缩发生,可以用有管理的通货膨胀或适度的通货膨胀来进行治理。那就是增发货币,扩大支出,增加需求,以更多的货币吸纳和消化所谓的过剩商品,以此来实现经济均衡,达到经济增长的目的。

克鲁格曼的通货紧缩理论的缺陷:过分钟爱激进的货币政策,忽视结构的调整和改革,认为结构调整与改革无助于即期经济复苏,这无疑有失偏颇。运用财政手段扩大投资,不仅可以改善经济结构,扭转生产结构和消费结构的错误及脱节状况,更重要的是可以扩大需求,给实际利率以向上的推力,增加货币政策的有效性。如果供给结构不从根本上得以改善,使用"有管理的通货膨胀",不仅不会抑制住通货紧缩,反而会由于经济结构的恶化,使得通货膨胀难以适度,而最终走向恶性通货膨胀的老路。所以,克鲁格曼的用适度的通货膨胀的方法来治理通货紧缩的主张,会不会再导致经济陷入恶性通胀的陷阱,也是值得警惕和需要探究的。

八、伯纳克的信贷中介成本理论

美国经济学家伯纳克认为,货币主义理论单纯从货币供应收缩的角度去解释通货紧缩和大萧条是不充分的。伯纳克在费雪的债务——通货紧缩理论的基础上,于1983年提出了信贷中介成本理论,从信贷中介成本的角度去解释金融危机和大萧条的关系,从而对货币主义的通货紧缩理论作了补充。伯纳克认为:信贷交易成本的上升迫使银行提高贷款利率,贷款利率的上升又会进一步增加债务人无法还贷的风险,这使得银行普遍惜贷。银行的惜贷使得经营者难以从银行筹集到生产经营所需的资金,这就限制了生产能力的提高;另外,消费者会因消费信贷利率的提高而减少当前消费。所以,信贷中介成本的上升从总供给和总需求两个方面造成了总产出的下降。

显然,伯纳克的信贷中介成本理论并没有超出货币主义学派的货币供应收缩理论的范围,他也认为通货收缩是经济大萧条的诱因。

本章内容提要

1. 通货膨胀是一个使用频率很高的词汇,但含义各异。经济学中普遍接受的定义是:通货膨胀是商品和劳务的货币价格总水平持续明显上涨的过程。

2. 通常用来衡量通货膨胀程度的指标有消费物价指数、批发物价指数、GNP平减指数。这些指标各有长短。设计和计算出一个全面反映物价上涨程度的理想指数极为困难。

3. 按不同标准,通货膨胀可以分为许多类型。

4. 需求拉上的通货膨胀指总需求超过总供给,从而导致物价水平上涨。这一理论有凯恩斯学派的过度需求论和货币学派的数量说两种形态。在凯恩斯学派的模式里,总需求中的任何一项的自发增加都会产生通货膨胀缺口;货币学派更强调货币供应量对总需求的影响,并强调货币供应的外生性。

5. 成本推进型通货膨胀理论将通货膨胀的根源归结于成本上升导致总供给曲线的左移。此时,如果政府采取扩张性的财政、货币政策以阻止产出的下降,会形成物价——工资的螺旋上升,即所谓"混合性通货膨胀"。

6. 结构性通货膨胀模型认为,经济中存在两大部门,由于某种原因,其中一个部门的工资、物价上升,劳动力市场的特殊性要求两个部门工人的工资以同一比例上升,结果引起物价总水平的普遍上升。

7. 通货膨胀具有周期波动的特征,这种波动既与经济周期相联系,又受到心理等多种因素影响。

8. 通货膨胀对经济的影响,有促进论、促退论和中性论三种观点。实证检验表明支持中性论的例子最多。这三种观点与菲利普斯曲线的三个阶段相对应:短期的菲利普斯曲线支持促进论;当货币幻觉消失,人们形成了通货膨胀的预期,失业与通货膨胀之间不再存在替代关系,通货膨胀就是中性的;如果通货膨胀使得经济变得不稳定,市场信号失灵,加深经济功能的失调,会导致自然失业率上升,则通货膨胀对经济而言就是促退的。

9. 对通货膨胀的治理一般采取紧缩需求的政策,包括紧缩财政和紧缩货币。这是治理通货膨胀的正统方法。

10. 采取管制工资与物价的收入政策对于治理成本推进型的通货膨

胀效果明显,但会妨碍市场机制对资源的配置作用。

11. 供给政策强调了传统方法中一直被忽视的供给方面的因素,有其积极意义,但过分夸大了减税对增加供给的刺激作用,实际效果并不明显。

12. 结构调整政策致力于解决引发通胀的结构性因素。

13. 理性预期学派认为人们对未来的估计是无偏的,不会犯系统性错误,政府扩大总需求只会引起物价上涨,对产出与就业没有帮助。因此,反过来,如果政府反通货膨胀的政策能够为社会公众所信任,通货膨胀就可以毫无痛苦地被消除。显然这是不现实的。

14. 通货紧缩是指一般物价水平持续下跌、币值不断升值的货币现象。对于通货紧缩的原因,有多种理论上的解释。

本章基本概念

通货膨胀　消费物价指数　批发物价指数　GNP 平减指数　通货膨胀缺口　隐蔽型通货膨胀　混合性通货膨胀　结构性通货膨胀　菲利普斯曲线　通货膨胀税　自然失业率　需求政策　收入政策　指数化　理性预期

本章思考题

1. 你是如何理解通货膨胀这一概念的?

2. 衡量通货膨胀的消费物价指数、批发物价指数、GNP 平减指数各有何优缺点?

3. 需求拉上型通货膨胀理论有哪两种形态?

4. 可能产生成本推进型通货膨胀的原因有哪些?

5. 结构性通货膨胀的模型有几种? 它与劳动力市场的特性有何关系?

6. 认为通货膨胀会促进经济增长的理由有哪些? 促退论的理由有哪些?

7. 什么叫菲利普斯曲线的第一、二、三阶段?

8. 治理通货膨胀的需求政策、收入政策、供给政策以及结构调整政策分别针对什么类型的通货膨胀? 各有什么优缺点?

9. 试比较各种通货紧缩理论的异同。

编 著 者 说 明

　　本书是"复旦博学·金融学系列"之一,是在复旦大学经济学院"货币银行学"课程的多年教学实践基础上,几经修改而形成的教材,适合于经济学专业和金融专业本科教学使用,经济类中的非金融专业也可用作参考。

　　全书共分九章,系统地介绍和论述了货币和商品经济的关系、金融市场的运行、商业银行、中央银行的性质和地位、中央银行的货币政策、货币理论、金融创新和金融发展等内容。每章后面列出"内容提要",需要掌握的"基本概念"及"思考题",使学生和广大读者更好地理解和掌握现代货币银行学的基本理论和实务知识,这次修订增加了金融市场、通货紧缩等内容。

　　本书由胡庆康主编,提出编写大纲、写作思路,负责全书的修改、总纂和定稿。参加本书的编写人员有:侯远峰、王伟、徐海康、傅晓红、杨槐和张生举。

　　徐惠平审读全书,提出了宝贵意见,在此谨致谢意。

　　本书难免存在错误和不足,恳请批评和指正。

1996 年 4 月

第 二 版 说 明

本书是"复旦博学·金融学系列"之一,1996年4月本书第一版问世。参加本书初稿编写的有侯远峰、王伟、徐海康、傅晓红、杨槐和张生举。徐惠平审读全书。胡庆康提出编写大纲、写作思路,负责全书的修改、总纂和定稿。

本书荣获1997年度国家教委推荐教材,上海市高等学校优秀教材一等奖。这本教材在教学中已被广泛使用多年。现在根据新的情况,有必要作全面修订。

参加本书修订的有何光辉、徐迁和楼铭铭。胡庆康负责通读定稿,作了修改和增删。

与本书第一版相比,本版作了以下改进:

1. 对第1章、第2章、第3章、第4章、第5章、第6章和第9章的内容,作了部分增加和删除。

2. 改正了第一版文字表述中的差错。

本书难免有不尽如人意之处,恳请批评和指正。

胡庆康

2001年4月

第 三 版 说 明

    本书第一版于 1996 年 4 月定稿问世。作为"复旦博学·金融学系列"之一,曾获国家教委推荐教材、上海市高等学校优秀教材一等奖,在教学中被广泛使用。自 2001 年 4 月,本书第二版与读者见面以来,又历经 5 年,感谢广大读者仍然十分关注本教材。

    本书第三版在以往的基础上加以改进,主要内容有:(1)有关利率的期限结构的理论;(2)有关金融衍生工具和金融资产组合的理论;(3)有关巴塞尔新资本协议;(4)有关货币政策传导机制的理论;(5)有关通货紧缩的理论。此外,在其他章节都有部分增加与删除;对相关内容进行了数据更新;对本书第二版所出现的文字差错作了全面的勘误。

    胡庆康教授主持了本版的修订工作,确定了修订的原则和内容,并审阅了全书。尹应凯、谢一青和姚晨曦等同志参加了修订工作。尹应凯同志通读了全书,对部分内容的增删和文字的勘误,作了细致的工作。

    本书在探索中前进,难免有不尽如人意之处,欢迎广大读者和教师继续提出宝贵意见和批评。借此机会,十分感谢本书责任编辑、复旦大学出版社经管分社徐惠平社长的指导和辛勤努力。

胡庆康

2006 年 7 月 1 日

第 四 版 前 言

与第三版相比,第四版作了如下改进:

1. 第三章中增加了本轮金融危机发展过程中的相关金融衍生产品的内容。

2. 第五章中增加了我国公开市场操作的介绍;近年中央银行主要货币政策及 20 世纪 90 年代夫以来发达国家货币政策发展的新变化。

3. 第七章中增加了货币供给内生性与外生性的内容。

4. 第八章中增加了"理性预期的货币理论"。

5. 更新和充实了部分数据。

本教材仍在不断探索中,难免有缺陷,欢迎广大读者和教师继续提出宝贵意见和批评。

尹应凯同志对本书的修订承担了大量工作,借此机会表示感谢;并十分感谢本书的责任编辑复旦大学出版社经管分社徐惠平社长的指导和辛勤努力。

胡庆康

2009 年 8 月

第 五 版 说 明

本书第五版在第四版的基础上作了如下改进：

1. 增加了新的内容，如《巴塞尔资本协议Ⅲ》的背景与主要内容；国际金融监管改革的新进展；我国银行业的主要监管指标；"社会融资规模"指标、"基础货币"与"货币乘数"的最新讨论等。

2. 更新和充实了部分数据。

3. 为精简篇幅，对第四版中的部分内容做了删减。

本书副主编尹应凯同志对本版修订承担了主要的工作。本教材仍在不断探索中，欢迎广大读者和教师提出宝贵意见和批评。

胡庆康

2014 年 6 月

主要参考文献

1. 博迪、默顿：《金融学》，中国人民大学出版社，2000 年版。

2. 本杰明·M. 弗里德曼、弗兰克·H. 哈恩：《货币经济学手册》（上、下册），经济科学出版社，2002 年版。

3. 陈学彬：《金融学》（第二版），高等教育出版社，2007 年版。

4. 陈学彬：《金融理论与政策：宏观分析视角》，复旦大学出版社，2012 年版。

5. 弗雷德里克·S. 米什金：《货币金融学》（第九版），中国人民大学出版社，2011 年版。

6. 范方志："通货膨胀目标制研究"，《经济研究参考》，2007 年第 62 期。

7. 戈德史密斯：《金融结构与发展》，上海三联书店，1990 年版。

8. 胡庆康、张卫东：《货币银行学（复旦大学金融学研究生学位课程教材）》，上海人民出版社，2003 年版。

9. 胡海鸥：《货币理论与货币政策》（第二版），上海人民出版社，2007 年版。

10. 胡海鸥、贾德奎："无货币供给量变动的利率调控：我国利率市场化道路的另类选择"，《上海金融》，2003 年第 1 期。

11. 黄达：《金融学》（第三版）、《货币银行学》（第五版），中国人民大学出版社，2012 年版。

12. 凯恩斯：《就业、利息和货币通论》（中文版），商务印书馆，1997 年版。

13. 李健：《当代西方货币金融学说》，高等教育出版社，2006 年版。

14. 李敏：《现代货币银行学》，复旦大学出版社，2011 年版。

15. 厉以宁、陈岱孙：《国际金融学说史》，中国金融出版社，1991

年版。

16. 李扬：《中国金融改革研究》，江苏人民出版社，1999 年版。

17. 刘元春："中国通货膨胀成因的近期研究及其缺陷"，《经济学动态》，2008 年第 10 期。

18. 罗纳德·I. 麦金农：《经济市场化的次序》，上海三联书店，1997年版。

19. 马克思：《资本论》，人民出版社，1976 年版。

20. 全国金融联考命题研究中心、金程教育金融联考教研组：《金融学基础辅导（第三版）》，复旦大学出版社，2007 年版。

21. 魏华林、林宝清：《保险学》，高等教育出版社，1999 年版。

22. 吴敬琏：《当代中国经济改革》，上海远东出版社，2004 年版。

23. 伍海华：《西方货币金融理论》，中国金融出版社，2002 年版。

24. 易纲、吴有昌：《货币银行学》，上海人民出版社，1999 年版。

25. 约翰·G. 格利、爱德华·S. 肖：《金融理论中的货币》，上海三联书店，1994 年版。

26.《中国近代金融史》编写组：《中国近代金融史》，中国金融出版社，1985 年版。

27. 中国经济增长与宏观稳定课题组："外部冲击与中国的通货膨胀"，《经济研究》，2008 年第 5 期。

28. 中国人民银行：《中国货币政策执行报告》，2003 年第一季度—2013 年第一季度。

29. 中国人民银行上海总部：《国际金融市场报告》，2007 年至 2012年各期。

30. 中国人民银行金融稳定分析小组：《中国金融稳定报告 2013》，中国金融出版社，2013 年版。

31. 中国银监会：《危机以来国际金融监管改革综述》，2011 年版。

32. Basel Committee, The New Basel Capital Accord, 2004.

33. Bodie, Kane, Marcus, Investments, Fifth Edition, McGraw — Hill Prints.

34. Eugene F. Brigham, Michael C. Ehrhardt, Financial Management — Theory and Practice, 11th Edition, South - Western Thomson Corporation.

35．Frederic S. Mishikin，The Channels of Monetary Transmission：Lessons for Monetary Policy，NBER Working Paper No. 5464，1996.

36．International Financial Statistics.

37．John C. Hull，Options，Futures，and Other Derivatives，5th Edition，Prentice Hall.

38．www. federalreserve. gov.（美联储网站）

39．www. treas. gov.（美国财政部网站）

图书在版编目(CIP)数据

现代货币银行学教程/胡庆康主编. —6 版. —上海:复旦大学出版社, 2019. 1(2024. 11 重印)
(复旦博学. 金融学系列)
ISBN 978-7-309-13718-7

Ⅰ.①现... Ⅱ.①胡... Ⅲ.①货币银行学-高等学校-教材 Ⅳ.①F820

中国版本图书馆 CIP 数据核字(2018)第 107724 号

现代货币银行学教程(第六版)
胡庆康 主编 尹应凯 副主编
责任编辑/姜作达

复旦大学出版社有限公司出版发行
上海市国权路 579 号 邮编:200433
网址:fupnet@ fudanpress. com http://www. fudanpress. com
门市零售:86-21-65102580 团体订购:86-21-65104505
出版部电话:86-21-65642845
杭州日报报业集团盛元印务有限公司

开本 787 毫米×960 毫米 1/16 印张 25. 25 字数 381 千字
2024 年 11 月第 6 版第 9 次印刷
印数 58 101—61 200

ISBN 978-7-309-13718-7/F · 2467
定价:56. 00 元